家政工养老保险及劳动权益保护研究

郑尚元 主编

清华大学出版社

北京

图书在版编目（CIP）数据

家政工养老保险及劳动权益保护研究/郑尚元主编.—北京：清华大学出版社，2021.12
ISBN 978-7-302-59566-3

Ⅰ.①家…　Ⅱ.①郑…　Ⅲ.①家政服务－服务人员－养老保险－保险法－研究－中国
Ⅳ.①D922.284.4

中国版本图书馆 CIP 数据核字（2021）第 238326 号

责任编辑：李文彬
封面设计：傅瑞学
责任校对：赵丽敏
责任印制：丛怀宇

出版发行：清华大学出版社
　　　　网　　　址：http://www.tup.com.cn，http://www.wqbook.com
　　　　地　　　址：北京清华大学学研大厦 A 座　　　邮　　编：100084
　　　　社 总 机：010-62770175　　　　邮　　购：010-62786544
　　　　投稿与读者服务：010-62776969，c-service@tup.tsinghua.edu.cn
　　　　质量反馈：010-62772015，zhiliang@tup.tsinghua.edu.cn
印 装 者：三河市科茂嘉荣印务有限公司
经　　销：全国新华书店
开　　本：170mm×240mm　　　印　张：16.25　　　字　数：309 千字
版　　次：2021 年 12 月第 1 版　　　印　次：2021 年 12 月第 1 次印刷
定　　价：98.00 元

产品编号：094674-01

导　言

　　"家政工"这个概念产生于民间称谓,究于何时并无准确的时间点。家政工属于 20 世纪八九十年代,农民进城务工后,逐渐形成了农民工群体,家政工属于农民工群体的一个大类,以女性农民工为主。当然,随着城市失业下岗女性的增多,家政工群体中也不乏大量的失业下岗女工。家政工从事的行业属于服务业,服务内容较为宽泛,如家庭保洁、婴幼照料、老人照护、助餐服务、幼教服务等,这些多样化的服务源自劳动力市场的不断发育。上述服务工作在 1949 年前 30 年的计划经济时期,亦称服务工作,存在少量的服务型工作,这些服务人员一般都属于体制内的工人或干部。由于该时期存在的数量极其有限,国家并未将其作为一个产业对待,改革开放后,我国第三产业发展迅速,属于第三产业中的各类服务业风起云涌。家政服务业属于服务业中的一类,其产业的发展并无国家直接投入,属于轻资产型服务业,多由民间投资而成,至今,发展规模、服务业标准和内容并不规范,行业发展也不规范。近年来,国家开始规范家政服务业,结合养老、育幼社会化的需求和现实,家政业的发展与规范已经纳入国民经济和社会发展的总体规划之中。

　　家政业从业的广大劳动者,多数为女性劳动者,她们的劳动为世人所肯认,她们的贡献也为社会所认可。然而,家政工的劳动是什么样的劳动存在认识上的分歧,众所周知,人们的社会活动相当复杂,处于全日制学习阶段的学生,不论学习如何辛苦,不属于"劳动"的范畴,军人保家卫国的职业担当不属于"劳动",属于劳动范畴的因不同职业和劳动方式的差异分脑力劳动和体力劳动,分农民的劳动、公务人员的劳动、职业劳动者的劳动,最后一类劳动通常也被称为劳动法上的职业劳动,这类劳动是雇佣劳动,其劳动所依托的实体是经营性主体,属于国家产业的一个类别,能够在产业目录中找到相应的定位,其劳动所创造的价值,一部分为经营者利润、一部分为劳动收入,还有一部分应当是国家税收来源,这类劳动属于职业性劳动,劳动者能够从职业分类中找到自身的职业分类中的职业名称,等等。总而言之,大多数劳动法上的职业劳动能够按照上述规范确定自身的定位,职业劳动者的收入能够得到保障,职业劳动也能够获得相应的社会保护,例如工作时间、休假、职业安全与卫生保护、职业培训与提升、社会保险与福利覆盖等。公务员的劳动者虽然不是劳动法上的劳动者,其劳动所得和所获得的社会保护甚至高于劳动法上劳动者的劳动所得和社会保护。目前,我国由一类人员的劳动缺乏上述内涵,那就是农民的劳动。众所周知,我国的农业,其"业"仅仅是传统种植业的代名词,它未实现产业化、经营化、商品化,多数农民种植多为自耕自钟,生产与消费紧密捆绑。计划经济时期,我国农业为国家工业化作出了无可替代的贡献,曾经以高度社会化的生产方式组织农业生产,但因生产力和科技未及跟进,这种高度社会化的生产终究回落至简单的个别劳动、个别生产。农民的劳动属于个别劳动,它没有工作时间、休息休假概念,没有加班与补偿,没有职业培训与职业提升,甚至没有社会保险与福利。近年来,城乡居民养老保险开启了社会保险覆盖的大幕,但这种保险并不包含其劳动贡献的内容,亦与其收入无法直接挂钩。在"农民""工人"等传统职业类别之外,新出现的汉语语境"农民工"只是增加了职业类别划分的形象描述,它并不直接改变职业划分,或者说,"农民工"是一个时代的产物,是农业社会向工业社会过渡的一个群体类别的简化,于现实而言,远远不是这么简单。"农民工"的劳动已经是社会劳动,甚至是大生产性的社会劳动,例如建筑业农民工的劳动,这种劳动根本上就不是个别劳动。劳动所创造的不仅为劳动者自己获得了收入,也创造了企业利润、社会财富与国家税收,"农民工"被纳入劳动法上劳动者的路径是漫长的,不过,总归已经在路上。

然而,女性农民工中的从事家政服务业的农民工,因其劳动方式的社会化因子相对比例较低,在家庭中个别服务,虽然称之为"家政工",其从事的业务领域属于国家确定的家政服务业,相当多的女性也受雇于家政业企业,为自己和雇主都创造了收入和利润。她们一直游离于"农民""工人"的边缘,她们身份上属于农民,至少多数是农民,而从事的职业及服务的行业却不是农民和农业,工作环境也不在农村,已经溢出"三农"之外,却没有得到相应的劳动法保护。在其身份上,尤其是"家政工"在所服务家庭的个别劳动中,谁是其雇主? 她们究竟有无劳动关系成为关注的焦点。自《劳动法》颁布实施以来,尤其是《劳动合同法》颁布实施以来,家政工就成为劳动法学界关注的对象,多数学者认为,她们应当受到劳动法的保护。家政工奉献了社会劳动,当然应当获得社会保护。最近,在各类相关的文件和政策中,引导农民工在服务所在地参加社会保险,不仅仅是对他们的社会保护,亦有推进我国城市化进程,使农民工最终融入城市,完成社会整合的目的。一个社会的进步是整体的进步,绝不是一个群体,或者是部分人的进步。家政工参加养老保险,不仅是将来能够领取到养老金,现实中,她们也在为"养老"而尽力,虽然,家政工收入每月平均下来三千、五千,不算多,但是合力形成的养老能力不容忽视。引导家政工参加属地养老保险,亦体现了一个城市的温情与关怀,目前,特大城市正在实施"积分落户"政策,其实,养老保险制度的实施就是最大的"积分"项目,只要劳动者从事的社会劳动达到缴费累积 15 年(180 个月),他们就能够从该城市的养老保险体系中获得相应的养老保险给付。

为本书作出贡献的作者中,都关注了家政工这一特殊群体,尤其是胡大武教授,曾经在其主持的项目中专题研究该问题,出版专著和系列论文,其他各位老师从不同视角分析了家政工保护的必要性和可行性。此一成果的出版,获得了同行的大力支持,我们举办了专门的学术研讨会,征集了相关的学术论文,目的是群策群力,目的是凝心聚力,推动家政工获得社会保护,推动家政业规范发展、持续发展。在此,对于各位作者的慷慨和努力表示衷心感谢。尤其感谢的是几位社会学领域的学者,社会学中的劳动社会学,该领域与劳动法、社保法学领域存在着诸多的问题交叉、存在着诸多的关注交叉,苏熠慧、梁萌两位博士专门撰写了论文,她们的导师,北京大学社会学系的佟新教授莅临指导,期待日后持续的合作与交流。

本书的出版,乐施会王英瑜先生、王静女士给予了十足的帮助,他们是农民工问题研究的专业人士,长久关注,本人与他们的合作已经是第三次,关注的对象是弱者中的弱者,上次的研究项目是尘肺病患者的权利救济问题,如何为尘肺病患者及其遗属获得相应的补偿和后续安排,作过专门的研究。这次家政工养老保险项目的实施,非常感谢他们的支持,也感谢他们的专业精神。

关注家政工权益保护问题,是劳动法教学与研究的一个小的方向。前些年曾经为人保部农民工司作过一个小的项目,之后,一直关注这一领域。农民工司宋娟司长、尚建华司长、沈水生副司长、应三玉处长、浙江人保厅俞云华处长、浙江大学法学院许建宇教授为项目的研究、调研提供了诸多方便,在此,专门致谢!

目　录

研究报告

家政工职业化与家政工养老保险法制研究　郑尚元　李海明　梁　微…………1

一、家政业形成的社会背景及中国家政业的发展 ……………………………… 1

（一）改革开放后家政业随社会服务业发展兴起 ……………………… 1

（二）家政业属于私营领域的社会服务业 ……………………………… 2

（三）国家有关家政业发展的相关政策导向 …………………………… 3

（四）欠缺法律规制的家政服务业 ……………………………………… 6

二、家政业中的家政工 …………………………………………………………… 8

（一）家政工的含义与家政工的分类 …………………………………… 8

（二）家政业与家政工 …………………………………………………… 9

（三）家政企业与家政工关系的实然调查 ……………………………… 11

三、家政工权益维护之制度缺失 ……………………………………………… 14

（一）法律、法规以及规章对于家政工身份界定的不利因素 ………… 14

（二）家政工与家政企业雇佣关系的定性：劳动关系的多年存疑 …… 19

（三）家政工之工作与职业化 …………………………………………… 20

（四）家政工权益损害之社会调查与分析 ……………………………… 30

（五）家政工劳动关系之正位——劳动法上劳动者 …………………… 32

四、家政工参加养老保险必要性、可行性分析 ……………………………… 35

（一）家政工参加社会保险之必要性 …………………………………… 35

（二）家政工作为非典型雇佣劳动者参保的路径与法制建构 ………… 37

专题论文

家政工职业化与城市居家养老社会化

　　——兼论劳动者人格塑造与社会保险覆盖　郑尚元 ……………… 41

一、居家养老与家政服务之结合——城市养老社会化之一环 …………… 41

（一）居家养老与社会化服务 ••••••••••••••••••••••••••••••••••••• 41

（二）家政业发展与居家养老服务 ••••••••••••••••••••••••••• 43

二、家政公司、家政工及居家仰赖服务家庭三角关系透视 •••••• 44

三、居家养老之家政工劳动法上劳动者人格创制 ••••••••••••• 48

四、家政工社保法之社会保护 •••••••••••••••••••••••••••••••••• 51

（一）家政工属于劳动法上之非典型用工范畴 •••••••••••• 52

（二）居家养老服务家政工需要社保法之社会保护——各类社会保险

之覆盖 •• 53

家政工纳入养老保险制度及家政工劳动权益之保护 郑尚元 •••••••• 57

一、改革开放后家政服务业兴起与家政工语境形成 •••••••••• 58

（一）家政业兴起的社会背景与其服务业定位 •••••••••••• 58

（二）家政业从业人员与家政工 ••••••••••••••••••••••••••• 59

二、家政工游离于劳动法保护外之成因分析 ••••••••••••••••••• 60

（一）现行法律法规及相关解释之排除规定与家政工失去劳动法

保护 •• 61

（二）部门分割的管理体制及对家政工权益保护之影响 •••• 62

（三）我国家政工农民身份、打工角色与社会歧视 •••••••• 63

（四）家政工为企业所迫和社会大环境抑制 •••••••••••••• 64

（五）家政工工作场所之特殊性与劳动法上劳动监察之难度存在 ••• 64

三、家政工成为劳动法上劳动者之缘由 •••••••••••••••••••••••• 65

（一）家政工之工作系服务业之工作一类,属于就业范畴 •••••• 65

（二）家政工与家政服务企业及所服务家庭之间构成劳动关系的

要件分析 •• 66

（三）非典型雇主之劳动法塑造与我国用人单位作为唯一雇主之

缺憾与补正 ••• 67

（四）其他国家和地区家政工劳动法上劳动者之参照 •••••• 68

四、家政工纳入养老保险系其劳动权益之补足 ••••••••••••••• 70

（一）为什么选择家政工养老保险? ••••••••••••••••••••••• 70

（二）家政工参加养老保险的路径安排 •••••••••••••••••••• 72

五、结论 ••• 73

自雇型家政工劳动权益保障的立法路径及完善建议 张荣芳 孙志萍 •••••••• 75

一、自雇型家政工的现状及存在的问题 •••••••••••••••••••••••• 76

（一）家政工的就业特点及类型 ⋯⋯⋯⋯⋯⋯⋯⋯⋯⋯⋯ 76

（二）自雇型家政工劳动权益保障的缺位 ⋯⋯⋯⋯⋯⋯ 78

二、自雇型家政工劳动权益难以保障的制度根源 ⋯⋯⋯⋯⋯ 79

（一）自雇型家政工在劳动法上主体资格的缺位 ⋯⋯⋯ 79

（二）自雇型家政工劳动的经济价值被忽视 ⋯⋯⋯⋯⋯ 80

三、自雇型家政工劳动权益保障的多重立法路径 ⋯⋯⋯⋯⋯ 81

（一）民法保护路径 ⋯⋯⋯⋯⋯⋯⋯⋯⋯⋯⋯⋯⋯⋯⋯ 82

（二）劳动法保护路径 ⋯⋯⋯⋯⋯⋯⋯⋯⋯⋯⋯⋯⋯⋯ 85

（三）专门法保护路径 ⋯⋯⋯⋯⋯⋯⋯⋯⋯⋯⋯⋯⋯⋯ 86

四、我国自雇型家政工劳动权益保障的立法路径及完善建议 ⋯ 87

（一）利益衡量下劳动权益保障的立法路径选择 ⋯⋯⋯ 87

（二）我国自雇型家政工劳动权益保障的完善建议 ⋯⋯ 89

超越雇佣合同与劳动合同规则

——家政工保护的立法理念与制度建构　谢增毅 ⋯⋯⋯⋯ 91

一、家政工的界定 ⋯⋯⋯⋯⋯⋯⋯⋯⋯⋯⋯⋯⋯⋯⋯⋯⋯ 92

二、家政工与雇主的法律关系 ⋯⋯⋯⋯⋯⋯⋯⋯⋯⋯⋯⋯⋯ 93

三、家政工法律保护的切入点：家政工的特殊性 ⋯⋯⋯⋯⋯ 96

（一）工作地点的特殊性 ⋯⋯⋯⋯⋯⋯⋯⋯⋯⋯⋯⋯⋯ 96

（二）工作内容的特殊性 ⋯⋯⋯⋯⋯⋯⋯⋯⋯⋯⋯⋯⋯ 97

（三）受雇主体的特殊性 ⋯⋯⋯⋯⋯⋯⋯⋯⋯⋯⋯⋯⋯ 97

（四）流动性和国际性 ⋯⋯⋯⋯⋯⋯⋯⋯⋯⋯⋯⋯⋯⋯ 97

四、家政工法律调整模式的比较考察 ⋯⋯⋯⋯⋯⋯⋯⋯⋯⋯ 98

（一）境外的法律调整模式 ⋯⋯⋯⋯⋯⋯⋯⋯⋯⋯⋯⋯ 98

（二）我国家政工立法保护的现状 ⋯⋯⋯⋯⋯⋯⋯⋯⋯ 99

五、我国家政工的立法保护：超越雇佣合同和劳动合同规则 ⋯ 100

（一）人身或人格的基本权利 ⋯⋯⋯⋯⋯⋯⋯⋯⋯⋯⋯ 101

（二）体面的工作环境和工作条件 ⋯⋯⋯⋯⋯⋯⋯⋯⋯ 101

（三）最低劳动和社会保障标准 ⋯⋯⋯⋯⋯⋯⋯⋯⋯⋯ 101

（四）合同法上的权利及解雇保护 ⋯⋯⋯⋯⋯⋯⋯⋯⋯ 102

（五）获得行政救济和司法救济的权利 ⋯⋯⋯⋯⋯⋯⋯ 102

六、结语：认真对待家政工的权利 ⋯⋯⋯⋯⋯⋯⋯⋯⋯⋯⋯ 103

我国家庭雇佣型家政工人法律保护研究 胡大武 ……………… 104

一、问题的提出：擦玻璃擦出的官司 ……………………………… 104

二、把脉现实：家政工人样态的类型化分析 ……………………… 105

 （一）"员工制"家政工人 ……………………………………… 105

 （二）"中介制"家政工人 ……………………………………… 105

 （三）"散工制"家政工人 ……………………………………… 106

三、检讨障碍：有关家政工人法律地位的规范性文件 …………… 107

 （一）司法实践层面 …………………………………………… 107

 （二）立法层面 ………………………………………………… 108

四、认知必然性：保护家政工人的劳动法逻辑 ………………… 109

五、误读与新解：《劳动合同法》用人单位主体资格的归位 ……… 111

家政工职业培训的难点与优化策略 胡玉浪 ……………… 113

一、家政工职业培训的重要性和意义 …………………………… 114

 （一）加强职业培训是推进家政工职业化的重要力量 ……… 114

 （二）加强职业培训是实现家政服务业"提质扩容"的现实需要 …… 114

 （三）加强职业培训是保护家政工合法权益的客观要求 …… 115

二、我国家政工职业培训存在的主要问题 ……………………… 116

 （一）家政工职业培训权未受到重视和保护 ………………… 116

 （二）家政市场用工形式复杂多样，组织家政工职业培训难度较大 …… 118

 （三）家政工职业培训政出多门，多头管理，职业培训难以真正

  落到实处 ………………………………………………… 120

三、以职业培训权的保护为核心推进家政工职业培训现代化 …… 123

 （一）提高对家政工职业培训权保护的重要性的认识 ……… 123

 （二）落实家政工职业培训权保护之义务主体责任 ………… 123

 （三）加强家政工职业培训权保护之配套制度建设 ………… 126

家政工劳动权益保护的法律进路 郑晓珊 ……………… 129

一、家政工劳动权益保护之窘境 ………………………………… 129

 （一）窘境：家政行业的迅猛发展与家政工权益保护之间的冲突与

  反差 ……………………………………………………… 129

 （二）解决问题的基本思路与基本方法 ……………………… 131

二、家政用工模式的类型化及其法律属性解析 ………………… 131

 （一）传统家政用工模式 ……………………………………… 132

（二）互联网家政用工模式及其法律属性分析 ·············· 134

三、劳动权利的分层结构及其适用基础 ··············· 137

四、结语 ··························· 139

关系认定与责任分配——以家政服务合同纠纷的司法裁判为例　贺　玲······ 140

一、问题的提出与文献回顾 ················· 141

（一）问题的提出 ···················· 141

（二）文献回顾 ···················· 142

二、家政服务三方法律关系的规范分析：关系认定与责任配置 ······· 143

（一）家政工与家庭（个人）间的法律关系 ········· 144

（二）家政工与家政服务机构之间的法律关系 ········ 144

三、家政服务合同纠纷涉家政工权益损害的司法裁判分析 ······· 145

（一）关系认定 ···················· 146

（二）责任分配 ···················· 147

四、家政工员工制转型的困境 ··············· 148

制造稳定——不稳定就业背景下微信日结小时工劳动过程研究　梁　萌······ 150

一、从平台企业到平台生态：不稳定劳动力市场的再分化 ······· 150

二、不稳定就业研究框架及其既有实证研究 ············ 152

三、成为微信日结小时工 ················· 156

（一）多重流动：家政工产业的结构背景与变迁 ·········· 156

（二）微信日结群的形成 ················· 157

（三）谁会成为日结小时工？ ·············· 158

四、制造稳定：承接平台家政业"冗余"订单的典型不稳定就业者的

劳动过程 ························ 162

（一）虚拟社会资本：日结小时工如何应对网络技术带来的流动性

与匿名化 ····················· 162

（二）聚集与固定：日结小时工如何处理工作中的流动性特征 ··· 167

五、结论与讨论：典型不稳定就业劳动者的主体性及其代价 ······· 171

家政工养老保险权的分类保护——基于上海的实证研究　谭金可······ 174

一、问题与意义 ····················· 174

二、家政工的类型及其保护难题：基于上海的分析 ··········· 175

三、员工式家政工养老保险权保护的优化路径 ············ 176

（一）三大阻力 ·············· 177

（二）对策建议：制度性倾斜推动员工制模式发展 ······ 178

四、中介式家政工养老保险权保护的实现路径 ·········· 178

（一）三大问题 ·············· 179

（二）保护措施 ·············· 180

五、散工式家政工养老保险权益的特别立法保护 ·········· 181

（一）问题 ·············· 182

（二）解决办法 ·············· 183

六、结语 ·············· 185

中国家政服务培训体系的变迁研究

——以上海市家政服务企业为例　徐俭俚　苏熠慧 ··········· 186

一、研究背景与研究问题 ·············· 186

二、职业化视角下的家政培训研究 ·············· 186

（一）多学科视角下的职业培训体系研究 ·········· 186

（二）职业化视角下的家政培训研究 ·········· 188

三、研究方法与案例选择 ·············· 190

四、家政服务业职业培训体系建设的变迁逻辑 ·········· 191

（一）"多元化"为主导的职业培训体系建设价值取向 ······ 191

（二）"职业化"成为家政服务业职业培训体系建设的目的取向 ····· 192

（三）企业主导，政府发挥监督和服务职能成为职业培训的过程

保障 ·············· 199

（四）"市场驱动"成为家政服务业职业培训体系的发展模式 ····· 203

（五）"证书制度"成为家政服务职业培训的符号和规则 ······ 205

五、结论 ·············· 206

"家政工"类平台经济的法律规制　杨复卫 ··········· 208

一、问题提出 ·············· 208

二、"家政工"类平台经济现象及特点 ·············· 211

（一）"家政工"现象与平台经济 ·········· 211

（二）"家政工"类平台经济的优缺点 ·········· 214

三、"家政工"类平台经济具有可规制性 ·············· 218

四、"家政工"类平台经济结构的场景化 ·············· 221

（一）"家政工"类平台经济内部结构的场景化 ·········· 221

（二）"家政工"类平台经济外部结构的场景化 ·············· 224

五、混合规制的场景化塑造：个人赋权＋协同监管 ·············· 227

（一）平台经济"家政工"权利的场景化塑造 ·············· 227

（二）"家政工"类平台经济的协作监管塑造 ·············· 232

六、结语 ·· 236

家政工与家政服务企业法律关系的司法认定及启示

    ——基于相关司法案例判决文书的研究　*房海军* ·············· 237

一、问题缘起 ·· 237

二、类型化视角下家政工与家政服务企业法律关系的属性争议 ··· 238

（一）员工制家政工与家政服务企业的法律关系争议 ·········· 238

（二）会员制家政工与家政服务企业的法律关系争议 ·········· 239

（三）中介制家政工与家政服务企业的法律关系争议 ·········· 239

三、家政工与家政服务企业法律关系界定的司法实态与逻辑 ······ 241

（一）不同类别家政工与家政服务企业法律关系认定的司法态度 ······ 241

（二）家政工与家政服务企业法律关系认定的司法逻辑与问题 ······ 243

四、家政工与家政服务企业法律关系认定的司法启示 ·············· 244

（一）家政工与家政服务企业法律关系认定的法律适用 ·········· 244

（二）家政工与家政服务企业法律关系认定的法学方法论适用 ······ 245

五、余论 ·· 246

研究报告

家政工职业化与家政工养老保险法制研究

郑尚元　李海明　梁　微

改革开放以来,家政业作为社会服务业的一类逐渐发展起来,家政工群体也日益壮大。但由于法律制度的缺位,家政工与相关主体之间的法律关系并不明晰,家政工在养老保险参保等劳动权益实现方面缺少应有的制度保障,这在一定程度上阻碍了家政工的职业化进程。家政工是现代社会服务业的重要构成,应从劳动的本质属性出发,明确家政工在劳动法上的法律地位,厘清家政工与其他相关主体之间的法律关系,探索家政工参加养老保险的法制路径。

一、家政业形成的社会背景及中国家政业的发展

(一)改革开放后家政业随社会服务业发展兴起

作为一个新兴的服务行业,家政业是伴随社会经济的发展、社会分工的细化及人们消费需求的日益丰富而产生的。虽然家政工与家政服务业普遍存在于世界各国,但在我国,家政业依然有其独特的产生背景和发展路径。对家政工在 20 世纪新兴的背景进行回顾,能够更好地以历史和现代相连接的视角看待其发展过程中产生的各种问题,做出更贴合实际的回应。

计划体制下,我国社会生活中存在少量的家庭服务人员,主要是为一些高级领导干部家庭提供必要的服务工作,这些服务工作实际上演变成为公务工作的附属部分,因此这类家庭服务人员部分属于体制内的工人、部分在达到条件后"转干"。改革开放前,家政服务是不允许存在的,旧中国阶级剥削的印记以及人民当家做主的社会,不容忍此类带有雇佣性质、人格地位不平等的社会现象存在,因此社会一般成员家中不能聘用家庭服务人员。我国家政服务业起步较晚,其萌芽于 20 世纪 80 年代中期之后。随着社会主义市场经济体制的确立,我国经济迅猛发展,人民

作者单位:郑尚元,清华大学法学院教授;李海明,中央财经大学;梁微,清华大学。

生活水平逐步提高,社会收入差距拉大,加之资源和福利分配从依靠计划到依靠市场,例如以前养老育幼之服务多为单位和社会提供,如今则直接交给市场,人们开始对能够提高生活质量的服务类别产生消费需求,家政业作为服务业的一类应运而生并在 21 世纪进入快速发展阶段。

"随着几十年来禁止农民进城工作的障碍被清除……突然间,城市有如此多的就业机会供他们选择,这是 50 年代以来从未曾有过的。此外,建筑业和服务业提供了各种低技术的就业岗位,也需要大量的散工。"[①]于是在 20 世纪 80 年代末九十年代初,随着农村劳动力的不断释放、进城务工人员的增加以及城市国有企业改革后剩余劳动力的加入,我国劳动力市场渐趋活跃,一部分社会成员开始从事家政服务工作,家政服务业从零星的劳务提供逐渐形成了一定规模,人们的家政服务需求逐渐社会化。于是,家政服务业产生并发展起来,满足广大居民的各种家庭生活服务需要。

2000 年 8 月,劳动和社会保障部颁布了《家政服务员国家职业标准》,将家政服务员作为国家的一种职业进行职业等级划分,开始将家政服务业纳入规范性发展的轨道。[②]

(二)家政业属于私营领域的社会服务业

家政业所提供的服务内容并不陌生,在改革开放之前的很长一段时间内,一直都存在家政事务的他人照料式服务。我国的家庭照料劳动在 1949 年之后经历了两个阶段——"将生产与生活相统一的单位体制阶段"和"将生产与生活相分离的市场体制阶段"。在前一阶段中,我国实施的是以国家为主体,低水平、广覆盖的生产与生活一体化的单位福利体制,即由单位负担员工的生产和再生产需求,例如为职工提供食堂、托儿所、幼儿园和养老院等服务,单位会在空间安排上有意识地将职工家属组织起来,集中居住,以便于实现集体人员的内部互助。[③]在这一阶段,人们的家庭生活需求是由单位来承担的。改革开放之后,家务劳动进入后一阶段,在这一阶段,随着市场经济的发展和企业社会功能的剥离,社会支持结构开始从改革前的资源主要由国家通过单位向个人提供的一元化结构,逐步转变为社会资源分布的多样化和社会支持的多元化结构,单位体制的式微使得照料责任回归家庭。这一系列的变化带来了家务劳动社会化的需求,推动了家务劳动的市场化,进而刺激了家庭保姆这个古老行业在后计划经济时代的

---

① [美]苏黛瑞:《在中国城市中争取公民权》,王春光、单丽卿译,浙江人民出版社 2009 年版,第 214 页。

② 赵树海、吴爱萍、王蕾:《我国家政服务业的现状及其发展对策》,《红旗文稿》2010 年第 18 期。

③ 佟新:《照料劳动与性别化的劳动政体》,《江苏社会科学》2017 年第 3 期。

复兴④。自此,家政由公共供给式服务逐渐转变为社会化的市场服务。在由公域转至私域之后,家政顺应改革的趋势发展成为一项产业,属于私营领域的社会服务业,并俨然已经成长为一个关涉劳动力再生产、家庭再分配、社会分工等重要社会事项的就业领域。

近年来,我国家政服务业面临着新的发展机遇,具有广阔的发展空间,其原因主要包括以下几个方面。首先,居民可支配收入的增加为家政服务的市场需求提供了物质条件和消费能力,目前相当一部分居民已经有能力支付家政类的消费;其次,居民消费结构的变化使家庭服务社会化、市场化程度进一步提高,为了提高工作效率和生活质量,人们必然会对家政服务产生更多的需求;再次,我国的家庭结构正在发生显著变化,从社会视角来看,家庭小型化、人口老龄化等结构特点日益突出,从个体家庭视角来看,因照料子女、赡养老人的需要,家庭成员从事日常家务的压力越来越大,人们对社会上专业性家政服务的依赖需求也会越来越大;另外,社会专业化分工逐渐深入,服务细分进一步突出,为家政服务业提供广阔的发展空间。传统的家政服务只是为家庭提供最基本的照料、清洁服务,如保姆、钟点工等。但随着居民对家政服务内容及质量要求的不断提高,如今的家政服务已延伸到居民日常生活的方方面面,涉及日常保洁、家务服务、家电维修、水电维修、房屋装修、家教培训、购物消费、订餐送餐等20多个领域200多个服务项目。⑤

总的来说,社会及经济的发展使社会分工日益精细,居民生活方式的变化、城市家庭结构的小型化以及我国人口的老龄化催生了家政工作的社会化、外部化,使家政服务逐步产业化,使家政业作为私营领域的一项服务产业不断发展壮大。随着我国经济的战略转型发展和人民生活水平的不断提高,家政服务成为城市居民生活中必不可少的一种需求,并随着生活节奏的日益加快,家政服务需求量越来越大、种类越来越多,对服务质量要求也越来越高,家庭服务社会化程度不断提高。作为第三产业的家政服务业有着巨大的发展空间,这一趋势已为发达国家的行业发展历程所证实。

(三)国家有关家政业发展的相关政策导向

随着社会经济的发展,家政工人的从业数量不断增加,据统计,2018年,中国家政服务业的从业人员总量已超过3000万人。家政服务业最突出的社会意义体现在以下两个方面:一方面是满足社会照料需求。随着工业化的发展,女性往往

---

④ 郭慧敏:《家政女工的身份与团结权政治——一个家政工会女工群体的个案研究》,《妇女研究论丛》2009年第6期。

⑤ 《新形势下家政服务业用工出现的新情况新问题》,载搜狐网,https://www.sohu.com/a/291956553_99908643。

需要兼顾工作与家庭,来自工作的压力往往会夺去她们照顾家庭的精力,因而出现了所谓的"照料危机",而家政工便是现代社会回应"照料危机"的产物之一。⑥ 在这一过程中,家政服务需求不断增长,家政服务业对解决家庭小型化、人口老龄化带来的社会问题具有重要意义。尤其是在当前人口红利下降、老龄化进程加快的人口新常态背景下,家政业的健康有序发展在国家现代化治理体系中占据重要地位;另一方面是吸纳就业。家政服务业是我国第三产业中的一类,属于典型的服务业,能够吸纳大量人口就业,尤其是女性就业。现阶段,家政工属于非正规灵活就业,对于底层女性而言,其以文化程度低、需要兼顾家庭而无法从事全职工作等原因"被排斥"于正规劳动力市场之外,家政劳动领域是其可以选择的最后的就业领域。⑦

然而,在发展过程中,家政业在一些方面还存在许多问题。第一,家政业总体上组织化程度较低,整个行业仍然面临小、散、弱的局面,规模化、产业化发展程度有待进一步提升;第二,家政市场供需矛盾突出,居民对家政服务的需求量越来越大,需求层次和需求内容越来越多样,但由于家政服务企业普遍规模较小、品牌效应不足,家政行业也还处于比较无序的发展阶段,违规操作和短期行为严重,广大居民虽面对众多家政企业,但出于质量与安全的考虑往往选择十分有限,一些特殊服务需求也无法得到满足;第三,家政服务业目前缺乏统一的服务规范和监督体系,我国尚没有严格的家政行业准入标准以及从业人员培训机制,侵害消费者权益的情形时常发生,家政工工作过程中的安全隐患也得不到应有的预防,由此很容易会在服务过程中引起一系列纠纷,对整个家政服务行业的形象造成比较恶劣的影响,阻碍家政业的进一步发展。⑧

针对家政业所具有的重要社会价值以及所面临的突出性问题,为促进家政服务业提质扩容、实现高质量发展,近几年来,国家开始重视对家政行业进行政策规范性引导。从中央到地方,各级政府都出台了一系列的公共政策以期实现家政行业的有序发展和良性提升。目前来看,家政行业的规制十分具有产业政策向度,因此,从宏观角度评述家政服务业相关发展政策导向也十分必要。

2000年《家政服务员国家职业标准》⑨出台,此标准是由时任国家职业技能鉴定专家委员会家政专业委员会秘书长、中青家政董事长王君先生偕同行业专家编

---

⑥ 苏熠慧:《控制与抵抗:雇主与家政工在家务劳动过程中的博弈》,《社会》2011年第6期。

⑦ 梁萌:《强控制与弱契约:互联网技术影响下的家政业用工模式研究》,《妇女研究论丛》2017年第5期。

⑧ 《新形势下家政服务业用工出现的新情况新问题》,载搜狐网,https://www.sohu.com/a/291956553_99908643

⑨ 劳社厅发〔2000〕14号。

制,经由政府主管部门、行业组织、家政机构、培训机构等方面专家审定,人力资源和社会保障部正式颁布实施的一部行业标准。该标准将家政服务员列为一项职业,对家政职业的活动范围、工作内容、技能要求和知识水平都作了明确规定,并根据职业类型的不同,结合从业实际将家政服务员职业划分为三个等级,并在职业等级标准的基础上确定了相对应的专业类型。2009 年 4 月 1 日国务院公报发布《商务部、财政部关于推进家政服务网络体系建设的通知》[10],《通知》指出应充分认识家政服务网络体系建设的重大意义、家政服务网络体系建设的主要内容、有关要求,并以通知附件形式发布《家政服务网络中心建设规范》。2009 年 9 月国务院办公厅发布了《关于发展家庭服务业的指导意见》[11],该《意见》对家政业的发展从基本原则和发展目标、统筹规划、扶植政策、规范市场秩序、提高从业人员的职业技能、维护其合法权益、加强组织领导七个方面提出了较为详尽的指导意见。2010 年 5 月 17 号,商务部发布《商务部关于加快家政服务业发展的意见》[12],就加快家政服务业发展提出以下意见:提高认识,明确目标、做好规划和统计工作,务实行业发展基础、健全有关制度、标准,进一步规范市场、加快网络中心建设,完善和增强服务功能、培育家政服务企业,形成一批连锁经营的企业品牌、提升从业人员素质,提高服务质量、发挥协会作用,加强行业自律、加强舆论宣传,营造良好发展环境、完善配套政策,协力推动家政服务业发展。

2012 年 2 月 24 日,在第十一届全国政协会议中,有两则关于家政服务业的提案,一是《关于促进我国家政服务业规范发展的提案》,由民建中央提出,该《提案》提出应明确家政服务业的法律地位,推进家政服务业的法制建设,加大政策扶持力度,理顺家政服务业管理体制,加快家政服务业人才的培训机制创新,完善家政服务人员社会保障体系等政策建议。[13] 另一则是《关于家政服务市场亟须规范的提案》,由众多政协委员提出,该《提案》表示应尽快落实《商务部、财政部关于推进家政服务网络体系建设的通知》,同时提出在目前家政公司盲目追求利润、短期行为严重、经营不规范的情况下,可考虑由政府主导设立家政中介机构,政府还应大力加大宣传力度,合理引导雇主家庭对家政服务的消费观念,使雇主家庭对家政服务需求的数量和质量能有比较合理清晰的认识,形成对家政服务的合理预期,并以标准合同条款加以规范与落实等建议。[14]

---

[10]　商贸发〔2009〕149 号。

[11]　国办发〔2010〕43 号。

[12]　商贸发〔2010〕165 号。

[13]　参见中国人民政治协商会议全国委员会网站,http://www.cppcc.gov.cn/zxww/2012/02/24/ARTI1330050273652347.shtml

[14]　参见中国人民政治协商会议全国委员会网站,http://www.cppcc.gov.cn/zxww/2012/02/24/ARTI1330049640449323.shtml

纵观以上有关家政业的政策和提案,都主要着眼于从宏观上对家政行业的规范发展进行引导,停留在原则性指示层面,并没有细化和具备可操作性的规定。目前,我国家政业的发展并没有针对性的产业规划和产业标准,基本上处于原生经营状态,国家也只是认可了家政服务业这一服务业态的存在。

(四)欠缺法律规制的家政服务业

当从政策视角回归到法律视角,可以发现,我国法律并没有对家政业的规范作出相应的制度安排。商务部于 2012 年 12 月 18 日公布了《家庭服务业管理暂行办法》⑮,但该部颁规章层次较低,效力有限,将家政服务纳入特殊的市场消费予以规范和监督,行业发展至今也没有任何标准可言。2019 年 6 月 26 日,《国务院办公厅关于促进家政服务业提质扩容的意见》⑯发布,该《意见》从"采取综合支持措施,提高家政从业人员素质""适应转型升级要求,着力发展员工制家政企业""强化财税金融支持,增加家政服务有效供给""完善公共服务政策、改善家政服务人员从业环境""健全体检服务体系、提升家政服务人员健康水平""推动家政进社区、促进居民就近享有便捷服务""加强平台建设、健全家政服务领域信用体系""加强家政工序对接、拓展贫困地区人员就业渠道""推进服务标准化、提升家政服务规范化水平""发挥规范示范作用,催进家政服务业可持续发展"等若干方面,促进该产业"提质扩容"。同时,该《意见》中提及,推动家政服务业与养老、育幼、物业、快递等服务业的融合发展。随着未来十年内我国老龄人口的急剧增加,养老服务将成为服务产业领域的一大板块,而居家养老恰恰与家政服务密切相关。随着技术挤压导致的失业人数增长,将有相当部分人员转身家政服务业,该产业扩容几乎可以肯定,何况市场本身具有相应的原发动力,而提质问题则不是那么简单。一方面,家政服务业须纳入国家规范的产业序列,规定相应的服务标准和层次;另一方面,家政工这一群体是家政服务业的具体工作人员,他们的职业能力、职业技能将成为家政服务业提质的瓶颈和关键,但目前我国法律尚未参与到实现家政工职业化的进程中来。

家政业欠缺法律规制的原因是多方面的,家政服务业的特殊性所带来的规制难度是其中一个方面。相较于产业劳动,特殊的工作性质决定了家政的工作地点、时间、内容都不稳定,人员与岗位之间流动性大,因此需要法律进行特殊规制。

发展至今,家政业有三种主要的用工模式:第一种是员工制,家政工与家政服务机构签订劳动合同,建立劳动关系,成为家政服务机构的员工,然后再被派遣到与家政服务机构签订服务合同的个人家庭具体从事家务劳动,听从用工家庭的指挥并受其监督;第二种是中介制,家政工通过家政服务中介机构介绍获得工作机

---

⑮　商务部令 2012 年第 11 号。

⑯　国办发〔2019〕30 号。

会,家政服务中介机构收取中介费,家政工直接与雇主形成合同关系,这种用工模式目前在家政服务市场中占据主导地位;第三种是自雇制,家政工通过亲朋好友的介绍或者在劳务市场上与雇主自由协商,达成协议,从而获得到雇主家庭工作的机会。^⑰ 欠缺法律规制的家政行业会在发展过程中面临许多层次的困境。

从目前看,国内家政服务企业的运营模式主要集中表现为三类组织形式,即中介型家政服务企业、会员制家政服务企业和员工制家政服务企业。

首先,对于中介制家政业模式来说,其是目前家政服务机构运行的主要经营管理模式。中介型的家政服务公司一般只是对家政工和家庭进行简单的登记建档,为双方提供洽谈的场所,在各方自愿的基础上签订服务合同,在这一过程中,家政公司作为中介方只是起到介绍的作用,向家政工和家庭收取一次性的介绍费,之后不再进行后续监督。显然,这种方式不能按科学的组织程序进行招工、培训和监督,在现实中导致了一些诸如服务人员缺乏基本的从业经验和必要的职业道德、用户的安全和员工的权益都不能得到充分保证等问题。同时,由于中介制模式过于粗放、经营理念较为短视,在无法律进行相应规制的情形下,家政服务业会出现恶性竞争、矛盾纠纷、人员流动性大、职业过渡性强等问题,给家政业形成了整体"三粗"的不佳形象。

其次,对于会员制家政业模式来说,该模式所涉及的相关各方法律关系不明晰,存在较大风险,在这种模式下家政服务机构按员工制模式享受权利,收取相应管理费,并按中介制模式履行义务,对从业人员不承担相应劳动法律义务,家政工与家政企业或家庭雇主之间的法律关系被模糊化处理,家政工的社会保险权益也因此得不到实现,既难以保障家政工的劳动权益,也不利于维护雇主和从业人员利益。

再次,实行员工制管理的家政公司在缓解信任缺失、稳定员工队伍、加强培训方面有了较大改进。也是当前政府所积极倡导并大力推行的经营管理模式,但由于缺少法律制度的有效支持,因此在实践中也面临一些组织管理上的现实困境。一方面,政府为鼓励员工制模式发展而制定的优惠政策对家政服务企业所作出的条件和要求较为苛刻,能够享受优惠政策的家政服务企业数量较少;另一方面,实行员工制模式无疑会使家政服务企业在支付员工工资、购买社会保险等方面增加支出,而由于家政产业是人员密集型产业,因此人力成本的增加会直接使经营成本水涨船高。对此,国家当前优惠政策的扶持力度明显不足,导致一些家政服务企业由于经营成本上涨、投资风险加大而不愿实行员工制模式。^⑱

---

⑰ 王莘:《家政工法律属性研究》,《哈尔滨学院学报》2017年第10期。
⑱ 吴远:《家庭服务业经营管理模式转型趋势及对策——以宁波为例》,《经济论坛》2014年第5期。

二、家政业中的家政工

（一）家政工的含义与家政工的分类

在国际条约和通行惯例上，家政工一般被称为"domestic worker"，直译即"家庭工人"。在我国台湾地区，学术界一般将其称为"家事劳动者"。在我国的传统民间语境中，家政工一般被俗称为"保姆""清洁工"或"月嫂"，但由于此种称呼带有一定的身份歧视和地位差别，因此在 2000 年劳动和社会保障部便将采用了"家政服务员"这一称谓。之后，在我国的官方语境中，家政工一直被称为"家政服务员"。我国学界对家政工的名称使用也不全然一致，有从最终工作的内容和性质入手，将家政服务业从业人员称为"家务服务员"的。[19] 也有学者认为，"家政工"反映了出一个工种，有利于把家政人员与劳动法的其他工人同等看待，进而避免歧视，用词简洁且与"domestic worker"这一国际用语相一致。[20] 事实上，无论是"家务服务员"还是"家政工"，都相比于传统的"保姆"等称谓要更为规范、准确和国际化。

2011 年 6 月，国际劳工大会通过了《家庭工人体面劳动公约》，该《公约》将家政工(domestic workers)定义为"在一种雇佣关系范围从事家政工作的任何人"，可以看出，其所指称的家政工包括两重含义，即家政工亦属于劳工范畴、家政工与雇主之间存在雇佣关系。根据我国人社部制定的《家政服务员国家职业技能标准(2019 年版)》，家政工是指"从事料理家务、照护家庭成员、管理家庭事务的人员"。根据我国商务部颁布的《家庭服务业管理暂行办法》，家政工是指"根据家庭服务合同的约定提供家庭服务的人员"。也有学者提出对家政工的定义，即"为其他家庭提供操持家务、护理与保健、家庭教育、家庭管理等有关事项服务的人"。[21] 可以看出，我国官方和学界对家政工的定义均未提及家政工的法律定位并彻底回避了家政工与雇主之间的关系界定，而仅仅是对家务劳动进行了一个由客体到主体的句型转换。

随着社会的发展和分工的细化，家政工群体内又包含很多职业类别：

（1）职业保姆。职业保姆是家政工群体的主要构成。事实上，在民间语境中，"保姆"这一称谓比"家政工"的使用更为频繁和广泛，也更深入人心。根据《家政服务员国家职业标准》，家政工根据职业技能的专业化程度分为初级、中级和高级，职业保姆一般是指普通中级以上的家政服务人员。他们普遍已从事家政工作较长时

---

⑲ 黎建飞、石娟：《论我国劳动法律调整方式从一元化向多元化的转变——以家务服务员的劳动保护为视角》，《河南财经政法大学学报》2012 年第 2 期。

⑳ 王竹青：《关于〈家政工劳动权益保护条例学术建议稿〉的说明》，《北京科技大学学报(社会科学版)》2010 年第 4 期。

㉑ 同上文。

间,心态和服务意识专业,愿意且能够接受相关培训教育。职业保姆能够做到熟悉家庭的生活习惯、卫生标准及饮食口味,在婴幼保育方面也具有一定的服务经验,基本能够独立完成家庭各项事务的打理。

（2）高级管家。高级管家在家政工群体中占比较小,指的是从事家务管理、具备高级职业服务技能、学历较高的专业性家政人才。高级管家是家政服务专业化的体现,他们往往能够提供高质量、极具专业性的家政服务。

（3）育婴早教师。育婴早教服务师是指学历达到高中（中专）学历以上并完成育婴早教专门培训的家政服务人员,他们专门从事科学育儿、早教幼教等专业服务。这一服务群体是经过家政公司职业技能培训中心的系统规范培训并通过理论和实操考核后上岗的家政人员,既具备育幼保育、早教幼教是等作为育儿师的专业技能,又具备打理家务等作为一般家政人员的基本技能。

（4）钟点工。钟点服务分为两大类:一是以工作时长计算费用的临时性家庭服务用工,随叫随到,仅提供一次性的家政服务,而非持续性的到特定家庭进行工作;二是以小时/日定时定人的包月家庭服务用工,包月钟点工会定时到特定家庭提供家政服务。

（5）幼教保育师。幼教保育师是指学历达到高中（中专）学历以上、年龄在35岁以下并经职业教育培训中心专业培训并考核合格的家政服务人员。他们主要面向幼儿家庭提供儿童启蒙教育、儿童智力开发等活动。这一家政服务群体普遍具有良好的教育背景和充分的专业技能。

（6）月嫂。"专业月护"一般被称为"月嫂",他们的主要工作内容是为孕、产妇及新生儿提供护理及保健服务。从事专业月护的家政服务人员一般具备专业的母婴护理经验。

（7）家教辅导师。家教辅导人员一般具有不同层次的专业教育背景,为家庭中的学生提供家庭教育辅导服务。

（二）家政业与家政工

随着我国经济水平的发展和经济质量的提升,产业结构的调整是要面临的一项重要问题。市场经济在某种程度上就是服务经济,因此,为了进一步适应市场、激活增长,需要增加第三产业——服务业在经济结构中的比重,这是发展市场经济的必然结果,也是顺应家政服务消费需求的现实回应。

随着家政业的不断发展,家政工人的从业数量也不断增加,据统计,2018年中国家政服务业的从业人员总量已超过3000万人。[22] 与家政业的提质扩容以及规范

---

[22] 《发改委:2018年中国家政服务从业人员总量逾3000万人》,中国经济网,http://www.ce.cn/xwzx/gnsz/gdxw/201907/05/t20190705_32539381.shtml。

化发展路径相对应,家政工群体也逐渐走向职业化。"工作的社会意义是由工作场所内的社会关系综合决定的,当家政工人进入家庭,代替了原有的家庭主妇之后,物理属性无法改变的家务劳动事实上增添了新的社会关系内容,这一新的社会关系内容潜在地昭示着家务劳动相关权利义务关系的新格局"。[23] 家政工同其他劳动者一样,在劳动力市场上通过家政服务给付获得相对应的报酬,将其劳动作为商品在市场上进行买卖,这是家政工的职业本位。家政服务并不是一项全新的概念,在很久以前他人照料式服务就已经产生,但直到改革开放之后,家政才作为一项社会职业以全新的面貌出现并发展起来。家政工为家庭提供照料婴幼儿、照护老年人、卫生清洁和做饭等多种多样的服务,这也是家政服务中最基础性的内容。随着社会的发展和分工的细化,家政业内又包含许多行业小类,在国家职业标准中,其服务范围更加广泛,大致分为 9 大门类近 100 种服务项目,涉及家居保洁、家庭烹饪、家庭护理、装饰维修等各个方面。

自产生至今,家政工群体一直处于职业化的过程之中。早在 1995 年国家劳动部就制定了《家庭服务员国家职业技能标准(试行)》[24],将家政职业明确定义为"为所服务的家庭操持家务,照顾儿童、老人、病人;根据要求管理家庭的有关事务",并将家政工划分为初级(国家职业资格五级[25])、中级(国家职业资格四级)和高级(国家职业资格三级)三个职业等级。2019 年人社部制定的《家政服务员国家职业技能标准》中增加了技师(国家职业资格二级)作为第四个职业等级。每个等级都有家务服务员、母婴护理员和家庭照护员三个工种,其职业功能分别包括制作家庭餐、洗涤收纳衣物、清洁家居;照护孕妇、照护产妇、照护新生儿、照护婴幼儿;照护老年人/病人饮食、照护老年人/病人起居、照护技术应用等。

到现在,我国家政服务业已经纳入国家服务业发展体系,家政工已经纳入国家职业大典职业类别,成为服务业中的职业劳动者。但值得注意的是,在家政工的职业化过程中,其职业认同进程缓慢。"正如恩格斯在《家庭与私有制的起源》中所说,在不存在私有制的状况下,生产劳动与家务劳动具有同等的社会意义,他们共同参与了生存必需品的生产。但现有的生产体制往往将生产劳动赋予更高的价值,而将与人类关怀相关的照料工作视为次要劳动"。[26] 这种职业认同的广泛缺失

[23] 涂永前:《家政工权益保护法律的缺位及其补正》,《法治日报》2013 年 1 月。

[24] 劳部发〔1995〕396 号。

[25] 职业资格是对从事某一职业所必备的学识、技术和能力的基本要求。职业资格包括从业资格和执业资格。从业资格是指从事某一专业(职业)学识、技术和能力的起点标准。执业资格是指政府对某些责任较大,社会通用性强,关系公共利益的专业(职业)实行准入控制,是依法独立开业或从事某一特定专业(职业)学识、技术和能力的必备标准。国家职业资格等级分为初级(五级)、中级(四级)、高级(三级)、技师(二级)、高级技师(一级)共五个等级。

[26] 佟新:《照料劳动与性别化的劳动政体》,《江苏社会科学》2017 年第 3 期。

使得这一理应越来越专业化的职业仍处于传统的意义之中。

我国家政工群体的另一个特点体现在群体构成方面。随着城市化进程的加快,农民进城务工成为人口流动的一大趋势,这也是家政业兴起的最大的社会背景。目前,家政服务业主要从业人员是农村进城务工人员和城市下岗职工。城市中尤其是大中型城市中的家政工大部分属于农村外出务工人员,是农民工群体的一个重要构成。中国城镇现有的 1500 万家政女工中,半数以上为外来打工者,可以说,是进城家政女工支撑着中国家政行业的半壁江山。然而,在家政业发展的近 20 年中,由于行业非正规化自身的缺陷,进城家政女工一直被排除在劳动权益的保障之外,蒙受着牺牲和损失。而且,种种以消费者为导向的行业化、制度化话语始终把强调服务质量和优化行业水平作为宗旨和目标,极少过问从业者的状况、境遇,避开了家政服务过程中令劳动者"寒心"的诸多问题。劳动者在劳动中各项权益被侵害,不被重视。不能获得法律规定的社会保障权益,也无法真正融入城市当中。

家政工的职业化过程是其由自然人转变为社会人的过程,指通过就业这种社会互动而形成个体的社会属性。从事家政服务工作的人群,除了少数城镇下岗再就业的人员以外大多都是农村进城务工的农民工,在我国目前城市与乡村二元制还未真正改变之前,广大进入城市从事家政服务工作的人从劳动者与公民两种身份上来看,都没有实现真正的社会化。家政服务人员的社会化,指的是社会保障权利得到保障,权利救济渠道畅通,并且将其法律化,用法律和制度的办法确认下来。从目前实践来看,还具有很大的差距。

(三)家政企业与家政工关系的实然调查

家政企业和家政工是家政法律关系中的两方重要主体,二者之间的关系因家政企业经营组织模式的不同而有所差别。

首先,就家政劳动力市场传统的三种用工模式而言,在员工制用工模式中,家政工与家政企业签订劳动合同,建立劳动关系,成为家政企业的员工,然后再被派遣到与家政企业签订服务合同的个人家庭具体从事家务劳动,听从用工家庭的指挥并受其监督;产生于 20 世纪 80 年代初期的中介制用工模式是新中国成立后出现最早的家政服务组织运作模式,在中介制下,从事家政服务的家政公司作为中间人,只负责给雇主介绍家政服务人员,为雇主和家政工搭建一个双向选择的平台,收取一定中介费,家政工直接与雇主形成合同关系,不介入雇主和家政工双方的实体权利义务,家政工的工资由雇主发放,家政公司不承担安全责任。这种用工模式目前在家政服务市场中占据主导地位;会员制用工模式是介于中介型用工模式和员工制用工模式之间的一种经营管理模式。根据不同经济收入的雇主对家政服务员的需求,利用市场经济手段对雇主的不同服务需求而采取不同的服务、管理方法,在于家政工之间的关系上,与中介型家政服务组织基本相同。

其次,随着信息技术的广泛运用,一些传统行业纷纷与互联网技术相融合,迈进"互联网＋"时代。家政业作为一个产业化进程缓慢的传统行业,在互联网技术的加成下激发出了前所未有的活力,互联网家政平台如雨后春笋般不断涌现,例如在过去的两年中先后出现了"云家政""家家在线""阿姨来了"等家政 O2O⑦ 公司,家政 O2O 用工模式应运而生。这一模式对家政企业与家政工之间的关系产生了新的冲击,主要体现在:(1)工作模式由"一对一""一对多"向"多对多"转变,平台将家政工人的劳动时间以小时为单位划分为若干单元,通过智能算法的多维度自动分析,完成匹配派单;(2)劳动场所不再局限于家庭,其客户既包括家庭也包括企业;(3)家政工人与平台从居间关系向管理关系过渡,平台公司不再局限于"中介"身份而是承担"类雇主"的角色,对家政工人实施人员管理、工时管理和质量管理;(4)家政劳动关系中的自雇制空间被挤压,一方面是来自于政策的挤压,即政府不提倡用工家庭直接联系家政工的劳动模式。另一方面是来自于市场的挤压,平台的稳定性和高收入特征吸引了大批传统家政工人的加入,家政工人队伍中的散兵游勇逐渐消亡。⑧

另外,家政网络平台化用工的兴起为我国家政服务行业的规范化和家政工的职业化做出了相当程度的贡献,主要表现在:(1)为家政工提供了完整的培训和晋升体系;(2)开始重塑对家政工的职业认知,通过培训加强了家政工对其职业的认同感,通过界定工作范围否认了家政工是"仆人"的歧视观念,在一定程度上实现了家政工的"体面劳动";(3)为家政工提供商业保险和基本保障。但与此同时,家政网络平台化用工也将家政工的法律地位不明、家政工与相关主体之间的法律关系不清这一困境推至新的高度。在法律关系层面,互联网家政企业为降低人力成本及风险而选择了轻资产运营战略,因此,其与家政工签订的是"信息服务协议",将双方之间的关系定义为信息合作关系而非雇佣关系,延续了弱契约劳动关系;在劳动过程方面,由于互联网技术的引入,使得信息的匹配更加精准,对家政工工作时间需求更高,企业最大限度地控制了家政工的工作时间,导致了灵活用工工作时间的"去灵活化"。同时通过企业、技术设计和消费者的合作,对家政工的劳动过程展开了全方位的、严密的管理控制,更将消费者的角色扩展为消费、监控和生产等多个维度,从而形成了强控制的管控类型。因此,互联网家政服务平台用工形成了

---

⑦　O2O(Online To Offline)模式,又称离线商务模式,在 2010 年 8 月由 Trial Pay 创始人兼 CEO Alex Rampell 提出,是指由线上营销、线上购买带动线下经营和线下消费,在客户体验上追求虚拟体验和现实体验的融合。

⑧　金世育:《解构与重塑:共享经济下家政劳动关系的案例研究》,《工会理论研究》2020 年第 1 期。

强控制—弱契约模式,这一模式打破了劳动关系与劳动过程特性之间的一致性,⑳加剧了家政工在各方关系中的弱势感。

在现行实践发展过程中,家政企业与家政工之间的关系呈现以下两方面特点:

(1)口头化契约。家政公司与家政工签订的合同存在随意性和不合理性。家政公司具有单方随意解除和变更合同的权利,而不用负担任何责任,合同成为单方约束家政工行为的法锁。有的家政公司还会违反规定向家政工收取或变相收取保证金、抵押金及其他不合理费用。

(2)普通报偿化的工资。一般情况下,劳动者一方在雇主的安排下按照约定完成一定的工作量,劳动者就有权要求按劳动取得报酬。劳动者通过自己的劳动获得劳动报酬,再用其所获得的劳动报酬来购买自己和家人所需要的消费,从而才能维持和发展自己的劳动力并供养自己的家庭,近而在社会层面实现劳动力的再生产。劳动报酬权是劳动权利的核心,它不仅是劳动者及其家属有力的生活保障,也是社会对其劳动的承认和评价。但对于家政工而言,尤其是对于农民进城务工的家政工而言,克扣及拖欠工资的现象时有发生。主要表现为,家政公司在春节期间会采取少发一月工资的手段,以要求家政工春节后需重新返回公司工作。有的家政公司、雇主以低于当地最低工资标准支付服务员工资。

从一般劳动者的报酬救济现状来看,现实生活中,我们经常可以看到这样的情况,用人单位利用其雇主的强势地位,瑕疵履行支付义务,严重侵害劳动者的劳动报酬权,甚至导致影响社会稳定的严重后果。部分劳动者在权利受到侵害后通过信访、媒体以及诉讼等方式讨薪无果,继而采取极端行为,用人单位采取拖延手段或暴力手段拒绝支付报酬的行为也屡见不鲜。当用人单位以欠薪状态进行破产、清算时,劳动者的劳动报酬更是失去兑现的可能。导致劳动者劳动报酬权受损原因有很多,比如用人单位管理存在缺陷、劳动者自身法律意识低下、社会保障制度不健全、其他配套法律制度缺失等。家政服务人员相较一般的劳动者,处于十分尴尬的地位,目前尚不能依靠劳动法部门来进行报酬的调整和救济。

另一方面,从平均工资报酬来看,目前大多数家政工都从事着与其收入不成正比的繁忙工作。虽然随着家政行业的逐步规范,家政工的工作待遇有所提高,但是与其劳动付出相比仍然存在着较大差距。家务劳动是一项任务繁重的工作,家政服务人员每天要与繁琐的家务打交道,工作内容涵盖从照顾小孩,看护老人或者病人到忙碌一日三餐,打扫卫生,面对苛刻的雇主还要时刻提防其监督和检查。为此他们需付出大量的体力劳动和承受极大的心理压力。然而,由于政府没有制定家

---

⑳ 梁萌:《强控制与弱契约:互联网技术影响下的家政业用工模式研究》,《妇女研究论丛》2017年第5期。

政行业最低工资标准,家政服务行业在服务价格方面的收费无章可循,随意性很大。家政公司和雇主无视家政服务人员的付出,任意克扣工资报酬的现象十分普遍,家政工的工资报酬水平也远低于平均工资标准。除此之外,家政工的工资水平还呈现出两极分化的趋势,并且在国内一些大城市更为显著,高级家政服务人员与普通家政服务人员的工资可以相差数倍。

三、家政工权益维护之制度缺失

(一)法律、法规以及规章对于家政工身份界定的不利因素

从以上内容来看,家政工权益维护之困境并不是无迹可寻的,制度的真空状态在很大程度上导致了这些结果的实际发生。"事实上,非正规就业人员的'易受伤害性'不仅源自于文化、体制的原因,也源自于法律本身上的弊端。"[30]家政工人在社会群体结构中处于弱势地位,在工作中具有明显的"易受伤害性"特征,这种特殊的"人像"特征客观上对现有立法提出了特殊的利益保护诉求。[31] 然而,我国的各项法律法规均未对这一诉求做出积极有效的回应。

1. 劳动法律制度的排除性规定

目前我国家政工主要有三种类型,第一种类型是受雇于家政服务经营者的从业人员,第二种类型是通过家政服务经营者的中介服务获得家政服务工作的从业人员,第三种是经家庭自行联系或经亲戚朋友介绍而获得家政服务工作的从业人员。第一种类型的家政工与家政服务经营者之间是典型的劳动关系——即家政工受雇于家政服务经营者,而经由其派遣至各自然人家庭提供家政服务;第二种类型和第三种类型的从业人员,实际上都可以归作直接受雇于个人或者家庭的类型。但是,1994年颁布的《劳动法》排除了自然人的用工主体资格,这相当于将"自雇制"和"中介制"中的家政工人排除在劳动法调整范围之外,中介模式和自雇模式中,家政工与雇佣家庭之间的关系不受《劳动法》调整。而这种类型的家政工在当前我国的家政服务从业者中占据了一定分量的比例,这无疑形成了一个制度保护缺口。

1994年9月,劳动部制定的《关于〈劳动法〉若干条文的说明》第2条明确规定,家庭保姆不适用《劳动法》。2008年实施的《劳动合同法》依然没有对雇主与家政工之间的法律关系作出规定。人社部于2014年颁布的《劳务派遣暂行规定》第26条规定:"用人单位将本单位劳动者派往境外工作或者派往家庭、自然人处提供劳

㉚ 胡大武:《非正规就业劳动者"易受伤害性"及其法律规制——以家政工人为考察对象》,《社会科学战线》2011年第8期。

㉛ 徐纯先、张先贵:《家政工人劳动权益保护之监察》,《西南政法大学学报》2011年第2期。

动的,不属于本规定所称劳务派遣。"2006年10月1日施行的《最高人民法院关于审理劳动争议案件适用法律若干问题的解释(二)》第7条第四款明确将家庭或者个人与家政工之间的纠纷排除在劳动争议范畴之外。2021年1月1日,《解释(二)》失效,但随之施行的《最高人民法院关于审理劳动争议案件适用法律问题的解释(一)》在第2条第四款再次延续了这一规定。

一方面,从立法层级来看,《关于〈劳动法〉若干条文的说明》并不具有一般法律效力,但在劳动关系管理领域具备权威性,因此在确认劳动关系、解决劳动争议的过程中得到了普遍地接受和应用,"家政工人不适用劳动法"这一观点逐渐成为行政及司法实践领域的惯性思维。另一方面,在司法实践中,《最高人民法院关于审理劳动争议案件适用法律问题的解释(一)》阻断了中介制及自雇模式中家政工人依据劳动法寻求救济的途径。

家政工未被劳动法律体系所覆盖,至少造成两方面的影响:

一是致使这一庞大的从业群体在劳动权益保护方面没有任何的法律保障。由于家政工尚未成为劳动法上的劳动者,因此其休息休假、职业培训、安全卫生、社会保险等劳动权益均无从论起。劳动法的排除性规定使得家政工人相关的劳动权益在制度层面被边缘化和隔阂化,通过实证调查研究分析得出的大量数据和事实,揭示了弱势家政工人劳动权益得不到应有的制度保障、时常受到各种侵害的现象。[②]另外,由于90%以上的家政工都是女性,因此这种针对家政工群体的排除性规定在事实上使女性群体的从业处境更显弱势。

二是导致家政工与相关主体(用工家庭、家政服务企业)之间的关系无法厘清。由于家政工与相关主体之间的法律关系无明文规定,因此在现实中,家政工、雇主、家政公司三方法律关系定位不明,法律适用也较为混乱。例如,2004年,上海市徐汇区人民法院在审理一起家政工在雇主家工作时发生意外身亡的案件时,将家政工与雇主之间的关系认定为雇佣关系。雇佣关系亦与劳动关系不同,其更多地倾向于民法的私法自治理念,而劳动关系在社会法调整下拥有更多的法律规制,但两者在原生状态下具有很多共性,并且从历史发展过程分析,劳动关系是从雇佣关系中分离和发展出来的,是私法公法化的过程,雇佣关系与劳动关系之间的界限很大程度上是一种政策的选择。而2005年南京市玄武区人民法院在一起家政服务人身损害赔偿案件的审理中认为,雇主与家政工之间存在劳务关系,而非雇佣关系,该判决依据的是2001年江苏省高级人民法院审判委员会第65次会议讨论通过的《2001年全省民事审判工作座谈会纪要》的规定:"从事家政服务的人员与接受服务者之间,一般应认定为劳务关系,不适用雇主责任"。劳务关系是指由两个或两

---

② 同前引,徐纯先、张先贵:《家政工人劳动权益保护之监察》,《西南政法大学学报》2011年第2期。

个以上的平等主体,通过劳务合同建立的一种民事权利义务关系,双方当事人地位平等,在人身上不具有隶属关系,工作风险一般由提供劳务者自行承担③。这就在非正规经济不断发展的今天,又重新引出了对"雇佣关系""劳动关系"与"劳务关系"三者之间关系的再讨论。

每一项法律规定的背后都必然存在着一定的制度逻辑,即使是不够合理的法律规定。与现实和法理存在不符的家政工被排除在劳动法之外的规定,主要是出于对雇主特殊性和家庭雇佣特殊性的考量,前者是指家庭雇主是否足以承担与其他雇主同样的责任,后者是指家政工作的非正规性能否为传统劳动标准所容纳。

首先,就家庭雇佣的特殊性而言,家政工之所以未能成为劳动法上的劳动者,其农民工身份成为一大障碍,其改变阶层地位的过程是十分缓慢的,一方面是经济地位的原因,另一方面也取决于户籍制度的进一步改革和统一的城市劳动力市场的形成。我国的第一产业是农业,只有符合产业经营性质的农业才可能受到劳动法的调整,因此农民工是无法借由其普通农民身份作为第一产业人员被纳入劳动法保护范畴的。但与建筑业农民工不同,家政服务业属于典型的第三产业,本应当属于劳动法的调整范围,但由于部门分割、管理体制的错位,使得家政工溢出劳动法保护的边界。现行劳动法律规范体系是针对产业劳动者制定的,以用人单位与劳动者之间的一重劳动关系、八小时全日制劳动、遵守一个雇主的指挥等为特征,而家政服务工作的特点与传统的标准劳动关系存在差异,由于劳动时间的计算难度较高、工资缺乏固定标准及最低标准、从业人员的流动性较强、雇主责任机制尚未完善,因此难以将家政工与劳动者视为一体,在当时的立法水平下,没能将其纳入到劳动法律体系的保护范围之内。但这仅是立法技术层面的障碍,可以通过归纳家政工的劳动特点、规制需求、法律制度的弹性所在来进行克服并进一步完成改善。

其次,对于雇主的特殊性。在法律所确定的"用人单位"这一中国特色概念的内涵与外延之中,难以容纳家庭或自然人作为劳动关系的当事人④。这体现出我国劳动法律法规仍停留在传统工业劳动视角之内。家政工被雇佣的直接目的不是为了生产,不直接参与生产过程,其雇主也不再是生产资料的所有者和资本家,两者之间经济力量的悬殊明显较小,表面上具有劳动法无须介入家政工保护的假象。产业关系下雇主对雇员的生活和实现再生产的负担是以获取剩余价值为目的的,而家务劳动仅能提供生活的便利。劳动关系下自然人组成的家庭在我国劳动法上

---

③ 唐斌尧、王敏、杨玺、田秋菊、谭志福:《家政工人劳动权益保障问题及立法建议》,《济南大学学报(社会科学版)》2015年第1期。

④ 胡大武:《非正规就业劳动者"易受伤害性"及其法律规制——以家政工人为考察对象》,《社会科学战线》2011年第8期。

不具备用工主体资格,这意味着与家庭直接建立家政服务关系的家务服务员不属于劳动法上的劳动者,被排除在劳动关系主体之外。在非正规经济领域蓬勃发展的时代,这两种主体论都面临着巨大的挑战。⑤目前我国劳动法立法采用的是"主体标准"的方式,其调整的"劳动关系"需要由"用人单位"和"劳动者"两个主体来界定。因为个人和家庭在劳动法上不属于"用人单位",因此个人和家庭与家政工之间的关系就不属于"劳动关系",进而家政工就不属于劳动法上的"劳动者"。这种因雇主的性质而将某一类劳动者排除在劳动法调整范围之外的做法,并不符合劳动法的立法本意,而仅仅是出于规制上的便利所为。事实上,劳动关系的判定应该紧紧围绕着劳动内容的"从属性""控制性"等实质标准,而不应首先考虑雇主究竟是私人家庭还是单位,这样才能真正实现"从'身份立法'向'行为立法'的转变"⑥,为保护更多家政工的利益铺平道路。

2. 地方的立法实践及其不足

以深圳、长春、郑州为代表的地方在家政服务行业方面的所推出的地方性立法,有着如下特点:

首先,上述地方性立法都提及"家政服务经营者",并且都是在以家政服务经营者为中介的前提下讨论家政工的相关权利问题。例如《深圳经济特区家政服务业条例》第 15 条规定:"服务人员应当如实向经营者提供本人身份、学历、资格证明文件及其他有关资料,经营者不得扣押服务人员身份、学历、资格等证明文件原件。"在这样的语境下,可以推定条例的起草思路是建立在由家政服务经营者所构成的家政服务产业基础之上的,但这仅仅是当前家政服务人员得以进入各个家庭提供家政服务的一个较为常见的渠道而已,对于家政服务人员与服务家庭中的自然人直接签订家政服务合同的情形均未提及。

其次,上述地方性立法的主要落脚点是家政服务业的规范与发展,例如《郑州市家政服务业管理办法》第 1 条规定:"为促进家政服务业发展,规范家政服务行为,适应家务劳动社会化的需求,维护家政服务消费者、家政服务从业人员和家政服务经营者的合法权益,根据国家有关法律、法规规定,结合本市实际,制定本法。"在家政服务从业人员的规范方面,也多为对其合同履行的规定,没有回应现实生活中家政服务从业人员群体在劳动权益保障及社会保险权利方面的需求。

另外,上述地方性立法的主要规范内容是各主体基于家政服务合同的权利与义务,将其完全放置于合同法的范畴内来进行规范的,实际上是将"家政服务"看成

---

⑤ 黎建飞、石娟:《论我国劳动法律调整方式从一元化向多元化的转变——以家务服务员的劳动保护为视角》,《河南财经政法大学学报》2012 年第 2 期。

⑥ 李满奎:《新西兰家政工人劳动权益保护机制研究》,《社会科学战线》2014 年第 8 期。

一种"商品消费"。家政服务的内容所赋予其本身的"伺服性",以及家政工的弱势群体特征等决定了家政工的权益极容易形成保护缺口,这些缺口都不是通过一纸合同将家政服务视为"商品消费"就可以解决的。广州市政府于 2009 年发布了《广州市家政服务合同》,该合同具有定式合同的性质。对此,胡大武教授明确指出:"《广州市家政服务合同》以定式合同的形式将家政工人与家政公司之间的关系强制地定性为劳务关系而不是劳动关系,且将家政工人与雇主之间的关系强制地定性为服务合同关系而不是雇佣关系。"从这个层面来说,相比前文提及的深圳、长春、郑州三个城市的立法实践,这份定式合同从文义上排除了家政服务从业人员与家政服务经营者之间签订劳动合同的渠道。这对于家政服务从业人员的权益保障来说,无疑是不利的。

综上,从地方立法实践的情况来看,它们从合同法的维度探讨家政服务活动中各方当事人的权利与义务,并且它们最主要的目的是对整个家政服务行业进行规范,因此作为"家政服务经营者"的家政公司也成为了家政服务行业立法实践中的基本关系主体之一,也即是——这些地方立法所关注的范围仅限于"家政服务从业人员-家政服务经营者-家政服务消费者"这种三方关系的角度。而它们对于家政服务从业人员是否取得劳动者的法律地位要么未提及,要么直接以定式合同的方式间接否认了其为法律上的劳动者。这些立法实践可能对于当地的家政服务业在短时间内能够起到一定的行业规范作用,但我们无法忽视的是,家政服务从业者才是支撑起这个行业的核心因素,如果在立法上只关注行业的规整、就业的促进,而忽略在行业中就业的人员的切身利益,比如其是否具有法律上的劳动者地位等,那么我们将难以保持这个行业的发展活力。

3. 行业协会自律性规范的缺失

基于行业规范尚不健全、前文所述的地方立法实践规范的三方主体之间的矛盾依旧得不到解决,作为行业自治机构的行业协会制定了一些自律性规范。以《北京家政服务业行业公约》为例,其最大特征在于它对家政工与家政服务经营者之间的劳动关系的肯定,如,《北京家政服务业行业公约》第 15 条规定:"本公约所称家政服务人员,是指具有法定劳动资格,以从事家政服务为内容而取得有偿报酬的人员。家政服务人员应当如实向经营者提供本人身份、学历、健康等资格证明及其他有关资料。"但值得注意的是,这些自律性规范的整体结构与先前的地方立法实践相去无几,即分为"总则、家政服务经营者、家政服务人员、家政服务消费者、附则"这五个部分,而行业自律性规范的内容还是遵循了以往地方立法实践的思路,即多从家政服务经营者角度制定规范而不是从家政服务人员的权利保护角度去思考。这样的出发角度无论是基于家政服务活动中当事人权益保护需求的紧迫程度,抑或是从整个行业发展所最终依赖的对象来看,都是有失偏颇的,并且在家政服务人员的章节部分,往往更多规定的是家政服务从业人员在工作中应遵循的义务,鲜少提及其所受何种保障,有何种权利,如此一来,会将家政服务从业人员置于一个更加弱势与被动的地位,无论从社会效果还是行业发展来说,都是极容易产生不利影响的。

(二)家政工与家政企业雇佣关系的定性:劳动关系的多年存疑

法律法规以及规章对家政工身份界定不清、对家政工与雇主之间的关系处理不明的最直接反馈体现在司法实务中,在实务中,涉及家政工的工作纠纷存在大量案例,且案例体现出一定的重复性、结果不一致性,这说明了法律法规的缺失以及现有法律法规还不足以应对现实中出现的常规纠纷的现实。本文从裁判文书网中选取了两个具有代表性的工资报酬拖欠纠纷案例进行了整理。

案件一[37]:2007 年 6 月 9 日,陈某某与维洁公司之间签订了月嫂聘任协议书,协议约定,陈某某从事月嫂工作,工资根据陈某某是否介绍育儿嫂分别从服务费中按 70% 和 75% 提取,以打卡的形式发放,服务期限为一年。2013 年 4 月至 6 月期间,维洁公司作为甲方分别与乙方李某某、赵某某、刘某某签订月嫂派遣协议书,约定甲方派遣家政工陈某某去乙方家工作,期限分别为 2013 年 4 月 8 日 11 时至 5 月 6 日 11 时、2013 年 5 月 7 日 11 时至 6 月 4 日 11 时、2013 年 6 月 16 日 8 时至 7 月 14 日 8 时,服务费用 6000 元、6000 元及 6800 元。因维洁公司未按时给陈某某发放上述期间的工资,陈某某于 2013 年 9 月 12 日向沈阳市皇姑区劳动人事争议仲裁委员会提出仲裁申请,该仲裁委员会于同月 17 日作出沈皇劳人仲不字(2013)号不予受理通知书,陈某某不服,遂于同年 9 月 23 日起诉至法院。

一审法院经审理后认为,根据相关法律的规定,用人单位应当按照劳动合同约定和国家规定,向劳动者及时足额支付劳动报酬;用人单位与劳动者应当按照劳动合同的约定,全面履行各自的义务。本案中,双方签订的月嫂聘任协议书,能够确认陈某某作为劳动者,维洁公司作为用人单位,双方之间存在劳动关系。现月嫂派遣协议书载明维洁公司已经实际用工的事实及服务费数据,结合陈某某提交的工资卡,维洁公司自 2013 年 4 月至同年 6 月间,存有拖欠陈某某工资的事实,因此,维洁公司负有及时支付陈女士工资的义务,故对陈女士的诉讼请求予以支持。二审维持原判。

案件二[38]:郑某某(甲方、用户)、吕某某(乙方、家政工)、案外人杭州市上城区河坊街家政服务部(丙方、介绍所)三方于 2014 年 6 月 8 日签订《中介合同》一份,

---

③⑦　(2014)沈中民五终字第 343 号。

③⑧　(2015)浙杭民终字第 1034 号。

合同约定丙方介绍乙方给甲方,乙方在甲方家中带孩子、做家务、包吃住,约定服务费为 4000 元/月,月休 2 天。同日,吕某某来到郑某某家工作。2014 年 11 月 12 日,因吕某某与郑某某家人发生矛盾,郑某某要求吕某某离开,吕某某于当日离开郑某某家。后因报酬支付问题,吕某某向法院起诉请求判令郑某某立即支付吕某某家政服务费共计 22571 元。

一审法院审理后认为,吕某某与郑某某之间的《中介合同》系双方当事人之间的真实意思表示,内容不违反法律、法规的禁止性规定,应属合法有效,双方当事人应按照合同的约定全面地履行自己的义务。本案的争议焦点在于:一、吕某某为郑某某提供家政服务期间,郑某某有无全额支付服务费。关于该争议焦点,一审法院根据原被告双方的举证和说明,认定郑某某已向吕某某支付 21000 元。二、吕某某在郑某某家中提供家政服务期间,约定的每月 2 天的休息日从未休过,郑某某是否需要对此额外向吕某某支付法定节假日服务费。关于该争议焦点,一审法院认为,吕某某与郑某某之间系服务合同关系,故要求郑某某额外支付法定节假日服务费的请求,缺乏法律和合同依据,原审法院不予支持。据此,依照《中华人民共和国合同法》第 60 条,《中华人民共和国民事诉讼法》第 64 条第一款之规定,判决郑某某于判决生效之日起十日内向吕某某支付家政服务费 970.67 元,驳回吕某某的其他诉讼请求。二审法院维持原判。

劳动关系的认定和报酬支付的认定是此类案件判决中按顺序展开的两个事实,也是相互依存的两个法律关系的确认。两案件根据相关案件材料各自做出了结论,但都没有在法律关系的界定过程中探讨服务合同关系和劳动关系的区分。从以上两个案件的审理情况也可以看出,因法律法规及规章将家政工及家政劳动关系排除在规制范围之外,司法实践只能就个案做出相对合理的处理,而无法保持同案判决结果的相对一致,也无法就法律关系的认定展开论证,这其实是立法空白致使的司法实践上的无奈。

(三)家政工之工作与职业化

由于社会经济结构的原因,一直以来,产业性劳动在社会中都占据主流。而与产业性劳动相比,家政工作在许多劳动构成方面都具有特殊性,是一项“与任何其他工作一样的工作,又不同于其他工作的工作”。

(1)工作时间上,工作时间长且不固定。世界范围内,家政工人的工作时间都是最长、最不固定和最难以界定的。根据 2005 年国际劳工组织的调查,很多国家的女性家政工平均工作时间在每周 100 小时以上,巴林是每周 108 小时,科威特是每周 101 小时,阿拉伯联合酋长国是每周 105 小时。很多女性移民家政工甚至每天工作达 15～17 小时,每周工作 7 天。以及在我国台湾地区,外籍的家政工人被雇佣后,需要 24 小时待命工作,存在工作时间过长、缺乏足够休息的情形。㊴ 在国内,家政工人也面临类似境况。据统计,在广州,35％的家政工人平均每天工作 10 小时,在成都和广州,28％的家政工人周末没有休息日。

(2)劳动合同签约率低。在北京有超过 27％的家政工没有与雇主签订劳动合同。而在广州,该项数据还要高出一倍,达 50％左右。

(3)保障支持组织网还没有建立起来。很多地方的家政工都没有工会,也没有其他群体性组织来维护他们的群体利益。

(4)工作环境特殊。家政工的工作场所是雇主的私人家庭,需要面对和处理与雇主家庭成员之间的近距离相处关系。对于家政工而言,雇主行为是不可预期和不相一致的,雇主行为的宽容度与合理度往往出于雇主自身的主观想法,并没有可以量化的标准,因此,家政工人所能获得的非经济层面的待遇是千差万别的,故而运用法律制度对雇主行为的合理下限作出规范就显得尤为重要。目前,并没有相关法律条文从劳资双方的角度对这种雇佣关系进行约束,许多雇主也以为他们与家政工之间仅仅是一方提供服务、一方支付报酬的平等关系。在一些拖欠家政工工资的行为、虐待家政工或其他侵犯其人权的行为仍然存在的前提下,国家应该出台相关法律来限制雇主的不正当行为,保护家政工的劳动权益。㊵ 家政工,尤其是住家家政工的工作场所不同于产业劳动中的工厂等公共领域,而是私人领域的家庭,其工作环境相对而言是封闭的、孤立的。这种工作场所的私人性,空间上的"零距离感"对于雇主和家政工而言都是需要进行适应和调整的。一方面,家政工自身的生活与工作重叠在一起,如何划定两者之间的边界? 如何看待其中的重叠? 又如何解决重叠带来的负面影响? 这些问题都直接关系到劳动力的再生产模式。在这种孤立的工作环境中,家政工很难或者根本无法建立起防范机制,其人身权、财产权、休息权等收到侵犯的可能性也大大提高;另一方面,雇主家庭也因"外人"的进入而丧失安全感,将家庭事务全部交由家政工人来负责且难以进行有效的监督。

(5)家政工群体主要由女性构成。无论是在国内还是在国外,非正规就业群体构成都体现出以女性为主的特点,在家政服务业,女性依然占群体的绝大多数,家政工群体的女性特征明显。家政工的工作内容与女性在家庭中作为妻子、母亲和照护者的传统角色相适应,这是家政工以女性为绝对主力的一项重要原因。在国际上,随着全球化进程的加速,劳动力市场出现了亚洲大量劳动力输出到发达国家或地区的情况,女性劳动者多数从事非常有限的、与传统的性别角色相联系的几

㊴ 胡大武:《家政工人工作时间的法律规治》,《广东社会科学》2012 年第 1 期。

㊵ 林燕玲、任意:《家政工人与体面劳动》,《中国工人》2010 年第 9 期。

种职业。而由于就业的局限性,他们在一些情况下会面临不平等的工作条件,包括性骚扰、工资拖欠等。

(6)工作内容的模糊性。家政工作尤其是住家家政工所需要料理的工作是模糊、可变、界限不清晰、难以准确描述和量化的。家政工作的模糊性主要表现在其工作范畴的模糊性和可变性上。国际劳工组织的国际标准职业分类(ISCO)在两大分类编组(第5项和第9项)项下确定了家政工作的种类及相应的技术水平。ISCO将家政工作分为家务管理和个人护理两大类,并列举了各类家政工人的工作范围。然而在绝大多数情况下,一般雇主不可能分别雇佣洗衣工、清洁工、保姆来分别从事洗衣、做饭、清洁、购物、照料儿童或老人等工作,这些事务往往会一概作为家务交由一个家政工来完成。除此之外,每个家庭的经济状况、规模、偏好不同,相应的家政工的工作内容亦随之不同。

综上,与大多数劳动者或一般服务人员相比,家政工的工作和业务有着显著的特点。而这些特点恰恰与家政工在工作过程扩展和劳动权益保障方面的困境是息息相关的。例如家政工工作内容的模糊性与家政工因工受伤后的损害补偿困境、家政工工作场所的特殊性与家政工人格尊严及隐私权维护的困境等,都是家政工工作和业务的典型特点,也是他们在工作中需要面对的独特问题。我们既需要深入分析各个具体问题背后的法律及其解决路径,也需要储备好家政工工作作为劳动的一般性认知,并承接整个家政业的发展水平和趋势,促进家政工的劳动可持续性。

家政工的职业化是家政工发展过程中必须要探讨的一个话题,是家政工劳动权益保障的初衷所在。

1. 家政工职业化的背景

家政工是一个职业化的群体,这是家政工权益保障的基本前提。推进家政工的职业化进程也是解决家政工权益缺失的基本路径。

家政工职业化是近几年来家政服务业规范化研究的重要命题,在学术界及实务界得到了广泛一致的认同。家政工职业化旨在引导家政服务管理模式由"中介制"转为"员工制",使家政工可以享受应有的劳动和社会保险权利,推进家政工劳动标准的设立,以保障其劳动权益,缓解家政市场的供需矛盾,规范家政服务业有序、健康发展。

2000年7月3日,原劳动和社会保障部印发了《家政服务员国家职业标准》,发布了《招用技术工种从业人员规定》,对四大类90个工种实行就业准入,家政服务人员被纳入第三类"商业、服务业人员",这是家政服务职业化的起点。2002年11月1日,国务院颁布了《关于取消第一批行政审批项目的决定》,取消了家政服务员持证上岗的就业准入制度,使家政服务员、家政服务公司及客户均对家政服务业很难产生职业认同感。2005 年,劳动与社会保障部发布了《家政服务人员国家职业标准》(自 2006 年 1 月 17 日起施行),将家政服务人员的职业等级定为初级、中级和高级三个级别,确定了全国通用的家政职业等级资格证书,需通过培训进行统一考试后获得,这标志着家政行业职业化进程的又一发展。在历年两会上,代表及委员们也纷纷提议促进家政工的职业化进程。习近平总书记在山东省济南市外来务工人员综合服务考察中心考察时也指出,家政服务大有可为,要坚持诚信为本,提高职业化水平,做到与人方便、自己方便。

2. 家政工职业化的含义及特征

所谓家政服务员职业化,就是要求从业人员具备相当的职业素养和职业精神,掌握相当程度的专业技能,在统一的行业标准和行为规范下进行家政服务。家政职业通过职业活动、职业权利、职业训练,执掌和运用职业规则,维护特定的职业秩序并共同承继和发展职业所具有的社会使命。具体来讲,包括以下特征:

(1)家政工具备相当的职业素养和职业精神。由于目前家政服务员的非职业化,一种普遍的心理认知是"保姆等家政服务人员就是伺候人的,做一些简单的体力活,有一种低人一等的感觉"。事实上,各方对于家政从业人员的职业素养和职业精神并没有过高的要求。从理论上来讲,保姆、清洁工、管家等家政服务员所从事的工作就是一种职业,与医生、教师等职业一样,没有高低贵贱之分。这种基于全社会的认同感之下的职业素养和职业精神,目前还没有在家政工群体中完全具备。

第一,应培育家政工的自身认同感。调查发现,2010 年上海家政业以外来工为主,比例高达 85%,在北京,这一比例更高达 90%,农村进城务工的家政人员有更强的临时性和流动性,其中很大一部分都是出于挣钱补贴家用、治病、供孩子上学等原因而短期外出打工,甚至很少会从业超过 3 年。家政工群体自身并没有足够的自身认同感,认为是自己职业技能低下所以只能从事这一行业,因此很少有家政工会把家政当作一份职业来看待,职业精神与职业素养更遥不可及。家政工职业化就是要改变这种认知,赋予家政服务员以职业精神及职业素养,重新构建一种职业观,需要家政工认识到家政业已经成为新兴社会所不可或缺的一部分,高级专业的家政工更是在劳动力市场上炙手可热,应深谙家政服务业的意义和价值所在,并承担起一定的职业责任,在服务给付中收获自尊与自信,在工作中培养职业素养与职业精神。

第二,应加强家政服务业行业认同感。目前中国的家政行业,从市场需求、从业人数和销售额度来看,都已经是个庞大的产业。但其行业运营水平,仍然处在非常原始的状态。大部分家政公司其实也仅仅履行职业介绍等部分功能。家政服务员职业化首先要做到家政服务业职业化,家政服务业应将其自身定位为具有一支职业化的家政服务队伍、职业化的家政服务理念、较为专业的家政服务水平和能与国际接轨的家政服务结构以及职业化的家政教育培训体系。家政服务业的重新定位是家政服务员职业化的关键所在。

第三,促进政府对家政服务业的组织认同感。家政服务员的社会认可度低很大程度上来自于政府相关政策引领的缺位及错位,全国至今尚未建立起统一的培训标准、服务标准和企业管理标准等。家政企业隶属关系多元化,呈多头管理。各种经济成分混杂,业界同行各行其政,经营者素质良莠不齐,行业发展缺乏统一规划、统一的服务质量标准和成本价格标准,相关法律法规滞后,完善服务和管理无章可循。只有政府将家政服务员进行职业化定义,出台相关政策措施,加以指引规范,才能真正塑造家政服务员的职业素养与职业精神。

第四,重塑家政服务业的社会认同感。当下社会大部分人对于家政工及家政服务业仍以有色眼光看待,甚至略带歧视,这种观念都极其不利于家政服务业健康发展,不利于家政工职业素养及职业精神的培养。各级政府部门、家政行业协会、新闻媒体等部门应加大对家政服务业的正面宣传和引导,引导人们正确认识家政服务行业、正确对待家政从业人员,提升社会对家政服务业及从业人员的认同感,提高家政服务业的社会地位。当全社会都对家政服务员及家政服务业保持一种正确客观的态度时,家政服务员职业化的诸多阻碍也就自然被消除了。

(2)家政工掌握相当的职业技能。家政服务员职业化的另一特征为家政服务业从业人员掌握相当的职业技能,这也是从业人员具备相当的职业素养与职业精神的题中应有之意。当下的家政服务员缺乏必要的培训,整个家政行业也缺乏职业意识、职业技能、职业道德、职业素养,不具有规范、自律的家政职业操守和监督制约机制。家政服务员工资高低不一,各种培训机构、培训教材、服务规范充斥市场,全国至今未建立起统一的培训标准、服务标准和企业管理标准等,制约了家政服务业健康发展。[41]

因此虽然家政服务存在着庞大的市场需求和发展空间,但是始终存在供给缺口,随着人们经济生活水平的不断提高,对于家政服务员的需求还将继续增加,服务要求也更加多元化及个性化,提供大量具有专业技能的稳定的家政服务员并按照市场化的供需方式进行供给,已经成为家政服务业职业化发展的基本要求及特征。

家政服务员的专业化发展可借鉴国际上一个非常成功的经验,即"菲佣"。菲

---

④　参见《关于推进家政服务职业化发展的建议》,《中国妇运》2012年第4期。

佣是世界知名的家政群体,菲佣的最大特点就是其所提供的服务具有非常强的专业性,如同私人订制般提供服务,他们往往具有较高的文化素养、专业技能及职业精神,不仅可以完成自己的本职工作,还在学习、礼仪、理财、儿童教育等方面有一定的知识储备。这种专业化离不开专业的学习和培训,家政工是家政公司的员工,家政公司最重要的职能是培训合格的家政工作人员,并严格按照相应标准,不仅要培训家政服务人员的服务技能,还要进行基本的职业道德教育,培育其从业应具有的职业精神。

职业化的家政服务员需要掌握相当的职业技能,即专业的服务技能。首先,家政工应采用"市场准入制",通过职业资格的获得进入家政服务业,从根本上保证家政服务员具备一定的职业技能。那么,这就意味着必须对传统的乡土帮带式保姆及职业介绍所式的家政工进行相应的规范化管理,要通过专业资质认定,经由家政服务公司的推派,再为雇主进行相应的服务。其次,家政服务公司必须对不同类别的家政工进行相对应的职业培训,培训应根据所提供服务对象的不同而设定不同的标准和模式,力求每一名家政服务员的工作技能都更加专业,更加精细化。另外,家政工要具备与时俱进的职业观。现今社会处于快速发展之中,城市的人口结构正发生着巨大的变化,人们对家政服务的需要呈现多元化与多变化,这就要求家政服务员在职业技能的习得与提高之路上不能停滞不前,固守传统,要紧跟时代的步伐,甚至要具有超前意识,具备一种与时代需要相当的职业技能。

（3）有统一的行业标准和行为规范。行业标准是指在全国某个行业范围内统一的标准。行业标准由国务院有关行政主管部门制定,并报国务院标准化行政主管部门备案。行为规范是社会群体或个人在参与社会活动中所遵循的规则、准则的总称,是社会认可和人们普遍接受的具有一般约束力的行为标准。包括行为规则、道德规范、行政规章、法律规定、团体章程等。目前,对于家政服务业,还没有统一完善的行业标准和行为规范,家政服务员还没有实行"员工制",大部分无法受到劳动法规对劳动者合法劳动权益的保障。而家政服务员职业化的一大特征就是建立统一的行业标准和行为规范。

第一,政府行业管理部门出台适合行业发展的规章制度、行业标准、项目标准以及职业道德方面的标准,建立家政服务企业"市场准入证"制度和统一的行业收费标准、服务标准等,加强家政服务企业经营者、从业者和家政服务员专业的业务培训,规范家政服务企业的从业行为,维护家政服务企业的合法权益,协调家政和家政服务人员的关系,帮助双方建立联系和信任,使需要服务的家庭能够放心用人,从事服务的人员能够安心服务。

第二,政府出台针对家政服务业的特殊立法,推动"员工制"管理模式的发展,制定家政工特殊劳动标准。由于家政工工作场所的封闭性、服务主体的非群体性、服务对象社会地位和经济实力及心理定位的优越性等因素导致的易受伤害性,家政服务业具有特殊性,普通劳动标准难以涵盖家政工的特殊需求,尤其是劳动标准中有关人身安全和人格尊严保障等需求。并且,由于家政工劳动强度及环境的差异性、雇主指令的随机性、工作与休息界限的模糊性等行业特点,家政工的劳动标准在休息时间及薪酬权益确定等方面都与普通劳动标准存有差异。此外,那些未与家政服务公司或组织建立劳动关系的家政散工,无法享受工伤保险等社会保险,更具易受伤害性,且更难以获得补偿,加重了这一群体的脆弱性和边缘性。因此,制定关于家政服务员的特殊劳动标准将是家政服务员职业化的根本保障也是主要特征之一。

第三,家政服务行业协会应充分发挥"协调、指导、服务、管理"的职能,起到行业协会在行业规范和自律方面的作用。家政服务行业协会应依法制定协会行规行约,建立行业自律机制,维护行业整体利益;传达和贯彻国家大力发展第三产业的方针政策,特别是直接关系民生,有利扩大就业,能够拉动内需的家政服务业政策,促进家政服务业的全面兴起和发展;对行业发展的重大问题进行调查研究,积极向政府有关部门反映行业和会员诉求,参与制定行业标准,协调服务价格,监督服务质量;组织家政学术报告、经验交流和有关培训;提供本行业相关的咨询服务,维护会员单位的合法权益;提供国内外家政服务行业市场信息,编辑出版会刊等;加强与国内外同行的交流与合作,树立并推出一批品牌企业;承办商务委员会等政府有关部门授权、委托的工作,接受会员单位委托的有关事宜。家政服务行业协会对家政服务业的指导和管理是家政服务业不断规范发展,职业化发展的关键力量。

第四,家政服务业及家政工严格落实各项行业标准,自觉遵守各项行为规范。职业化发展之下的家政服务业能够自觉维护公平、公正的家政市场竞争,形成较好的家政职业保障机制;能够把握家政业发展的自身规律,能够胜任、担负和支撑家政产业发展的各个要素,支撑家政业的良性发展。职业化发展之下的家政服务员能够自觉遵守法律法规,遵守行业规范,认真接受职业培训,努力提高工作技能,以认真负责的工作态度提供符合行业标准的家政服务;在职业生涯中,家政服务员的劳动权益得以保障,可享受工伤保险、医疗保险等社会保险,休息休假权也得以落实;家政服务员与家庭雇主、家政服务公司或组织之间形成和谐稳定的三角关系,家政服务员可以体面的工作,家庭雇主可以放心地把事情交付于家政服务员,家政服务公司或组织则做好相关的安排管理及沟通工作。这些都是建立于统一的行业标准和行为规范之上的。

3. 家政工职业化的现实困境

随着社会的发展,传统意义上的家政服务(清洁、做饭、照料起居)已经不能完全满足社会各类群体的需要,家政服务业的业务范围已拓展至家居服务、母婴看护、清洁服务、家教服务、销售服务等领域。家政服务的对象也不再仅限于高收入家庭,更多地进入到中等普通收入家庭及办公场所中。家政服务由一种临时性需要变为了一种日常需要。然而,家政服务业的快速发展中却夹杂着一种无序和混乱,数量的增多却没有伴随着质量的提升,需求的增加也带来了更多的争议,这一新兴产业面临着发展不平衡,操作不规范等诸多问题,基于产业的职业化路径阻碍重重。

第一,由于缺乏针对家政服务行业的专门法律规范,家政服务行业的经营模式多种多样,包括员工制、中介制以及会员制,且以中介制为主,部分劳务派遣公司还会以中介公司之名进行经营[42],在这种情况下,家政服务机构、家政工的法律地位是不甚明确的,由此家政工的基本劳动权益保障机制缺位,相关争议频频发生,无形中给家政服务业从业人员带来了生理和心理上的压力,加重当下家政服务员供不应求这一障碍。具体来看,在员工制模式下,无论家政工与家政服务机构签订劳动合同与否,只要构成了实际用工,都可以认定家政服务员与家政服务机构之间成立劳动关系,那么二者就应适用标准劳动法律法规,家政服务员的劳动权益可以得到基本的保护;在中介制模式下,家政服务机构只是一个中间人,既不对家政服务员进行管理,也不负有对其进行职业培训的义务,更不用为其缴纳社会保险,家政服务机构承担的风险极小,而家政工个人承担的法律责任风险极大;会员制模式则处于员工制与中介制之间,家政服务员作为家政服务机构的会员,向该机构缴纳一定的会员费,该机构对会员进行相应的培训,之后再将会员介绍给客户。在会员制模式下,家政服务机构对家政服务员进行一定的管理,但却不给会员任何员工应有的劳动待遇,工伤风险、社会保险等仍由家政服务员自主承担。不同的经营模式下,家政服务员与家政服务机构之间的法律关系也互有差异,形成劳动关系、劳务派遣关系、民事雇佣关系及居间关系,家政服务业落入纷繁复杂的法律关系中无所适从,形成家政服务业这一产业职业化的制度障碍。

第二,家政服务业这一新兴产业虽正蓬勃兴起,但发展呈无序化的失衡状态。首先,家政服务机构数量在增加,但规模不大,规范不一,其经营状态多数停留在"小作坊"状态,缺乏规模大、具备专业性的家政公司,而且其服务不够规范,服务质量参差不齐。其次,这一行业没有形成统一稳定的价格机制。目前,多数地方的家政服务业服务收费实行自主定价,且很多时候家政服务机构网站上显示的收费标准与实际收费标准不一,实行会员制或中介制的机构的收费更是不透明,相应地家政服务员的工资发放中也存在不诚信的暗箱操作。此外,家政服务公司随意涨价

---

[42] 刘继华、尹秀荣:《家政服务机构的法律地位与法律责任》,《中华女子学院学报》2013 年第 6 期。

的现象也时有发生。再次,非法中介机构损害用户和家政服务人员权益现象时有发生,一些非法中介刻意隐瞒家政服务员的病情或不良习惯,导致客户利益受损,或恶意向家政服务员隐瞒客户提供的酬劳,从中抽取利润,侵害家政服务员合法权益,这些严重影响家政服务的健康发展。最后,这一行业还没有建立起有效的家政服务业服务监督体系,由于家政服务是一种新兴行业,目前还没有专门处理该行业消费纠纷的专项法规,打擦边球、钻空子等现象在家政服务业已司空见惯,而一旦家政服务行业出现消费纠纷,只能参照消费者权益保护法处理,处罚力度不足,且对于家政服务机构与家政工、客户如何签订相关合同、法律责任如何分配等问题都没有规范,以致后续的救济无法可依,监督疲软无力。

第三,家政服务业向内需型产业靠拢,但市场从业人员供需失衡。前文已提到,随着经济的发展及人们物质条件的提高,人们对生活质量的高要求以及时间精力的不足,家政服务已经成为一种普遍的需求,尤其是在节奏较快的大中型城市。而这种对家政服务的高需求却面临着一种低供给的尴尬局面,家政服务业职业化发展受阻。一方面原因在于家政服务员缺乏适量的职业训练,导致缺乏职业素养,职业技能不足。现在大部分的雇主客户都是 80 后、90 后,他们的要求不仅限于基本生活服务,且在思想观念上不能存在太大冲突,如果家政服务员表现不专业,欠缺专业素养,双方极易产生争议矛盾,因此才会经常出现家政工聘用难的现象。另一方面,从各行业综合来看,家政服务员的工资水平处于较低层次,10 小时工作制的家庭保姆月工资只有 1~2 千元,由于家政服务员的劳动权益保障机制缺位,他们的收入还不能完全受到最低工资标准的保障,失去对农村进城务工人员的吸引力[43],家政服务员从业人员整体基数不足。再一个方面的原因还在于男性家政服务员匮乏。一些办公场所强度较大的家政工作或照顾男性残疾人、老年人等不适合女性来从事的家政工作,都十分需要男性家政服务员的加入。但受行业特点限制,从事家政服务业的男性极少,长期以来,男性都不以居家打理家务来自居,更不愿意在就业机会资源丰富的现代社会选择去做一名家政工,这被认为是有损体面的,也是不切实际的。家政服务业从业人员中存在着严重的性别不平衡,这种失衡势必对家政服务业的职业化发展带来不利的影响。

第四,社会对这一新兴产业的认识不足。家政服务在我国的历史由来已久,但家政服务业作为一项新兴产业进入人们视野的时间并不长,社会对于这一产业的认识存在不足与偏差,导致参与度不高,积极性较弱。受传统思想的拘束,大部分人仍然认为保姆等家政工是低人一等、不够体面的工作,即使自己并不排斥家政工

㊸　杨书:《"消费的城市"与"边缘"的"她们"——转型社会中进城家政女工生存境遇研考》,《贵州社会科学》2008 年第 7 期。

的工作,但却害怕他人的区别性看待。其次,家政服务业作为一项新兴产业,业务范围肯定不能仅局限于家居清洁、做饭、照料等传统项目,社会对家政服务的广泛需求还没有被社会完全地认识和挖掘,非传统的家庭教育、家庭理财、家庭管家等业务将成为家政服务业蓬勃发展的新动力。再次,政府对家政服务业的发展潜力认识不足,虽出台了的相关扶持家政服务业的优惠政策,但没有加以广泛宣传、严格执行,使其难以落实,可操作性差。

4. 家政工职业化的发展路径

第一,政府行业主管部门建立统一的家政服务业行业标准。一是要采用"市场准入制",杜绝无经营能力、无资质的家政服务机构进入市场,造成鱼龙混杂;二是建立家政服务业统一的行业收费标准,形成稳定的家政服务价格机制,禁止随意对管理费、服务费等费用定价;三是确立家政服务业统一全面的服务标准,在育婴服务、家庭保洁服务、居家养老服务等热点领域加快标准制定工作进程,结合实际中家政服务相关国家标准、行业标准、地方标准及企业标准,确立统一全面的服务标准;四是设立家政服务机构、家政服务员及客户之间的信息透明机制,家政服务机构虽为家政服务员与客户之间的纽带,但不是唯一的信息交换通道,家政服务员与客户之间也应建立一条了解沟通的渠道。在统一行业标准的规范指引下,形成规范、便利、诚信的市场环境,进一步提高家政服务标准化水平,推动家政服务产业转型升级,加快职业化发展进程。

第二,尽快将员工制、会员制及中介制家政服务员纳入统一的特殊劳动标准之下。将会员制及中介制转变为员工制,将家政服务业统筹于现行劳动法律法规的规范之下固然是一个很好的办法,但这只是一种理想的模式,试想一个职业化发展的产业必然不只局限于一种经营模式,也不利于产业效率的提高及产业规模的扩大。但非员工制经营模式下,家政服务员的最低工资保障、休息休假权、工伤保险等权益保障几乎处于落空状态,各方的法律地位和法律责任不明,打破此状态必先打破无法可依的状态,如若要进行立法,不如订立针对家政服务业的劳动特别法,规定特殊劳动标准,将员工制、会员制及中介制家政服务员统一纳入该标准之下。这不仅有助于家政服务机构、家政服务员及客户之间关系的和谐,减少争议,推动整个行业的稳定发展,更有利于改善家政服务员的弱势地位,吸引更多的家政服务业从业人员,改善家政服务业"用工荒"问题,为家政服务业这一朝阳产业的发展注入更多的新鲜血液。

第三,开展专业教育,推进职业培训。目前家政服务员普遍职业素质低下,专业家政工极为缺乏,这也是家政服务业产业发展遭遇瓶颈的要因之一。摆脱这一瓶颈的出路有二,一为在学校教育中开展家政服务业专业教育,虽然这一尝试在历史上以失败告终,但在现今的市场需求下却成为必然。中年女性即使技能再专业,经验再丰富,思想的守旧传统及观念的不一致仍使其在80、90后成为雇主主体的时代逐渐退出主流地位,具备综合素质的新一代家庭服务业经营管理和专业人才将取而代之,成为家政服务员中的中坚力量。出路二为加强对在职的家政服务员及家政管理人员的职业培训,并使职业培训常态化、标准化、规范化;鼓励有条件的家庭服务机构与高等院校、技工院校合作,建立家庭服务人才培养基地和实习基地;开设各种有实用性、针对性的家政服务人员培训班,统一集中培训初级、中级、高级和星级等不同档次的家政服务人员,以适应家政服务市场不同层次的客户需求。家政服务人员的素质高低,决定了家政服务业的发展趋势。

第四,加大产业宣传,正确引导舆论。家政服务业要充分发挥各大新闻媒体的宣传优势和舆论导向作用,继续大力宣传家政服务业在社会发展中的积极作用,在全社会形成尊重、关心、支持家政服务工作的良好环境,积极引导广大群众树立正确的就业、择业观念,消除人们心中对家政服务员"低人一等"的歧视看法或对自己的自卑感;宣传表彰一批优秀家政服务人员,吸引更多的本地下岗失业人员从事家政,进一步消除社会对家政服务的偏见和歧视;精心培训一批管理先进、服务一流的家政服务企业作为典型,正确引导家政服务业向专业化、市场化、规范化方向发展;在广大农村地区,要加强对农村妇女劳动力的宣传引导,开展教育活动,帮助其树立正确的就业观,鼓励农村妇女大胆走出去,加入家政服务业,并对农村家政服务员采取帮扶优惠措施,带动更多的劳动力输出;在宣传过程中,要特别注意将男性纳入动员号召的范围,突出家政服务业对男性家政服务员的广泛需求,消除人们对家政服务业从业人员的性别歧视。通过各方面的努力,推进形成全社会关心支持家政服务业发展的良好氛围。

(四)家政工权益损害之社会调查与分析

一方面,侵害家政工权益的行为仍广泛存在,主要表现为恶意拖欠工资、扣押身份证件、待工期间工资报酬无保障、人格易受到歧视和贬低等。调查发现,在具有封闭性的工作环境中,家政工面临的劳动安全卫生隐患较多,导致其人身权利很容易受到侵犯,尤其是对于住家型家政工而言,其易受伤害的可能性会更大。此外,由于家政工工作场所的特殊性,家政工很容易被强迫劳动、侵犯隐私等,并且在这一封闭性的工作环境中,侵权取证也较为困难,这使得家政工遭受的侵害往往被模糊定性为一般的服务纠纷。

另一方面,家政工的社会保险权益处于真空状态,且难以得到保障。一方面,大多数家政工因非正规就业形态而被排除在了社会保险制度之外,以养老保险为例,我国已建立城镇职工基本养老保险制度和城乡居民基本养老保险制度。理论上讲,家政工无论是以员工制企业职工身份参保还是以灵活就业人员身份参保,均可实现完全的制度覆盖。但现实情况是,就以职工身份参保路径而言,现阶段绝大部分家政服务企业在经营模式上仍采取中介式模式,这种模式下,家政工与家政服务公司之间不具备劳动法所认可的劳动关系,家政公司亦无为家政工缴纳养老保险的雇主义务。总体来看,实行员工制经营模式的家政服务企业较少,有些企业虽然采取员工式管理模式,但其实质仍属于中介式经营模式;就以居民身份参加城乡居民基本养老保险的路径来看,家政工工资收入水平较低,其工资水平受到服务类型、工作强度、工作时长、技能级别、季节等因素影响,并不稳定,可支配收入水平不足以支撑其养老保险费用的自我负担。国家针对家政工群体的养老保险缴纳发布了补贴支持政策,2010 年国务院发布的《国务院办公厅关于发展家庭服务业的指导意见》[44]规定:对各家庭服务机构招用就业困难人员,签订劳动合同并缴纳社会保险费的,以及在家庭服务业灵活就业的就业困难人员,按规定给予社会保险补贴。还有许多地方也已经出台了专门针对家政从业人员的社会保险补贴政策。但这些政策目的指向大多是为了促进员工制企业的发展,直接补贴给家政公司,而非家政工。补贴对象也主要局限于具有本地户口的城镇就业困难人员、低保人员和下岗职工、困难高校毕业生以及员工制下的家政服务人员,且其申请程序比较繁琐、严苛,很多面临缴费能力不足实际困难的城镇家政工被诸多门槛而排除在外,占家政工比例最大且有参保意愿的外来务工人员和本地农村的家庭服务从业人员更是无从享受这一政策。[45]

首先,需要看到的是,在这些现存问题面前,法律并没能做出严格规制和正向引导。以扣押身份证件为例,劳动法排除家政工之适用,这意味着即使其身份证件被扣押也没有违反《劳动合同法》第九条严禁用人单位扣押求职者的身份证件的规定。尽管《就业促进法》第 41 条明确禁止职业中介机构扣押求职者的身份证等证件,但是家庭显然不属于此一条文中的中介机构的范畴,亦不受该规定之约束。此外,我国《侵权责任法》也未对平等主体之间扣押身份证件的行为作出明确的禁止规定。因此,在现有的法律制度下,因家庭既不是用人单位,也不属于职业中介机构,因此,家庭雇主扣押家政服务员身份证件的行为也无法律依据来追究相应的责任。[46]

其次,合同本身并不能够完全实现保护家政工人权益的最终目的,在这样的前

④ 国办发〔2010〕43 号。

⑤ 唐斌尧、王敏、杨玺、田秋菊、谭志福:《家政工人劳动权益保障问题及立法建议》,《济南大学学报(社会科学版)》2015 年第 1 期。

⑥ 胡大武:《我国发达地区家政服务员劳动权益保障的法律思考——基于深圳市的实证分析》,《河南财经政法大学学报》2011 年第 1 期。

提情况下,双方之间的权利和义务并不趋向于实质平等,签订合同对于家政工人来说就更多地成为一种负担,且大多数服务合同存在对家政工服务不当行为扩大化解释的问题。调查显示,有近五成的家政服务员不关注事关自己权利的合同。事实上,家政服务合同无法成为一项让家政工人知晓权利、明白义务的有效法律文件。尽管立法者对劳动合同寄予了太多的期望,但是家政工人的现实却往往令法律上的期待落空。因此,需要检视我国广泛存在的以单个家政工乃至单个劳动者为签约一方当事人的合同制度的局限性,在没有广泛的集体协商组织动力和组织机制的场景之下,家政产业中的劳动者乃至整个劳动力市场中的劳动者对于合同的认知和遵守合同的效用将不得不维持在低水平线以下。

另外,家政工的劳动法律知识储备不足。家政服务劳动者不了解必要的劳动法律知识是其权益易受到侵害的原因之一。劳动法律知识的不足直接影响到该群体的自我权利保护认知,而这种认知在家政工法律地位方面得到了很好的揭示。事实上,与其他工作尤其是传统产业化工作相比,家政工的内容难以通过合同的形式进行并完成具体量化,工作内容的合同描述往往是类型化的,合同的履行通常是在条文之外还要在雇主的具体指示下完成的。这表明,家政工受到管理、控制和从属的劳动本质,也体现出家政工在劳动话语权的争夺中处于绝对劣势地位。

以及,非正规就业者的贫困在一定程度上是缺乏劳动法律保护所导致的。从法律视角看,农民工中的家政工远离最低工资制度、安全权利保障制度和社会保险制度等所导致的贫困是一种基于自由主义下的合同交易的贫困,自由交易的形式公正忽视了农民工家政工实体权益严重失衡的残酷现实,因此,将农民工家政工排除在劳动法律保护之外的逻辑表明:在一定程度上,农民工家政员的贫穷实为制度性偏见所带来的权益保护的落空。

(五)家政工劳动关系之正位——劳动法上劳动者

家政工的法律地位决定了其是否能够享受到相应的劳动权利和社会保障权益。家政工工作内容的特殊性、法律的排除性规定等因素从形式上阻碍了家政工成为劳动法上劳动者。对此,应尽快完成家政工的正名,即将家政工群体的职业身份予以明确,使其成为劳动法上的劳动者,进而获得劳动法的保护,获得应有的社会保险权益。

对于家政工法律地位的正位以及家政工与家政企业之间的法律关系的确认,可以从以下几个方面进行检视:

首先,家政服务业已经成为我国第三产业中的一类,系服务业其中一个种类,家政工之工作系服务业之工作一类,属于就业范畴。全国主管就业工作的部门系人力资源和社会保障部,目前我国官方所言就业,一方面涵盖体制内的公务员队伍和事业单位队伍,另一方面,即指计划经济体制下除"干部"之外的"工人"序列。换言之,在统计就业指标时,将家政工统计在就业范围之内,属于人保部门推动工作的范畴。从称谓上来看,"家政工"本身含有"工"的称谓,其工作服务于他人,劳动为他人创造了利润或提供了便利,属于职业工作的范畴。除家政服务员外,其他职业人员已经被纳入劳动法调整范围之内的劳动者,其所在行业如化工、环保、工美、印刷、建筑等经营的企业,皆成为劳动法调整的用人单位或雇主,唯独家政服务员游离于劳动法保护的边缘。从国家制定职业标准角度,其职业皆是劳动法上劳动者。目前,我国诸多地方政府正在力图推动家政工的职业化,家政工也已经被纳入《中华人民共和国职业分类大典》的职业序列,其职业化趋势得到了官方肯定。尤其是家政服务业作为一类经营产业,已然成为国家拓宽就业渠道、增加就业的一个重要着力点。

其次,家政工能否成为劳动法上的劳动者,能否获得劳动法、社保法的保护,除上述国家就业政策和职业化导向之外,在微观层面,其与家政服务各方主体之间关系的性质和定位至关重要。对于家政服务企业与家政工的直接用工,家政服务企业与家政工之间系典型的雇佣与被雇佣的关系,就从属性而言,不论是经济从属、人格从属乃至组织从属,皆符合劳动法上的雇主与雇员之定性;就指挥控制角度来看,家政服务企业对家政工毫无疑问都具有无可置疑的指挥命令权;从雇主雇佣之经营属性上讲,家政服务企业之经营皆须工商注册登记,须有注册资本,须符合法律允许营业的范围,这些方面,家政服务企业皆符合。长期以来,家政工之所以游离于劳动法保护的边缘,甚至游离于劳动法保护之外,其根本原因在于我国劳动就业服务政策之偏斜,只发展产业、扩大就业,而忘却了其中就业人员的身份及他们所应受到法律保护的明朗政策导向及其立法展开。对于网络平台与家政工的间接用工,平台充当了传统产业雇主的角色,实质上,资本存在、劳动存在、剩余价值和剥削存在,劳动法就应当存在。这些平台利用软件和大数据指使家政工提供私人家庭生活服务,之后从中按相应比例提成,实质上等同于实体家政服务企业之经营。当然,平台用工是否存在劳动关系一直存在学术争论,主要体现在用工的灵活性上,个别用工很容易被转换成"劳务"。事实上,所有的家政工只要在经营的背景下,皆属于劳动法上之劳动者,皆应受到劳动法、社保法之保护。

再次,非典型雇主之劳动法塑造与我国用人单位作为唯一雇主之缺憾与补正是需要重点留意的问题。从 20 世纪 80 年代开始,国际范围内,劳动关系之去管制迹象已经有若干成为事实,其中非典型雇佣是劳动法去管制之产物,非典型雇佣的存在不止于工作时间灵活之非全日制用工,亦包括劳动派遣用工,加上今天之平台用工,皆属于非典型用工的范畴。今后,可能还会存在新的形式的非典型雇佣存在,既是对传统工厂时代劳动法进而对工商业劳动法的一种挑战,也是人类发展历程中的一段过程或插曲。事实上,目前尚未进入劳动法学术视野中的问题还有若干,例如非典型雇佣,自然涉及的不止是劳动关系的非典型,也包括雇主的非典型和雇员的非典型问题,我国现实生活中,类似家政工之家庭服务中雇主问题,因私人领域又非经营,自然溢出了国家干预的范畴,从形式上,也不属于我国劳动法上"用人单位"的形式要件。长远来看,其他有薪服务皆应纳入劳动法、社保法调整之范畴,并不能因工作环境之特殊性就溢出劳动法、社保法之保护。

另外,可以通过其他国家和地区家政工劳动法上劳动者之参照知悉我国家政工的法律地位归属。家政工作为劳动法上劳动者的特殊性无疑需要考虑历史和习惯之惯性,其劳动法保护较之其他工作场所的劳动法保护难度更大。我国当下需要解决的问题,是将家政工逐渐纳入劳动法保护体系中来,至于其应保护的高度可以根据国情和具体事实确定相应的标准。其他国家和地区对待家政工之劳动法、社保法适用亦存在差异,"德国有关劳动关系的规定是庞杂而富有灵活性的。这是符合力图在市场经济条件下,调和自由雇佣原则与社会正义之间矛盾要求的。对于家政服务这种特殊的法律关系,德国法采取的态度应该是通过个案来审查是否达到了劳动特别法所要求的从属性程度,以确定可否适用特殊的保护规定。"[47]在《德国民法典》611—630条有关雇佣和劳动关系的规定中,从"关系"的界定上将劳动关系界定为私法关系,而在劳动保护的实施上则适用保护法,这是当年德国起草劳动法典未及成功后的现实注脚,事实上亦能对劳动者权益保护落实到位,此外,德国《劳动法院法》之劳动法院制度以专业诉讼和专业审判的程序公正延长劳动法保护的高度。至于德国对于家政工如何适用社会法,或社会法上如何保护家政工,首先考虑到具体情形中的家政服务的适用,其次是对家政工的社会法保护。"1985年日本通过《劳动者派遣法》将之前被禁止的劳务派遣予以合法化,并通过《家内劳动法》《短时间劳动法》等保护和发展非典型劳动关系。"[48]笔者认为,我国家政工的职业化和家政服务业规范化的将来,部分家政工将逐步分流到相关的社会服务中,其工作场所并不一定局限于私人家庭,即使私人家庭服务亦具有社会给付的特征。"在新西兰,家政工人被分为家庭雇佣型和非家庭雇佣型两类。这种分类有其合理性,因为这两类家政工人所对应的雇主的经济实力、受监管程度以及与雇员的关系等方面存在着较大差异,因此,在制定法律规则时需要对这种差异进行考虑。这一分类对于家政工人劳动权益保护非常重要,直接决定了家政工人可以获得的劳动条件基准保护的范围和程度。"[49]加拿大有关家政工之劳动法规定包括,雇主须依

㊼　胡川宁:《德国家政服务法律制度研究》,《现代法学》2011 年第 2 期。

㊽　田思路:《劳动关系非典型化的演变及法律回应》,《法学》2017 年第 6 期。

㊾　李满奎:《新西兰家政工人劳动权益保护机制研究》,《社会科学战线》2014 年第 8 期。

法为雇员注册、双方签订雇佣合同,在符合劳动基准的背景下,就工资、工作时间、年休假、相关费用的扣除作出全面规定。⑩ 上述国家和地区的相关法律规定和实践显示,家政工成为劳动法上劳动者并无任何障碍。随着社会的不断进步和家政服务的逐渐规范,家政服务业作为服务业之一类,不仅在发达国家获得了相应的法律地位,在发展中国家,家政工的数量更多,保护家政工权益更为迫切。"根据《中国家政工体面劳动和促进就业——基本情况》的介绍,据不完全统计,至 2010 年,我国家政从业人员已经达到了 1600 万～2000 万人,有家庭服务企业 60 多万家,占世界家庭服务队伍的近 20%。"⑪事实上,我国家政工游离于劳动法保护边缘或劳动法保护之外,尚未完成职业身份向工人的转换,谈"体面劳动"似有奢侈成分,但其实在欧美,这些工作岗位的工作人员完全是典型的工人,是典型的体面劳动。因此,家政工劳动法上劳动者的主体地位确定,涉及内容非常宽泛,涉及意义重大,它不仅涉及人的平等权利问题,涉及性别平等问题,涉及一系列社会公平公正问题。

综上,将家政工纳入社会法范畴的劳动法律保护范围,给予家政工人劳动法上劳动者的权益保护是促进我国家政服务行业发展的必由之路,也是我国与国际社会对家政工的法律定位和国际保护标准接轨的要求。

四、家政工参加养老保险必要性、可行性分析

(一)家政工参加社会保险之必要性

1. 劳动权益指向之所在

家政工的权益维护存在相应的难度,难点在于劳动法上劳动者之正名,但成为劳动法保护对象并非是家政工权益维护的落脚点,换言之,家政工关注的并非仅仅是职业劳动者的名声,而是具体的权益。选取家政工养老保险之制度建构,乃是家政工劳动权益补足的一项突破口。在我国社会生活中,劳动法上劳动者之劳动权益,除了相应的工资、福利之外,其社会保险权益在职业劳动者身上体现得最为明显。观察劳动者的职业和身份认可,其中重要的一项就是当事人是否缴纳社会保险。而平日俗语中的"社保"往往被特定为"养老保险",此为本文选取家政工养老保险法制建构的目的所在。养老保险可以视为家政工职业化的进阶标志,若家政工可以缴纳养老保险,说明其劳动法上劳动者的劳动人格已被确认,家政工职业可

---

⑩ https://www2.gov.bc.ca/gov/content/employment-business/employment-standards-advice/employment-standards/hiring/domestic-workers,2020 年 2 月 26 日 20:45 访问.

⑪ 黎建飞、石娟:《论我国劳动法律调整方式从一元化向多元化的转变——以家务服务员的劳动保护为视角》,《河南财经政法大学学报》2012 年第 2 期.

能会更加多元。

《社会保险法》第 95 条规定："进城务工的农村居民依照本法规定参加社会保险。"除此之外，该法未就非全日制用工、劳务派遣工参加社会保险作出过特别的规定，该条规定之外也再无其他有关法律法规就农民工参加社会保险的具体实施作出过相应的规定。从社会治理精细化的层面观察，我国民生领域诸多问题皆属于上述粗线条的精神导向或原则规定，并无法律实施的可能性。家政工属于农民工范畴，至少相当部分的家政工属于女性农民工，她们的农民身份尚未去除，[32]并未完成由身份向契约的社会转变。在此背景下，立法确立家政工的法律地位，以及家政工参加社会保险的具体法律法规显得异常必要。如果说，《民法典》的颁布使我国民事法律从立法时代步入了解释时代，而我国社会保险法制建设尚处于十分前期的阶段，如果一般的城镇职工已经有了各项社会保险，缺乏的乃是法制的保障和权利实现的依据，而家政工们尚未感受到什么是社会保险，无法领受其存在的便利和福利所在。

2. 职业风险遮蔽之所需

从接触过家政工的人，以及接受过家政工服务的家庭的角度观察，目前，家政工权益维护当紧的不是能不能拿到工资，关键的问题是职业风险无法遮蔽的问题。家政工遭受疾病、发生伤害、年老等事故后是否能够得到社会关怀和保护，此类问题的解决才是家政工权益实现的落脚点。家政工是服务类职业的一种，世界上不存在没有职业风险的职业，职业是自然人从事的，自然人本身就存在相应事故的可能，职业灾害、疾病、年老等都是相应的职业风险。其实，家政工对风险遮蔽的寻求也并不复杂，试想，对于一般劳动者而言，若生病需要自费、发生伤害自身承受、年老之后没有退休金，职业价值则从何体现。

任何人皆会变老，皆有养老之期待。目前，家政工多数都是中年女性劳动者，她们形式上是"吃青春饭"的劳动者。事实上，所谓的"吃青春饭"是指青年时期的收入足以应付未来老年支出之职业类型，类似职业运动员、职业演员等等具有"明星"效应之职业类型，他们几年的收入或十几年的收入即可应付以后几十年的支出，这样的职业才可以成为上述类型的职业。世界范围内，养老保险缴费的基本原则，不仅设置了最低工资缴纳保费的最低基数标准，同时，收入过高，法律限定当事人最高缴费基数标准，以限定当事人在标准之外享有相应的给付。因此，部分劳动者可能没有参加养老保险，或者参加养老保险但因给付标准与自己预期存在较大差距而对之不予关注，这些"吃青春饭"者毕竟是少数。家政工不属于此类职业者，

---

[32] 参见李培林主编：《农民工：中国进城农民工的经济社会分析》，社会科学文献出版社 2003 年版，第 151 页。

他们从事工作虽然年轻,但工资较低,晚年没有收入保障生活将难以为继。^㉝ 家政服务人员从农村流入城市日久,开始逐渐适应城市生活和工作节奏,接受城市文明和现代观念,对城市的认同感和归属感逐渐增强,希望融入城市社会,希望得到社会化的接纳的意愿也逐渐加强,而其中,家政服务劳动者的社会保障参保情况及水平无疑是其社会化和城市化的重要方面。其年老之后,留在城市却没有相应的养老金,晚年毫无经济保障,曾经为这个城市早年提供的社会服务及社会贡献被彻底遗忘。目前,城镇一般职业群体,缴费年限累计达到 15 年(180 个月缴费记录),即可获得未来达到领养老年金的请求权,依法主张养老保险金。家政工从 20 岁左右,即使非正规就业、即使无法保证连续就业,但累计缴费达到 15 年缴费年限,还是没有时间上的问题。所缺失的乃是法律制度的依赖,只要法律制度作出明确的规定,当事人可能短期内的收入略有下调,但是对于未来的期待能够得到保障,职业安定有所依托。

3. 对行业发展的正向反馈

我国家政工缴纳社会保险主要有三种情形:一是企业下岗人员。其工龄被买断,自行缴纳社保,因为有城镇户口和单位,所以可以被纳入城镇职工社会保险当中;二是城镇户口人员,因其有城镇户口,但没有单位,可以加入城镇居民社会保险;三是进城务工农民。其可以加入农村社会保险体系^㉞。目前在实践中,一般是家政公司会提示家政工自愿交纳相应的商业保险。一项基于北京市 239 名家政工满意度问卷调查的数据表明,家政工在社会保障方面的满意度低于总体满意度均值^㉟。现实生活中,家政工完成了"工"的活,却没有"工"的待遇,十分打击劳动力加入家政行业或家政工长期从事这一行业的积极性。笔者认为,从家政业"提质扩容"角度、从家政工职业规范化角度、从国家城镇化导向角度、从提升国民素质角度,将家政工纳入社会保险覆盖范围,增加对她们的社会保护的厚度,无疑得益的是城市和整个社会,而绝不仅仅是家政工群体。

（二）家政工作为非典型雇佣劳动者参保的路径与法制建构

家政工参加社会保险的难点在于上文所论证的劳动法上劳动者的劳动人格的创建,该问题是关键中的关键。在其他职业劳动中,劳动者所提供相应劳动和服务

㉝ 美国劳工部、女工局曾就女性家政服务人员参加老年保险作过专门的报告,该报告称家政工老年之后需要相应的保险给付,以保障晚年的经济安全。参见 united states department of labor,l. b. schwellenbach, Secretary,women's bureau,frieda s. miller,director,old age insurance for household workers,Bulletin of the Women's Bureau No. 220,united states government printing office washington:1947.

㉞ 廖娟:《从国际劳工组织体面劳动看我国家政工的法律权利与法律地位》,《绵阳师范学院学报》2016 年第 6 期。

㉟ 郑振华、梁勤:《北京市家政服务从业人员满意度调查研究》,《北京劳动保障职业学院学报》2019 年第 1 期。

外,其本人可以获得相应的工资和福利,享有休息休假和若干劳动基准保护,此外,其劳动权益中包含了已经全面建构社会保险制度后,用人单位(雇主)和劳动者本人应当依据社会保险法律,即社会行政法之规定缴纳的社会保险,各项社会保险系有用人单位之用人成本和劳动者应尽义务组成,它客观上覆盖了劳动者劳动过程中的职业风险,类似生病、受伤、年老无收入等社会风险由社会保险所遮蔽。换言之,劳动所创造的财富中必然包含相应的人工成本,人工成本中又含有相应的社会保险费用支出,当然,于劳动者而言,肯定有相应的保险给付之回报,我们称为"保险待遇"或"benefit",概而言之是一种福利。目前,我国分体制内和体制外劳动者,体制内劳动者全部包含上述工资、福利和社会保险待遇之劳动权益内涵;体制外的劳动者,大部分职业劳动者不止于工资福利,也已实现了"五险一金"之保障。

社会保险具有强制性,这种强制性来源于国家的社会保险立法。《社会保险法》是国家制定的调整社会保险关系中权利义务的法律规范,是国家保障劳动者基本生活的法律手段的体现形式,它与劳动法的其他组成部分一起发挥着保护雇员合法权益的功能,从法律上为劳动者提供一种切实的生存安全感。但家政工属于非正规就业人员,而我国的社会保障制度是根据正式的就业模式设计的,不适用于非正式的就业形式。由于不被认为缔结了劳动关系,家政工人尤其是非员工制的家政工只能以灵活就业人员身份参加基本养老保险,这就意味着家政工人必须自愿参加并且要直接向社会保险费征收机构缴纳包括用人单位承担的全部费用,而家政工人受自身素质、流动性和繁琐手续等限制,往往不会主动到相关部门参保。不仅如此,家政工人劳动者身份在法律上的不予认定还直接导致了其在工伤和生育保险制度上的权益缺失,即使其自愿承担工伤和生育保险费用也无处缴纳,无法享受工伤保险权益,即家政工人无法从国家工伤保险基金中获得先行赔付,只能靠毫无强制力的商业人身意外保险来部分分担风险。此外,对于雇主来说,要其对家政工人承担占缴费工资20%的养老保险费、工伤保险费、停工留薪期内的原工资福利和一次性伤残就业补助金等工伤保险给付也是不现实的[56]。

"可行能力的脆弱意味着发展权利的残缺,每个劳动者都应该享有有效的社会保护的权利,对社会中的劳动者进行全面、平等的社会保护是'体面劳动'的基本要求之一,也是构成其实质自由的一部分。作为社会保护重要内容的各项社会保障政策,对弹性、非正规就业的家政工而言有着更为深远的意义,是家政行业能否良性、健康发展的基石"。[57] 而作为非典型雇佣的家政工,工伤、医疗、失业、养老以及住房公积金几乎全无,事实上,家政服务企业为家政工缴纳养老保险乃是其经营服

---

[56]　时晶:《关于我国家政工人专项立法问题的思考》,《北京劳动保障职业学院学报》2013年第3期。

[57]　张琳、杨毅:《人口新常态背景下农村家政女工生存与发展现状调研》,《湖北社会科学》2016年第5期。

务业之人工成本的应然负担,也是家政工对未来生活保障的期待权利。"基本养老金系劳动者退出工作岗位,老年之后的生活保障金。"当然,没有职业的普通人在其他国家和地区或有国民年金保险制度建构,即没有工作将来也会有相应的"养老金",我国城市居民和农村居民都在没有职业的前提下,养老金已经开始发放,毋庸讳言,这些人群因其未参加职业劳动,没有用人单位缴纳养老保险费之义务履行部分,其养老金的金额非常有限,而职业人群领取养老金的金额相对来说,远远大于非职业人群。未来的导向已经显示,家政工参加养老保险乃是其本人和所在家政服务企业应尽的法定义务,同时,也是家政工未来养老期待权利的基础。"之后的养老保险建制的重心在于进一步拓展保护人群,包括农民工以及灵活就业人员。2006 年《国务院关于解决农民工问题的若干意见》对于农民工的养老保险问题作出了原则性规定:可直接将稳定就业的农民工纳入城镇职工基本养老保险,并完善农民工养老保险关系异地转移与接续的办法。"《国务院办公厅关于促进家政服务业提质扩容的意见》⑧中指出:"大力发展员工制家政企业,员工制家政企业是指直接与消费者(客户)签订服务合同,与家政服务人员依法签订劳动合同或服务协议并缴纳社会保险费(已参加城镇职工社会保险或城乡居民社会保险均认可为缴纳社会保险费),统一安排服务人员为消费者(客户)提供服务,直接支付或代发服务人员不低于当地最低工资标准的劳动报酬,并对服务人员进行持续培训管理的企业。员工制家政企业应依法与招用的家政服务人员签订劳动合同,按月足额缴纳城镇职工社会保险费……"可见,在今后的家政业发展过程中,我国养老保险法制建构必须考虑家政工等非典型雇佣劳动者的参保身份以及准入门槛。

家政工参加养老保险的具体路径应依据家政工的具体类别渐次纳入养老保险制度体系中:

首先,规范家政服务企业经营,员工制家政工应率先参加养老保险。这部分家政工已经真正具备"工"的要素,其职业受雇的形态已经形成,唯一欠缺的是国家立法对其劳动关系的确认。至于其参加养老保险的路径安排,以类似劳动派遣的形式确定家政工参保的形式,导向是以非典型雇佣模式参加养老保险。以地方立法确定家政工养老保险缴费基数,其费率与其他职业等同。家政工参加了养老保险,必然压缩家政服务企业的利润,甚至会压缩家政工短期收入,可能家政工当期拿到的收入会有所减少,或者相对过去已经存在养老保险等社会保险的扣除,但是,其职业风险由此得到遮蔽。如果国家有明确的法令,家政工服务累积达到 15 年年限,即养老保险缴费年限达到十五年,家政工将从最后服务地领取相应的养老金时,眼前利益和长远利益、现实利益和期待利益之间,任何人都会作出平衡。国家

---

⑧　国办发〔2019〕30 号。

养老保险基金亦不会因部分企业、部分职业人群的不缴费而有存在相应的流失。至于家政服务企业从事的中介服务,即介绍家政工前往具体所服务的家庭之用工模式,应逐步取缔,因家政服务企业不属于职业介绍,其必须具有服务业所具备的一切资质。

其次,平台中介式家政服务因其科技手段的介入,增加了雇佣的虚拟性,甚至使非典型雇佣的痕迹被模糊化处理。事实上,国家应逐步规范网络用工,平台不仅可以赚取利润,亦须承担相应的社会义务和雇主义务。因其以网络手段行使对家政工的指挥命令权,确定其收入以及实施奖惩,那么,其电子收入的核定将更加透明,加之,我国社会保险征缴已经转由税务部门征收,其财务核算及审计手段将使得这些平台中介类家政服务业者,同样具备为家政工缴纳养老保险的技术条件和法定要件。对于平台雇佣家政工参加养老保险的缴费基数,亦应由地方立法确定。

另外,由家庭依赖个人信用和亲属关系直接雇佣的家政工。只要双方之间的契约是真实的意思表示,没有任何强迫成分,不论是书面的,还是口头的,目前,国家劳工(人社)部门不应直接干预。这类家政服务人员参加养老保险只能以居民或农民的形式参加其户籍所在地的养老保险。

最后,家政工作为非典型雇佣的存在,其本身多是特殊农民工、女性农民工,他们的合法权益得到维护,不仅体现出劳动法对各类劳动者的公平对待,亦涉及性别歧视的矫正和农民工最终与城市其他职业者的并轨,使其能够服务城市、融入城市,并成为其中一员。当然,家政工作为农民工的一族,有其职业的特殊性,她们参加养老保险必不可能和其他职业人群一样,按照"统一"规则简单处理,我国法律制度的建构多数只考虑一般性,未考虑特殊性,法律制度过于原则,特别法非常稀少。"针对农民工特点,在制度框架不变的前提下,对现行的缴费标准、待遇支付以及管理方式上作出必要调整。可以探索适当降低养老保险缴费标准的方式,调整缴费基数,允许农民工等低收入者以个人实际收入或当地最低工资标准作为缴费基数,同时,相应调低未来退休后享受养老金待遇标准。"⑤

任何事业的发端都为不易,任何事业的成长,都需要循序渐进,任何法制的打造不可能一蹴而就,家政工参加养老保险一样需要进行详细的调研和论证,需要在成熟地区先行立法,使家政工成为劳动法上的人格,使家政工成为社保法上的人格。未来,这些通过相应的职业培训或部分已经取得学历的家政工,可以作为此项社会服务事业的生力军,她们将实现体面劳动,成为城市人员,在其服务达到相应的年限、在人生的晚年时,一样能够获得相应的社会养老保险给付。

---

⑤ 《促进农民工参加社会保险的政策研究》,《中国劳动保障科学研究院建院 20 周年论文集》,第 446 页。

专题论文

家政工职业化与城市居家养老社会化

——兼论劳动者人格塑造与社会保险覆盖

郑尚元

摘　要：随着我国人口老龄化趋势的加快，未来居家养老需要大量的家政工，家政服务业已经被国家确定为产业序列之一，国家正在从全方位角度推动家政服务业"提质扩容"。家政服务业之从业人员中，最大比例者就是家政工，家政工的正名与职业规范是未来社会养老服务业的期待。家政工的正名就是将这些家政服务人员的职业身份予以明确，使家政工成为劳动法上的劳动者，使其能够获得劳动法的保护，获得应有的社会保险权益。

关键词：家政工；居家养老；劳动法；社会保险

一、居家养老与家政服务之结合——城市养老社会化之一环

（一）居家养老与社会化服务

2019 年 8 月 22 日，国家统计局发布有关人口数据的相关报告指出，20 世纪 70 年代以前，中国一直保持较高的生育率水平，1949—1969 年，妇女总和生育率平均为 5.8，出生率和自然增长率平均为 33.9‰和 20.8‰。进入 20 世纪 70 年代后，生育水平迅速下降，至 1977 年，总和生育率下降到 3.0 以下，20 世纪末，总和生育率下降到 1.8 左右，出生率降至 15‰以下，自然增长率降至 8‰左右，2018 年人均预期寿命为 77 岁。我国人口再生产类型进入低出生率、低死亡率、低自然增长率的阶段，与现代经济发达和较发达国家类似。[①] 2018 年底，我国 60 岁以上老年人口

作者单位：郑尚元，清华大学法学院教授。

[①]　参见《国家统计局：中国开始步入老龄化社会》，https://baijiahao.baidu.com/s？id＝1642564544042252715&wfr＝spider&for＝pc，最后访问时间：2020 年 7 月 19 日。

总数达到了 2.49 亿,根据百度文库检索,自 1962 年开始,我国 1960 年代出生人口,分别是 2451 万人(1962 年)、2934 万人(1963 年)(新中国人口出生峰值)、2721 万人(1964 年)、2679 万人(1965 年)、2554 万人(1966 年)、2543 万人(1967 年)、2713 万人(1968 年)、2690 万人(1969 年)。[②] 据估计,未来短暂的九年时间内,我国将猛增老龄人口 2.1 亿,而每年死亡老龄人口均在千万以下,预计到 2029 年,我国老龄人口将超过 4 亿,人口结构更加老化,社会养老负担更加沉重。按照城乡一体建构养老保险制度之政策导向,这 4 亿多老龄人口或多或少都要领取养老金,养老金发放的数字将越来越"天文化"。与上述数据相对应的是,20 世纪 60 年代出生的一代人的下一代多数为独生子女,除了养老之经济保障压力惊人之外,便是生活照料之问题更加难解。独生子女面临工作、子女照料、竞争教育的挑战,老年人的生活照料成为新时代诸多社会问题中较严重的问题之一。而求解这一社会难题几乎只有一个答案——社会化养老。社会化养老的方式包含居家养老与机构养老,于少数个体而言,可能不需要社会化服务即可完成"善始善终"的人生过程,但社会总体而言,不论居家还是机构,哪一种方式都无法摆脱社会化服务。

居家养老是中国人上千年的世代传统,既是世代繁衍和传承的社会习惯,也是历朝历代律令典章关于养老敬老之规定。以"孝道"为社会养老政策和精神导向的落脚点,便是居家养老的社会传统。"中国古代社会注重宗法伦理,其核心孝道思想不仅是一种道德准则,更内化于法律和国家政策之中,成为引导人们日常生活的行为规范。无论在法律层面还是道德层面,'义务'都是其体系中的核心和基础。"[③]在一个三世,甚至四世同堂的大家庭里,老者被养于家庭内部,包括物质层面的经济保障和精神层面的心理安慰,皆属于养老的范畴。这种家庭内部的养老模式代代相传,直至当代社会仍有相当的社会心理储备。当老龄化、少子化、城市化浪潮来袭之时,尤其是近二三十年,市场化养老走近之时,仍有相当多的老年人无法适应这种社会变迁。他们认为,进入养老院养老存在着子女不孝的嫌疑或猜忌。笔者认为,居家养老仍然是中国养老模式的重要选择。一方面,客观地讲,刚刚退出职业劳动的相对低龄,如 70 岁以下的老年人,相当多的老年人身体健康,完全具有生活自理能力和社会交往能力,他们只不过没有了职业劳动,有些老年人退养之后,仍在从事自身喜欢的工作和个人爱好,不需要去机构进行封闭性的养老。另一方面,有的家庭主观上愿意居家养老,甚至一些不具备生活自理能力的高龄老年人也并不愿意去机构养老。不论是主观因素,还是客观因素,居家养老只是形式

---

② 参见《中国 1949 年至 2019 年历年出生人口》,https://wenku.baidu.com/view/aeb3cb0848649-b6648d7c1c708a1284ac950055.html,最后访问时间:2020 年 7 月 19 日。

③ 郑尚元、王昭:《"老年"年龄界定与社会代际养老关系之构建——从家庭养老到社会养老之社会保险创建逻辑》,《中国劳动关系学院学报》2020 年第 4 期,第 3~4 页。

上与历史上的家庭养老一致,高龄、少子、高楼大厦封闭、没有平房时代的街坊邻居的情形下,居家养老与社会化服务的有机结合可谓未来养老的一种趋势。社会化服务越健全,越具备相应的福利色彩,居家养老的优点才可能被放大,如果没有社会化服务,居家养老于高龄老年人、生活没有自理能力的老年人而言,几乎不可能维系。一般来讲,居家养老与社会化服务中的"社会化服务"指的是社区服务。"社区"概念源自域外,何为"社区"? 居家养老之社区服务内容包含餐饮配送、基础医疗护理、紧急救援、家庭保洁、助浴、援助出行、心理关怀等各个方面。上述服务皆属于有偿服务,并具备相应的社会福利性质。上述服务内容有时被称为"家政服务",至少,有相当多的内容是重叠或近似的。

(二)家政业发展与居家养老服务

传统社会中的居家养老,乃是子女对父母的供养和生活照料,并没有外人的介入。大户人家可能有相关的服务人员,如丫鬟可以起到相应的服侍作用,具有鲜明的私人色彩,不属于现代社会意义上的"养老服务"范畴,而是家庭私生活的组成部分,丫鬟与主人间的关系亦非如今的服务合同关系。中华人民共和国成立后,大部分社会成员家庭生活之家务劳动全部由家庭成员亲自负担,在低工资的年代里,家庭收入并不含有支付服务人员工资的额外部分。而部分高级干部,因工作繁忙,按照国家规定配备相应的服务人员,例如厨师或警卫人员等,这些人员几乎全部为国家工作人员,或者军队人员,他们的服务完全属于革命工作,不属于服务合同关系。"家政"概念的使用决定于家政服务业的兴起,家政服务的对象中,有相当比例是老年家庭。我国家政业起步于改革开放后,大规模家政业是在 21 世纪后展开的,这一新型产业作为服务类产业的一种,是以提供家务劳动服务而形成的市场产业。其存在的社会背景便是收入差距的拉大,家庭收入可以"额外"负担相应支出。"我国新时期家政业的兴起,其萌芽于 20 世纪 80 年代中期之后,系社会收入拉大之后,社会收入分配、资源和福利分配从依靠计划分配到依靠市场分配的一个过程,例如以前养老育幼之服务多为单位和社会提供,如今,直接交给市场。"①家政业是一个市场化程度较高的产业。现实生活中,居家养老所聘雇"保姆"或家政人员皆属市场行为,一方愿买,一方愿卖,一方愿意提供合适的价格聘雇对方,另一方愿意提供相应的家务服务。养老由此开始社会化,不再是纯粹的私生活问题。

未来十几年,甚至几十年内,在智能机器人不能完全替代人工服务满足居家养老服务需求之前,家政工的人工服务将一直存在,并有可能不断发展和完善。目前,我国家政业的经营并没有相应的产业规划和产业标准,基本上处于原生态经营

---

① 郑尚元:《家政工纳入养老保险制度及家政工劳动权益之保护》,《社会科学家》2020 年第 4 期,第17 页。

状态,国家只是认可了家政服务业这个业态。商务部于 2012 年 12 月 18 日公布了《家庭服务业管理暂行办法》,但该部颁规章层次较低,效力有限,对于将家政服务纳入特殊的市场消费予以规范和监督,至今也没有任何标准可言。2019 年 6 月 26 日,《国务院办公厅关于促进家政服务业提质扩容的意见》(国办发〔2019〕30 号)发布,该《意见》从"采取综合支持措施,提高家政从业人员素质""适应转型升级要求,着力发展员工制家政企业""强化财税金融支持,增加家政服务有效供给""完善公共服务政策,改善家政服务人员从业环境""健全体检服务体系,提升家政服务人员健康水平""推动家政进社区,促进居民就近享有便捷服务""加强平台建设,健全家政服务领域信用体系""加强家政供需对接,拓展贫困地区人员就业渠道""推进服务标准化,提升家政服务规范化水平""发挥规范示范作用,促进家政服务业可持续发展"等若干方面,促进该产业"提质扩容"。同时,该《意见》中提及,推动家政服务业与养老、育幼、物业、快递等服务业的融合发展。随着未来十年内我国老龄人口的急剧增加,养老服务将成为服务产业领域的一大板块,而居家养老恰恰与家政服务密切相关。随着技术挤压导致的失业人数增长,将有相当部分人员转身家政服务业,该产业扩容几乎可以肯定,何况市场本身具有相应的原发动力。但提质问题则不是那么简单。一方面,家政服务业须纳入国家规范的产业序列,规定相应的服务标准和层次;另一方面,家政工这一群体是家政服务业的具体工作人员,他们的职业能力、职业技能将成为家政服务业提质的瓶颈和关键。事实上,早在 2010 年 9 月 26 日国务院办公厅曾发布《关于发展家庭服务业的指导意见》(国办发〔2010〕43 号),强调"把家庭服务从业人员作为职业技能培训工作的重点,落实培训计划和农民工培训补贴等各项政策,按照同一地区、同一工种给予同一补贴的原则,统一培训补贴基本标准,统一培训机构资质规范,统一培训考核标准、考核程序和考核办法"。职业培训虽然成为《劳动法》规定的政府、企业的义务,但是,法律实施的实际效果显示,该项义务几乎成为摆设,没有得到相应的贯彻和落实。连规范的职业劳动者、明确适用《劳动法》的劳动者都难以得到相应的职业培训或规范的职业培训,那么,游离于劳动法保护之外的家政工,⑤对其进行职业培训的义务岂是国家政策能够落实的?但是,家政服务业的发展恰恰无法离开家政工。

二、家政公司、家政工及居家仰赖服务家庭三角关系透视

首先是居家养老之老年人、家政工、家政企业间的三角关系。抛开通过亲戚朋友直接雇请熟人照顾老人外,大部分城市家庭居家养老所依赖的家政人员来源于

---

⑤ 《劳务派遣暂行规定》明确将家政工排除在劳务派遣之外,使其工作场所保护、工作时间和职业健康的保护,以及其他人格权保护裸露于法律保护伞之外。

市场。一般来讲,城市家庭需要家政服务,会直接询问或从网络上查询相关的信息,这些信息包括家政公司的口碑、业绩、规模,家政工的业绩、口碑、人品等。认为合适后,需要服务的家庭成员与家政公司签订服务合同,其中包含服务期限、服务内容和服务价格等。这种服务合同不包含家政工的报酬,报酬是家政公司与家政工在招聘时确定的。通过实践调研,目前很少有家政公司为家政工办理社会保险,更不用说缴纳住房公积金。家政公司与私人家庭签约后,按照约定,家政公司将私人家庭事先选定的家政工派往签约家庭服务,属于典型的三方关系,如(图 1)所示。

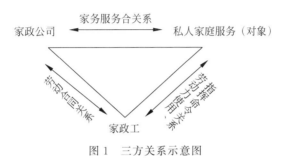

图 1　三方关系示意图

其中,家政公司与家政工形式上属于劳动关系,但是,现实生活中这种劳动关系并没有当然成为劳动法上的法律关系,原因之一是,从事这一职业的劳动者大多为女性,且多数来自农村,双重歧视的影响,导致其劳动法、社保法上的社会保护之缺位时隐时现。⑥ 此外,历史原因造成中华人民共和国成立以后近五十年时间里,家务劳动并非属于职业范畴,并非属于有偿劳动范畴,而是属于家庭私生活的组成部分,对于家务劳动的认知是一个渐进的过程。"照料劳动/关怀劳动(care labor/work)是指为婴幼儿、老人、病人以及一切有照料需求的人提供的劳动。照料劳动提供的是与人类再生产相关的服务,而现代服务业也主要是基于人类照料需求发展出来的。"⑦可以预见,随着社会经济的不断发展,分工的细化,照料劳动的职业化趋势将越来越受到关注。毋庸置疑,人们对于"家政工"经常使用的是一些非职业化的称谓,例如,"保姆""月嫂"等概念。社会歧视的因素是客观存在的,对于这一群体的劳动,劳动法主体的认知或弱于在机关事业单位做饭的厨师或相关服务人员,后者所形成的劳动关系往往被认为属于劳动法调整的劳动关系,而家政公司与家政工的劳动关系则相对模糊。现实生活中,家政工与家政公司之间多数依赖的是口头合同。如今,互联网平台服务涉入家政服务行业,如果技术得到合理、合

⑥　参见张伟:《社会性别主流化视角下的家政工社会与法律保护分析》,《河北法学》2010 年第 8 期。

⑦　佟新:《照料劳动与性别化的劳动政体》,《江苏社会科学》2017 年第 3 期,第 43～44 页。

法运用,平台用工将增加家政工招聘就业的机会、增加私人家庭养老服务获取信息的机会。但是互联网平台除了技术上的优势外,亦存在现实世界虚拟化的现象,平台与家政工之间并没有签订电子书面合同的程序,而是通过网络注册,或"加盟"后通过平台技术上的手段,实现指挥命令、服务质量考核、报酬给付的结转,这种报酬给付的形式往往表现为提成,这种技术控制下的家政工,较之实体家政公司中的家政工而言,丝毫不敢怠慢,平台控制程度丝毫不弱于实体家政公司。但是,于家政工而言,更无签订书面劳动合同的机会和可能,劳动关系更加虚拟化。

其次是私人被服务的家庭与家政公司之间的关系。从形式要件看,这往往被视为民事服务合同关系。这种形式上平等或社会习惯的认知往往会使本质的社会关系产生偏差。居家养老之老人或者其子女与家政公司签约后,相关服务必须由家政公司的家政工来提供。与其他服务类合同最大的区别在于家政工的服务类劳动并非完全自主,其劳动的指挥命令权部分地由家政公司转移至所服务的对象——老人或其子女,其工作的时间、工作的风险全部不能自控。[8] 在典型的劳动派遣法律关系结构中,同样是类似的三重社会关系的叠构,只不过派遣单位、要派单位之间的劳动力派遣契约中呈现的是形式上的完全平等和契约内容履行上的复杂性。"劳务派遣协议具有双重性。一方面,劳务派遣单位和用工单位毫无疑问是两个独立的民事主体,二者之间没有任何从属、管理关系,双方在劳务派遣协议中约定一方提供派遣劳动者的义务,另一方承担支付报酬的义务,这种法律关系所涉及的是私法意义上的财产关系。从这个角度,劳务派遣协议可以说是一种无名的民事合同。另一方面,劳务派遣协议同时也是劳务派遣单位与用工单位分配雇主义务的协议,这就决定了劳务派遣协议不能只受到合同法的约束,同时也涉及劳动基准法上的雇主责任分配和约定。"[9]劳动基准法属于典型的劳动公法,其国家标准和行业规范必须执行,例如域外关于家政工工作时间有严格的限定。[10] 有关两个单位间的劳动力派遣协议是属于民事契约还是劳动类契约存在学术上的争议,现实中也并不清晰。家政工被家政公司派遣到私人家庭从事家政服务,《劳务派遣暂行规定》将此类派遣排除在劳务派遣范围之外,派遣单位与用工单位之间的派遣协议是否属于劳动法上的特殊协议?是否属于民事协议?关于这些问题立法未有明确规定,法理上也未厘清。从此意义上讲,居家养老中,私人家庭与家政公司之间签订的服务合同中有关服务质量标准、价款的部分属于相应的民事协议的内容,而涉及履行服务协议过程中家政工权益保护的部分则属于劳动保护的内容。在大

---

⑧　部分家政工曾遭受服务对象的性骚扰,曾发生职业伤害等等皆属于职业风险。

⑨　王桦宇、万江:《劳务派遣法律事务操作指引》,中国法制出版社 2008 年版,第 70 页。

⑩　参见梁萌、陈玉佩、左际平:《照料制度与家政业劳动关系——西方主流发展模式述评》,《中国人力资源开发》2019 年第 5 期。

多数上述服务协议的履行过程中,私人家庭与家政公司间不会发生纠纷,也没有家政工申诉自身权益的情况,并无区别此类服务协议性质的必要。而一旦双方产生纠纷,其中又关涉家政工权益,以公法优先于私法、雇佣特别法优先于雇佣一般法的原则,上述关系应当演变为劳动关系。

再次是私人家庭与家政工之间的关系。2006年7月10日通过的《最高人民法院关于审理劳动争议案件适用法律若干问题的解释(二)》第7条第(四)项规定,"家庭或者个人与家政服务人员之间的纠纷"不属于劳动争议,这一解释显然武断。家庭或者个人与家政服务人员之间的借款或其他与家政服务无关的纠纷不属于劳动争议;如果纠纷是因履行服务协议而生,不论是私人家庭对家政工的服务不满意,还是履行服务协议过程中私人家庭对家政工的指挥命令不当,皆应属于劳动争议范畴。其根本原因是照料劳动一样需要尊重。实践中,部分私人家庭的老年人仍有生活自理能力或部分生活自理能力,无非是找个家务帮手,做饭、洗衣、打扫卫生这些基本的生活服务类项目,家政工的工作属于最为一般的家务劳动服务。老年人可以直接与家政工进行有关服务的沟通和交流,老年人可以直接行使相应的指挥命令权,生活不具备自理能力或无法进行意思表示的老年人则可以通过子女或其他近亲属,行使对家政工的指挥命令权。家政工按照一般的社会习惯和公司的规定提供服务。我国法律实践中几乎没有将家政工的服务行为纳入劳动法上的职业劳动范围的情况,家政工尚未成为劳动法上的劳动者。由于私人家庭本属于私的范畴,目前公力并未介入私人家庭与家政工之间社会关系的调整,尽管已经出现了家政工权益受害的情况,甚至发生了保姆杀人的案件。[11] 多数情况下,我国现实生活中私人家庭虽然从家政公司中聘请家政工,但其与家政公司的关系中"聘"的色彩非常淡。而私人家庭与家政工之间的关系是非常密切的。一方面,家政工每天服务于私人家庭,尤其是因居家养老的部分老年人生活自理能力的限制,家政工的服务是随时随地进行的;另一方面,服务对象之老年人或其子女对于家政工的服务指令也是随时随地发生的。家政公司与私人家庭之间存在着服务合同关系,而家政公司与私人家庭对家政工都有相应的指挥命令权。前者具有很强的控制性,尤其从利益角度更加具有直接的控制性;后者即私人家庭对家政工也具有相应的控制性。"家政工的劳动空间和生活空间是合一的。因此,对家政工劳动过程的监视,同时也是对其生活空间的监视。"[12]私人家庭与家政工之间除控制性之外,并没有直接的契约关系、经济利益关系,两者仅仅是指挥与被指挥的关系。

---

① 参见《杭州保姆纵火案二审宣判:驳回上诉维持原判》,https://www.sohu.com/a/233989571_658437,最后访问时间:2020年12月27日。

② 苏熠慧:《控制与抵抗:雇主与家政工在家务劳动过程中的博弈》,《社会》2011年第6期,第191页。

三、居家养老之家政工劳动法上劳动者人格创制

在私人家庭服侍老年人的家政工,提供的是各项家政服务和侍候老人生活方面的服务,家政工的劳动到底能否成为劳动法上劳动者的职业劳动,家政工能否具有劳动法上劳动者人格,是家政工权益保护的关键。目前,家政工与家政公司之间的关系,形式上属于劳动法上的劳动关系,而且家政工工作场所具有特殊性,家政工与家政公司以及所服务的对象之间的法律关系只有少数劳动法学者关注,观点还是倾向于家政工也是"工",属于劳动法保护的对象。[13] "目前,我国并没有专门针对家政工的法律、行政法规或部门规章,仅有少量涉及家政工的条文散见于规范性文件或司法解释之中。"[14] 在法律实践缺少相应制度依赖的背景下,学者的论述往往成为纸上谈兵。至今,我国劳动争议处理案件中几乎很少有家政工作为劳动法上劳动者获得权利救济的先例。值此社会环境之下,家政工劳动法上劳动者地位的学术论证,即使是纸上谈兵,亦应以鼓与呼的方式向实务界宣示:"家政工也是工"。其中法理层面可以从以下几个方面展开:

其一,服务业是典型的第三产业,第三产业中的劳动者皆应属于劳动法上的劳动者。笔者在 2004 年主编的《劳动法学》教材中提出了劳动法调整的社会关系属于产业雇佣关系。[15] 所谓产业雇佣关系乃是雇佣关系产业化、规模化、经营化之后所产生的一类社会关系。最初,产业雇佣仅仅存在于以制造业为主的工业领域,所以,产业关系(industrialrelation)在市场经济发达国家也被转换为劳动关系,尤其是指集体劳动关系,这个语境是特定的,并且产业关系还成为一个专门的研究领域,我国并无产业关系概念,而是以"劳动关系"进行表述,或者将产业称为"行业",但不妨碍产业关系的客观存在。这种产业关系历经百年以上,早已从单纯的工业领域拓展至商业领域,目前已经遍及第三产业中的大多数领域,例如金融、保险、餐饮等产业。20 世纪 90 年代前,零星出现的家政服务人员几乎都为私人雇佣,并没有形成产业及其经营。随着家政经营者的出现,我国近二十年来,家政业已经发展成为一个产业,《国务院办公厅关于促进家庭服务业提质扩容的意见》(国办发〔2019〕30 号)明确该产业需要提升质量、扩大容量,随着我国城镇化率的不断提升,大量进城务工人员需要吸纳,这些剩余劳动力中的一部分将成为家政工,而城市扩容后亦需要大量的社会服务,其中一项便是家政服务。诚如上文所述,我国在

---

⑬　参见胡大武:《我国发达地区家政服务员劳动权益保障的法律思考——基于深圳市的实证分析》,《河南政法管理干部学院学报》2011 年第 5～6 期。

⑭　谢增毅:《超越雇佣合同与劳动合同规则——家政工保护的立法理念与制度建构》,《清华法学》2012年第 6 期,第 77 页。

⑮　参见郑尚元主编:《劳动法学》,中国政法大学出版社 2004 年版,第 27 页。

未来十年内,老龄人口将迅速提升到 4 亿以上,庞大的老龄人口中有相当部分需要居家养老照料,这是一个需要大量劳动力的服务产业。"现代劳工关系可以称为产业雇佣关系,市场经济发达国家一般称为产业关系(industry relation),产业雇佣关系是笔者的一种尝试性分析。现代产业关系的法律调整已经形成了特定的法律机制,既包括个别雇佣关系的法律调整,也包括团体契约的法律调整,其中团体契约涉及工会制度,甚至政治制度等因素,为了调和劳资关系,各国多建立了集体谈判制度。"⑯家政业是由千千万万个家政公司组成的经营性产业,国家已经肯定了这个经营性产业,其"经营"的过程意味着有成本和利润,意味着有工资和剩余价值,意味着存在劳动和资本,意味着劳动法调整此类社会关系的必要。"产业"亦有"行业"之称谓,国家按照行业标准确定行业分类基准,凡是经营性活动性质相同与相类似的列为同一行业。国家大的产业分类包括第一产业、第二产业和第三产业。第一产业是农业,我国农业产业化相对缓慢,只有少数的农业经营者已经具有产业登记或注册的需要,大多数农民尚未完成经营化、市场化的过渡,我国劳动法调整的产业集中于第二产业和第三产业,家政服务业是第三产业中的一个组成部分。家政业的经营需要按照相应的登记和行业准入规则进行,其雇员,也就是家政工应当是劳动法上之劳动者。

其二,家政工须逐渐成为职业人群。在家政业产生之前,私人家庭并非通过市场与家政服务人员构建服务与被服务的关系,彼此之间形成的社会关系很容易被界定在"私法"关系的层面,家政人员也无法贴上"工人"的标签。但是随着家政服务业的发展壮大,随着家政公司经营者的经营,家政工需要逐步职业化,其服务也需规范化,这些家政工将被培训上岗,家政工获取的报酬将从家政公司的收入中分成,并被贴上"工资"的标签。并非职业劳动者都是劳动法调整的社会关系的主体,比如公务员、职业军人、医师、公立教师等,但是,劳动法上劳动者一定是职业劳动者,劳动者从事的职业是其谋生的手段。《国务院办公厅关于促进家庭服务业提质扩容的意见》也在推动家政工建立工会,使其融入职业劳动人群。该《意见》确定,支持院校增设一批家政服务相关专业,支持一批家政企业举办职业教育,甚至将家政服务列为职业教育校企合作优先领域。上述精神意味着,家政工将逐步成为规范的职业人群,既为职业人群,又是工薪劳动者,却无法获得劳动法的保护,这显然违背了"要马儿跑就需要马儿吃草"的一般社会常识。家政工,域外称之为"domestic workers",这类工作人员同样属于工人范畴,需要执行劳动基准。家政工属于职业劳动者,职业的存在便是职业风险的存在,家政工亦须相应的风险

---

⑯　郑尚元:《雇佣关系调整的法律分界——民法与劳动法调整雇佣类合同关系的制度与理念》,《中国法学》2005 年第 3 期,第 84 页。

遮蔽。

其三,家政工的从属性问题。劳动法上劳动关系双方当事人之间存在着相应的从属关系,这种从属性被广泛地运用于"劳动关系的认定"上,从属性认定劳动关系之存在在工厂法时代尤其显著。由于经济发展的管制与去管制,劳动力市场的管制具有弹性,近30多年来,世界各国劳动力市场的弹性加大,从属性判断劳动关系存否的理论受到质疑。事实上,从属性作为劳动法上认定雇主与雇员之间关系的要素永远存在,如果没有从属性,劳动关系自然也就不存在了。但是,从属性的理解或从属性的内涵则大大拓展了。"扩大解释从属劳动关系理论,将原有之人格的从属性与经济的从属性,扩大为组织的从属性与技术的从属性,促使劳动契约制度贴近从属劳动关系的新现实。"[17]近些年来,我国平台雇佣与网络经济快速发展,使得从属性作为判断劳动关系的要素受到质疑,使得认定劳动关系与劳务关系的劳动法调整、民法调整性质上的选择出现了分歧。[18] 目前,家政工的使用上已经出现了实体家政公司外的平台家政服务,网络技术将私人家庭与家政工嫁接在一起,隐匿了实体经营的家政公司,弱化了家政工的组织性与职业从属性。事实上,家政公司需要对家政工进行相应的职业培训,对其服务的质量进行考核,家政工需随时接受公司指令,家政工对于公司而言具有劳动法上的从属关系是显而易见的。同时,因其工作场所的特殊性,私人家庭中的当事人,即老人或其亲属对家政工皆有一定的指挥命令权,毕竟家政工的服务对象较为特殊,[19]自然需要与服务对象进行沟通。家政工提供的家务劳动及其他相关服务皆从属于家政公司的命令与指挥。从属性是判断劳动关系的重要因素,但不是那么绝对。"吾人不可拘泥于'人格从属性'及'经济从属性'之字义解释,或略劳务供给契约当事人间之实际关系。"[20]我国有中国特色的事业单位,也有聘用制公务员,这些双方当事人之间形成的雇佣关系并非皆可直接适用劳动法,而上述这些当事人之间仍然存在着监督指挥和命令关系,具有明显的从属性。因此,判定劳动关系与劳务关系的标准须从多维角度入手,具体到家政公司、家政工及所服务之私人家庭之间,尽管显示出上文分析之三角关系的复杂性,尽管存在家政工工作场所的特殊性,但并不能否认家政工的劳动法人格。

其四,传统家政工属于劳动法上劳动者的其他因素。判断是否存在劳动法上劳动者人格,雇佣双方之间的关系是否属于劳动关系,还有其他若干因素。在普通法领域,雇员与独立承包商(independent contractor)之间的区别就是用人单位是

---

[17] 黄越钦:《劳动法新论》,中国政法大学出版社 2003 年版,第 9 页。

[18] 参见王天玉:《互联网平台用工的合同定性及法律适用》,《法学》2019 年第 10 期。

[19] 其实,其他服务性工作,尤其是窗口性服务工作皆需要相应的服务态度和工作的灵活性。

[20] 黄程贯主编:《劳动法》,新学林出版股份有限公司 2014 年版,第 A~17 页。

否有权控制对方完成工作的方式以及步骤,除此之外,还有其他因素决定两者之间的关系,其中包括契约的期限、赔偿的方式方法、其他人是否从事同样的任务等等。[21] 家政工照料老人有特别专业的护理知识要求,看护小孩也需要专门的知识,这也是我国家政业"提质扩容"的内在需求。从法律调整的全方位观察,若家政工不属于劳动法上的劳动者,将成为民事法律主体之合同一方,将不再含有"工"的要素,那么,只剩下服务与报酬,没有职业培训,没有工资标准及其底线,没有工作时间及其他劳动基准,没有任何职业风险遮蔽(社会保险覆盖)。初期,这种情况可能属于"两相情愿",但是,长久来看,既不利于保护所服务家庭的权益,也无法保障家政服务人员的权益,家政服务人员将无法正名为"工"。随着社会的发展以及家政业经营规模的不断扩张,一些规模较大的家政公司与家政工之间存在的仅仅是缔约前的"平等",缔约之后便变成托大和欺辱弱者。当下,家政工大部分属于农家妹,她们文化层次较低,维权意识较差,社会歧视普遍存在,如果没有相应的社会保护,其权益的损害将更加难以想象。当然,未来或许有大学生加入家政服务队伍,她们素质高,文化层次高,维权意识强,具备搜集证据的能力,社会保护得以加强,例如将遭受所服务对象之性骚扰上升至就业歧视的高度,其获得的赔偿金额不再仅是安慰。那么,今日启动家政工劳动法保护适逢其时,因为一切皆有一个过程。

四、家政工社保法之社会保护

家政工的权益维护存在相应的难度,难点在于其劳动法上劳动者之正名,但成为劳动法保护对象并非是家政工权益维护的落脚点,换言之,家政工关注的并非仅仅是个职业劳动者的名声,而是具体的权益。从接触过家政工的人,以及接受过家政工服务的家庭的角度观察,目前,家政工权益维护最重要的不是能不能拿到工资,如果拿不到工资,当事人可以用脚投票——走人,关键的问题是职业风险无法遮蔽,家政工发生疾病、伤害、年老等事故后是否能够得到社会关怀和保护,此类问题的解决才是家政工权益维护的落脚点。其实,这些权益的维护也并不复杂。试想,假如公务员们生病需要自费、发生伤害自身承受、年老之后没有退休金,这些问题是否有人假设?其他职业群体,如医生、教师如果没有上述权益,这类问题是否有人设想?曾经有一名家政人员因为雇主擦玻璃摔倒受伤,法院判断双方属于个人劳务关系,在责任分担时,竟然认定"涂某在擦窗户时摔倒受伤,其作为成年人,并且系从事家政服务的专业人员,应对其自身安全负有相应的注意义务,故其应承

㉑　See Alvin L. Goldman, Robertto L. Corrada, labor law in the USA, Wolters Kluwer law and business, 2011, p. 88.

担主要责任"②。此等判决有待商榷,试问哪个合法劳动者不是"成年人"?又有哪个公务员执行公务发生事故后,需要拷问他或她作为专业人员应当对自身安全负有相应注意义务?显然,如果家政工有职业伤害保险(工伤保险)的覆盖,便不会出现上述毫无法理且没有任何法定依据的判决。

(一) 家政工属于劳动法上之非典型用工范畴

最近十多年来,国内学界开始探索家政工权益的维护问题,关键在于确立家政工劳动法上劳动者的地位,以期使家政工获得劳动法的保护。由于尚未明确家政工的劳动法主体地位,其在工作时间、休息休假、职场特别保护(如职场性骚扰干预与预防)等方面的权益损害是客观存在的。"2010年国际劳工大会第99届会议决定将'家庭工人体面劳动'的项目列入第100届例会的议程,进行第二次讨论,以便通过一项全面的标准依赖,家庭服务员的劳动权益在全世界范围内受到特别关注。"③国际劳工组织关注家庭工人的体面劳动问题,主要体现在政策导向上的价值指引,劳动体面与否涉及众多方面,它并非一个完全准确、科学无误的硬约束,而是为家庭工人能够得到劳动法的保护提供了一种路径依赖。经济学界将就业分为正规就业与非正规就业,这种分类基本上从劳动者职业的稳定性、社会认可度、雇主经营的态势等各方面进行大类区分,并无法定的正规就业与非正规就业的界限,也没有任何绝对严谨的正规与非正规的要素判断标准。从表象上观察,一般来说,非正规就业劳动者与用人单位未签订书面劳动合同,就业人员技能低,缺少职业培训以及就业服务,岗位工作时间不确定等。"家政工多为非正规就业,她们是中国非正规就业者中数量较大的群体之一。但是,因为城乡差异、培训缺乏、法律真空,家政工的整体素质低、劳动报酬低、职业化程度不够、社会保障不足。"④

非正规就业转换成劳动法学领域使用的术语即为非典型雇佣。所谓典型雇佣乃是雇佣形态为社会主流的、劳动合同为不定期、没有特别事由不会轻易解雇的雇佣形式,换言之,岗位相对稳定、职业技能要求较高、用人单位相对规范且经营较为稳定、雇佣合同履行期限一般较长。而非典型雇佣的特征包括:雇佣期限短、岗位技能要求低、岗位不稳定、用人单位经营业态不稳定、雇佣形式多角化等。我国《劳动合同法》将"劳务派遣"列为特别规定范畴,劳务派遣被认定为非典型雇佣几乎没有异议,雇主没有工作场所、用工场所不是雇主的、三角用工关系的存在,这决定了

② 胡大武:《〈劳动合同法〉家庭用人单位资格新考——以家政工人保护为中心》,载《西南民族大学学报》(人文社科版)2014年第12期,第88页。

③ 黎建飞、石娟:《论我国劳动法律调整方式从一元化向多元化的转变——以家务服务员的劳动保护为视角》,《河南财经政法大学学报》2012年第2期,第181页。

④ 马丹:《北京市家政工研究》,《北京社会科学》2011年第2期,第64页。

被派遣的劳动者将受到名义雇主、实质雇主的双重监督、指挥与命令,相对于直接签订劳动合同的劳动者而言,被派遣劳动者因"两个婆婆"的存在,其弱势程度更深,存在明显的被歧视现象。[25] 家政工属于非典型雇佣的范畴,根本决定因素不在于家政工技能较低、培训时间短、没有社会保障等表象,而在于其工作岗位的特殊性、雇佣与使用的分离。"总之,非典型劳动关系的产生和发展有其自身的环境土壤与演进规律,有着典型劳动关系所不可替代的功能和作用,其特殊的法律属性需要通过市场机制最大程度地发挥其灵活用工的功效,需要通过法律严格规制'假派遣'等非法行为,明确劳动者的判断基准以及派遣与外包的区分基准,对不同劳动关系下的劳动者(就业者)按照使用从属性的强弱进行分层保护。"[26]虽然《劳务派遣暂行规定》将家政工排除出派遣劳动者的范围,但是,客观地讲,家政工恰恰是派遣劳动的典型,家政工权益的维护无法离开派遣劳动的法理。对于家政工的权益维护,家政公司作为用人单位须负担对劳动者的私法义务以及相关的公法义务,不止于给付一定的劳动报酬,还须负担家政工社会保护之公法义务。从接受服务的私人家庭角度,并不能因签订了家政服务这样形式上平等的服务合同,便存在私法不能干预的信条,对待家政工须有相应的雇主关怀义务,工作时间等劳动基准须得到相应的维护,人格尊严须得到保障。家政工若受到雇主性骚扰,应当与其他职场性骚扰一样,列为就业歧视之一类,除了依据《民法典》第1010条的规定承担民事责任(侵权损害赔偿)外,须承担相应的劳动法上的责任,如家政工因此离职应当推定为不当解雇,予以相当于经济补偿金两倍的经济赔偿。

(二)居家养老服务家政工需要社保法之社会保护——各类社会保险之覆盖

《社会保险法》第95条规定:"进城务工的农村居民依照本法规定参加社会保险。"此外,该法未就非全日制用工、劳务派遣工参加社会保险作出特别的规定。该条规定之后再无其他有关法律法规就农民工参加社会保险的具体实施作出过相应的规定。从社会治理精细化的层面观察,我国民生领域诸多问题皆属于上述粗线条的精神导向或原则规定的情况,并无法律实施的可能性。家政工属于农民工范畴,其农民身份尚未去除,[27]并未完成由身份向契约的社会转变。"农民工劳动权利未获应有的保护,受侵犯严重,主要体现在:因未被认定具有工人和市民的身份而与传统的城镇职工同工不同酬、同工不同时、同工不同权……"[28]家政工又是女

㉕ 被派遣劳动者与正规就业的劳动者存在明显的收入差距,存在解雇保护上的制度落差。

㉖ 田思路:《劳动关系非典型化的演变及法律回应》,《法学》2017年第6期,第147页。

㉗ 孙立平教授认为,以户籍制度为基础的城乡壁垒,事实上是将城乡两部分居民分成了两种不同的社会身份。参见李培林主编:《农民工:中国进城农民工的经济社会分析》,社会科学文献出版社2003年版,第151页。

㉘ 蒋月等:《中国农民工劳动权利保护研究》,法律出版社2006年版,第11页。

性农民工居多,其受到的社会歧视是毋庸置疑的。在此背景下,立法确立家政工的法律地位,制定家政工参加社会保险的具体法律法规显得异常必要。如果说《民法典》的颁布使我国民事法律从立法时代步入了解释时代,立法工作已经进入了"装修时代",那么,我国社会保险法制建设尚处于打地基的前期阶段;如果说一般的城镇职工已经有了各项社会保险,缺乏的乃是法制的保障和权利实现的依据,那么,家政们还尚未感受到什么是社会保险,无法体会其存在的便利和福利所在。家政工是服务类职业的一种,世界上不存在没有职业风险的职业,职业灾害、疾病、年老等都是相应的职业风险。

"无论是国内还是国外,非正规就业者多以女性为主。在家政服务业,女性特征更为明显,工作内容往往反映出她们作为妻子、女儿和照护者的传统角色。"[㉙]家政工居家养老服务实质上就是传统社会家庭养老照料之社会化,在传统社会里,家庭养老在孝道的约束之下,照料者一般都属于晚辈,家庭地位较之被照料者为低,多数都属女性范围,精神层面、身体层面的压力只能通过自身排解。养老服务社会化之后,作为照料者,家政工须承担所有职业压力与职业风险。这些风险大体包括以下几类:

首先,家政工工作期间的患病风险。作为劳动者,不可能不生病,年轻家政工生病的次数少、时间短,年龄较大的家政工,生病的次数多、时间长,但总有部分意外生病的情形发生。目前,家政工身份上并未完成由农民向工人的职业转换,她们多数还参加的是户籍所在地的新农保,报销比例低,且外地门诊不予报销,她们在服务地的用药和一般性治疗,目前几乎全部自费。一般来说,医疗遵循所在地原则,当然需要服务所在地的医保覆盖。医疗保险是以填补医疗费用支出为目的的社会保障制度,医疗技术的高度发达推动医疗费用飞速增长,个人收入无法填补此项支出,[㉚]尤其对于收入较低的劳动者而言,此项保险更为必要。家政工收入较低、职业不稳定,属于非正规就业群体,从客观需要角度她们自然不能缺少服务地医保之覆盖,从权利角度,她们的服务从个体观察,仅仅服务于私人家庭,从整体观察,其服务于社会,社会理应提供其相应的社会福利给付。这些家政工参加服务地医保,能够消除她们的职业顾虑,使其一心一意为服务对象提供服务,医保保费的缴纳应当由家政公司、家政工按比例负担,服务地政府财政按比例补贴医保保费,三方共同负担家政工的医保保费,将家政工纳入服务所在地的医疗保险体系。

㉙ 胡大武:《非正规就业劳动者"易受伤害性"及其法律规制——以家政工人为考察对象》,《社会科学战线》2011年第8期,第211页。

㉚ 参见李文静:《医疗保险法律制度研究》,中国言实出版社2014年版,第46页。

其次，家政工从事居家养老服务是家政服务之一类，凡是职业都有职业伤害，也就是所谓的工伤，不论是一般的家务劳动，还是专门照料老人的生活起居，家政工都有可能发生相应的身体伤害事故。轻微伤通过治疗能够很快康复，并没有任何后遗症和伤残问题；而极少数伤害可能导致较高的医疗费用，通过治疗仍可能造成身体伤残和劳动能力的下降，虽然这种职业伤害的事故风险概率没有采掘、建筑、交通运输、冶金、机械制造等行业高，但总是存在相应的职业风险。一些相关的工伤认定申请的案件表明，即使是教师工作岗位都有风险，如工作过劳。家政工参加工伤保险并无任何制度障碍，工伤保险实行属地原则，即参加工作地的保险，而且，该类社会保险险种实行雇主缴费原则，无须个人负担费用，家政公司应当为家政工缴纳社会保险。"如果将家政服务作为一种职业，那么对发生在家政服务中的伤害事故仍然按照侵权来予以救济，既不符合现代社会工伤保险制度的意涵，也不利于对家政工和雇主的利益的保护，进而阻碍家政服务作为一项职业的发展。"[31]家政服务业已经被确定为国家第三产业序列之一，作为服务业的一种，其产业经营自然存在利润空间，如果一个产业没有利润，只是亏损，那么这个产业将很快消失，家政服务业属于劳动密集型产业，它的利润不可能太高，但不至于无法赢利，即使所有社会保险费都负担也没有任何问题。市场经济发达国家和地区的非典型雇佣人员皆有社会保险覆盖，证明这些非正规就业人员一样能够参加社会保险。[32]

最后，家政工从事养老服务，自己会不会老？答案是肯定的。任何人皆会变老，皆有养老之期待。目前，家政工多数都是年轻女性劳动者，她们形式上是"吃青春饭"的劳动者。事实上，所谓的"吃青春饭"是指青年时期的收入足以应付未来老年支出之职业类型，类似职业运动员、职业演员等等具有"明星"效应之职业类型，他们几年的收入或十几年的收入即可应付以后几十年的支出。世界范围内，养老保险缴费的基本原则，不仅设置了最低工资缴纳保费的最低基数标准，同时，对收入过高者，法律限定了最高缴费基数标准，以限定部分人群在标准之外享有相应的给付。因此，部分劳动者可能没有参加养老保险，或者参加养老保险但因给付标准与自己预期存在较大差距而对之不予关注，但这些"吃青春饭"者毕竟是少数。家政工不属于此类职业者，他们工作时虽然年轻，但工资较低，晚年没有收入保障生

㉛　宓明君：《家政工人权利保护的多元制度模式构想》，《西南民族大学学报》(人文社科版)2011年第5期。

㉜　需要说明的是，我国现行社会保险费率过高，且费基实行用人单位工资总额制，一般来讲，社会保险缴费都是以本人工资作为缴费基数予以缴纳。各类保险加在一起，也不可能超过本人工资的20%。目前，我国社会保险项目中，仅养老保险，用人单位缴费比例就达到工资总额的14%～20%，缴费比例过高。所以，用人单位就在缴费基数上做文章，一些中小型企业将工资作成了"最低工资"。

活将难以为继。③ 一部分家政工随着国家城镇化率的不断提高,随着自身服务城市时间的拉长,将永远无法回到农村,而且也不愿回到农村。她们年老之后,留在城市却没有相应的养老金,晚年毫无经济保障,其早年曾经为这个城市提供的社会服务及社会贡献被彻底遗忘。目前,城镇一般职业群体缴费年限累计达到 15 年(180 个月缴费记录),即可获得未来请领养老年金的请求权,依法主张养老保险金。家政工从 20 岁左右开始工作,即使属于非正规就业,即使无法保证连续就业,但累计缴费达到 15 年是没有时间上的问题的,所缺失的乃是法律制度的依赖,只要法律制度作出明确的规定,当事人可能短期内的收入略有下降,但是对于未来的期待能够得到保障,职业安定有所依托,没有任何人会嫌弃社保。现实生活中,家政工干的"工"的活,却没有"工"的待遇。笔者认为,从家政业"提质扩容"角度,从家政工职业规范化角度,从国家城镇化导向角度,从提升国民素质角度,将家政工纳入社会保险覆盖范围,增加对她们的社会保护的厚度,无疑得益的是城市、整个社会,得益的绝不仅仅是家政工群体。

---

③ 美国劳工部、女工局曾就女性家政服务人员参加老年保险作过专门的报告,该报告称家政工老年之后需要相应的保险给付,以保障晚年的经济安全。See United States Department of Labor, L. B. Schwellenbach, Secretary, Women's Bureau, Frieda S. Miller, Director, Old Age Insurance for Household Workers, Bullet in of the Women's Bureau No. 220, United States Government Printing Office Washington, 1947.

家政工纳入养老保险制度及家政工劳动权益之保护

郑尚元

摘　要：家政工系家政服务业的从业者，我国家政服务业已经纳入国家服务业发展体系；家政工已经纳入国家职业大典职业类别，成为服务业中的职业劳动者。但是，家政工至今尚未获得劳动法上劳动者的法律人格，相应她们的劳动权益受损后无法获得相应的权利救济；更为忧虑的是她们提供的是典型的社会服务，却无法获得相应的社会保险给付。其中，养老保险系职业劳动者劳动法、社保法上法律人格的表征，参加养老保险并能够领取到基本养老金的劳动者，是被认同为"职工"的前提，也是融入城市的条件。家政工的权益保护，其参加养老保险既是突破口，又是证明力，亦是国家政策展开之未来方向。

关键词：家政工；劳动权益；养老保险

问题缘起：家政工劳动法上劳动者人格缺失及社保权益缺损。

近十年来，偶有家政工权益保护方面的文章刊出，本文选题看似并非一个具有什么创意的题目，但是家政工权益的保护问题并未因少数学人的关注而引发官方的关注，家政工的劳动法人格至今仍未正位，其劳动法上与之相关权益，不论从劳动合同的签订，以及劳动标准所涉及工作时间、休息休假、解雇之经济补偿都没有落实；随之而来的是，他们进城务工，看病无医保、受伤不属工伤而陷入与服务对象之家庭、家政服务企业之长时间纠缠之中，至于家政工能否参加服务所在地的养老保险，则从未成为专门的学术议题。于此意义，本文之展开，属于旧瓶装新酒，或许有一些新意，与家政工而言，则完全具有创意。在日常生活中，我国劳动者权益完整不完整，一般常识是劳动者是属于体制内还是体制外。体制内，尤其是公务员岗位稳定、类似劳动法上之工作时间、休息休假、福利待遇都不会有差错，同样养

作者单位：郑尚元，清华大学法学院教授。

老、医疗、生育、住房公积金一应俱全。其中,退休后有无经济保障——退休金有无成为衡量一个劳动者职业成色的试金石。对于是否属于职工基本养老保险覆盖的人群,也就是劳动法上之劳动者而言,多数亦因该要素考量而检测其工作是否属于非正规就业领域,或其雇佣是否属于典型雇佣的范围。我国现行养老保险制度自20世纪90年代初改革以来,虽然尚未呈现法治状态,但职工养老保险制度的基本态势已经形成。属于典型雇佣之劳动者,其用人单位大多能够为其办理社保登记并缴纳养老保险,而劳动者自身对未来达到退休年龄后领取社会化发放之基础养老金深信不疑。然而一些非正规就业领域,或劳动法上人格至今存疑的劳动者,不仅劳动法上之权益无法得到保障,工作超时,假期无假,而且其社保权益往往随劳动法人格缺失而大量缺损。其最大群体就是农民工,农民工的劳动权益并不完整,社保权益缺损更加严重;①农民工分广义农民工和狭义农民工;亦分男性农民工和女性农民工。广义上讲,家政工多数都属于农民工,属于女性农民工。较之男性农民工已经进入劳动法保护范围,多数人已经将其纳入劳动法保护对象,存在着劳动法上权利、社保法上权利的缺损,家政工之女性农民工,则尚未完全取得劳动法上之人格。其劳动法上权益无法保障的同时,其社保权益缺损同样严重,尤其是近年来家政工在服务期间受伤或因服务原因死亡而引发是否属于工伤,是否应享受工伤保险待遇的难题成为人们关注的重点。事实上,家政工生病没有病假不说,她们在服务所在地根本没有医保,笔者几乎未听说家政服务企业为她们办理社保手续、缴纳养老保险的个案。

养老保险的缴纳,是所有劳动法、社保法上权益的集中体现,如果该项权益能够得到保障,之前的前提条件,类似工资基数、企业人工成本的计算乃至家政工社会地位的提高、社会歧视的消除等都有相应的法制依托。家政工职业化、家政服务业规范化,乃至家政业升级都有相应的制度保障。本文拟从劳动法上之人格确认、养老保险缴纳形成社保突破等环节上再议家政工权益保护问题,以期抛砖引玉,引起学界共鸣,并进而引起社会对于家政工权益保护之关注。

一、改革开放后家政服务业兴起与家政工语境形成

(一)家政业兴起的社会背景与其服务业定位

在计划体制下,我国社会生活中存在少量的家庭服务人员,仅存在于高级领导干部的服务工作中,这些服务工作实际上演变成为党和政府工作的组成部分,其工作人员的身份有的属于体制内的工人,也有的达到条件后"转干"而成为国家干部。

---

① 蒋月:《中国农民工劳动权利保护研究》,法律出版社 2006 年版,第 87～121 页。

社会一般成员,不符合标准的,家中不能聘用类似的服务人员,旧社会阶级剥削的印记以及人民当家做主的社会,不容忍此类带有雇佣性质、人格地位不平等的社会现象存在。在改革开放前,家政服务不允许存在而我国新时期家政业的兴起,其萌芽于 20 世纪 80 年代中期之后,系社会收入拉大之后,社会收入分配、资源和福利分配从依靠计划分配到依靠市场分配的一个过程,如以前养老育幼之服务多为单位和社会提供,如今直接交给市场。"随着几十年来禁止农民进城工作的障碍被清除……突然间,城市有如此多的就业机会供他们选择,20 世纪 50 年代以来从未曾有过的。此外,建筑业和服务业提供了各种低技术的就业岗位,也需要大量的散工。因此,到处是机会,即使半文盲的农民也能找到工作。"[②]20 世纪 80 年代末 90年代初,随着农村劳动力的不断释放、进城务工人员的增加,以及城市国有企业改革后剩余劳动力的加入,我国劳动力市场渐趋活跃,家政服务业从零星的劳务提供逐渐形成了一定规模。《家庭服务业管理暂行办法》(商务部 2012 年第 11 号令)第2 条第二款规定:"本办法所称家庭服务业,实质以家庭为服务对象,由家庭服务机构指派或介绍家庭服务员进入家庭成员住所提供烹饪、保洁、搬家、家庭教育、儿童看护以及孕产妇、婴幼儿、老人和病人的护理等有偿服务,满足家庭生活需求的服务行业。"至今,家庭服务业逐渐被家政服务业或家政业所替代。"据初步调查显示,目前全国家政服务业各类服务企业和网点近 50 万家,从业人员 1500 万人,年营业额近 1600 亿元。从家政服务业企业规模看,大部分企业营业额在 50 万元左右,少数规模较大的年营业额已达 1000 万元以上。"[③]涉及服务业务范围广泛,传统的保洁、搬家、保姆等项目不断细分,月嫂、陪护、聊天、理财、保健等服务不断成为家政服务的主要内容。

家政服务业系服务业之一支,属于第三产业范畴,该产业的发展决定于多重因素和政策导向制约,目前,除 2012 年商务部发布的《家庭服务业管理暂行办法》外,再无其他法律法规和规范性文件对该行业予以相应的规范。2019 年 6 月 26 日,《国务院办公厅关于促进家政服务业提质扩容的意见》(国办发〔2019〕30 号)发布,该《意见》属于红头文件,但并无法律上的强制拘束力,只是一个产业发展导向性"意见",但是该产业如何规范,涉及众多内容,也涉及若干门类法律制度,其中涉及劳动和社保保障法律制度,政策导向将直接影响该产业的发展,也牵涉相关法律制度的重塑。

(二)家政业从业人员与家政工

家政服务业从业人员,系家政企业管理人员、家政工,以及相关业务发展的人

---

② 〔美〕苏黛瑞:《在中国城市中争取公民权》,王春光、单丽卿译,浙江人民出版社 2009 年版,第 214 页。

③ 参见《2019 年中国家政服务业发展特点、行业发展现状及行业发展趋势分析预测》,中国产业信息网 chyxx.com.

员,据上文相关数据显示,我国截至 2019 年家政服务业从业人员达到 1500 万人,其中部分属于管理人员,而绝大多数都属于家政工。

"家政工"属于汉语新语汇,但并不陌生。在我国,法律法规对其法律地位并无明确规定,《家庭服务业管理暂行办法》第 2 条第四款规定:"本办法所称家庭服务员,实质根据家庭服务合同的约定提供家庭服务的人员",事实上上述表述属于概念的重复,并未确定其法律地位,亦未明确其概念的本意。家政工,英文有这样几个表述:"household workers""domestic workers"和"home-making service"国际劳工组织认为"domestic workers"和"home-making service"国际劳工组织认为"domestic workers"是与奴隶制、殖民主义和其他奴役形式联系在一起,是一种等级制度现象,涉及种族、族裔、土著身份、种姓和国籍等。④ 显然,历史上存在的家庭服务关系在客观上存在着地位和社会不平等现象,这就是改革开放之前中国社会长达二三十年未曾出现家政服务的根源,此外,国际家庭工人联合会在简介中将"household workers"和"domestic workers"进行了并列,用"and""or"等词语。⑤ 2011 年 6 月 16 日,国际劳工大会通过了《家庭工人体面劳动公约(*convention concerning decent work for domestic workers*)》(以下简称《家政公约》),该《家政公约》第 1 条规定,"家政工作(domestic work)"指"在或为"一个或数个家庭从事的工作(work performed in or for a household or households);"家政工(domestic workers)"指"在一种雇佣关系范围从事家政工作的任何人"。我国尚未加入该《家政公约》,透过该《家政公约》,至少存在两重意思,其一,家政工(domestic workers)系一职业种类,属于工人序列,由于该《家政公约》系由国家劳工组织颁布,家政工亦属于"劳工"范畴,其二,家政工存在与雇主之间的雇佣关系。⑥ 然而,我国对于家政工概念的诠释、身份的界定、其与相关主体之间的关系、是否受劳动法的保护、应否为其缴纳社保,处于纠结和探讨的进程中,许多问题的纠结、理论与实践的冲突、部门纠葛,以及许多是是而非的操作都存在于现实生活中。

二、家政工游离于劳动法保护外之成因分析

在实践中,我国家政工权益受到侵害后,很难获得应有的权利救济,多数情形下,要么当事人忍气吞声,吃亏了事。最麻烦的是家政工在劳动过程中受到身体伤害,甚至导致死亡这样的严重后果,多数情形下,一则协商解决,最多亦是将其认定为"民

---

④ Decent work for domestic workers, Report IV(1), International Labour Conference, 99th Session, Geneva, 2010.

⑤ 参见国际家政工联合会网站:https://idwfed.or/gen/about-us-1,2020 年 4 月 15 日最后访问。

⑥ 谢增毅:《超越雇佣合同与劳动合同规则——家政工保护的立法理念与制度建构》,《清华法学》2012 年第 6 期。

事"纠纷,依据侵权损害赔偿法对于受害人予以相应的赔偿,由于证据问题、彼此过错大小问题、相互间关系问题等,最后获得的赔偿与工伤保险补偿相比,少了很多;个别情形下,家政工甚至无法获得赔偿。⑦ 家政工无法获得劳动法和社保法上权益保护的原因很多,涉及的问题也非常复杂,大体上可从以下几个方面论证问题成因。

(一)现行法律法规及相关解释之排除规定与家政工失去劳动法保护

家政工之所以溢出劳动法保护的城池,其关键的因素还在于法律法规规定将其排除在劳动法保护之外,如今在即使相关部门、机构愿意将其纳入保护的范围,亦由于明文"规定"在前而无能为力。这些明文规定包括:

其一,有关《劳动法》之说明。1994 年 7 月 5 日《劳动法》颁布后,为了便于在实践中更准确、更深入的理解法律规定,劳动部办公厅印发《关于〈劳动法〉若干条文的说明》(以下简称《说明》)。该《说明》第 2 条第五款明确规定,《劳动法》的"适用范围排除了公务员和比照公务员制度的事业组织和社会团体的工作人员,以及农业劳动者、现役军人和家庭保姆等"。这是家政工其中一族被明确排除出法律适用范围之外的明文规定。之所以存在上述规定,主要是由于 1994 年,我国家政工发育尚不充分,家政人员多数通过私人或者通过劳务市场聘用,形成了私人家庭与保姆之间的关系,其"私"关系较为明显,且国家劳动监察几乎无力展开;此外,"家政工"概念未使用,国际劳工组织尚未公布《家庭工人体面劳动公约》。但是,《劳动法》不适用保姆之规定成为一道障碍,且《劳动法》颁布之后根本未进行实质修改,保姆已经演变成今日之"家政工"后,该《说明》之"《劳动法》不适用保姆"对于家政工获得《劳动法》的保护仍产生了诸多的负面影响。

其二,2006 年 8 月 14 日颁布《最高人民法院关于审理劳动争议案件适用法律若干问题解释》(二),该《解释》于同年 10 月 1 日施行,该《解释》第 7 条第(四)项规定,"家庭或者个人与家政服务人员的纠纷"不属于劳动争议。上述规定实际上是上文《说明》精神之延伸,但是有关家政服务企业与家政服务人员之间到底是否属于劳动关系亦无明文规定。《解释》有关家政服务人员与家庭和个人间纠纷不属于劳动争议的规定,直接排除了家政服务人员在家庭劳动过程中出现的工作危险之劳动法保护以及社保覆盖。甚至这种影响扩散到此类人群的全体保护,家政工陷入了提供职业劳动,但不受劳动法保护的"人"的尴尬境地。

其三,2013 年 12 月 20 日,人力资源和社会保障部以部令的形式公布《劳务派遣暂行规定》,该《规定》自 2014 年 3 月 1 日起施行。该《规定》第 26 条规定:"用人单位将本单位劳动者派往境外工作或者派往家庭、自然人处提供劳动的,不属于本

---

⑦ 胡大武:《〈劳动合同法〉家庭用人单位资格新考》,《西南民族大学学报》2014 年第 2 期。

规定所称劳务派遣。"上述规定直接将家政公司、家政服务人员,以及服务对象(家庭和个人)之间的派遣劳动排除于劳动法保护之外。若是同一劳动者在不同时间,其一派往家庭服务则不属于劳务派遣;其二派往机构服务则属于劳务派遣,其中诡异实在令人不解。

上述法律规范之明文规定,对于家政工之劳动法保护起到了抑制作用,而家政服务业展开之后又无新法 填补,造成如今之混乱局面。

(二) 部门分割的管理体制及对家政工权益保护之影响

产业的划分分为第一产业、第二产业、第三产业,第一是农业产业,这个领域只有符合产业经营性质才可能受到劳动法的调整,而第二产业和第三产业都属于劳动法调整的范畴。家政服务业属于典型的第三产业,应当属于劳动法调整的范围。但是由于部门分割,管理体制出现错位,使家政工溢出劳动法保护的边界。我国在计划经济时期成立了若干行业主管部门,自市场经济体制确立后,这些行业主管部门逐渐演变成相应的行业协会,协会不再具备行政管理职能,比如纺织业,原来存在纺织部,后来转变成纺织协会;化工部转变成化工协会。不论是纺织企业还是化工企业,其存在的雇佣关系都属于劳动关系,其企业员工受劳动法保护。《家庭服务业管理暂行办法》第 4 条规定:"商务部承担全国家庭服务业行业管理职责,负责监督管理家庭服务机构的服务质量,指导协调合同文本规范和服务矛盾纠纷处理工作。县级以上商务主管部门负责本行政区域内的家庭服务业的监督管理。"如此规定,实际上又转圜于计划经济年代管理模式之中,一个行业需要的是行业自治,之后由统一的市场监督与管理。家政服务业应当由自己的自治组织负责标准的制定与执行,负责协会成员企业的相关服务,统一接受市场监督管理部门的监督管理。商务部又扮演起"行业主管部门"角色?即使是存在行业主管部门,一个产业必然有相应的产业关系(industrialrelation),这一关系性质的确定是由劳工部门确定的。《家庭服务业管理暂行办法》第 12 条第(六)项规定:家庭服务机构不得"扣押、拖欠家庭服务员的工作或收取高额管理费,以及其他损害家庭服务员合法权益的行为。"家庭服务员从家庭服务机构领取的是"工资",我国领取工资的人员,除不适用《劳动法》的公务员和事业单位工作人员外,全部受劳动法的调整,"工资"制度本身就属于劳动法的内容之一。从文字层面分析,上述规定等于承认了家庭服务员的劳动法上劳动者的身份。但是,整部《家庭服务业管理暂行办法》只强调了家庭服务合同的订立与履行问题,彻底回避了家庭服务机构与家庭服务员关系的合同性质、双方发生纠纷的处理程序和相关问题。[⑧] 与商务部几乎同期介入家

---

⑧ 《家庭服务业管理暂行办法》(商务部令 2012 年第 11 号)。

政业规范经营和家政工权益保护的是人力资源和社会保障部,人力资源和社会保障部农民工司专门设立"家庭服务业处","统筹协调发展家庭服务业促进就业工作"。但是,家政服务企业与家政工间到底是什么样的关系,是劳动合同关系?还是其他?这一根本问题没有答案。家政服务员权益受到侵害是否可以适用劳动法?该问题更是悬而未决。我们期待 2019 年 6 月 26 日,《国务院办公厅关于促进家政服务业提质扩容的意见》(国办发〔2019〕30 号)发布后,这些悬而未决的问题能够在上述政策的导引之下,透过法律法规规章,能够明确其劳动法上的人格。两个部门之间就"劳务"问题的纠缠不止家庭服务员一个方面,向外国派遣的劳动者,亦为"劳务输出",同样溢出了劳动法的保护。

(三)我国家政工农民身份、打工角色与社会歧视

家政工之所以未能成为劳动法上劳动者,其农民工身份成为一大障碍。"这批进城农民中,一些人找到了较好的职业,一些人通过经商取得了较好的经济地位,他们将是最先改变自己社会阶层的一批人。然而那些从事建筑、加工业及其他服务行业的农民工,改变阶层地位的过程将会显得十分缓慢,并将取决于户籍制度的进一步改革与统一的城市劳动力市场的形成。"[⑨]农民工概念的使用,全国政协委员、重庆陶然居集团董事长严琦,其 2 份关于新生代农民工的提案,其中《关于停止使用"农民工"称谓的建议》引来一阵争议。[⑩] 国际上存在的是移民工人概念,即"immigrant workers"世间不存在一种职业,其既是农民,又是工人,农民工概念的使用客观上存在歧视性界别社会人群的嫌疑。如果从农民工从事的职业类别上分析,他们皆应成为地道的工人,但由于户籍制度限制,成为农民工,在法律保护的程度上被打了许多折扣。他们很难获得劳动法上的休息休假权利,更难获得社会保障法上的社保权利。农民工的女性,她们处境更为艰难,获得职业身份认同的概率更加微小,国际劳工组织已经界定为"domestic workers",而我们官方还认定为"家庭服务员",各种法律规范有意无意地排斥家政工劳动法保护之法律适用。李培林先生认为:火车站里,他们身背铺盖卷茫然地环视;城市高楼大厦的建筑工地上,他们忙碌地搭建脚手架;劳动密集的工业流水线上,他们每天机械地重复着单调的操作;货运码头上,他们紧张地搬运沉重的物品;大街小巷中,他们回收着生活的废品;千万个家庭里,她们照料着城市的孩子;夜晚的地铁里,他们拖曳着疲惫的身躯,面对着像偷来的一样的目光……但这些普普通通的生活却构成一个伟大社会变迁的过程。正是这种脚踏实地、艰苦奋斗、勇于改变生活和命运的日常精

[⑨] 刘精明:《现代化背景下中国农民的职业流动研究》,参见李培林:《农民工:中国进城农民工的经济社会分析》,社会科学文献出版社 2003 年版,第 92 页。

[⑩] 《政协委员:"农民工"概念涉歧视 应停止使用》,《新京报》2011 年 3 月 9 日。

神,支撑起我们民族的脊梁。[11] 在欧洲,承担上述工作的,全部为职业、身份确定的劳动者,他们就是"工人",是劳动法保护的对象。在我国计划经济年代里,他们是国营固定工,是吃供应粮的一族。正是社会有了鉴别,才导致他们的身份模糊。

(四)家政工为企业所迫和社会大环境抑制

家政工并非不知劳动法保护的好处,可以有休息休假,工作时间也不是漫无边际,解雇以后有经济补偿金的发放,缴纳各种社会保险后各种风险都能遮蔽……但是,家政服务业企业从降低人工成本入手,为了增加利润,能降低一分人工成本就降低一分,何况法律法规都未规定去执行劳动标准和缴纳社会保险。[12] 从家政工角度,这些进城务工的农家女,能够得到实际利益比任何规定更为现实;考虑眼前利益和现实利益,能够拿到现金,比打到银行卡还要受欢迎,甚至喜欢按日结算、按周计算报酬,客观上存在农民工眼前利益的考量。有关官方研究机构对农民工参加工伤保险作为专门研究,研究结论是:"大多数农民工进城打工的目的比较单纯,主要为了挣钱,很少为长远生活进行打算,不愿意用现在的钱买今后的生活。另外,由于农民工文化水平低,对工伤保险的认识不到位,在没有发生事故时,意识不到工伤保险的作用。一些农民工还认为一旦受伤,企业就必须负责,所以参加不参加工伤保险无所谓。"[13] 工伤保险本属于雇佣单方缴费的项目,本没有参保意愿考量,如果企业为其缴纳工伤保险,何乐而不为? 现在的社会大环境是工资的多少与社会保险费的缴纳具有冲突性,缴纳社保后拿到的工资肯定低;为何不从这样的角度去思考,缴纳社保之后会压缩一部分利润的空间? 事实上,家政企业在于将人工成本压到最低,而把利润放至最大!

(五)家政工工作场所之特殊性与劳动法上劳动监察之难度存在

家政工,我国官方将之称之为"家庭服务员",其工作环境在私人家庭,具有相对于"用人单位"而言的私密性特征,如果从私权保护的角度,可能属于私人生活的范畴,外界干预难度较之一般的经营性组织而言,难度较大,尤其是劳动行政执法的劳动监察难以直接接入。工作场所的特殊性,使雇员的人身安全、隐私易受侵害,法律有必要对雇员提供安全、隐私方面的保护。同时,由于家政工分散在不同的家庭,其不易组织工会,进行团体行动,这在一定程度上限制了其集体行动的权利。[14]

---

① 李培林:《农民工:中国进城农民工的经济社会分析》,社会科学文献出版社 2003 年版。

② 今后,家政企业雇佣的员工制家政工,自今年《国务院办公厅关于促进家政服务业提质扩容的意见》(国办发〔2019〕30 号)发布后将逐渐纳入社会保险覆盖。当然,这一过程并不可能一帆风顺。

③ 《推进农民工参加工伤保险政策研究》(2010 年联合国开发计划署 UNDP 项目研究成果),参见《中国社会保障系列研究报告(1994—2014)》,人力资源和社会保障部社会保障研究所,第 419 页。

④ 谢增毅:《超越雇佣合同与劳动合同规则——家政工保护的立法理念与制度建构》,《清华法学》2012年第 6 期。

诚然,上述分析至少从形式上制约了家政工成为劳动法上劳动者的主要原因,"家政工人劳动权益保护监察制度与劳动监察制度接轨时,必须考量二者之一般性与特殊性。"⑮至少目前,鉴于家政工工作环境特殊性的存在,以及行政干预和行政执法难度的存在,客观上成为阻碍了家政工成为劳动法上劳动者的原因之一。

三、家政工成为劳动法上劳动者之缘由

(一)家政工之工作系服务业之工作一类,属于就业范畴

"国家发改委副主任连维良:2018 年,我国家政服务业的经营规模达到 5762 亿元,同比增长 27.9%,从业人员总量已超过 3000 万人。发展家政服务业对于促进消费、改善民生、扩大就业有着身份重大的意义。"⑯家政服务业已经成为我国第三产业之一类,系服务业其中一个种类。它能够大量吸纳就业是客观的,尤其是女性就业的吸纳。全国主管就业工作的部门系人力资源和社会保障部,目前我国官方所言就业,一方面,涵盖体制内的公务员队伍和事业单位队伍;另一方面,就是计划经济体制下除了"干部"剩下的"工人"序列。换而言之,统计就业指标时,将家政工统计在就业范围之内,属于人保部门推动工作的范畴;从称谓上之"家政工"上分析,其本身含有"工"的称谓,其工作服务于他人,劳动为他人创造了利润或提供了便利,属于职业工作的范畴。"记者今天从人力资源和社会保障部获悉,工业固体废物处理处置工、家政服务员、酿酒师、酒精酿造工等 24 个国家职业标准日前颁布。此次颁布标准的 24 个职业,涵盖了《中华人民共和国职业分类打点(2015 年版)》中的第四大类'社会生产服务和生活服务人员'的环保、居民服务领域,以及第六大类'生产制造及有关人员'的化工、工美、轻工、印刷、建筑等领域。"⑰除家政服务员外,其他职业人员已经被纳入劳动法调整的范围之内的劳动者,其所在行业如化工、环保、工美、印刷、建筑等经营的企业,皆成为劳动法调整的用人单位或雇主,唯独家政服务员游离于劳动法保护的边缘。从国家制定职业标准角度,其职业皆是劳动法上劳动者。依据《劳动法》规定:"国家确定职业分类,对规定的职业制定职业标准,实行职业资格证书制度。"换而言之,家政工,也就是家政服务员,他们是劳动法上劳动者决定了他们所在的行业,同时也决定了他们所在的职业。家政工属于劳动法上劳动者。"目前,我国诸多地方政府正在力图推动家政产业的职业化,职业资格制度大有呼之欲出的态势。然而家政服

---

⑮ 徐纯先、张先贵:《家政工人劳动权益保护之监察》,《西南政法大学学报》2011 年第 13 期。

⑯ 《2018 年我国家政服务业从业人员总量已超过 3000 万人》,news.sina.com,2020 年 4 月 23 日 21:11 访问。

⑰ 《家政服务员等 24 个职业有了国家标准》,中国青年网,2019 年 12 月 31 日。

务职业化可行吗？在过去的 20 多年里，德国做了很多努力推动使给薪家政工人职业化。"[⑱] 如今，我国已经将家政服务员纳入《中华人民共和国职业分类大典》的职业序列，其职业化的趋势得到了官方肯定。尤其是家政服务业作为一类经营产业，以及成为国家拓宽就业渠道，增加就业的一个方面。亦有全国政协委员在呼吁发展家政服务业带动就业，[⑲] 这里指的就是劳动法上的就业。

（二）家政工与家政服务企业及所服务家庭之间构成劳动关系的要件分析

家政工能够成为劳动法上的劳动者，能否获得劳动法、社保法的保护，除上述国家就业政策和职业化导向之外，在微观层面，其与家政服务之间关系的性质和定位至关重要。随着科技手段进入我国社会生活服务各个领域，网络用工已经成为一种新型的用工形式，在其他领域分析网络用工是否属于劳动法上之用工的同时，网络平台下家政工的用工新模式早已出现。因此，笔者分析家政工、家政服务企业间关系时，既包含了直接关系，也包含了间接关系。家政服务企业与家政工的直接用工，家政服务企业与家政工之间系典型的雇佣与被雇佣之间的关系，家政服务企业与家政工之间的从属性，不论是经济从属、人格从属，乃至组织从属，皆符合劳动法上的雇主与雇员之定性；从指挥控制角度，家政服务企业对家政工毫无疑问都具有毋庸置疑的指挥命令权；从雇主雇佣之经营属性上讲，家政服务企业之经营皆须工商注册登记，须有注册资本，须符合法律允许营业的范围，这些方面，家政服务企业皆符合其中要素。长期以来，家政工之所以游离于劳动法保护的边缘，甚至游离于劳动法保护之外，其根本原因在于我国劳动就业服务政策之偏斜，只发展产业、扩大就业，而忘却了其中就业人员的身份及她们所应受到法律保护的明朗政策导向及其立法展开。诚然，家政工与家政服务企业之间的劳动关系存在及劳动合同履行具有特殊性，尤其是工作场所之特殊性，是在家庭私生活场所。"这种合约实际上是用定式合同的形式将家政工人与家政公司之间的关系强制地确定为劳务关系，而非劳动关系；家政工人与雇主之间的关系强制地确定为服务合同关系，而非雇佣关系。"[⑳] 除家政服务企业直接用工外，在现实生活中因各种软件开发而成的科技公司，充当了传统产业雇主的角色，或者这些科技企业与实体经营企业变相分工、扩大营销而消弭真实雇主的真迹，实质上，资本存在、劳动存在、剩余价值和剥削存在，劳动法就应当存在。这些科技平台利用软件、指使家政工提供私人家庭生活服务，之后从中按相应比例提成，实质上等同于实体家政服务企业之经营，国家应当为所有经营家政服务业制定相应的服务标准。在实践中，平台雇佣之家政

⑱　涂永前：《关于家政工全因保护的法律思考》，《西南民族大学学报》（人文社会科学版）2013 年第 8 期。

⑲　陈秀榕：《发展家政服务业带动就业》，《中国人大》2010 年第 1 期。

⑳　胡大武：《理念与选择：劳动法如何照耀家政工人》，《法律科学》2011 年第 5 期。

工所提供的服务大体上与实体家政服务企业提供的服务相当。当然,平台用工是否存在劳动关系一直存在学术争论,主要体现在用工的灵活性上,个别用工很容易被转换成"劳务",与此同时,我国对于平台用工完全未置法律规范,企业经营角度属于野蛮生长,而在劳动者角度,亦可无所约束,直至滴滴网约车司机杀人案件一起接着一起,才想到其中漏洞所在。㉑ 家政工多数都是女性,前往私人家庭服务,同样应对劳动者身份和相关资质进行审查。平台用工把曾经实体企业对于劳动法上人格从属性抹去,劳动者的人性被磨灭而变成被软件指使的"机器"。对于家政工的资质认定应当统一由人保部门认定与规范,之后,是实体企业还是平台提供服务,依笔者愚见,所有的家政工只要在经营的背景下,皆属于劳动法上之劳动者,皆应受到劳动法、社保法之保护。

(三)非典型雇主之劳动法塑造与我国用人单位作为唯一雇主之缺憾与补正

从 20 世纪 80 年代开始,在国际范围内,劳动关系之去管制迹象已经有若干成为事实,其中非典型雇佣是劳动法去管制之产物,非典型雇佣的存在不止于工作时间灵活之非全日制用工,亦包括劳动派遣用工,如果加上今天之平台用工,皆属于非典型用工的范畴。今后,可能还会存在新形式的非典型雇佣存在,既是对传统工厂时代劳动法,进而对工商业劳动法的一种挑战,也是人类发展历程中的一段过程或一段插曲。事实上,目前尚未进入劳动法学术视野中的问题还有若干,如非典型雇佣,自然涉及的不只是劳动关系的非典型,也包括雇主的非典型和雇员的非典型问题。在我国现实生活中,类似家政工之家庭服务中雇主问题,因私人领域,又非经营,自然溢出了国家干预的范畴;从形式上,也不属于我国劳动法上"用人单位"的形式要件,是否雇主的非典型就可以排除劳动法之适用?笔者以为,这是一个需要持续探讨的话题。在实践中,存在的不只是家政工的工作环境的特殊性,即家庭私人性,也存在部分外服工,他们工作在外国使馆和国际组织内,该工作场所享有主权豁免,且本身不受中国法律管辖,这些当事人只是因派遣而至该组织内服务或劳动,难道这些劳动者就不应当受到劳动法、社保法的保护?笔者通过访谈,知悉这些工作在国际组织或外国使馆中的中方劳动者,由其派遣机构负责办理社保登记,及相关权益的维护等。那么,家庭私人空间难道比外国使馆和国际组织内部还森严壁垒吗?如果从趋势上分析,除非家庭内部之亲属、熟人通过私人关系构建的服务关系,是否有无报酬,其服务与被服务之间未透过任何公共部门和第三方,且双方完全出于信任。从长远来看,其他有薪服务皆应纳入劳动法、社保法调整之范畴,并不能因工作环境之特殊性就溢出劳动法、社保法之保护。

㉑ 《乐清滴滴司机死刑,滴滴司机杀人案告诉我们的道理》https://www.sohu.com/a/293112610_100167843.

（四）其他国家和地区家政工劳动法上劳动者之参照

"……以家政服务关系为代表的非正规就业者与雇主之间的关系往往被潜在地视同从属性的'主仆'关系。尽管现代社会在称呼上已经有了改变,然而与之相关的社会事实表明'主人—仆从'关系的社会认知仍然根深蒂固。"㉒家政工作为劳动法上劳动者的特殊性无疑需要考虑历史和习惯之惯性,其劳动法保护较之其他工作场所的劳动法保护难度更大。我国当下需要解决的问题,是将家政工逐渐纳入劳动法保护体系中来,至于其应保护的高度可以根据国情和具体事实确定相应的标准。其他国家和地区对待家政工之劳动法、社保法适用亦有不同的差异和对待,"德国有关劳动关系的规定是庞杂而富有灵活性的。这是符合力图在市场经济条件下,调和自由雇佣原则与社会正义之剑矛盾要求的。对于家政服务这种特殊的法律关系,德国法采取的态度应该是通过个案来审查是否达到了劳动特别法所要求的从属性程度,以确定可否适用特殊的保护规定。"㉓在《德国民法典》611～630条有关雇佣和劳动关系的规定中,从"关系"的界定上将劳动关系界定为私法关系,而在劳动保护的实施上则适用保护法,这是当年德国起草劳动法典未及成功后的现实注脚,事实上亦能对劳动者权益保护落实到位,此外德国《劳动法院法》之劳动法院制度将专业诉讼和专业审判的程序公正延长了劳动法保护的高度。至于德国对于家政工如何适用社会法,或社会法上如何保护家政工,首先考虑到具体情形中的家政服务的适用,其次是对家政工的社会法保护。"家政服务作为一种必要的社会给付内容广泛存在于德国的社会保障制度当中。这无不体现了一种对国民的人道主义关怀。当然,如此高标准的社会保障水平,是以德国发达的经济水平作为支撑的。"㉔1985年日本通过《劳动者派遣法》将之前被禁止的劳务派遣予以合法化,并通过《家内劳动法》《短时间劳动法》等保护和发展非典型劳动关系。㉕笔者认为,我国家政工的职业化和家政服务业规范化的将来,部分家政工将逐步分流到相关的社会服务中,其工作场所并不一定局限于私人家庭,即使私人家庭服务亦具有社会给付的特征。我国"台湾地区'劳委会'先于1998年以(87)'台劳动二字'第012975号函释核定《个人服务之家庭帮佣及监护工》为'劳基法'第84条第1款的工作者,其工作时间、例假、休假、女性夜间工作等由劳雇双方另行约定后报请当地主管机关核备,不受'劳基法'第30条、36条、37条、第49条有关工作时间规定的限制。"㉖我国台湾地区将家政工纳入了劳动相关规定保护的体系中,亦考虑到其

㉒ 胡大武:《非正规就业劳动者"易受伤害性"及其法律规制——以家政工人为考察对象》,《社会科学战线》2011年第8期。

㉓㉔ 胡川宁:《德国家政服务法律制度研究》,《现代法学》2011年第2期。

㉕ 田思路:《劳动关系非典型化的演变及法律回应》,《法学》2017年第6期。

㉖ 胡大武:《台湾地区家政工人劳动权益保护法律实践研究》,《社会科学家》2010年第6期。

中特殊性。"在新西兰,家政工人被分为家庭雇佣型和非家庭雇佣型两类。这种分类有其合理性,因为这两类家政工人所对应的雇主的经济实力、赢利与否、受监管程度,以及与雇员的关系等方面存在着较大差异,因此在制定法律规则时需要对这种差异进行考虑。这一分类对于家政工人劳动权益保护非常重要,直接决定了家政工人可以获得的劳动条件基准保护的范围和程度。"㉗加拿大有关家政工之劳动法规定包括,雇主须依法为雇员注册、双方签订雇佣合同,在符合劳动基准的背景下,就工资、工作时间、年休假、相关费用的扣除作出全面规定。㉘ 上述国家和地区的相关法律和规定和实践显示,家政工成为劳动法上劳动者并无任何障碍。家政工对全球经济具有重要贡献,家政工增加了富有家庭责任的女性和男性从事受薪工作的就业机会,扩大了照顾老年人、小孩和残疾人的范围,并且使大量收入在一国之内或国家之间转移。㉙ 家政工之工作实际上是现代社会分工的一环,任何社会都需要补漏填缺,家政乃是家庭生活逐渐丰富的一种社会需求。客观上,曾经受雇于私人家庭的,形成了主从关系,不平等性长期存在。随着社会的不断进步和家政服务的逐渐规范,家政服务业作为服务业之一类,家政工不仅在发达国家获得了相应的法律地位,在发展中国家,家政工的数量更多,保护家政工权益更为迫切。之所以,以"体面"劳动而展开就是要有"面子",要体现劳动尊严,在实现劳动被尊重和人格平等中得到相应的劳动保护和社会保护。"根据《中国家政工体面劳动和促进就业——基本情况》的介绍,据不完全统计,至 2010 年,我国家政从业人员已经达到了 1600 万~2000 万人,有家庭服务企业 60 多万家,占世界家庭服务队伍的近 20%。"㉚事实上,我国家政工游离于劳动法保护边缘或劳动法保护之外,尚未完成职业身份向工人的转换,谈"体面劳动"似有奢侈成分。人们街头遇到的农民工是衣服脏乱、蓬头垢面的一族,以为农民工天然如此。其实,人是一样的人,曾经在计划体制时期,这些工作岗位上都是国营固定工,是完全"体面"的工作;在欧美,这些工作岗位的工作人员是典型的工人,是典型的体面劳动。在加拿大等发达国家,即使是家庭私人空间中工作的家政工,她们逐渐赢取了 人格独立与劳动尊严,以及劳动标准下的社会劳动,主从关系渐渐远去。因此,家政工劳动法上劳动者的主体地位的确定涉及内容非常宽泛,涉及意义重大,它不仅涉及人的平等权利问题,涉及性别平等问题,涉及一系列社会公平公正问题。

㉗ 李满奎:《新西兰家政工人劳动权益保护机制研究》,《社会科学战线》2014 年第 8 期。

㉘ https://www2.gov.bc.ca/gov/content/employment-business/employment-standards-advice/employment-standards/hiring/domestic-workers,2020 年 2 月 26 日最后访问。

㉙ 谢增毅:《超越雇佣合同与劳动合同规则——家政工保护的立法理念与制度建构》,《清华法学》2012 年第 6 期。

㉚ 黎建飞、石娟:《论我国劳动法律调整方式从一元化向多元化的转变——以家务服务员的劳动保护为视角》,《河南财经政法大学学报》2012 年第 27 期。

四、家政工纳入养老保险系其劳动权益之补足

（一）为什么选择家政工养老保险？

选取家政工养老保险之制度建构，乃是其中一项突破口。在我国社会生活中，劳动法上劳动者之劳动权益，除了相应的工资、福利之外，其社会保险权益在职业劳动者身上体现得最为明显。观察劳动者的职业和身份认可，其中重要的一项就是当事人是否缴纳社会保险，而平日俗语中的"社保"往往被特定为"养老保险"，此为本文选取家政工养老保险法制建构的目的所在。笔者期待，总有一天，家政工开始缴纳养老保险，其劳动法上劳动者的劳动人格早已解决，中国社会可能更加和谐、更加开放，或者说社会更加公平公正。家政工职业可能会更加多元，远不止于做饭、洗衣和打扫卫生之服务，而照护（具有护理专业知识）老人或小孩培养、训练、人格之社会塑造等。[31] 当然，家政工走向职业化的道路并非一帆风顺，总有曲折。早年，美国排斥黑人家政工参加社会保险即是其中典型，1935 年，美国社会保障法案排除了将近半数工人，主要是农业工人和家政工人之法律适用，而这些工作岗位又大多为非洲裔一族，排除非洲裔劳动者之社会保障法保护实际上存在严重的种族歧视和社会偏见。[32] 在 20 世纪 40 年代，个别美国雇主已经为家政工生病后负担医疗费用，但在华盛顿地区的调查中，491 名家庭雇员中，只有 9% 享受到雇主负担医疗费用。[33] 如今，这些工作岗位上的美国工人早已纳入社会保障体系之覆盖。可见，家政工的特殊性以及从事该职业人群多为女性的特征，极易引发社会歧视。因此，家政工劳动权益的保护涉及面非常广泛。

家政工参加社会保险的难点在于上文从论证的劳动法上劳动者的劳动人格的创建，该问题是关键中的关键。在其他职业劳动中，劳动者所提供相应劳动和服务外，其本人可以获得相应的工资和福利，享有休息休假和若干劳动基准保护，此外其劳动权益中包含了已经全面建构社会保险制度后，用人单位（雇主）和劳动者本人应当依据社会保险法律，即社会行政法之规定缴纳的社会保险，各项社会保险系有用人单位之用人成本和劳动者应尽义务组成，它客观上覆盖了劳动者劳动过程

---

③① 笔者偶然读到一本纪实性文学著作：《雪域长歌》，中央党史出版社、四川人民出版社联合出版，2015 年第 2 版，作者张小康，书中描述的是当年人民解放军第十八军解放西藏的故事。其中，解放军军人的孩子因出生后无法适应青藏高原之高海拔，在成都设置第十八军保育院，由保育阿姨从小带大，阿姨们的工作无疑是十八军进藏工作的组成部分。其中可歌可泣的故事足以正视保育工作的重要性。其实，远不至于此，延安时期中共就设立了保育院。

③② LARRY DE WITT. The Decision To Exclude agricultural and domestic Workers from The 1935 social security act [J]. Social Security Bulletin, 2010, 7(4).

③③ 参见 Old age insurance for household workers, United states Department of labor women's bureau 220, page13.

中的职业风险,类似生病、受伤、年老无收入等社会风险由社会保险所遮蔽。换而言之,在劳动所创造的财富中必然包含相应的人工成本,人工成本中又含有相应的社会保险费用支出,当然对于劳动者而言,肯定有相应的保险给付之回报,我们称"保险待遇"亦好,称福利 benefit 也罢,概而言之,是好事。目前,我国分体制内和体制外劳动者,体制内劳动者全部包含上述工资、福利和社会保险待遇之劳动权益内涵;体制外的劳动者,大部分职业劳动者不止于工资福利,早已实现了"五险一金"之保障。

家政工一族,工伤、医疗、失业、养老以及住房公积金③几乎全无,我们不禁疑问,那些经营家政业的企业没有利润吗?是国家税收征收后,家政企业除去家政工工资支出其他费用无法负担吗?其中人工成本因素很重要,笔者认为,经营任何企业首先必须要负担得起人工成本。我国几十万家家政企业,家政服务企业为家政工缴纳养老保险乃是其经营服务业之人工成本的应然负担,也是家政工对未来生活保障的期待权利。"基本养老金系劳动者退出工作岗位,老年之后的生活保障金。"⑤当然,没有职业的普通人在其他国家和地区或有国民年金保险制度建构,也就是没有工作将来也会有相应的"养老金",我国城市居民和农村居民都在没有职业的前提下,养老金已经开始发放,毋庸讳言,这些人群因其为参加职业劳动,没有用人单位缴纳养老保险费之义务履行部分,其养老金的金额非常有限,而职业人群领取养老金的金额相对来说,远远大于非职业人群,因此职业劳动的贡献率远远大于非职业人群。未来的导向已经显示,家政工参加养老保险乃是其本人和所在家政服务企业应尽的法定义务,同时也是家政工未来养老期待权利的基础。"之后的养老保险建制的重心在于进一步拓展保护人群,包括农民工以及灵活就业人员。2006 年《国务院关于解决农民工问题的若干意见》对于农民工的养老保险问题作出了原则性规定:可直接将稳定就业的农民工纳入城镇职工基本养老保险,并完善农民工养老保险关系异地转移与接续的办法。"⑥《国务院办公厅关于促进家政服务业提质扩容的意见》(国办发〔2019〕30 号)中指出:"大力发展员工制家政企业,员工制家政企业是指直接与消费者(客户)签订服务合同,与家政服务人员依法签订劳动合同或服务协议并缴纳社会保险费(已参加城镇职工社会保险或城乡居民社会保险均认可为缴纳社会保险费),统一安排服务人员为消费者(客户)提供服

---

③　需要说明的是,我国现行各项社会保险和住房公积金,都是单位和个人之间经济负担的取舍,从未体现出相应的国家福利以比 例方式落实到位。相反,每到养老保险、医疗保险等基金入不敷出时,国家财政又不计成本的直接投入,大锅饭模式的历史惯性仍 然存在。缺乏国家、单位、个人法定背景下的比例分担。

⑤　郑尚元:《养老保障的法律机制研究》,清华大学出版社 2019 年版,第 99 页。

⑥　郑尚元:《社会保障法》,高等教育出版社 2019 年版,第 131 页。

务,直接支付或代发服务人员不低于当地最低工资标准的劳动报酬,并对服务人员进行持续培训管理的企业。员工制家政企业应依法与招用的家政服务人员签订劳动合同,按月足额缴纳城镇职工社会保险费……"未来,我国养老保险法制建构必须考虑家政工等非典型雇佣劳动者的参保身份,以及准入门槛。

(二)家政工参加养老保险的路径安排

《国务院办公厅关于促进家政服务业提质扩容的意见》(国办发〔2019〕30 号)中指出:"家政服务业是指以家庭为服务对象,由专业人员进入家庭成员住所提供或以固定场所集中提供对孕产妇、婴幼儿、老人、病人、残疾人等的照护以及保洁、烹饪等有偿服务,满足家庭生活照料需求的服务行业。"官方对于发展和规范家政服务业的政策导向已经明确,其"野蛮"生长二十多年来所带来的社会服务有目共睹,其存在的问题已不容回避。今后,高职院校甚至高等院校将举办相关的家政服务专业,已经在职的家政工将逐步通过职业培训提升劳动技能、服务态度和职业精神,在提升服务业总体服务水平、扩大就业的同时,亦应关注家政工劳动权益的维护。具体路径依据家政工的具体类别渐次纳入养老保险制度体系中。

首先,规范家政服务企业经营,员工制家政工应率先参加养老保险。这部分家政工已经真正具备"工"的要素,其职业受雇的形态已经形成,唯一欠缺的是国家立法对其劳动关系的确认。至于其参加养老保险的路径安排,以类似劳动派遣的形式确定家政工参保的形式,导向是以非典型雇佣模式参加养老保险。以地方立法确定家政工养老保险缴费基数,其费率与其他职业等同。家政工参加了养老保险,必然压缩家政服务企业的利润,甚至会压缩家政工眼前的收入,可能家政工当期拿到的收入不及过去拿到的那么多,或者相对过去已经存在养老保险等社会保险的扣除,但是其职业风险由此得到遮蔽。如果国家有明确的法令,家政工服务累积达到 15 年年限,即养老保险缴费年限达到 15 年,家政工将从最后服务地领取相应的养老金,眼前利益和长远利益、现实利益和期待利益之间,任何人都会算计、都会平衡。国家养老保险基金亦不会因部分企业、部分职业人群的不缴费而有存在相应的流失。至于家政服务企业从事的中介服务,即介绍家政工前往具体所服务的家庭之用工模式,应逐步取缔,因家政服务企业不属于职业介绍,其必须具有服务业所具备的一切资质。

其次,平台"中介"家政服务。平台中介式家政服务因其科技手段的介入,增加了雇佣的虚拟性,甚至是非典型雇佣的痕迹亦被模糊。事实上,国家应逐步规范网络用工,平台不仅可以赚取利润,亦须承担相应的社会义务和雇主义务,因其以网络手段行使对家政工的指挥命令权,确定她们的收入,以及对这些员工的奖惩,那么其收入更加透明,其电子收入的核定将更加透明。加之,我国社会保险征缴已经转由税务部门征收,其财务核算及审计手段将使这些平台中介类家政服务业者,同样具备为家政工缴纳养老保险的技术条件和法定要件。对于平台雇佣家政工参加养老保险的缴费基数,亦应由地方立法确定。

再次,由家庭依赖个人信用和亲属关系直接雇佣的家政工。只要双方之间的契约是真实的意思表示,没有任何强迫成分,不论是书面的,还是口头的,目前国家劳工(人社)部门不应直接干预。这类家政服务人员参加养老保险只能以居民或农民的形式参加其户籍所在地的养老保险。

最后,家政工作为非典型雇佣的存在,其本身多是特殊农民工、女性农民工,她们的合法权益得到维护,不仅体现的劳动法上劳动者的公平对待,亦涉及性别歧视的矫正和农民工最终与城市其他职业者的并轨,使她们能够服务城市、融入城市,并成为其中一员。当然,家政工作为农民工的一族,有其职业的特殊性,她们参加养老保险必不可能和其他职业人群一样,按照"统一"规则简单处理,我国法律制度的建构多数只考虑一般性,未考虑特殊性,法律制度过于原则,特别法非常稀少。"针对农民工特点,在制度框架不变的前提下,对现行的缴费标准、待遇支付以及管理方式上作出必要调整。可以探索适当降低养老保险缴费标准的方式,调整缴费基数,允许农民工等低收入者以个人实际收入或当地最低工资标准作为缴费基数,同时相应调低未来退休后享受养老金待遇标准。"㊲任何事业的发端都为不易,任何事业的成长,都需要循序渐进,任何法制的打造不可能一蹴而就,家政工参加养老保险一样需要进行详细的调研和论证,需要在成熟地区先行立法,使家政工成为劳动法上的人格,使家政工成为社保法上的人格。未来,家政工这些农家女,通过相应的职业培训,或部分已经取得学历的家政工,这支社会服务事业的生力军,她们将堂堂正正地成为城市人,在她们服务达到相应的年限、在人生的晚年时,一样能够获得相应的社会养老保险。

五、结论

家政工系我国家政服务业发展过程中形成的一类职业群体,随着社会分工的细化和我国服务业占比的增加,家政服务业将成为一个不可或缺的产业,家政工也将成为一个不可缺少的工种。国家职业大典已经将这部分人员纳入职业群体中,但其职业身份尚待立法确认,其劳动法上劳动者人格需要法律支撑。家政工劳动权益的维护,其劳动法上劳动者的人格至关重要;只有解决了其劳动法上的法律人格,其相关权益才能得到维护。在劳动权益中,养老保险权益既是核心,又是表征,这在其他职业人群里已经获得相应认知;劳动者是否有"社保"缴纳的劳动者,

㊲ 《促进农民工参加社会保险的政策研究》,《中国劳动保障科学研究院建院 20 周年论文集》,第446页。

劳动者是否是能够退休的劳动者,是衡量劳动法上劳动者的试金石。本文的立场系推动家政工之职业化和劳动的体面,在"养老保险全覆盖"和其他国家和地区国民皆年金的背景下,我们不能遗忘这些非典型就业的劳动者。

(感谢正在比利时鲁汶大学访学的西南大学副教授杨复卫博士在疫情严重情势下发送来的相关资料,感谢我的同事,现加拿大 UBC 法学院的程洁老师提供的资料)

自雇型家政工劳动权益保障的立法路径及完善建议

张荣芳　　孙志萍

摘　　要：对家政工劳动权益的保障已然成为共识。自雇型家政工除具有一般家政工易受伤害性的特征之外，其雇主为私人家庭的特征使其劳动权益游离于劳动法保护外。究其根源，在于劳动法主体资格的缺位和劳动经济价值被忽视。纵观世界上保障自雇型家政工劳动权益的民法保护、劳动法保护和专门法保护的路径，各有利弊。在对各方主体权利和立法成本进行利益衡量的基础上，建议我国采取专门法保护的路径，并通过明确政府的主体责任、保障基本劳动权利如最低工资、工作时间、休息休假和隐私权等措施进行完善。

关键词：自雇型；易受伤害性；劳动权益；立法路径

家政工（Domestic Workers），亦称家政服务员或家庭工人，不同国家在界定其含义方面存在一定的差异。[①] 2011 年国际劳工大会通过了《家庭工人体面劳动公约》（C189）（以下简称《公约》），其中第 1 条指出"'家庭工人'是指在一种雇佣关系范围内从事家庭工作的任何人。"[②]我国立法目前对"家政工"概念没有一个明确的界定，2012 年《家庭服务业管理暂行办法》（以下简称《暂行办法》）第 2 条第四款规

作者单位：张荣芳，武汉大学法学院教授、博士生导师。

孙志萍，武汉大学法学院博士研究生，主要从事经济法、社会法方向研究。

①　参见胡大武：《比较与借鉴：家政工人劳动权益法律保障研究》，中国政法大学出版社 2012 年版，第 6~11 页。其中指出"从世界各国的立法来看，家政工人的含义表达包括三种模式。第一，概括定义模式，以巴西、菲律宾、比利时等国家为代表，该模式不列举家政劳动种类，在概念上揭示出家政工作的特质；第二，侧重列举模式，以美国加州、伊州，法国和津巴布韦为代表，该模式列举出家政工人的工种内容；第三，综合模式，该模式较为普遍，该模式既概括性地揭示出家政工人不同于其他产业工人的特征，同时辅之以例证加以说明。"

②　Convention Concerning Decent Work for Domestic Workers.

定"本办法所称家庭服务员,是指根据家庭服务合同的约定提供家庭服务的人员。"2019 年国务院办公厅印发的《关于促进家政服务业提质扩容的意见》(国办发〔2019〕30 号)(以下简称《提质扩容意见》)仅对家政服务业进行了定义。③ 我国的家政服务萌芽于 20 世纪 80 年代中期之后,系社会收入拉大之后,社会收入分配、资源和福利分配从依靠计划分配到依靠市场分配的一个过程。④ 相关数据显示,2018 年,全国家政服务业从业人员为 2602 万人。⑤ 2020 年,我国新增超过 79 万家家政相关企业,较 2019 年同比增长 200%。但中国家政服务业仍存在硬伤,一方面,目前中国家政从业人员的缺口高达 3000 万人左右。其中,以上海一地为例,高端家政专业人才的缺口就达 20 万人。⑥ 随着人口老龄化和三胎政策的开放,该行业将继续处于供需结构失衡状态。另一方面,目前家政工游离于劳动法的保护范围之外,使得他们的基本劳动权益难以得到保障。

一、自雇型家政工的现状及存在的问题

众所周知,我国采用一刀切的方式来规范用工关系,能否纳入劳动法规制范畴对于劳动者的权利保障而言可谓云泥之别。因此,厘清现行法律框架下,家政工在劳动法上的主体地位至关重要。

(一)家政工的就业特点及类型

家庭成员的社会化,导致家务劳动的承担主体逐渐让位于市场,家务劳动成为可以购买和消费的商品,这一商品的供给主体产业化为"家政业"。⑦ 按照家政服务法律关系的不同,可以将家政工分为员工型(B2C)、中介型(B2P2C)和自雇型(C2C)三种。员工型家政工与普通的劳动者无异,其与家政公司签订劳动合同、建立劳动关系,由家政公司发放工资、为其购买社会保险,且他们的相关权益受到《中华人民共和国劳动合同法》(以下简称《劳动合同法》)和《中华人民共和国社会保险法》(以下简称《社会保险法》)的保护,这种类型在现行家政行业中寥寥可数,如"苏宁帮客"。中介型家政工是广泛采用的模式,它是指由雇主在平台下单,由家政平

---

③ 即"家政服务业是指以家庭为服务对象,由专业人员进入家庭成员住所提供或以固定场所集中提供对孕产妇、婴幼儿、老人、病人、残疾人等的照护以及保洁、烹饪等有偿服务,满足家庭生活照料需求的服务行业。"

④ 郑尚元:《家政工纳入养老保险制度及家政工劳动权益之保护》,《社会科学家》2020 年第 6 期,第 17 页。

⑤ 艾媒网:《2019 年中国家政服务行业发展剖析及行业投资机遇分析报告》,https://www.iimedia. cn/c400/63924.html,最后访问日期:2021 年 2 月 19 日。

⑥ 新浪网:《家政行业就业火爆招生冷清,从业人员缺口高达 3000 万》,https://finance.sina.com.cn/ chanjing/cyxw/2021-04-07/doc-ikmyaawa8235252.shtml,最后访问日期:2021 年 4 月 22 日。

⑦ 王战、田婧:《"工具理性"与"价值理性"的博弈:关于"雇主—家政工"关系的一个分析框架》,《华中科技大学学报》2020 年第 5 期,第 133 页。

台引入的经济人对家政工和雇主进行人工匹配,家政平台从中收取介绍费,但双方不签订劳动合同,统一配给工作服和家政工具,如 e 家洁。自雇型家政工只涉及雇主和家政工两方主体,一般是通过亲戚、朋友或自己与家政工联系建立的家政服务关系。对于家政工进行类型化分析,在于确定不同种类家政工的权益保护现状,并有针对性的进行研究。本文主要是针对最后一种,也是相对而言权利保障最薄弱的自雇型家政工的劳动权益进行研究。

现代社会中的家政雇主——雇员关系脱胎于早期主人——仆从关系。工业革命不仅结束了传统的主从关系,而且通过重塑人格独立下的家政工人,形成了现代家政服务关系。⑧ 我国劳动和社会保障部早在 2000 年《家政服务员国家职业标准》中就将家政业作为一项职业予以认可,之后于 2015 年《中华人民共和国职业分类大典》(以下简称《职业分类大典》)中将"家政服务员"作为职业类别纳入其中,为家政业的职业化方向奠定了基础。作为一种填补社会需求的服务行业,家政工具有鲜明的特征——"易受伤害性",⑨该特性根源于家政服务地点的特殊性——家庭成员住所。显然,工作地点是由工作内容来决定的,根据《提质扩容意见》的规定,家政工主要提供"对孕产妇、婴幼儿、老人、病人、残疾人等的照护以及保洁、烹饪等有偿服务",这些内容均需要家政工进入家庭成员的住所才能实现。换言之,家既是个人家庭的港湾也是家政工人的工作场所,正是家的这种双重性质妨碍了寻求国家适当干预的努力。⑩ 第一,从事这一职业的劳动者大多为女性,且多数来自农村,双重歧视的影响,导致其劳动法、社保法上的社会保护之缺位时隐时现。⑪ 第二,家政工工作环境的封闭性、雇主指令的随机性、工作与休息界限的模糊性等均导致了家政工的权益容易受到侵害。⑫ 第三,正是由于家政工的劳动空间是雇主的生活空间,这就会引发"劳动监察权"与"雇主财产权和隐私权"之间的冲突。长久以来法律对于"家庭住所"这种私领域遵循"风能进、雨能进,国王不可进"的宪政理念,使其成为劳动监察不能涉足的场所。第四,举证责任的困难性。家政工人的权利保护需求来自于雇主家庭对家政工权利侵害行为的存在,而该保护需求难以

---

⑧　参见胡大武:《比较与借鉴:家政工人劳动权益法律保障研究》,中国政法大学出版社 2012 年版,第 25 页。

⑨　参见胡大武:《非正规就业劳动者"易受伤害性"及其法律规制——以家政工人为考察对象》,《社会科学战线》2011 年第 8 期,第 211 页。

⑩　Glenda Labadie Jackson,Reflection on Domestic Work and the Feminization of Migration,31 Campbell L. Rev. 67,Fall,2008,p. 87.

⑪　参见张伟:《社会性别主流化视角下的家政工社会与法律保护分析》,《河北法学》2010 年第 8 期,第 101 页。

⑫　刘明辉:《家政工获得劳动保障权利的障碍及路径》,《西南民族大学学报(人文社会科学版)》2011 年第 5 期,第 122 页。

得到满足的原因在于在相对封闭的住所中家政工想要获取有利的证据是比较困难的。当他们的权益受到侵害时,只能选择忍气吞声。

(二)自雇型家政工劳动权益保障的缺位

鉴于家政工这一群体"易受伤害性"的特征,对于其劳动权益的保障(如工作时间、基本工资、休息休假、隐私权等)刻不容缓。员工型家政工和中介型家政工由于第三方组织的介入,其劳动权益相对而言会更加有保障。而对于自雇型家政工而言,其雇主是私人家庭,难以纳入现行劳动法的规制范畴,也没有相关法规保障其劳动权益,这种漠视自雇型家政工劳动权益的做法,将会加重该群体的脆弱性和边缘化。

凡是有法律存在的地方便有法律人格的存在,它是主体权利义务的归属点。劳动法中法律关系主体法律资格的认定在于身份的确认,只有具备了法律规范规定的身份要件,才能被认定为弱者而得到特殊的保护,也才可以成为社会法中法律关系的主体。从现行的法律制度来看,自雇型家政工不具备劳动法上的主体资格。最早明确将家政工排除在劳动法调整范畴之外的是 1994 年颁布的《中华人民共和国劳动法》(以下简称《劳动法》),其中第 2 条规定用人单位包括企业和个体经济组织,自然人不符合用人单位的法律人格。随后,《关于〈劳动法〉若干条文的说明》第 2 条和《关于贯彻执行〈中华人民共和国劳动法〉若干问题的意见》均明确了"家庭保姆不属于劳动法的适用范围"。2008 年《劳动合同法》的颁布依然不调整雇主和家政工之间的法律关系。这就从立法面向上阻却了家政工纳入劳动法的规制范畴。而在司法层面上,2021 年 1 月 1 日最高人民法院通过的《关于审理劳动争议案件适用法律问题的解释(一)》开始实施,其中第 2 条第四款规定"家庭或者个人与家政服务人员之间的纠纷不属于劳动争议。"显然,司法机关与立法机关的立场保持一致,即将家政工划入"劳动法外结构"视阈内。随着家政服务业的蓬勃发展,引发了国家对该行业进行规范的现实需求。2012 年商务部出台的《暂行办法》并未对中介机构与家政工之间的法律关系进行界定,各地政府也相继出台了关于加快发展家庭服务业的意见或办法,如深圳、宁夏等地人大常委会相继颁布了《家庭服务业条例》,郑州、南通等地出台了《家庭服务业管理办法》,山东省在全国率先颁布了《山东省"十二五"家庭服务业专项规划》等,[13]整体来看,这些政策、法规均是从产业发展的角度将雇主定位为消费者,不可否认的是,这部从产业发展角度制定的法规与保护家政工权益的立足点有偏差。[14] 目前,最新涉及家政工的文件是 2019

---

⑬　唐斌尧、汪敏等:《家政工人劳动权益保障问题及立法建议》,《暨南大学学报(社会科学版)》2015 年第 1 期,第 60 页。

⑭　搜狐网:《劳动法之外的 90%:家政工的权益保护难在哪里?》,https://www.sohu.com/a/394226352_818113,2021 年 5 月 10 日。

年国务院办公厅发布的《提质扩容意见》，其中提及了要着力发展员工制家政企业，但并未明晰自雇型家政工与雇主之间的法律关系。鉴于其法律效力不高，且多数内容为宏观性的指导意见，因而对于家政工在劳动法上的定位仍未产生实质性的影响。

二、自雇型家政工劳动权益难以保障的制度根源

（一）自雇型家政工在劳动法上主体资格的缺位

法律主体是权利的主体，法律规范的运转赋予了主体的权利和义务。没有法律主体，规则就失去了意义。[15] 上文已提及，自雇型家政工不属于我国劳动法规制的范畴。究其根源，自雇行家政工的雇主一般是个人或者私人家庭，不符合我国现阶段关于"用人单位"的定义，亦即主体资格的缺位。这源于我国传统"主体论"固守劳动关系建立在社会化大生产的基础上，私人雇佣中的当事人不具备劳动法律关系主体资格。[16] 这种依雇主的性质而将某一类劳动者排除在劳动法调整范围之外的做法，带有浓重的"身份立法"的痕迹。[17] 自雇型家政工人劳动权益保护之劳动法调整范式的缺位，折射出现代劳动法历史使命再续和逻辑延伸之客观需求。[18]

社会学意义上的劳动者，是指在劳动生产领域或劳动服务领域从事劳动、获得一定职业角色的社会人。[19] 按照这一定义，凡是参与实际的社会生产过程的人，都可以成为劳动者。而劳动法意义上的劳动者，亦即职业性雇员，在不同国家视阈下其内涵和外延均存在差异。国外基本上将劳动法律关系的主体称为"雇员"，对于雇员的认知基本达成了一致，不存在歧义。与此相对应主体称为"雇主"，则是劳动关系中可以要求雇员为给付劳务，并有义务向该方支付约定报酬的合同当事人。雇主可以是法人、商事合伙或者民事合伙人。我国大陆创设了具有中国特色的"用人单位"一词，按照《劳动法》的规定，其包括"企业和个体经济组织"，而《劳动合同法》在此基础上增加了"民办非企业单位"，两者虽然在范围上存在些许差异，但从本质上来讲，劳动法律关系的一方主体必须是一个组织，不能是自然人。因此，以自然人为雇主的家政劳动不在劳动法的调整范围之内。原因在于立法制定之初的经济发展、社会转型和用工机制的共同作用。组织性、集团性虽然既是对劳动者存在方式的概括，也是雇佣者责任能力的体现，其中，组织性反映了组织结构下劳资之间地位的不平等，这是劳动法规制的前提。而在家政服务关系中，虽然家政工亦

[15] ［美］科斯塔斯·杜兹纳：《人权的终结》，郭春发译，江苏人民出版社2002年版，第248页。

[16] 刘明辉：《家政工获得劳动保障权利的障碍及路径》，《西南民族大学学报（人文社会科学版）》2011年第5期，第121页。

[17] 李满奎：《新西兰家政工人劳动权益保护机制研究》，《社会科学战线》2014年第8期，第264页。

[18] 徐纯先、张先贵：《家政工人劳动权益保护之检察》，《西南政法大学学报》2011年第4期，第17页。

[19] 中国劳动人事百科全书编写委员会：《中国劳动人事百科全书》，经济日报出版社1989年版，第741页。

是在雇主的支配、指挥下从事劳动（尤其是当家政劳动的内容未事先约定下，从属性更强），但这里的劳动从属性与组织劳动下的从属性不同，同时建立在工资收入基础上的雇主责任能力不能与用人单位的责任能力相提并论，因而，劳动法上不承认自然人之间的雇佣关系。[20]

《劳动法》将家庭保姆排除在该法的适用范围之外，其实是家庭消费雇佣的典型。[21] 在当时的立法环境下，并未肯定家政工的劳动属性的价值。但随着社会分工的精细化、家政服务职业化的发展，家政工这一职业群体供不应求的情形下，其基本劳动权益更应受到重视，而不应当囿于传统主体资格被边缘化。家政工组作为社会经济发展的一类特殊群体，在现代社会的利益格局中，与处于强势地位的雇主相比，呈现出明显的弱势"人像"特征，这种弱势的人像特征在追求形式平等的私法理念下无法实现权利义务之公平、公正的供给和架构。[22] 因此，当前我国发展家政服务业不应当固守"主体论"，而应以保障家政工的基本权益为基础来建构相应的制度。

（二）自雇型家政工劳动的经济价值被忽视

社会问题从根本上来说，起源于经济的负外部性。[23] 自雇型家政工难以纳入劳动法的一个重要的意识形态原因就是家政工劳动的经济价值长期被忽视，从未被当成一种正当化的职业来看待。换言之，家政工属于农民工范畴，其农民身份尚未去除，并未完成由身份向契约的社会转变。[24] 这种观念根植于以下两种因素，其一，马克思在论述一般劳动过程中强调服务不是生产劳动，非物质生产劳动者（包括家仆）的服务劳动是不创造价值的，不管这些服务是必要的还是不必要的，提供这些服务的劳动者都"不直接创造用来支付他们报酬的基金"。他们报酬的基金"只能由生产工人的工资或他们的雇主的利润来支付"。[25] 出于当时对马克思生产劳动理论僵化的理解，且家务劳动不直接参与生产过程，亦不是为了生产目的，否定了家政工的生产劳动属性。其二，长期以来，我国传统文化中的"孝道"精神影响深远，家务劳动通常默认为女性在家庭中身为妻子、母亲和女儿身份的义务，而非具有经济价值的职业化工作。并且"家政工"一词根植于早期的奴役形式，经常被

---

⑳ 魏倩、叶静漪：《家政劳动法律关系评介——兼论日本介护劳动的法律规制》，载胡大武主编：《理性与选择：家政工人研讨会论文集》，中国政法大学出版社 2011 年版，第 78 页。

㉑ 郑尚元：《劳动法与社会法理论探索》，中国政法大学出版社 2008 年版，第 4 页。

㉒ 徐纯先、张先贵：《家政工人劳动权益保护之检察》，《西南政法大学学报》2011 年第 4 期，第 20 页。

㉓ 汤黎虹：《社会法基本理论》，法律出版社 2017 年版，第 26 页。

㉔ 郑尚元：《家政工职业化与城市居家养老社会化——兼论劳动者人格塑造与社会保险覆盖》，《财经法学》2021 年第 1 期，第 72 页。

㉕ 《马克思恩格斯全集》第 26 卷，第 1 分册，人民出版社 2014 年版，第 159 页，第 181 页。

认为是"下等职业"受到歧视。因此,历史原因造成中华人民共和国成立后近50年时间里,家务劳动并非属于职业范畴,并非属于有偿劳动范畴,而是属于家庭私生活的组成部分。㉖

这些传统的观念与现代的家政服务业不相耦合。马克思之所以没有强调服务劳动的生产性,与他所处时代的消费结构、产业结构、社会分工水平密切相关。因为当时服务劳动与物质生产领域的劳动相比很小,"可以置之度外"。㉗ 像家庭仆役和主妇等所谓的个人服务,是把形态、时间和时间效用加在那不然就无用的自然力上面。这种服务直接增加东西的物质的使用价值,可是所得的报酬属于完全不同的范围,决定于讨价还价的能力、习俗、稀少性、机会、选择的可能性以及进行服务时服务者的经济条件等一切情况。但其本身是"不生产的",因为他们的劳动的功用不出现在一种商品里,且这种服务的价值只能用货币来计算,例如工资和薪俸,或者用他们直接交换得来的商品来计算。㉘ 不可否认,在当时的社会背景下用生产劳动来界定劳动价值有其特定意义,但在服务业如此发达的今天,若我们仍将服务业的劳动价值局限于物质生产领域,将会产生有悖于社会的发展趋势。个人服务显然是无形的,一经完成马上就不见了。可是,它们确实是有用的,而且它们的用处在服务完成以后还继续下去。正如有学者所言,家政工凭借其对家政工作的有效完成为雇主创造的隐性收入,且使得雇主在家庭生活中享受到一种富足美满,得到的是精神上的愉悦和心灵上的享受,无疑是为社会创造了特定的价值。㉙因此,从劳动属性的本质而言,自雇型家政工与一般的劳动者并无实质性的差别。现阶段家政工职业化成为一种不可逆的趋势,我们应当从立法论的视角来考量,正视家政工人劳动的经济价值,将其劳动权益纳入规制和保护的范围,方能正本清源,实现对这一特殊群体的利益保护。

三、自雇型家政工劳动权益保障的多重立法路径

家政工(Domestic worker)、家庭工人或家事劳动者,其本质上并没有什么不同,只是翻译用词的差异。随着老龄化、高龄化社会的加深,这一群体的利益越来越受到关注。其中,劳动权益保障是最基本、也是最突出的问题。上文已述,由于自雇行家政工的雇主是私人家庭,不符合现行劳动法的主体资格,因此,他们的权

㉖ 郑尚元:《家政工职业化与城市居家养老社会化——兼论劳动者人格塑造与社会保险覆盖》,《财经法学》2021年第1期,第64页。

㉗ 刘国光:《关于马克思的生产劳动理论的几个问题》,《中国社会科学》1982年第1期,第91页。

㉘ [美]康芒斯:《制度经济学》(上册),于树生译,商务印书馆2014年版,第213~214页。

㉙ 孙晓萍、黄颖恰:《家政服务工作的劳动属性探析》,载胡大武主编:《理性与选择:家政工人研讨会论文集》,中国政法大学出版社2011年版,第106~107页。

利游离于劳动法的保护范围之外。但随着家务劳动社会法,对该群体劳动权益的保障就不仅仅关系到自身生存发展的问题,而且会与社会稳定紧密相关。根据《公约》第 1 条 b 款的规定,家政工人是指在雇佣关系框架内从事家政工作的所有人。因此,其将适用范围限制在处于雇员地位的家政工人身上,⑩目的是承认和宣传家政工人的工作及其对经济的贡献,⑪特别是家政工人应与其他从属性雇员同等对待。2016 年 4 月 28 日,欧洲议会通过决议⑫,认为应将女性家政工人和护理人员纳入劳动法等。决议对成员国不具有法律约束力;它们可以用来探讨法律领域和起草联盟的决定。⑬ 而从目前各个国家或地区的实践来看,对于家政工劳动权益保护主要包括三种路径:民法保护、劳动法保护和专门法保护。

(一)民法保护路径

在德国,关于家政工权益的保护,散见于民法、劳动法和社会法之中,并且以社会法保护为主导,这是其家政服务法律制度的特色。⑭ 但对于私人家庭中的家政工劳动权益保护,主要是以民法保护路径为主。原因在于对于德国而言,劳动关系(Arbeitsverhältnis)是适用劳动法决定性的出发点,⑮而私人家庭作为雇主亦非劳动法意义上的"企业"(Betrieb),因此存在诸多的限制。在民法保护层面,根据《德国民法典》第 611 条的规定,在雇佣关系的框架内,义务方有义务提供服务以换取报酬。⑯ 雇佣合同的标的可以是任何种类的劳务⑰,家政服务当然也囊括其中。雇佣合同中关于家政工的特别规定见于第 617 条和第 618 条,前者规定了雇主对家政工的"照顾患者的义务"(die Pflicht zur Krankenfürsorge)⑱,它具有补缺的功

---

⑩ Walter, Vereinbarkeit deutschen Arbeits-und Sozialrechts mit ILO Nr. 189, S. 64.

⑪ Präambel IAO Nr. 189, BGBl Ⅱ 2013, S. 922,923.

⑫ Entschließung des Europäischen Parlaments v. 28. April 2016 zu weiblichen Hausangestellten und weiblichen Pflegepersonal in der EU, ABl. EU 2018 C 66, S. 30.

⑬ Dazu näher Streinz/Schroeder, EUV/AEUV, Art. 288 AEUV Rn. 32;Calliess/Ruffert/Ruffert, EUV/AEUV, Art. 288 AEUV Rn. 104.

⑭ 参见商务部官网:《德国家政服务业简介》http://search. mofcom. gov. cn/swb/swb_search/searchList_main. jsp,最后访问日期:2021 年 2 月 24 日。

⑮ [德]雷蒙德·瓦尔特曼:《德国劳动法》,沈建峰译,法律出版社 2014 年版,第 45 页。

⑯ JauernigBGB/Mansel, Vorbemerkungen zu § 611 BGB ff. Rn. 1.

⑰ Vgl § 611 BGB. "因雇佣合同,允诺劳务一方当事人有义务提供所约定的劳务,另一方当事人有义务给予所约定的报酬。雇佣合同的标的可以是任何种类的劳务。"

⑱ 陈卫佐:《德国民法典》(第 5 版),法律出版社 2020 年版,第 275 页。第 617 条规定:(1)在全部或主要地要求劳务给付义务人的从业活动的长期雇佣关系的情形下,劳务给付义务人已被接入家庭内同住的,劳务权利人必须在劳务给付义务人患病的情形下,给予劳务给付义务人最长为期 6 个星期,但不超出雇佣关系终止之时的必要给养和医疗,但以疾病非由劳务给付义务人故意或因重大过失而引起为限。给养和医疗,可以通过将劳务给付义务人接至医院来给予。费用可以从患病期间所应支付的报酬中扣除。雇佣关系被劳务权利人因劳务给付义务人患病而依第 626 条通知终止的,因此而引起的雇佣关系终止,不予考虑。(2)保险机构或公共患者护理机构已就给养和医疗采取预防措施的,劳务权利人的义务即不发生。

能,即只有当家政工人没有其他健康保险时,这项权利才适用。后者明确了雇主的"采取保护措施的义务"(die Pflicht zu Schutzmaßnahmen)㊈包括睡眠住所、装置或器具、工作及休息时间、隐私、必要设施等。并且在第 619 条规定了以上两条照护义务的强制性,即不得预先以合同予以取消或限制。但这些规定并没有对家政工作或家政雇员作出法律定义,而是以是否存在长期雇佣关系等作为适用的依据。总之,在没有特别法规定的情况下,家政工适用《德国民法典》关于雇佣合同的一般规定。

在劳动法保护层面,很多劳动法律的适用并不完全取决于是否属于雇佣关系,而是将其适用范围限制在"企业"范围上。法律上没有关于"企业"的定义,一般认为,"企业"是一个组织单位,在这个单位内,雇主单独或与其雇员一起,借助物质和非物质手段,继续并追求某些与工作有关的目的。㊵ 因此,企业不仅是经济或商业设施,这个术语的决定性特征应当是组织的工作目的。其中关键性的问题是,私人家庭能否成为定义意义上的企业,即该家庭是否追求与工作有关的目的。㊶ 反对的理由是,私人家庭只是为了满足个人需要㊷。然而,这并不反对将其归类为与工作有关的目的,因为企业的定义本身就没有评估一个工作组织成立的经济意义。㊸因此,我们不能仅从概念上解释措辞,而充其量只能从目的语境视角来看,从具体规则的目标中产生。在德国现行法律中,私人家庭因不符合"企业"的主体地位,而被排除在部分劳动法律的保护范围外,主要包括以下五个方面:第一,《劳动保护法》(ArbSchG)。根据《劳动保护法》第 2 条第 2 款第 1 句的规定,私人家庭中的家政工明确被排除在适用范围之外。这种排除与家政工人的人身无关,㊹而是考虑到了私人家庭在遵守该法的所有规定和国家职业健康和安全主管部门监督这些规

㊈ 陈卫佐:《德国民法典》(第 5 版),法律出版社 2020 年版,第 276 页。第 618 条规定:(1)劳务权利人必须配置和维护其为执行劳务而须置备的房屋、装置或器具,调度须在其命令或指挥下实施的劳务给付、使劳务给付义务人在劳务给付性质所许可的限度内受到保护,免遭生命和健康危险。(2)劳务给付义务人已被接入家庭内同住的,劳务权利人必须就起居室与卧室、给养以及工作时间与休闲时间,作出照顾到劳务给付义务人的健康、德行和宗教的必要配置和安排。(3)劳务权利人不履行其就劳务给付义务人的生命和健康所担负的义务的,劳务权利人的损害赔偿义务,准用第 842 条至 846 条关于侵权行为的规定。

㊵ Schaub/Vogelsang (o. Fußn. 17),§ 18 Rdnr. 1 m. Verw. auf die st. Rspr.;zur Entwicklung auf Grundlage der Arbeiten von Jacobi und Joost ausf.:Preis,RdA 2000,257.

㊶ Kocher,Hausangestellte im deutschen Arbeitsrecht,NZA 2013,932.

㊷ Fitting,BetrVG,26. Aufl. (2012),§ 1 Rdnr. 65;Richardi,in:Richardi/Wißmann/Wlotzke/Oetker,MünchArbR,3. Aufl. (2009),§ 31 Rdnr. 17 m. w. Nachw.

㊸ Anders die Definition von Preis,RdA 2000,257 (267) (Betrieb als „Tätigkeitsbereich,in dem die personelle oder technische oder organisatorische Umsetzung einer [unternehmerischen]Zielsetzung erfolgt [...]. "). Auch Preis geht aber nicht auf die Frage ein,ob die weitergehende Zielsetzung notwendig wirtschaftlicher Art sein müsse,sondern setzt dies nur implizit voraus.

㊹ So bereits BT Drucks 12/6752,S. 34.

定方面的困难。无论如何,在私人家庭中实施国家监督措施是有问题的,原因在于《基本法》(GG)第 2 条第 1 款规定的国家保护任务与第 13 条规定的住宅完整权相冲突,亦即家政工的生命权和人身权与业主的房屋不受侵犯是对立的。[45] 这是宪法和行政法上的一个难题,今后要解决这个问题,特别是在远程办公领域,要通过与职工代表签订审批(有条件)和劳动合同以及服务协议来解决。[46] 第二,《解雇保护法》(KschG)。根据《解雇保护法》的规定,直接受雇于私人家庭的雇员不受解雇的一般保护,因为私人住所不属于第 23 条第 1 款规定的企业。[47] 但他们的权利受到民法一般条款的保护,这种保护与《解雇保护法》的保护不相上下。[48] 如果受雇于第三方,且第三方的企业地位无疑(小企业除外),则可以适用《解雇保护法》。第三,《企业组织法》(BetrVG)。《企业组织法》也是以"企业"为基础的。[49] 私人家庭不属于《企业组织法》所定义的企业的概念。[50] 第四,延长通知期的适用。根据《德国民法典》第 622 条第 2 款的规定,其延伸的前提是在企业或公司中就业,但根据仍然占主导地位的意见,一个家庭并不构成企业或公司。[51] 在这种情况下,只有《德国民法典》第 622 条第 1 款的基本通知期适用于家政工和家庭佣人。第五,《工作时间法》(ArbZG)。根据第 2 条第 2 款的规定,其适用范围为雇员,但"雇员"一

---

[45] Grundrechtekollision von Kollmer u. a. /Kollmer,ArbSchG,§ 1 ArbSchG Rn. 66,als „verfassungs- und verwaltungsrechtliches Dilemma" bezeichnet; vgl. Rieble/Picker,ZfA 2013,383,406.

[46] Kollmer/Klindt/Schucht/N. Kollmer,4. Aufl. 2021,ArbSchG § 1 Rn. 66-68.

[47] Zustimmend,jedoch mit den Argumenten fehlenden arbeitstechnischen Zwecks bzw. ausschließlicher Eigenbedarfsdeckung APS/Moll,Kündigungsrecht,§ 23 KSchG Rn. 10; ErfK/Kiel,§ 23 KSchG Rn. 3; Däubler u. a. /Schubert,ArbR,§ 23 KSchG Rn. 10; Gallner u. a. /Pfeiffer,KSchR,§ 23 KSchG Rn. 15; Küttner/Röller,Personalbuch 2018,Hauswirtschaftliches Beschäftigungsverhältnis Rn. 5; MüKoBGB/Hergenröder,§ 23 KSchG Rn. 10; Boecken u. a. /Eylert,ArbR,§ 23 KSchG Rn. 10; Thüsing u. a. /Thüsing,KSchG,§ 23 KSchG Rn. 3; andere Ansicht vgl. LAG BadenWürttemberg v. 26. 6. 2015,8 Sa 5/15,NZA-RR 2016,17,zu § 622 Abs. 2 S. 1 BGB; teilweise andere Ansicht Steinke,RdA 2018,232,240; kritisch Kocher,NZA 2013,929,932;

[48] BVerfG v. 27. 1. 1998,BVerfGE 97,169,178 [B. I. 3. b) cc)].

[49] Kocher,Hausangestellte im deutschen Arbeitsrecht,NZA 2013,931.

[50] Im Ergebnis ebenso Düwell/Kloppenburg,BetrVG,§ 1 BetrVG Rn. 24; ErfK/Koch,BetrVG,§ 1 Rn. 9; Fitting,BetrVG,§ 1 Rn. 65; Steinke,RdA 2018,232,241,sofern Bereiche dem Privatleben der Haushaltsmitglieder vorbehalten sind; vgl. Joost,Betrieb und Unternehmen,S. 94; Richardi/Maschmann,§ 1 BetrVG Rn. 50; andere Ansicht Jacobi,Betrieb und Unternehmen als Rechtsbegriffe,S. 8,36; Kocher,NZA 2013,929,932; Scheiwe/Schwach,ZIAS 2012,317,337,bezeichnen Vereinbarkeit mit Art. 3 IAO Nr. 189 als problematisch.

[51] Schaub/Linck,ArbR-Hdb.,14. Aufl. (2011),§ 126 Rdnr. 12; ErfK/Müller-Glöge13. Aufl. (2013) § 622 Rdnr. 6; Fischermeier,in: Dornbusch/Fischermeier/Löwisch,Fachanwaltskommentar Arbeitsrecht (DFL),5. Aufl. (2013),§ 622 Rdnr. 1; Soergel,BGB,12. Aufl. (1997),vor. § 611 Rdnr. 67; Hesse,in: MünchKomm,6. Aufl. (2012),§ 622 Rdnr. 7; KR-Spilger,10. Aufl. (2013),§ 622 BGB Rdnr. 65; Staudinger/Preis,BGB,13. Bearb. (1995),§ 622 Rdnr. 13; Erman/Belling,BGB,13. Aufl. (2011),§ 622 Rdnr. 3; Franzen,in: Dauner-Lieb/Langen,BGB-Schuldrecht,§ 622 Rdnr. 4.

词并无法定义。⑫在判例法中,长期以来一直使用 Alfred Hueck⑬对该词的定义,即根据私法规定的合同或相当于私法规定的合同的法律关系有义务为他人服务的人,保护的需求来自于对雇主的"人身"依赖。⑭应当认为,"雇员"一词在劳动法中一般是有效的,⑮如果家政服务关系构成雇佣关系,那么适用《工作时间法》没有任何问题。但对于住在雇主家中的家政人员,根据第 18 条第 1 款第三项的规定是否排除在外,这一点值得讨论。对此,联邦政府认为,按照劳工组织第 189 号公约第 10 条第 1 款和《公法工作时间法》(öffentlich-rechtliche Arbeitszeitrecht)的强制性规定,对于家政工这一群体而言,不可能在休闲时间和工作时间之间进行划分。因此,应适用《德国民法》第 618 条第 2 款关于工作时间的规定。⑯

综上可知,在很多情况下,法律法规的适用性与企业性质有关,对于家庭的分类必须始终考虑到各个规范的目的,并在宪法和国际法的背景下进行。如果家政工人实际上被排除在标准之外,或者如果家庭不属于企业的概念,或者如果提供服务的人是自雇者,他们有可能援引《德国民法典》第 618 条、第 242 条、第 138 条规定的私法一般标准,这些标准至少给予这些家政工人有限的保护。⑰但不可否认的是,民法是天生的平等派,而劳动法是天生的不平等派,将私人家庭中的家政工人的权益保护交由民法调整,如同工厂雇佣未进入劳动法调整时代,劳动者没有得到劳动法的特殊保护一样,家政工的从属性不能得到有效地规制,加剧了其弱势地位,也加剧了实质意义上的劳动者之间的保护严重失衡。⑱

(二)劳动法保护路径

劳动法保护路径包括普适性的劳动基本法保护、将原有的劳动法律通过解释或修改适用于家政工人、劳动法专章模式、劳动法律排除某些条款的适用、劳动行

---

⑫ Preis, in Erfurter Kommentar (11. Aufl. 2011), §611 Rn. 37; Kittner/Zwanziger/Deinert-Deinert, Arbeitsrecht, Handbuch für die Praxis; 6. Auflage Franfurt a. M, 2011, §3 Rn. 2 ff.

⑬ Hueck/Nipperdey, Lehrbuch des Arbeitsrechts, Bd. 1; 7. Auflage 1963, Berlin, Frankfurt, Vahlen, S. 34;

Kittner/Zwanziger/Deinert-Deinert, Arbeitsrecht, Handbuch für die Praxis; 6. Auflage Frankfurt a. M, 2011, §3 Rn. 6 ff. mit weiteren Nachweisen.

⑭ Dauner-Lieb/Langen-Martin, BGB, 1. Aufl. 2005, §611 Rn. 23.

⑮ Kothe u. a. /Reim, ArbSchR, §2 ArbZG Rn. 77; Schliemann, ArbZG, §2 Rn. 79; ursprünglich Übernahme des Arbeitnehmerbegriffs aus §5 Abs. 1 BetrVG, dazu siehe BTDrucks 12/5888, S. 23 [zu Artikel 1, zu §2].

⑯ BT-Drucks. 17/12951, S. 18.

⑰ Anja Ott. Hausangestellte im Arbeitsrecht, Masterarbeit, Hagen Universität, 2019, p75.

⑱ 参见黎建飞、石娟:《论我国劳动法律调整方式从一元化向多元化转变——以家务服务员的劳动保护为视角》,《河南财经政法大学学报》2012 年第 2 期,第 135 页。

政部门决定五种。⑤

我国台湾地区"行政劳工委员会"曾于1997年10月30日的公告⑥中将家事劳动者纳入劳动基准法的范围。但是这一行为遭到了雇主方面的强烈反对,他们认为适用劳动基准法根本窒碍难行。原因在于家事劳工是在家庭中提供劳务,有别于一般工厂,家事劳工在家庭的工作形态、工作时间与休息时间与受雇于事业单位的劳工明显不同,难以厘清。部分被看护者的家庭属于弱势,家庭又非营利单位,如果适用劳基法,其并无法比照事业单位采用其他方式降低生产成本或将成本转嫁,将直接增加家庭经济负担。⑥ 而后"劳工行政主管机关"于1998年发布函示将家事劳工排除于劳动基准法适用范围之外,并于1999年1月1日起停止家事劳工适用劳动基准法。⑥ 新西兰采用了"一般立法"的模式,即将家政工人纳入一般劳动法律的适用范围之中,辅之以若干的例外或者豁免情形。新西兰将家政工人区分为家庭雇佣型和非家庭雇佣型两类,这一分类直接决定了家政工人获得劳动条件基准保护的范围和程度。其中,家庭雇佣型与我国自雇型家政工相一致,其能否获得劳动法的保护取决于与雇主之间是否存在劳动关系,即是否满足"业务范围""控制性"等标准。若不能被认定为劳动关系,则无法获得任何劳动条件基准的保护。若符合劳动关系的认定标准,则被视为《劳动关系法》上的雇员,可以获得劳动保护。相应地,私人家庭将承担劳动法律强加的所有义务。⑥

(三) 专门法保护路径

欧盟法律法规中关于家政工人明确的规定,主要是根据《欧盟运作条约》(AEUV)第288条第2款和第3款制定的条例或指令,目前还不存在旨在专门管理或保护这类人的利益的法律。从世界范围来看,目前约有19个国家采取专门立法的模式来保护家政工的权益,由大约60个国家正在研究采取专门模式。⑥ 如2008年印度颁布了《家政工人(注册、社会保险和福利)法》,内容主要涉及家政工人的工作条件、工资报酬、防止剥削和人口拐卖。印度的一些邦政府采取了为家政工人确定包括最低工资在内的一些措施,并将社会保障扩展到未组织起

---

⑤ 胡大武:《理念与选择:劳动法如何照耀家政工人》,《法律科学》2011年第5期,第124~125页。

⑥ 参见"行政院劳工委员会"1998年10月30日"台(86)劳动一字第047494号公告"。

⑥ 陈建文:《台湾外籍家事劳动者的劳权规范发展观察——评析家事劳工保护法草案相关版本》,《交大法学评论》2020年第12期,第99页。

⑥ 参见"行政院劳工委员会"1998年12月31日"台(87)劳动一字第059604号公告"。"前指定之下列各业工作者,自八十八年一月一日其不适用劳动基准法:(一)公立医院院所(技工、工友、驾驶人除外)之工作者。(二)……(四)个人服务业中家事服务业之工作者。"

⑥ 参见李满奎:《新西兰家政工人劳动权益保护机制研究》,《社会科学战线》2014年第8期,第263页。

⑥ 胡大武:《理念与选择:劳动法如何照耀家政工人》,《法律科学》2011年第5期,第124页。

来的部门。⑥ 2010 年美国纽约州通过了《家政工人权利保护法》（A01470A），其中涉及了个体劳权和集体劳权。前者包含了适用最低工资、加班工资和每周一天的休息权。后者涵盖了家政工人享有集体谈判权，以及为保障该权利建立跨机构联合工作制度等措施。⑥

四、我国自雇型家政工劳动权益保障的立法路径及完善建议

近年来，对家政工群体的劳动权益进行保护已经成为世界各国的共识。但采取何种路径进行保护是我们应当谨慎对待的问题，不能盲目效仿，也不能刚愎自用。因为不同的立法路径映射出法律出发点的差异，这直接关系到对自雇型家政工劳动权益的保护程度以及公平正义价值的实现。

（一）利益衡量下劳动权益保障的立法路径选择

上文我们已经介绍了劳动权益保障的三种立法路径，当然，不同的路径均有优劣，难以一言以蔽之。因此，在自雇型家政工劳动权益保护的立法路径选择上，必须在保证公平正义的前提下，对整体社会利益做综合考量。

第一种，民法保护路径。将自雇型家政工与雇主之间的法律关系界定为民事关系，两者之间的权利义务关系的调整适用《民法典》相关条文。值得注意的是，《德国民法典》与我国《民法典》存在较大的差异，我国《民法典》并未涉及如《德国民法典》第 617～619 条所规定的同住家庭内劳务权利人对于劳务义务人劳动权益保障的义务。而实质上是将雇主定位为消费者角色，私人家庭通过购买家政服务满足其个人需求，并且当争议发生时，其可以基于消费者地位寻求救济。但一个严重的问题是，在现行劳动法律的保护体系下，该立法路径从根本上忽视了易受伤害的自雇型家政工的人权保护，从制度层面彻底封闭了对家政工这一弱势群体的人文照护。⑥ 这明显与我国保护家政工劳动权益的目的相悖。因此，目前我国不适合选择这一立法路径。第二种，劳动法保护模式。我国劳动法调整以典型的"主体论"为劳动关系的判断标准，并且以全有或全无的模式的方式予以适用，导致了自雇型家政工被排除在劳动法的调整范围之外。因此，有不少学者主张将家政工纳入劳动法的保护范围，赋予其劳动者身份，并予以倾斜保护。当我们站在家政工立场而拟将家政用工法律关系定位为劳动关系并试图以实现其权益保护目标时，一

⑥ 参见黎建飞、石娟：《论我国劳动法律调整方式从一元化向多元化转变——以家务服务员的劳动保护为视角》，《河南财经政法大学学报》2012 年第 2 期，第 136 页。

⑥ Senate and Assembly Pass Historic Bill To Protect Domestic Workers，posted by Majority Press on Thursday，July，1st，2010.

⑥ 张铁薇、陈茂春：《我国家政用工法律关系认定的立法选择》，《学术交流》2021 年第 3 期，第 46 页。

切能够有利于说服立法者的理由都变得神圣而不可辩驳,因为以人权保护为出发点的观点很容易使论者站在道德高点上俯视任何理论证明。⑱ 徒法不足以自行。我们不能仅考虑理念上的充分性,亦不能忽视现实的可行性。其一,我国现行的劳动法是以传统劳动关系为蓝本建立的,其制度的设计当然是依从标准用工设置的。而家政工的职业特点与其相去甚远,若强行使加以适用,则势必会产生诸多问题。解决问题的方式便是增加一些例外规定,这种方式不仅修法程序繁琐、成本较高,而且可能会破坏劳动法体系的自洽性。其二,家事劳动非一般私人劳务交易问题,不能视为纯经济问题,其涉及如何协助家庭"安老、扶幼"的公共政策安排。亦即站在整体社会需求的解决层面上来看,家事劳工在实质上无异是一种在面对高龄化、少子化的长期趋势下,为个别家庭解决托幼、养老等家事劳务供需问题所提出的政策设计选项。⑲ 若将其作为"用人单位"主体承担自雇者劳动权益保障成本,必然会加大私人家庭的负担,甚至于演变成"不可承受之重"。这也是传统理论的偏差所在,然而,我们在解决任何一个问题时都不一定意味着以牺牲其他问题的解决为代价,甚至在诸问题的解决顺序上也不存在价值优劣的排序。⑳ 所以,我们不能为了保护家政工的劳动权益而忽视对私人家庭造成的损害,这样不利于家政工这一行业的持续发展。因此,该方案不可取。第三种,专门法保护模式。家事劳动者的工作性质与一般劳工是不同的,如果制定专法处理,在法制上有独立性,也可针对家事劳动的特殊性做特别考量。㉑ 关于制定家政工劳动权益保护专门立法的构想,国内学者之前已起草了《家政工劳动权益保护条例学术建议稿》㉒,也有学者认为制定专门法保护,是家政工获得劳动保障权利的必由之路,也是缓解我国家政市场供需尖锐矛盾的治本之策。㉓ 当然这种立法路径也遭到了不少质疑。㉔ 如有学者认为专门立法虽有明确、针对性强的优点,但从国际上来看,容易滋生"以特殊保护之名型歧视之实"的弊端,这也是专门立法模式的"硬伤"。㉕ 而从利益衡量的角度来看,制定专门法的方式是能够同时兼顾自雇型家政工和私人家庭正当利益的最优化配置,亦能保证公平正义价值的实现。相

---

⑱⑳ 张铁薇、陈茂春:《我国家政用工法律关系认定的立法选择》,《学术交流》2021年第3期,第45页。

⑲ 参见陈建文:《台湾外籍家事劳动者的劳权规范发展观察——评析家事劳工保护法草案相关版本》,《交大法学评论》2020年第12期,第108页。

㉑ 参见赵子澄:《外籍家事劳动者法制与权益保障之研究》,国立台北大学法律学系硕士学位论文,2013年,第68页。

㉒ 参见王竹青:《关于〈家政工劳动权益保护条例学术建议稿〉的说明》,《北京科技大学学报》2010年第12期,第85~90页。

㉓ 刘明辉:《家政工获得劳动保障权利的障碍及路径》,《西南民族大学学报(人文社会科学版)》2011年第5期,第120页。

㉔ 李杨:《家政服务关系的法律定位与调整机制》,南京大学2012年硕士学位论文,第26页。

㉕ 李满奎:《新西兰家政工人劳动权益保护机制研究》,《社会科学战线》2014年第8期,第263页。

比较而言,这种路径是适合我国自雇型家政工的最佳方式。当然,短时间内制定单行立法确实比较困难,因此,可以考虑以专门的行政法规方式对其劳动权益进行保护。

(二)我国自雇型家政工劳动权益保障的完善建议

家政行业作为一种非正规就业类型,其易受伤害性特征一般涉及家政工的基本劳动权益,主要体现在劳动基准条件上。我们所谓的选择专门法保护路径,即制定家政工劳动权益法,不是对现行劳动基本法完全照搬,而是在能实现自雇型家政工与其他劳动者公平保护、同等对待的地方不做重复规定,只应针对其与现行劳动基本法律不同之处做特别规定。⑦

第一,明确政府的主体职责。家政行业的产生某种程度上来讲是与老龄化社会密切相关的,它是女性从传统家庭角色中逐渐解放出来走向职业化所延伸出来的结果。随着高龄化、失能化现象日趋显化,家庭中高龄老人和失能老人的照护需求逐渐外溢为社会风险,相应地,作为此社会风险的因应措施,其本质上应当是一种公共政策,在这种公共政策中,政府的角色不可或缺。正是因为我国的长期护理保险制度还未完全建立,导致目前的照护成本完全由私人家庭来承担。在弱者与弱者的世界中,当法律的天平倾斜于家政工人的时候,残疾贫弱家庭的弱势化解是给予家政工人倾斜性保护的前提。⑦ 而政府主体职责缺位的情况下,自雇型家政工人与私人家庭的矛盾日益激化,愈演愈烈。因此,在制定专门法时,不能将权利义务配置仅仅聚焦于家政工和私人家庭,应立足于公共政策的视角,明定政府的主体职责,如借鉴德国相关的制度,对私人家庭和自雇型家政工给予相应的补贴、参加社会保险时的优惠政策、登记备案制度等,此外还应当主动承担起咨询、职业培训、监察责任。第二,特殊的劳动基准规则。这主要涉及自雇型家政工的基本劳动权利,如工作时间、休息休假、最低工资、免遭虐待、劳动安全卫生等。包括但不限于以下方面:首先,最低工资。它是劳动报酬权的重要体现,其对于现阶段自雇型家政工工作时间长、报酬低的状态来说是必要的,是满足自身及其家庭基本生存需求的重要方式。因此,在最低工资制度的设计层面,可以参照国际通用的测算标准如比重法、恩格尔系数法,在考虑自雇型家政工自身特性的基础上,结合职工平均工资、工作时间、城镇居民人均生活费用等因素来确定。其次,工作时间和休息休假。这两者之间是相关联的。有学者指出,因为要配合被照顾者的身体状况来提供协助,事实上的工作时间和休

---

⑦ 参见黎建飞、石娟:《论我国劳动法律调整方式从一元化向多元化转变——以家务服务员的劳动保护为视角》,《河南财经政法大学学报》2012年第2期,第138页。

⑦ 胡大武:《理念与选择:劳动法如何照耀家政工人》,《法律科学》2011年第5期,第132页。

息时间将出现界限上的模糊。[⑱] 并且在当前一对一居家照顾仍是主流的情况下，很大一部分的看护工还是处于工时过长、休息时间仍需要待命而不能真正休息的状态。因此，虽然自雇型家政工的工作时间不能如现行劳动法规定的每周不超过40 小时一样，但在制度设计时依然要充分考虑这一群体的特殊性，规定最长的工作时间、每周的休息时间、休假方式及法定假日的休息权等。最后，隐私权。雇主和住家家政工人的住宅隐私权所依存空间之高度同一性决定了彼此发生冲突的必然性。自雇型家政工的隐私权是以人格尊严为基础的，属于劳动权的重要内容，它与以财产为基础的雇主住宅隐私权是完全不同的。在这两种不同性质的隐私权冲突中，雇请住家家政工人的事实决定了雇主对住宅隐私权的期待是被弱化的，也是雇主负有为住家家政工人提供合理隐私空间义务的根本原因。[⑲] 因此，在立法时要权衡家政工的隐私权与雇主住宅隐私权，通过相应的程序与实体权力的设置，在满足最小损害原则的基础上保障自雇型家政工的隐私权。

　　[⑱]　许雲翔：《照顾与被照顾者间的衡平：我国家事劳动立法及适法建议》，《劳动及职业安全卫生研究季刊》2019 年第 27 卷第 4 期，第 111 页。
　　[⑲]　胡大武：《住家家政工人与雇主在住宅隐私权上的冲突及其协调》，《法商研究》2012 年第 4 期，第77～82 页。

超越雇佣合同与劳动合同规则

——家政工保护的立法理念与制度建构

谢增毅

摘　要：目前我国家政工人数众多，立法严重滞后，家政工的法律保护亟待加强。家政工与雇主（家庭或个人）之间的法律关系是雇佣关系，但家政工有特殊性。同时，家政工与雇主之间虽具备劳动关系的某些特征，却不是典型的劳动关系，双方之间是一种特殊的雇佣关系。因此，家政工的法律保护既不能仅依靠雇佣合同的一般规则，也不应将家政工简单纳入劳动法的调整范围。应针对家政工的特殊性，建立超越一般雇佣合同和劳动合同规则的制度安排。

关键词：家政工；雇佣合同；劳动合同；劳动法

据统计，2010 年，北京市家政工总数已达 40 余万，目前，全国从事家政工服务的劳动者已经达到 1500 万。[①] 2010 年，国务院办公厅专门发布了《关于发展家庭服务业的指导意见》，该意见指出，大力发展家庭服务业，对于增加就业、改善民生、扩大内需、调整产业结构具有重要作用。2011 年 6 月 16 日，国际劳工大会通过了《家庭工人体面劳动公约》(*Conventionconcerning decent work for domestic workers*)。[②] 该公约指出，家政工人对全球经济具有重要贡献，家政工增加了负有家庭责任的女性和男性从事受薪工作的就业机会，扩大了照顾老年人、小孩和残疾人的范围，并且使大量收入在一国之内或国家之间进行转移。[③] 因此，促进家庭服务业的发展具

作者单位：谢增毅，中国社会科学院研究所。

① 参见马丹：《北京市家政工的现状与问题》，《法制与社会》2011 年第 1 期。

② 国际劳工大会 2011 年 6 月 16 日以 396 票赞成、16 票反对和 63 票弃权的结果，通过了《家庭工人体面劳动公约》。这项公约旨在通过一系列措施改善全球近 1 亿家庭工人的工作条件，明确规定家庭工人应当享有正常的工作时间、产假、失业保险和年假等权利。参见《中国妇女报》2011 年 6 月 21 日，第 A03 版。

③ 参见《家庭工人体面劳动公约》，2011 年版，前言。

有重要意义。

长期以来,学界对家政工的法律保护问题未给予足够重视,相关研究很少,家政工的法律保护问题亟待深入研究。特别是家政工与雇主之间的法律关系、家政工的法律地位,家政工是否属于劳动法上的"劳动者",应否及如何受到劳动法的保护,如何完善家政工立法、保护家政工的权利,都是理论和实务上的重大问题。本文拟就以上问题展开分析。

一、家政工的界定

目前我国的政策性文件和法律文件并没有对家政工给出正式定义。2010 年国务院办公厅发布的《关于发展家庭服务业的指导意见》指出,"家庭服务业是以家庭为服务对象,向家庭提供各类劳务,满足家庭生活需求的服务行业。"这一表述主要指明这个行业的特征,并未对"家政工"下严格定义。该文件还使用了"家政服务员"的提法,也未给出明确定义。遵从习惯,本文使用学界惯用的用语"家政工"。[④]

2011 年的《家庭工人体面劳动公约》(以下简称《公约》)界定了家政工的定义。《公约》第 1 条规定,"家政工作"(domestic work)指"在或为"一个或数个家庭从事的工作(workperformed in or for a household or households);"家政工"指"在一种雇佣关系范围内从事家政工作的任何人"。从公约规定看,家政工作的显著特点是工作地点或工作对象为"家庭"(household),这是家政工的本义,也是家政工区别于其他类型工人的主要特点。同时,公约也明确家政工存在的法律关系——"雇佣关系"(employment relationship)。公约对家政工和家政工人的定义为正确理解家政工奠定了基础。有些国家对家政工的定义则较为宽泛。例如,在德国,家政工是指任何人单独或者在家庭成员的帮助下,为另一个人或机构工作,工作地点可以是公寓、房屋或其他地方,并且工作成果的利用归属于其服务对象。[⑤]

从目前我国实践看,我国家政工主要有三种类型。第一种类型是直接受雇于家政服务机构的家政工,由家政服务机构招聘并派遣到家庭从事家政服务。第二种类型是由家政服务机构以中介名义介绍到家庭从事服务工作并定期收取管理费等费用的家政工。第三种类型是家庭自行或直接雇用的家政工。第一种类型的家政工由家政服务公司招聘,属于家政服务机构的员工,因此,其与家政服务机构的关系属于典型的劳动关系,适用劳动法规则应无疑义。第二、三种类型的家政工就

---

④ "家政工"的称谓并未统一,有称之为"家庭工人",有称之为"家事工作者",但含义相当。家政工有时指"家政工作"本身,有时指"家政工人",如无特别说明,本文的"家政工"指"家政工人"。

⑤ See Manfred Weiss and Marlene Schmidt, Labor Law and Industrial Relations in Germany, Kluwer Law International, 2008, p. 48.

其本质而言,均属于直接受雇于家庭或个人的家政工,家政工与雇用人之间的法律关系较为复杂。以下探讨将围绕直接受雇于家庭或个人的家政工展开。

二、家政工与雇主的法律关系

当家政工直接受雇于家庭或个人,家政工与雇主(家庭或个人)究竟属于何种法律关系,是雇佣关系,还是劳动关系,抑或其他法律关系? 这是确立家政工法律调整模式和调整机制的理论前提。

家政工与雇用人之间的关系是否属于雇佣关系? 回答该问题的前提是明确雇佣关系的性质和特征。从大陆法系主要国家和地区民法典的内容看,雇佣关系长期受到民法的调整。例如,《德国民法典》在第 611 条至第 630 条规定了"雇佣合同",第 611 条规定,因雇佣合同,允诺劳务的一方负有提供约定的劳务的义务,另一方负有给予约定的报酬的义务。雇佣合同的标的可以是任何一种劳务。[⑥] 雇佣合同虽然规定于民法之中,但当事人的地位尤其在履行合同中的地位未必完全平等,从"雇佣"一词的表面字义即可看出,受雇人应当听从雇主的命令和指挥。"因为受雇人应提供之劳务的数量主要以时间长度表示,所以为具体化受雇人应执行之职务的内容及其执行方法,雇用人之指挥监督便极为重要。"[⑦]因此,受雇人在工作的过程中应接受雇主的指挥和管理,受雇人与雇主之间存在一定的隶属性,这是雇佣合同的重要特征。我国虽然未在正式的法律文件对"雇佣"下定义,但《最高人民法院关于审理人身损害赔偿案件适用法律若干问题的解释》(2003 年)第 9 条第二款规定,"'从事雇佣活动',是指从事雇主授权或者指示范围内的生产经营活动或者其他劳务活动"中亦可看出,雇主对受雇人存在"授权"或"指示",受雇人对雇主存在一定的依赖。

由于我国《合同法》并没有关于雇佣合同的规定,[⑧]雇佣合同的特征和规则在法律上并不清晰,造成家政工和雇主的法律性质在我国不易判断。但从家政工的定义和特征看,家政工与雇主的关系应属于雇佣关系。家政工作为受雇人受雇于家庭或个人,按照雇主的指示为其提供劳务,雇主支付报酬。因此,家政工的地位符合雇佣关系当事人的特征。家政工和雇主的关系属于雇佣关系应无疑义,更进一步的问题是,家政工和雇主之间关系是否属于劳动法调整的劳动关系,换言之,家政工与雇主之间是否是劳动合同关系,家政工应否受劳动法保护? 回答这一问

---

⑥ 参见《德国民法典》,陈卫佐译注,法律出版社 2006 年版,第 231 页。

⑦ 黄茂荣:《债法各论》(第一册),中国政法大学出版社 2004 年版,第 129 页。

⑧ 我国在《合同法》等法律上并未确立雇佣合同的概念和规则,造成我国对雇佣关系和雇佣合同概念的陌生和模糊认识,但从最高人民法院的司法解释等内容看,我国司法实践也认可雇佣关系和雇佣合同的存在。

题的前提是科学认识劳动关系的内涵以及雇佣关系向劳动关系发展的过程,正确区分雇佣合同和劳动合同。

雇佣关系属于民法的概念,在工业社会初期,雇佣关系主要是私法调整的范畴。随着雇佣关系的发展,人们逐渐认识到雇佣关系当事人地位的差异以及雇佣关系的社会性,雇佣关系并非可以完全依据当事人的意思自治加以调整,具有社会性的劳动合同,逐渐被立法者所认识和接受。在雇佣合同基础之上,逐渐发展出"劳动契约"的概念和相应的法律规则。在"劳动契约"时代,国家制定了劳动保护法规,使雇主负担公法上的义务,以保护劳动者;将劳动契约社会化,制定代表高度社会意义的劳动契约法;利用团体协约使劳资双方由对立进而合作;实行社会保险政策;设立劳动法庭等。⑨ 换言之,雇佣合同除了受到民法(主要是合同法)的调整之外,更有体现社会政策的劳动法的介入,大量属于传统雇佣合同规则调整的雇佣合同也受到了劳动法的调整,成为劳动合同。从劳动合同和劳动立法的发展历程以及雇佣合同与劳动合同的区别看,家政工与雇主的关系具备劳动关系的某些特征,却不是典型的劳动关系,具体体现在劳动关系的如下特征上。

第一,从属性。虽然雇佣合同的本义暗含着受雇人接受雇主的指挥和命令,但传统的雇佣合同并没有突出强调受雇人对雇主的从属性。而在劳动合同时代,由于工作成为受雇人的职业,并且雇主的规模性突出,受雇人在经济上和组织上对雇主的依赖性增强,受雇人之于雇主的隶属性更加突出。我国著名民法学者史尚宽先生认为,"劳动法(亦称劳工法)上之劳动契约谓当事人之一方对于他方在从属的关系,提供其职业上之劳动力,而他方给付报酬之契约乃为特种之雇佣契约,可称为从属的雇佣契约"。⑩ 在德国,从属性也是判断劳动关系以及劳动法适用范围的重要因素。德国学者认为,劳动法是关于劳动生活中处于从属地位者(雇员)的雇佣关系的法律规则(从属地位劳动者的特别法)的总和。⑪ 英国的劳动上诉法庭也指出:"雇员之所以被认为需要劳动法保护的原因在于他们和雇主相比处于从属和依赖的地位"。⑫ 因此,从属性的强弱是区分雇佣关系和劳动关系的重要标准。

虽然家政工相对于其雇主——家庭或个人也具有"从属性",但其"从属性"相比一般的劳动关系较弱。首先,由于家政工的雇主是家庭或个人而不是组织化的企业或其他组织,家政工难以成为雇主的成员。其次,家政工的雇主相比一般企业在规模、专业、实力上不可同日而语,其对家政工的组织、指挥和管理的能力水平较弱。因此,家政工相比劳动合同一方当事人"劳动者"的从属性更弱。

---

⑨ 参见黄越钦:《劳动法新论》,中国政法大学出版社 2003 年版,第 5～6 页。

⑩ 史尚宽:《债法各论》,中国政法大学出版社 2000 年版,第 294 页。

⑪ 参见[德]W. 杜茨:《劳动法》,张国文译,法律出版社 2005 年版,第 1 页。

⑫ A. C. L. Davies,Perspectives on Labor Law,Cambridge University Press,2004,p. 88.

第二，职业性。职业性是劳动合同与雇佣合同区别的另一标志。"现代劳动问题的产生，自工业革命之后存在许多借劳力为生的工人之后，才日益受到重视。"[13] 受雇人从零星的、偶尔的、临时的雇佣活动的一方当事人转变为职业的受雇人或工人，对经济社会的影响以及国家介入的要求都具有重要差别。"现代意义的劳动法其实是工业革命的产物"。[14] 史尚宽先生认为劳动关系和一般雇佣关系的区别在于，"劳动法上之劳动为基于契约上之义务在从属的关系所为之职业上有偿的劳动"，指明了劳动关系的"从属性"和"职业性"。[15] 因此，衡量雇佣合同与劳动合同的又一标志是受雇佣者是否成为以被雇佣为生的"工人"。

具体到家政工，虽然家政工也发展成为一种产业，许多家政工也以家政工作为业，但家政工内部不同工种、不同领域的职业化水平并不相同，许多家政工并非长期或者主要以家政工作为生，而且许多家政工仅从事兼职的家政工作。家政工和雇主的关系维系除了依靠"职场"的规则，相当程度也依赖于私人之间的信任和感情因素。因此，家政工的职业性显得参差不齐。

第三，组织性。雇主是个人还是组织，是经营性组织还是非经营性组织，对受雇人影响巨大，对国家是否以及如何规制受雇人和雇主之间关系亦将产生影响，因此，雇主的组织性也是区分雇佣关系和劳动关系的重要标准。一般而言，雇主的组织性越强，雇主和受雇人的地位和实力更易形成差距，雇主对受雇人的控制更强，受雇人的隶属性也相应增强，雇主与受雇人形成的关系更易为劳动关系而非雇佣关系，反之亦然。我国台湾地区学者黄茂荣先生认为，雇佣契约与劳动契约的区别标准，在形式上，以雇用人是否为企业，在组织上是否将受雇人纳入雇用人的编制内而定。因此，因家庭服务上之必要而雇佣者订立的契约是雇佣契约而非劳动契约在实质上取决于受雇人在经济上对于雇用人之依赖性。[16] 黄茂荣先生甚至将组织性作为区分雇佣合同和劳动合同的主要标准，认为，雇佣契约中，其劳务提供者纳入劳务接受者之企业组织内者，则为劳动契约。雇佣契约与劳动契约并无实质上的差别，其区别存在于劳务接受者之组织规模。只有组织规模达到一定程度始有必要之财务能力，担负照顾其受雇人之社会责任。[17]

由于家政工的雇主是家庭或个人而非组织，因此明显缺乏"组织性"，与组织化的企业、事业单位或个体工商户显有不同。除了组织管理能力较弱外，家庭或个人的财务能力通常较营利性企业组织低。而且，家庭或个人往往未经登记，劳动主管

---

[13] 转引自郑尚元：《劳动法与社会法理论探索》，中国政法大学出版社 2008 年版，第 21 页。

[14] 林嘉主编：《劳动法和社会保障法》（第二版），中国人民大学出版社 2011 年版，第 10 页。

[15] 史尚宽：《劳动法原论》，正大印书馆（台北）1978 年版，第 2 页。

[16] 参见黄茂荣：《债法各论》（第一册），中国政法大学出版社 2004 年版，第 132 页。

[17] 同上书，第 127 页。

机构难以监督检查其用工情形。⑱ 因而，对家政工的雇主不宜强加过多的监管义务，政府机关或外界也难以对雇主进行有效的、日常的监管。因此，缺乏"组织性"是家政工雇主的主要特点及与一般雇主的主要差异之处。

第四，期限性。雇佣关系的长短和频率也是雇佣关系是否转化为劳动关系，以及国家是否介入的重要因素。偶然的、短期的雇佣关系，国家介入的意义较小，稳定的、长期的雇佣关系，则国家介入的意义更大。例如，农场主偶尔雇用他人收割庄稼，国家似乎不必介入，反之，如果长期雇佣，则有关工资、工作时间、休息休假、安全卫生等因素就应成为法律关注的内容，雇佣合同就可能转变为劳动合同。"一般法律关系重在交易之活泼，如买卖契约其成立与消灭极为迅速，但继续性法律关系之宗旨在保存持续状态，如劳动契约，对安定性极为重视"。⑲ 合同期限的长短也成为雇佣合同和劳动合同的区别之一。《公约》也强调了家政工的期限性和职业性，该《公约》第 1 条指出，仅仅只是偶尔或零星地、并且不是以职业为基础地从事家政工作，并不是《公约》所称的"家政工"。

由于许多家政工的工作时间较为灵活，大量是非全日制工作，而且，许多家政工同时服务于多个雇主，为单一雇主工作的时间相对有限，因此，家政工的"期限性"亦有特殊性。

从上可以看出，家政工具有一定的"从属性"和"职业性"，也具有一定的"期限性"。但缺乏组织上的"从属性"，而且"从属性""职业性""期限性"相比一般工人较弱。因此，家政工与雇主的关系虽具备劳动关系的某些特征，甚至是重要特征，但却不具备劳动关系的全部特征，家政工和雇主的关系不是典型的劳动关系。

三、家政工法律保护的切入点：家政工的特殊性

对家政工的法律保护，还应考察家政工的特征及其特殊性、家政工与雇主之间关系相比一般劳动关系的特殊性，以此来确立家政工保护的着眼点。除上文描述的家政工和雇主的性质外，家政工的如下特征是确立家政工保护模式和保护规则所应当予以关注的。

（一）工作地点的特殊性

家政工，顾名思义，其工作地点主要为家庭，《公约》也明确指出，家政工是"在家庭"或"为家庭"从事工作的工人。由于家庭具有"私人性"，一般不对外公开，使得家政工处于"私人"空间之中，有时家政工甚至居住在雇主家中，不易为外界觉察。工作场所的特殊性，使得雇员的人身安全、隐私易受侵害，法律有必要对雇员

---

⑱ 参见谢增毅：《劳动法的比较与反思》，社会科学文献出版社 2011 年版，第 12 页。

⑲ 黄越钦：《劳动法新论》，中国政法大学出版社 2003 年版，第 96 页

提供安全、隐私方面的保护。同时，由于家政工分散在不同的家庭，其不易组织工会、进行团体行动，这在一定程度上限制了其集体的权利。

（二）工作内容的特殊性

家政工虽然提供的也是劳务，但其工作内容是与家庭有关的事务。家政工通常从事家务工作，例如，保洁、驾驶、做饭、照顾小孩、老人等护理工作，其工作内容具有一定的模糊性，事先不易量化和确定，工作成果不易考核。同时，由于家政工从事的主要是家务，且可能居住在受雇人家中，因此，其工作时间往往较为随意，工作时间不易确定，工作和休息时间也不易分清。而且，同一雇主雇用的家政工一般人数不多，通常为一个，除了雇主的监督外，家政工之间缺乏彼此的合作、监督和制约关系。

（三）受雇主体的特殊性

家政工虽然是一个中性的词汇，但从现实看，家政工和一般的职业工人相比，其教育程度和专业水平往往较低，维权能力较弱。而且，从性别角度看，家政工女性的比例要远远高于男性。例如，有统计指出，目前我国家政行业的从业人员大约有1500万，其中96％以上是女性。[20] 因此，家政工的保护问题不仅是雇佣合同、劳动保护的问题，同时也事关性别平等。

（四）流动性和国际性

由于工作内容的特殊性以及雇员和雇主的人身信任等因素，家政工相比其他行业具有更强的流动性。尤其在我国，很多家政工并非完全以家政工作为生，他们往往来自异地，一旦他们可以选择留在自己家中务农、照顾家庭或者从事其他工作，他们将会离开城市回到自己家中。特别是目前由于家政工的法律保护不足，导致家政工的流动性更强。例如，有课题组于2010年11月在天津市所做的调查结果显示：家政工在家庭雇主家的情况为：不到1年的为97％；1年以上不到2年为3％；2年以上不到3年和3年及以上都为0。[21] 可见，家政工的流动性非常突出。

家政工的另一重要特征是国际性。很多家政工属于移民工，来自于其他国家或地区。这些移民由于自身的教育和技能水平以及国籍等因素，往往易受侵害。综上，从法律调整角度看，家政工具有两方面的突出特征：一方面，家政工由于其特殊性易受伤害。正如《公约》指出的那样，家政工作继续被低估和不为外界觉察，

---

[20] 参见张伟：《社会性别主流化视野下的家政工社会与法律保护分析》，《河北法学》2010年第8期。

[21] 该课题组发放了400份问卷调查，回收有效问卷400份。参见刘明辉：《家政工获得劳动保障权利的障碍及路径》，《西南民族大学学报（人文社会科学版）》2011年第5期。

而且大部分的家政工是妇女和女孩,她们当中许多是移民或者弱势群体成员,容易遭受雇佣和工作中的歧视以及人权方面的其他侵害。而且,在一些发展中国家,家政工在国家劳动力占有重要比例,且处于最边缘化的境地。[22] 总之,由于工作场所的私人性、非公开性、分散性以及自身的弱势性,家政工的权利易受侵害,法律有必要对其提供特殊保护。从这点看,一般的雇佣合同规则无法满足家政工保护的需要,应在雇佣合同规则之外,加入对家政工特殊保护的规则。

另一方面,由于雇主是家庭或个人而非营利组织,加上家政工工作内容的灵活性,以及家政工和雇主人身信任和感情维系等因素的作用,对雇主强加过多的法律监管既无必要,也不现实。从此方面看,不宜将家政工与雇主的关系等同于一般的劳动关系,不宜简单地将家政工纳入劳动法的调整范围之内。

四、家政工法律调整模式的比较考察

(一)境外的法律调整模式

一些国家和地区,明确将家政工排除在劳动法的适用范围之外。例如,韩国《劳动基准法》规定,本法不适用于从事家务工作者。[23] 日本《劳动基准法》也规定,该法不适用于家务工人。[24] 我国台湾地区的"劳动基准法"亦将"个人服务业中家事服务业之工作者"排除在适用范围之外。[25]

一些国家并不完全排除劳动法对家政工的适用。在德国,家政工人被作为"类似雇员(employee-like)"的群体,即和劳动法上保护的雇员类似。在德国,现行的家政工立法来自于 1951 年的立法,后来多次修改,最新的立法是 2006 年修订的。德国法为家政工提供了工资、工作时间、安全等方面的保护以及非常有限的解雇保护。德国专门设立了一个委员会决定家政工的最低工资和工作条件。在德国,家政工虽然非常类似于"雇员",但由于其缺乏组织性以及封闭性,其法律保护的有效性值得怀疑。[26]

一些国家则区分雇佣时间长短,对家政工提供不同的保护。在荷兰,家政工和雇用人是否适用劳动法则取决于工作时间。根据,2007 年《家政工条例》,如果一自然人雇用另一自然人每周从事不超过 3 天的家政工作,则双方关系不属于经典的劳动关系,如果家政工向一个客户工作的时间超过 3 天,双方关系就变成经典的劳动关系,劳动法适用于双方。

---

[22] 参见《家庭工人体面劳动公约》,2011 年版。

[23] 参见韩国《劳动基准法》(英文版,1997 年)第 10 条。

[24] 参见日本《劳动基准法》(英文版,2004 年修订)第 116 条。

[25] 参见黄越钦:《劳动法新论》,中国政法大学出版社 2003 年版,第 99 页。

[26] 参见前注⑤,Manfred Weiss and Marlene Schmidt 书,第 49 页。

也有国家将劳动法的规则全部适用于家政工。例如,2004 年《越南劳动法典》第 2 条规定:"本法适用于所有经济部门和所有所有制形式下的所有工人,所有的组织和通过雇佣合同雇佣的自然人个体,本法典也适用于培训人员、学徒、家政工人和本法所明定的其他类工人。"⑦

以上主要涉及家政工保护的实体规则,整体而言,存在劳动法规则完全适用于家政工、部分适用于家政工,以及完全不适用于家政工三种主要情形。法律调整模式的差异,反映了不同国家和地区对家政工法律关系性质的不同认识和不同的立法政策。由于家政工的法律关系既不同于一般的雇佣关系,也非典型的现代劳动关系,因此,家政工的法律调整就带有一定政策色彩,难有统一模式。

(二)我国家政工立法保护的现状

目前,我国并没有专门针对家政工的法律、行政法规或部门规章,仅有少量涉及家政工的条文散见于规范性文件或司法解释之中。

1994 年,劳动部办公厅印发的《关于〈劳动法〉若干条文的说明》第 2 条第五款明确指出,《劳动法》的"适用范围排除了公务员和比照实行公务员制度的事业组织和社会团体的工作人员,以及农业劳动者、现役军人和家庭保姆等",因此,家庭保姆被明文排除在《劳动法》的适用中。2006 年 7 月,最高人民法院发布的《关于审理劳动争议案件适用法律若干问题的解释(二)》,也明文规定,"家庭或者个人与家政服务人员之间的纠纷"不属于劳动争议。⑧ 因此,在我国,家政工与其雇主之间的争议不属于劳动争议,不适用劳动法。

除了以上涉及家政工法律适用的条文将我国家政工排除在劳动法的适用范围外,我国《劳动法》和《劳动合同法》的原则条款也将家政工排除在劳动法的适用范围之外。根据这两部法律的规定,《劳动法》和《劳动合同法》仅适用于与"用人单位"形成劳动关系的劳动者,"用人单位"仅包括企业、个体经济组织,或民办非企业单位等组织,而不包括家庭或个人,因此,家政工无法适用劳动法或劳动合同法。⑨

虽然家政工无法受到劳动法的保护,我国也缺乏雇佣合同的规定,但家政工是客观存在的,因家政工等雇佣关系发生的纠纷也是客观存在的。因此,相关的司法解释涉及了家政工的部分规则。2003 年最高人民法院《关于审理人身损害赔偿案件适用法律若干问题的解释》规定了若干雇佣关系中造成人身损害的赔偿规则,包

---

⑦ 胡大武:《理念与选择:劳动法如何照耀家政工人》,《法律科学》2011 年第 5 期。

⑧ 参见《关于审理劳动争议案件适用法律若干问题的解释(二)》第 7 条第(四)项。

⑨ 我国《劳动法》第 2 条第一款规定,在中华人民共和国境内的企业、个体经济组织(以下统称用人单位)和与之形成劳动关系的劳动者,适用本法。《劳动合同法》第 2 条第一款也规定,中华人民共和国境内的企业、个体经济组织、民办非企业单位等组织(以下称用人单位)与劳动者建立劳动关系,订立、履行、变更、解除或者终止劳动合同,适用本法。因此,家庭或个人不属于"用人单位"。

括雇员在从事雇佣活动中致人损害、雇员在从事雇佣活动中遭受人身损害的赔偿规则。[30]

可以看出,除了《关于审理人身损害赔偿案件适用法律若干问题的解释》中有关雇佣活动损害赔偿的寥寥无几的条款外,我国并没有相应的家政工的法律规则。因此,构建我国家政工保护的规则就显得尤为迫切和重要。

五、我国家政工的立法保护:超越雇佣合同和劳动合同规则

根据上文分析,家政工与雇主之间的关系应属介于传统雇佣关系和劳动关系之间的特殊雇佣关系。对其法律调整,应超越雇佣合同的一般规则。这是因为,雇佣合同规则受到民法或合同法一般规则的影响和制约,更强调当事人的平等性,而家政工关系的当事人虽然在法律地位上是平等的,但双方在履行合同的过程中存在诸多隶属性的因素,且家政工时至今日已发展成一重要产业,发端于工业社会初期的雇佣合同规则相对于家政工的特殊性有诸多难以适应之处,因而,适用的空间亦有限。黄茂荣先生指出,随着受雇人之保护(最低工资、终止之保障、社会保险)的加强,"有一天民法上关于雇佣之规定,可能走入法制史,而不再有现行法的意义。"[31]德国学者也指出,虽然《德国民法典》第611条及以下各条从原则上说也适用于雇佣契约,但实际上,这些条款由于各种劳动单行法规的存在而几乎完全不起什么作用。[32]因此,重新设计家政工的法律规则亦可以少有传统规则的束缚,可针对家政工今日的发展态势以及劳动法规则,设计出符合时代要求、顺应发展潮流的家政工规则。

与此同时,对家政工的保护又不能简单地将家政工纳入劳动法的保护范围,不能将劳动法的全部规则简单适用于家政工。这也是许多国家在劳动法之外专门制定调整家政工关系的立法的重要理由。例如,目前约有19个国家采取专门立法的模式保护家政工的权益。[33]因此,应在借鉴劳动合同一般规则的基础上,根据家政工的特征和特殊性,将劳动法的部分规则以及变通后的规则适用于家政工。概言之,家政工的规则应超越一般的雇佣合同规则和劳动合同规则。

从我国现有的法律体系看,目前比较可行的办法是充分考虑家政工的特殊性,制定单独的家政工保护条例,条例没有规定的,可以适用民法中的相关规则。根据家政工的特点及其保护的着眼点,考察2011年通过的《公约》,我国应当吸收或借鉴劳动法的相关规则,在以下方面建立我国家政工保护的法律规则。

---

[30] 参见最高人民法院《关于审理人身损害赔偿案件适用法律若干问题的解释》第9、11、12条。

[31] 前注⑦,黄茂荣书,第127页。

[32] 参见[德]罗伯特·霍恩等:《德国民商法导论》,楚建译,中国大百科全书出版社1996年版,第347页。

[33] 参见前注㉗,胡大武文。

（一）人身或人格的基本权利

由于家政工与雇主是人身关系非常紧密的合同关系，其从事的是劳务，且工作地点通常在雇主家中，具有封闭性和私人性，因此，应该保护家政工在家务服务提供过程中的人身和人格权利。《公约》第 3 条也规定，公约成员应采取措施确保有效促进和保护所有家政工的人权；公约成员应采取措施尊重、促进和实现工作中的基本原则和权利。具体而言，我国应在立法中明确家政工享有人身自由，免于强迫劳动、免受虐待、暴力和骚扰，禁止童工。由于家政工在雇主家中提供劳务或居住，还应明确保护其隐私权。作为人格利益的一部分，立法还应保护家政工在就业和职工中不受歧视。[34]

（二）体面的工作环境和工作条件

家政工从事的是家务，工作地点具有封闭性，工作内容也较特殊，雇主应当提供条件使家政工在安全而健康的工作环境下工作。《公约》明确指出，成员应采取措施确保家政工，与一般工人相似，享有公正的雇佣条款以及体面的雇佣条件。家政工享有安全和健康工作环境的权利，成员应采取有效措施，确保家政工的职业安全和卫生。[35]《关于发展家庭服务业的指导意见》也指出，"国务院有关部门要研究制订适应家政服务特点的劳动用工政策及劳动标准，促进家政服务员体面劳动。"体面劳动也是我国政府追求的目标。因此，我国应在家政工的立法中规定雇主应当为家政工提供体面的工作环境和工作条件，作为雇主的一般义务条款。

（三）最低劳动和社会保障标准

家政工提供劳务必然涉及工作时间、休息休假、报酬以及社会保障等劳动标准。虽然，劳动法的一般规则难以完全适用于家政工，但劳务的本质属性决定了立法应当确立家政工的最低劳动和社会保障标准，保障家政工作劳务提供者的基本权利。

由于获得报酬是提供劳务的基本目的，因此，最低工资标准适用于家政工是通常的作法，例如上述的德国和荷兰。而且，因家政工的工作时间较为灵活，因此，家政工的最低工资制度主要是最低小时工资的适用。关于工作时间，由于家政工的工作时间较为灵活，且很多家政工的工作和休息状态不易分清，因此，劳动法上有关工作时间的一般规则难以完全适用于家政工。为了保障家政工的健康和休息权，立法上可规定相对长于一般工作时间的日最高工作小时数，例如，每日工作时间不超过 10 小时，而且对于全日制家政工，立法可规定雇主每周应提供最低不少

---

[34]　参见前注③，《家庭工人体面劳动公约》第 3、5、6 条的规定。
[35]　同上书，第 6、13 条。

于连续 24 小时的休息时间。㊱

社会保障标准也是家政工保护的一个重要问题。《公约》强调,成员应根据国家的法律法规,并适当考虑家政工的特殊性,采取措施确保家政工人享有不低于一般工人在社会保障包括生育方面的权利。但《公约》也同时指出,以上措施可以逐步实施。㊲ 按照目前我国《社会保险法》的规定,家政工可作为"其他灵活就业人员"参加养老保险和医疗保险,㊳但不能参加失业保险、工伤保险和生育保险。为了扶持家政服务业的发展,保护家政工的权益,我国应该允许家政工与一般"劳动者"一样,参加五种社会保险,而且政府在社会保险上,应该对家政工在缴费上给予一定的财政扶持。

(四)合同法上的权利及解雇保护

由于家政工与雇主本质上是合同关系,因此,家政工还应享有合同法上的权利。除了一般合同法上的权利,《公约》第 7 条专门规定了家政工对家政合同的知情权,即家政工有权利通过适当的、可确认的、容易理解的方式知悉雇佣的标准和条件。因此,我国立法应该规定家政工享有合同内容的知情权。家政工的合同解除规则是家政工的一个重要法律问题。劳动合同解除和解雇保护规则是劳动法的一个核心问题,相应的,家政工是否适用劳动法上的解雇保护规则,即解雇需具备正当理由并遵守正当程序显得尤为重要。由于劳动法上的解雇保护规则主要是建立在组织化的企业组织之上,即建立在雇主是拥有一定数量雇员和工作岗位,且组织和管理能力较强的组织基础之上的,因此适用于家政工的雇主存在困难。换言之,有关劳动法的解雇保护规则不应适用于家政工。

《公约》在家政工合同解除上亦体现出灵活性,并没有要求对家政工也像劳动法上的劳动者那样提供相同的解雇保护。《公约》第 7 条仅仅规定了雇主和雇员解除合同的预告义务,即家政工和雇主可以在合同中约定合同解除的条件,包括雇员或雇主的预告期,但并没有具体规定合同解除的条件,以及对家政工解雇保护的政策。

(五)获得行政救济和司法救济的权利

一般的雇佣合同往往被视为私人之间的契约,当事人并没有获得行政救济的途径。但是家政工的社会性以及其介于一般雇佣合同和劳动合同之间的法律性

㊱　关于工作时间和休息假,《公约》规定,成员国应采取措施确保家政工根据法律、法规或集体合同,相对于一般工人在正常工作、加班补偿、每日和每周的休息时间以及带薪休假方面获得平等对待,但应同时考虑家政工的特殊性。《公约》还规定,每周应当保证家政工有连续 24 小时的休息时间。

㊲　参见前注③,《家庭工人体面劳动公约》第 14 条。

㊳　参见《社会保险法》第 10、23 条。

质,决定了行政监察仍有其必要性。问题在于家庭或个人与公开的、组织化的企业组织不同,不宜向家庭或个人强加过多的负担,相应的,行政机关的介入应考虑家庭的隐私保护以及行政机关是否具备监察的能力。因此,对家政工的行政监察应主要着眼于涉及家政工基本权利的事项,比如事关家政工的人身安全、安全健康的工作环境、最低工资等事项,对此类事项,行政机关有必要介入调查并给予纠正。一般的合同争议,宜由当事人通过司法途径救济。

六、结语:认真对待家政工的权利

家政工的法律保护不仅事关家政工自身的权利,也关涉家政服务行业的发展、家庭的生活品质以及社会的和谐稳定,因此,建立和完善家政工保护制度意义重大。同时,家政工人作为"边缘"群体,往往因其工作、地位和能力的边缘性易受伤害,容易成为"被遗忘的角落",因此,我国应该善待超过 1500 万家政工的权利,这既是立法完善的重要任务,也是民生建设的应有之义。家政工的制度建构应充分整合雇佣合同规则、劳动合同规则及相关规则,并考虑相关国际公约的要求,建立起一套契合现代法理、切合我国实际、符合国际惯例的制度规则。

我国家庭雇佣型家政工人法律保护研究

胡大武

摘　要： 随着我国家政服务业的不断发展，家政工人数量日渐增多，家政工人遇到劳务纠纷时维权难的矛盾也日益凸显。最高人民法院和人社部将非员工制的家政工人排除在劳动法保护之外的规范性文件不仅有悖现行《劳动合同法》之文意，而且已经不适应中国现实需求。因此，废止该类规范性文件，归位《劳动合同法》用人单位主体资格文意解读，为家政工人劳动法保护留下流动性适用空间，由裁判机构根据劳动关系的相关标准裁定是否适用劳动法不仅符合现行《劳动合同法》的立法目的，亦可以为裁判机构在保护家政工人的法律和现实之间找平衡点提供法律依据。

关键词： 家政工人；权益保护；立法模式

一、问题的提出：擦玻璃擦出的官司

2013 年，江西省南昌市南湖区法院对家政服务员涂九连诉被告严淑德、江兰英提供劳务者受害责任纠纷案做出了判决。此裁判书显示，2013 年 3 月 28 日，涂九连在被告严某家中擦拭窗户玻璃时摔倒。一审法院审理认为，原告系受严某聘请从事家政服务，双方形成个人劳务关系，故李某在提供劳务过程中受伤，双方应根据各自的过错承担相应的责任。涂某在擦窗户时摔倒受伤，其作为成年人，并且系从事家政服务的专业人员，应对其自身安全负有相应的注意义务，故其应承担主要责任。为此，对于原、被告的责任分担，法院酌情考虑劳务接受者严某承担 20%，家政服务提供者涂九连自行承担 80%①。此后，原告上诉，二审改判被告劳

作者单位：胡大武，西南政法大学经济法学院。

① 参见涂九连诉被告严淑德、江兰英提供劳务者受害责任纠纷案，(2013)东民初字 672 号。

务接受者担责 40%,劳务提供人担责 60%^②。无论是二八开责任比例分配,还是四六开的责任分配比例,均表明了现行司法实践将家政工人定位为劳务提供者,并将其等同于一般性提供商业服务的民商事主体的无奈。然而,此种定位未能理解在一个经济活动不可避免造成非故意伤害的社会中法律所面临的难题^③,未能反映家政工人在现实中的实际窘态,对责任的配置亦无法理上的正义,逻辑上误读误解了《劳动合同法》用人单位主体资格文意。

二、把脉现实:家政工人样态的类型化分析

目前国内以深圳、郑州、广州等地为代表的地方立法和政策在保护水平上都比较低,家政工人的权益迟迟难以得到统一的、强有力的立法保护,而家政服务业本身的行业性质和现状是其本源性的原因。由于家政服务本身的特殊性而带来的用工形式多样和不规范,使得现行法律法规只能部分适用于一些类型的家政工人,甚至根本无法适用。在实践中,家政工人的法律定位可分为三类,并适用不同的法律规定。

(一)"员工制"家政工人

"员工制"的家政工人与家政公司之间存在劳动关系,是家政公司的雇员,按照家政公司的安排从事家政服务,通过家政公司领取劳动报酬。司法实践一般认为,这一部分家政工人属于我国现行劳动法所保护的"劳动者"的范畴,因此,"员工制"家政工的法律保护一般参照《中华人民共和国劳动法》的相关规定,在实践中家政工人依法维权相对容易。不过,相关统计数据表明,家政公司同家政工人之间建立劳动关系的比例很低,在深证仅为 11.11%。^④ 在广州,没有一家家政公司采用员工制。^⑤

(二)"中介制"家政工人

"中介制"家政工人是通过中介机构为家庭或者个人提供服务的劳动者。"中介制"是家政服务行业广泛采用的模式。在家政服务行业,"中介制"家政工人分为两类型:(1)"家政公司只收取中介费"而撮合接受服务的家庭或个人同家政工人之间形成合意型。在涂九连诉被告严淑德、江兰英提供劳务者受害责任纠纷案中,

---

② 参见涂九连诉被告严淑德、江兰英提供劳务者受害责任纠纷案,(2014)洪民一终字第 55 号。

③ [美]约翰·法比安·维特:《事故共和国:残疾的工人、贫穷的寡妇与美国法的重构》,田雷译,上海三联书店 2008 年版,第 11 页。

④ 胡大武:《我国发达地区家政服务员劳动权益保障的法律思考》,《河南省政法干部管理干部学院学报》,2011 年第 5~6 期,第 137 页。

⑤ 王璞、沈抚:《广州市家政服务业发展困境研究报告》,参见中国家政行业和"发展困境"研讨会会议手册,2014 年 3 月 7 日,第 22 页。

法院因认定江兰英为中介服务者,从而裁定其不属于家政工人涂久连的雇主并不承担任何责任。(2)"家政公司按月收取管理费"或者"向家政工人支付报酬"的管理型。对于此两类家政工人,家政公司扮演的法律角色明显不同。前者为具有民事法律性质的居间服务行为,一旦家政工人同其发生纠纷应该适用我国合同法有关居间合同的规范。后者则实为具有劳动法意义上的用人单位实质,一旦家政工人同其发生纠纷应该适用劳动法的相关规定。家政公司向家庭或者自然人按月收取管理费或者按月向家政工人支付报酬之行为其法律意义可以被解释为家政公司同家政工人之间劳动关系的成立。2013 年 11 月 29 日,广州市工商行政管理局发布了"关于同意推广使用 2013 版《广州市家政服务合同》和《广州市母婴护理(月嫂)服务合同》示范文本的复函"(惠工商合函〔2013〕1021 号)。其《广州市家政服务合同》中将家政工人同家政工人之间的关系明定为劳务合同关系,而家政公司和接受家政服务的家庭或自然人之间则定位为家政服务合同关系。不过,该示范合同样本明定:家政公司委派符合上岗条件的家政工人承担相关家政服务,接受服务的家庭或自然人需要按月将服务费用支付给家政公司,家政公司再支付给家政工人[⑥]。

(三)"散工制"家政工人

散工制家政工人意味着家庭或者个人同家政工人本人之间直接约定家政服务的提供和接收。此类家政工人可能兼具亲朋与家政工人的双重身份。在这种关系中,往往双方都无法正确评判"金钱主义的劳资关系"。家政服务接受者希望家政工人忍辱负重、以德报怨,而家政工人亦期待家政服务接受者"有情有义",以维护长久的和谐关系[⑦]。然而,在目前的司法语境下,此类家政工人一旦发生纠纷,裁判者往往适用民事法律规范裁判。

华中师范大学社会性别与妇女发展研究中心于 2014 年在北京、广州、西安和武汉四地发放有效问卷 1324 份,对雇主雇佣家政工人的渠道做了调查。该次调查表明:(1)通过熟人介绍是最主要的渠道。通过熟人介绍雇请家政工人平均占比为 48.725,其中,广州占比最高,为 66%;北京最低,为 30.6%。(2)中介公司渠道占比次之。四地平均占比为 31.6%。其中,北京占比最高为 55.1%;武汉最低,为 10%。这表明,北京的家政工人发挥的中介职能最大[⑧]。(3)家政公司不愿意采取员工制。四地 46 家家政公司中仅五家采用员工制模式,并且均为政府重点支持

---

⑥ http://www.020gzjx.com/Article/ShowArticle.asp? ArticleID=410=2014/10/10.

⑦ 魏静:《论我国家政工人劳动权益立法保护模式之选择》,《西南民族大学学报》2011 年第 5 期,第 117 页。

⑧ 王颖、山雪艳:《北京市家政行业体面劳动现状调研报告》,参见中国家政行业和"发展困境"研讨会会议手册,2014 年 3 月 7 日,第 8 页。

所在地为北京的公司,占比 10.86％。武汉、西安和广州没有一家采用员工制⑨。这表明,近 90 的家政工人属于"散工制"。

三、检讨障碍：有关家政工人法律地位的规范性文件

家政服务作为早已存在于中国的社会现象,围绕家政服务员权益保障的法律问题在立法和司法实务中引起了长期的争鸣,立法者和司法实践者在一定程度上患上了对于劳动法的恐惧症。

(一)司法实践层面

1. 雇佣关系论

1998 年 10 月,山东省高级人民法院《关于审理劳动争议案件若干问题的意见》就明确：第 51 条明确规定：雇佣关系主要是指为家庭从事家政服务的雇员与雇主之间的关系；为公民个人从事日常服务和工作的雇员与雇主之间的关系；与个体经济组织或其他用人单位之间没有订立劳动合同,未形成规范的劳动关系,而从事临时性服务和工作的雇员与雇主之间的关系。2000 年福建高级人民法院发布的《福建省高级人民法院关于审理劳动争议案件若干问题的意见》(闽高法〔2000〕361 号)规定：雇佣家庭保姆、临时帮工、家庭教师等民间雇佣劳动发生的劳务报酬、债务、损害赔偿等纠纷,属于一般民事权益争议,由人民法院直接受理。该意见将家庭保姆作为雇佣关系处理。

2. 服务合同关系

2001 年江苏省高级人民法院发布的《2001 年全省民事审判工作座谈会纪要》明确规定："从事家庭装潢的人员与业主之间,一般应认定为承揽合同关系,不适用雇主责任。如业主的定作要求或指示并无过失的,对于承揽人在工作过程中受到的损害,不负赔偿责任。从事家政服务的人员与接受服务者之间,一般应认定为服务合同关系,不适用雇主责任。如接受服务者提供的工作环境、条件并无不当的,对于服务人员在工作过程中受到的损害,不负赔偿责任。"江苏省高级人民法院这一意见对江苏省的审判实践产生了重要的影响。2005 年南京市玄武区人民法院在一起家政服务人身损害赔偿案件的审理中认为：东家与保姆之间存在着服务关系,而非雇佣关系。法院认为,雇佣关系中雇员提供的是劳力,雇主支付雇员的是劳动力价格,雇主可以从雇员生产的商品或所做的行为中,取得一定收益,该收益一般应高于劳动力的价格。而在家政服务中,保姆所从事的服务行为,并不能

---

⑨ 张琳、于亚婕等：《中国家政行业体面劳动现状调研报告——来自北京西安武汉广州四地的调研数据》,参见中国家政行业和"发展困境"研讨会会议材料,2014 年 3 月 7 日,第 30 页。

使接受服务的雇主从服务中取得其他收益。雇佣关系成立后,雇主与雇员之间存在着人身依附关系,而保姆与雇主的地位却是平等的。保姆在按约完成一定的服务后,并不受雇主的其他管理。从而双方之间属于服务合同关系,而非雇佣关系⑩。

(二)立法层面

对于家政服务员的法律地位,我国立法机构一直是遮遮掩掩。1994 年颁布的《中华人民共和国劳动法》规定了特定的用人单位主体资格,对雇主和家政工之间的关系不予调整,排除自然人的用工主体资格,"散工制"家政工人被排除在劳动法之外。1994 年劳动部发布《关于劳动法若干条文的说明》(以下简称《说明》),其第二条规定"……本法的适用范围除了公务员和比照实行公务员制度的事业组织和社会团体的工作人员,以及农业劳动者、现役军人和家庭保姆等",从而直接将家庭保姆排除在适用范围之外。1997 年颁布的《合同法》未能规定"雇佣合同",亦将家庭雇用家政服务员排除在合同法之外。2003 年最高人民法院为了化解劳动法和合同法的不作为所遗留的冲突,《人身损害赔偿司法解释》第 11 条对雇佣关系做了规定,缓解了家政服务员同家庭雇主之间发生纠纷后无法可依的窘境。然而,2007年最高人民法院发布的《关于审理劳动争议若干问题的司法解释(二)》第 7 条第四款(以下简称《解释二》)彻底剥夺了家政工人的劳动权保障权,明确将家庭或者个人与家政服务人员之间的纠纷排除在劳动争议范畴之外。不过,一年之后,2008年《劳动合同法》初步解决了《合同法》和《劳动法》所遗留的主体难题,家政工人的劳动权益保障带来了一丝希望。然而,2009 年颁布的《侵权责任法》则使有关家政工人权益保障陷于了司法混乱之中,倒退到 1997 年之前。在途涂九连诉被告严淑德、江兰英提供劳务者受害责任纠纷案中,法院适用了《侵权责任法》第 35 条第二款规定。事实上,该法第 35 条第二款规定了劳务提供者遭受意外伤害时的救济归责原则。而该条是侵权责任法草案三次审议稿中增加的,原本是针对现实生活中因雇佣保姆、家庭装修等在个人之见形成劳务关系中可能产生的侵权问题而制定的。⑪

毫无疑问,1994 年劳动部之说明和最高人民法院 2007 年之意见强化了司法裁判的惯性。一方面,从性质上来看,1994 年劳动部发布的《说明》是劳动部为解答地方劳动部门在学习、引用劳动法时存在的疑问而下发的内部参考资料,不具有一般法律效力。但由于文件下发部门在劳动关系管理领域具备权威性,且行政层

---

⑩ 胡大武:《比较与借鉴:家政工人劳动权益法律保障研究》,中国政法大学出版社 2012 年版,第 118 页。

⑪ 全国人大常委会法制工作委员会民法室编:《侵权责任法立法背景与观点全集》,法律出版社 2010 年版,第 14 页。

级较高,故印发十年以来,《说明》在确认劳动关系、解决劳动争议的过程中得到了普遍地接受和应用,"家政工人不适用劳动法"这一观点从而逐渐成为行政领域的习惯性思维。另一方面,2007年最高人民法院发布《解释二》规定家庭或者个人与家政工人之间的纠纷不属于劳动争议,从司法层面阻断了家政工人依据劳动法寻求救济的途径。

尽管有关家政工人劳动权益保障的司法裁判惯性并没有因《劳动合同法》的颁布而突破,然而,政策和法律都是社会的产物,具有不同程度的现时性,只有随着经济的发展而不断调整、完善才能更好地为社会服务。显然,无论《解释二》,还是《说明》不仅有悖现行《立法法》之规定,而且已经不能适应中国现实。家政纠纷的数量较之十年前增多,单独依靠民法相关规定已不足以良好地化解纠纷,保障权利,此时,若再一味将家政工人排除在劳动法适用范围之外,用侵权、合同等并不贴切的手段解决家政服务争议,不利于保障家政工人的合法权益。因此,为更好的解决家政纠纷,保护相对弱势的家政工人的合法权益,应当废止1994年劳动部《说明》以及2007年最高法《解释二》中排除家政工人适用劳动法的相关内容,从司法层面消除将家政工人纳入劳动法保护的障碍。

四、认知必然性:保护家政工人的劳动法逻辑

无论学界,还是实务界均有诸多人担心将家政工人纳入劳动法保护的弊端。在现实中,主选择员工制作为发展模式的家政公司寥寥无几,另一方面,已有的员工制家政公司也在政府的补贴和支持下步履维艰,一旦缺乏政府的财政补贴和政策支持,员工制家庭服务模式究竟能走多远,而这种依靠政府干预得以生存的家庭服务模式能否在市场经济的大环境下取得可持续发展的内生动力,还存在诸多疑虑和矛盾[12]。在境外立法例上,亦有相关的反正。我国台湾地区家政工人劳动权益的保护实践经历了戏剧性的变化。台湾地区家政工人劳动权益保护法律实践经历了戏剧性的变化。台湾地区"劳委会"先于1998年以(87)"台劳动二字"第012975号函释核定"个人服务业之家庭帮佣及监护工"为劳基法第84条第一款的工作者,其工作时间、例假、休假、女性夜间工作等由劳雇双方另行约定后报请当地主管机关核备,不受"劳基法"第30条、第32条、第36条、第37条、第49条有关工作时间规定的限制。后于1998年以(87)"台劳动一字"第059607号函释公告《个人服务业中家事服务业之工作者》自1999年1月1日起不适用劳动基准法同时,在2000年以(90)"台劳动一字"第0022451号将此一行业分类改称为"未分类其他

---

⑫ 谭志福、唐斌尧等:《我国家政服务行业政策法律分析报告》,参见山东师范大学公共管理学院主办"家政工人劳动权益保障及促进家庭服务业发展社会政策研讨会",2014年7月6日,第19页。

服务业中家事服务业之工作者",仍将家政工人排除于劳基法的适用⑬。

将家政工人纳入劳动法保护将有助于中国家政产业的规范化发展。恰如美国人约翰·法比安·维特指出的那样:美国在 20 世纪初年的关键理念动力在于,适当的工业安全不仅有利于工人;它同样是有效率的。过度危险的工作条件拖累了生产,造成了高成本的劳工流失,降低了工人学习新技术的激励。从 1910 年建立工作事故的工人赔偿体制开始,工作死亡率就开始迅速下降。在一个世纪之前,美国每年有 23000 位工人在工作中失去生命。而在今天,即便美国经济已经出现飞跃式的成长,美国的人口数量也有了三倍的增幅,美国工人的年度死亡数量却维持在 5000 人左右⑭。美国经验表明,劳动法能够在多个方面促进经济和人的发展,确保劳动力市场中的经济和社会的和谐,其形塑着市场,矫正那些产生负外部性的市场结果⑮。

将家政工人纳入劳动法保护是消除不正义的必然。将家政工人排除在劳动法保护之外是对家政工人的不正义。美国总统罗斯福提醒他的听众时说:既然引发这些事故的工作是"为雇主而做,因此最终也是为公众而做,如果让雇工及其妻儿来承担全部的损失。这是一种难于接受的不正义。"⑯在涂九连诉案件被告严淑德、江兰英提供劳务者受害责任纠纷案中,裁判家政工人涂九连承担责任表明了当下我国劳动法非理性的一面。"劳动法必须具备巨大的适应能力,这样它才能在新的社会经济环境下不断发挥重大的作用。灵活性是关键,不能有命令式、僵硬的劳动法。"⑰

将家政工人纳入劳动法保护是解决中国银发危机的必然要求。数据显示,从 2011 年到 2015 年,全国 60 岁以上老年人将由 1.78 亿增加到 2.21 亿,平均每年增加老年人 860 万人;老年人口比重将由 13.3% 增加到 16%,平均每年递增 0.54 个百分点⑱。在 2012 年,重庆市 65 岁以上的老人 341.03 万人,占重庆时总人口比例为 11.58%,每万人老人抚养比为 16.14%⑲。早在 2004 年,全国老龄委研究报告

---

⑬　郑津津:《家事劳动者劳动权益保障之研究》,《月旦法学杂志》2005 年第 9 期,第 135 页。转引胡大武:《台湾地区家政工人劳动权益保护法律实践研究》,《社会科学家》2010 年第 6 期,第 94 页。

⑭　[美]约翰·法比安·维特:《事故共和国:残疾的工人、贫穷的寡妇与美国法的重构》,田雷译,上海三联书店 2008 年版,前言第 6 页。

⑮　Deakin,S. (2011)'The contribution of labour law to economic and human development' in Davidov, G. and Langille,B. (eds) The Idea of Labour Law,Oxford: Oxford University Press,2011. p173.

⑯　[美]约翰·法比安·维特:《事故共和国:残疾的工人、贫穷的寡妇与美国法的重构》,田雷译,上海三联书店 2008 年版,前言第 5 页。

⑰　Treu:劳动法与社会变革,2002 年 11 月在日内瓦国际劳工局的公开演讲。

⑱　参见《中国老龄事业发展"十二五"规划》,http://www.gov.cn/zwgk/2011-09/23/content_1954782.htm=2014/10/11。

⑲　黄可、童泽圣主编:《重庆统计年鉴——2013》,中国统计出版社 2013 年版,第 65 页。

就预测：到2051年,中国老年人口规模将达到峰值4.37亿,约为少儿人口数量的2倍。这一阶段,老年人口规模将稳定在3亿～4亿,老龄化水平基本稳定在31%左右,80岁及以上高龄老人占老年总人口的比重将保持在25%～30%,进入一个高度老龄化的平台期[20]。而随着老龄化社会的到来,而计划生育这代独生子女的双亲衰老,越来越多的"4+2+1"模式家庭将面临经济上、时间上等诸多的养老问题,"谁来照护老人"已经成为时代的关键社会问题。当家庭成员无法照顾白发老人的时代来临之际,职业化的照护人员就成为社会的必然选择。毫无疑问,家政工人将在未来担负起这一重责。有关家政工人的法律政策需要以留住人为根本。如果立法和公共政策对于家政产业的发展起到了驱离该类人群效应,或者促使该类人仍只将家政服务作为临时性的工作对待,那么中国未来的养老产业所需要的人力资本将不得不面向其他地区,增加白发养老照护成本,增加社会危机。

五、误读与新解:《劳动合同法》用人单位主体资格的归位

由于历史与现实的因素造成以上一系列劳动部门法律法规和政策在保护家政工人权益上的功能缺位,导致目前对于通过中介机构介绍从事家政服务的,以及家庭直接雇佣的家政工人的法律保护问题,只能勉强适用《中华人民共和国侵权责任法》第35条中关于个人劳务关系侵权损害赔偿的相关规定,更多的家政工人利益受到侵害却无法得到有效的司法救济。

《中华人民共和国劳动合同法》的第2条第一款实际上是对1994年《劳动法》用人单位主体资格的重大修改。新法对"用人单位"的外延作了进一步的延伸——在原"我国境内企业、个体经济组织"基础上把"民办非企业单位等组织"也纳入"用人单位"范畴中,同时新法增加了"等"字,表明了立法者已经考虑到了劳动关系的流动性特征,为新形势下的用人单位主体留下了适用的空间。这意味着我国劳动法的适用主体因而更加广泛。在司法实践中,越来越多的"边缘化"用工主体可能将在法官依法进行自由裁量的前提下被归类为"用人单位"。

这一适用主体上的变化使家政服务关系被纳入劳动法约束的范围成为可能。随着家政服务业的进一步发展,家政工人数量可预见地增长,对家政工人这一特殊劳动群体进行立法保护的需求也必将愈来愈凸显,2008年《劳动合同法》的修改已经在一定程度上为家政工人保护立法做出了铺垫。因此,为适应中国经济社会生活的需要,当下需要人社部和最高人民法院应当有所为。

(1)废止1994年劳动部《说明》和2007年《解释二》排除家政工人适用的相关

---

⑳　全国老龄工作委员会办公室,《中国人口老龄化发展趋势预测研究报告》,参见中国网 http://www.china.com.cn/chinese/news/1134589.htm=2014/10/11。

条款,在各级劳动部门和人民法院工作中逐渐转变"家政服务关系不适用劳动法进行调整"的长期观念,在家政纠纷解决的过程中为劳动法的适用留下灵活的空间。

(2) 在使上述规定停止发生效力的基础上,人民法院和劳动人事仲裁机构应总结家政纠纷案件审判经验教训,通过出台新的司法解释或规范性文件,关注家政工人"易受伤害性"的特点,细化对家政工人权益的特殊保护措施。根据家政工人同使用人之间是否存在从属性和控制性以及从属或控制性的强弱裁判是否适用劳动法。

(3) 强化家庭享有用人单位资格的法律支持。2008 年的《劳动合同法》并未剥夺家庭的用人单位资格,最高人民法院和人社部相关规定扭曲了社会现实,妨碍了家政产业的发展,成为中国白发养老危机的障碍。为了克服长期形成的司法惯性和法律误解,需要通过案例指引促进司法实践对《劳动合同法》的再认识,让家庭雇主为其所雇用的家政工人的用人单位责任。

家政工职业培训的难点与优化策略

胡玉浪

摘　要：家政服务业是我国重要新兴产业。加强职业培训，有利于推进家政工职业化，提高家政工的队伍素质，保护家政工的合法权益。但在现实中，政府部门对家政工职业培训权保护的认识不到位、以中介制为主体的用工模式以及政出多门多头管理的体制机制，严重阻碍了家政工职业培训工作的顺利进行。政府各级各部门应当提高对家政工职业培训权保护的重要性的认识，落实家政工职业培训权保护之义务主体责任，加强政府财政支持、职业技能鉴定、培训信息共享等配套制度建设，以促进家政工职业培训权真正获得保护和实现。

关键词：家政工；职业培训权；义务主体

家政服务业是指以家庭为服务对象，由专业人员进入家庭成员住所提供或以固定场所集中提供对孕产妇、婴幼儿、老人、病人、残疾人等的照护以及保洁、烹饪等有偿服务，满足家庭生活照料需求的服务行业。[①] 家政工是以从事家政服务维生的一线工作人员。近年来，随着国民经济的增长、城镇居民购买服务能力的增强、工作生活节奏的加快，人们对家政服务的需求提高，家政服务业作为一项新兴产业和民生工程得到快速发展，家政工的数量急剧增加，但也存在有效供给不足、行业发展不规范、群众满意度不高以及家政工的合法权益无法获得有效保护等问题。人是生产力中起决定作用的因素。任何产业的发展都需要伴随着人的成长及其利益的保护。职业培训是扩大家政工数量供给、提高家政工就业能力、保护家政工合法权益的基础和前提。本文采用法理分析与制度建构相结合的原则，结合家

作者单位：胡玉浪，福建农林大学。

① 《国务院办公厅关于促进家庭服务业提质扩容的意见》（国办发〔2019〕30号）。

政工职业培训实证调研数据，^②对家政工职业培训问题进行初步探讨，以促进家政工职业培训权的保障和实现。

一、家政工职业培训的重要性和意义

（一）加强职业培训是推进家政工职业化的重要力量

家政服务是世界上最古老的职业之一。家政工职业化是社会分工细化的必然要求，也是促进家政服务业持续发展的必由之路。所谓家政工职业化，是指在家政服务业规范化发展的过程中，家政工的工作状态更趋近于标准化、规范化和制度化。家政工职业化建设的具体要求包括：职业认同得到确立、职业技能显著提高、职业队伍不断扩大、合法权益得到保障。^③ 2000 年劳动和社会保障部正式认定"家庭服务员"这一职业，家政服务开始踏上职业化的发展道路。2013 年 11 月 27 日，习近平总书记视察山东省济南阳光大姐服务有限责任公司时指出："家政服务是社会需要。家政服务要讲诚信、职业化。"2014 年 12 月人力资源社会保障部、国家发展改革委等八个部门联合印发的《关于开展家庭服务业规范化职业化建设的通知》（人社部发〔2014〕98 号）强调，"以培训工作为重点加强家庭服务业职业化建设"，具体要求包括加大家庭服务业职业培训工作力度、建立家庭服务从业人员职业发展通道、强化家庭服务业专门人才培养、提高家庭服务从业人员职业培训基础能力。2015 年国务院印发的《关于加快发展生活性服务业促进消费升级的指导意见》指出："推进生活性服务业职业化发展，鼓励企业加强员工培训，增强爱岗敬业的职业精神和专业技能，提高职业素质"；"依托各类职业院校、职业技能培训机构加强实训基地建设，实施家政服务员、养老护理员、病患服务员等家庭服务从业人员专项培训。"由此可见，家政工职业化已经成为家政服务业发展的政策目标和发展方向，加强职业培训是提高家政工职业化水平、促进家庭服务行业转型升级的重要途径。在家政工职业化发展进程中，职业培训将发挥举足轻重、不可替代的作用。

（二）加强职业培训是实现家政服务业"提质扩容"的现实需要

家庭服务业是以家庭为服务对象、提供各类劳务、满足家庭生活需求的服务行业。根据《商务部关于"十二五"时期促进家庭服务业发展的指导意见》，2011 年我国家庭服务业拥有各类服务企业和网点近 50 万家，从业人员 1500 多万，年营业额

② 借此机会，笔者对福建省总工会上官步升主任、纪荣凯调研员，福建省妇联张莉副主席、陈婉萍部长、张水香经理、林木珍主任，福建省家政服务业协会王海蓉主任，福建农林大学公共管理学院硕士研究生苏怡等提供的帮助，表示衷心感谢！
③ 人力资源社会保障部国家发展改革委等八单位《关于开展家庭服务业规范化职业化建设的通知》。

近 1600 亿元。根据商务部、国家发改委的统计,近年来随着人们对生活质量的追求,母婴服务、养老服务、家庭服务等需求日渐增大,2018 年全国家政工总数为 2602 万人,2019 年为 3271 万人,2020 年为 3504 万人④。在家政服务供给数量方面,随着人口老龄化、城镇化、家务劳动社会化程度的加深,家政服务供不应求矛盾进一步加剧;在家政服务供给质量方面,随着家庭对优质服务需求的不断提高,长期存在的家政服务质量不高、好的家政服务员难求的矛盾更加突出。⑤ 为了解决家政服务业"有效供给不足、行业发展不规范、群众满意度不高等问题",《国务院办公厅关于促进家政服务业提质扩容的意见》(国办发〔2019〕30 号)强调,"促进家政服务业提质扩容,实现高质量发展"。然而正如学者所指出的,"随着技术挤压导致的失业人数增长,将有相当部分人员转身家政服务业,该产业扩容几乎可以肯定,何况市场本身具有相应的原发动力。但提质问题则不是那么简单。一方面,家政服务业须纳入国家规范的产业序列,规定相应的服务标准和层次;另一方面,家政工这一群体是家政服务业的具体工作人员,他们的职业能力、职业技能将成为家政服务业提质的瓶颈和关键。"⑥职业培训是提升家政工职业技能和服务水平的重要途径,是实现家政服务业"提质扩容"政策目标的重要举措,无疑需要受到更大的重视,并采取有效措施切实改变培训效果。

(三)加强职业培训是保护家政工合法权益的客观要求

在世界各国,"家政工人在社会和经济中的地位越来越重要,然而,长久以来,她们的工作条件一直较为危险,报酬不高,没有保障,没有就业保护。"⑦家政工合法权益保障的重点有两项:一是劳动就业权的保护;二是实现就业之后的劳动权利保护。家政工权益保护和实现的主要风险是:第一,实现就业的风险。就业是生存之本,技能是就业之基。在劳动力市场上,家政工是公认的就业脆弱群体,几乎没有谈判能力。⑧ 人社部中国劳动和社会保障科学研究院、中国劳动学会等联合发布的《2020 年家政服务从业人员调查分析》显示,在接受调查的 2396 名家政服务员中,男性占比仅为 2.88%,女性占比 97.12%;除了保洁等少数工种之外,家政服务员基本上以女性从业者为主;从年龄看,"40 后""50 后"是家政业的绝对

---

④ 《2020 年中国家政服务从业人员及市场规模分析:需求日渐增大》,中国产业信息网,2020 年 12 月 31 日。

⑤ 《发展家庭服务业促进就业部际联席会议第十次全体会议召开》,2018-02-24 20:12 来源:人力资源社会保障部网站。

⑥ 郑尚元:《家政工职业化与城市居家养老社会化》,《财经法学》2021 年第 1 期,第 64 页。

⑦ [ILO]M. Crozet:《家政工人的体面劳动——新的国际劳工标准》,《劳工世界》总第 82 期,第 3 页。

⑧ 刘明辉:《移民与城市:有关中国家政工招聘、就业与工作条件的行业研究报告》,国际劳工组织出版物,2017 年,第 27 页。

主力,40～49 岁人员占比达到 57％,50～59 岁达到 18％,40 岁以下的年轻服务员占比 25％。家政服务员的文化程度总体不高;初中学历占比最高,达到 45.4％,高中学历其次,为 27.8％。[9] 可见,从业年龄大、文化水平低、职业技能差是我国家政工队伍的基本现状,也是一些人不得不从事家政服务业的主要原因。第二,劳动保护的风险。目前我国家政市场用工形式主要包括员工制、中介制、自雇型等。福建省总工会的调研结果显示,在家政经营模式中,员工制家政企业少,且多是实行部分员工制,实行全员员工制主要集中在养老护理、清洁保洁企业,员工制家政人员仅占从业人员总数的 12.4％,[10]由此造成的消极后果是,绝大多数家政工不具有劳动法上劳动者的法律人格,劳动权利保护被劳动法所屏蔽。没有职业培训,没有工资标准及其底线,没有工作时间及其他劳动基准,没有任何职业风险遮蔽(社会保险覆盖),[11]她们在劳动权益受损后也无法获得救济。加强职业培训是应对就业风险、保障劳动权益的重要措施,这是因为家政工参加职业培训可以丰富知识和技能,增强就业竞争力,提高就业质量;可以提高与雇主讨价还价的能力,保护劳动报酬、工作时间、社会保险、人身安全等合法权益。

二、我国家政工职业培训存在的主要问题

(一)家政工职业培训权未受到重视和保护

职业培训权,又称职业技能培训权,是指社会劳动关系中的劳动者享有在准备就业和实现就业的过程中,为提高个人的技术技能而参加国家和用人单位举办的各种职业培训的权利。[12] 职业培训权作为一项社会经济权利,是世界各国人民长期斗争的重要成果。联合国《经济、社会和文化权利国际公约》第六条规定:"一、本公约缔约各国承认工作权,包括人人应有机会凭其自由选择和接受的工作来谋生的权利,并将采取适当步骤来保障这一权利。二、本公约缔约各国为充分实现这一权利而采取的步骤应包括技术的和职业的指导和训练,以及在保障个人基本政治和经济自由的条件下达到稳定的经济、社会和文化的发展和充分的生产就业的计划、政策和技术。"1964 年国际劳工组织《就业政策公约》第一条规定:"每个工人不论其种族、肤色、性别、宗教信仰、政治见解、民族血统或社会出身如何,都有选择职业的自由,并有获得必要技能和使用其技能与天赋的最大可能的机会,并取得一项对其很合适的工作。"1975 年国际劳工组织通过的《人力资源开发中的职业指导和职业

---

⑨ 佚名:《家政业呼唤"工匠"型服务员》,《中国商务新闻网》2020 年 8 月 28 日。

⑩ 福建省总工会:《充分发挥社会组织作用 助力开展家政服务培训》,2021 年 3 月。

⑪ 郑尚元:《家政工职业化与城市居家养老社会化》,《财经法学》2021 年第 1 期,第 69 页。

⑫ 常凯:《劳权论——当代中国劳动关系的法律调整研究》,中国劳动社会保障出版社 2004 年版,第 205 页。

培训作用公约》(第 142 号公约)和同名的建议书(第 150 号建议书)将职业培训、人力资源开发、促进就业三者紧密联系起来。2000 年国际劳工大会关于人力资源开发与培训的决定获得一致通过,该决定主张将教育和培训作为经济全球化背景下推动相关社会政策不断完善的重要举措。我国《宪法》第 42 条规定:"中华人民共和国公民有劳动的权利和义务。国家应通过各种途径,创造劳动就业条件……国家对就业前的公民进行必要的劳动就业训练。"《中华人民共和国劳动法》第 3 条规定:劳动者享有接受职业技能培训的权利。《中华人民共和国教育法》第 41 条规定:"从业人员有依法接受职业培训和继续教育的权利和义务。"此外,《就业促进法》《职业教育法》《公司法》《工会法》等也有关于职业培训的规定。但是从实践情况看,劳动者职业培训权并未获得充分的尊重、保障和实现,其中,作为典型的就业弱势群体,家政工职业培训权的保障程度更低,获得职业培训的难度更大,主要原因是:

1. 家政工职业化水平低

法律上的职业是指任何长期从事的、法律许可的,并且旨在建立或者维持个人的生存基础的活动。[13] 职业培训权作为一项权利,是劳动关系市场化和劳动力市场形成的客观要求。[14] 人类社会发展的一般经验证明,不论何种职业,职业培训、职业化与劳动权利保护成正比。例如,律师、注册会计师、资产评估师的收入水平和社会地位相对较高,显然与从业人员职业化水平较高和长期严格的教育训练密切相关。在改革开放前,我国家政服务被认为存在剥削关系和人身依附关系而不允许存在。新时期家政业的兴起,其萌芽于 20 世纪 80 年代中期之后,系社会收入拉大之后,社会收入分配、资源和福利分配从依靠计划分配到依靠市场分配的一个过程。[15] "随着家政服务业的发展壮大,随着家政公司经营者的经营,家政工需要逐步职业化,其服务也需规范化,这些家政工将被培训上岗,家政工获取的报酬将从家政公司的收入中分成,并被贴上'工资'的标签。"[16] 从某种意义上讲,当前我国家政工职业培训权受保障的程度低,既是家政工职业化水平低的原因,也是职业化水平低的结果。加强职业培训是促进家政工职业化的重要途径,家政工职业化水平的提高也会反过来促进职业培训权的保障和实现,两者互为因果、相互促进、水涨船高、共同发展。

---

⑬ 吴越:《论经济自由在经济法中的核心价值》,《月旦财经法杂志》2008 年第 3 期,第 60 页。

⑭ 常凯:《劳权论——当代中国劳动关系的法律调整研究》,中国劳动社会保障出版社 2004 年版,第 208 页。

⑮ 郑尚元:《家政工纳入养老保险制度及家政工劳动权益之保护》,《社会科学家》2020 年第 6 期,第 17 页。

⑯ 郑尚元:《家政工职业化与城市居家养老社会化》,《财经法学》2021 年第 1 期,第 68 页。

2. 对家政工和家政服务业的传统偏见

家政工作是世界上最古老的工种之一，[17] 也是人们长期对其充满歧视和偏见的工种之一。直至今天，尽管家政服务业已经作为服务业的一支，纳入第三产业范畴，并朝着专业化、标准化、高端化的方向发展，但人们对家政服务业和家政工的认知仍停留在过去的观念中，家政工的社会地位较低，其职业培训权和劳动权仍然难以获得充分的保障和实现。社会对家政工的歧视和偏见主要表现在以下方面：(1)家政服务是一项伺候人的工作。(2)家政服务是一项由女性从事的、不需要技术的工作。"家政，一直被视为女性的专利。"[18] "人们长时间抱有这一观念，即家庭工作是'妇女工作的一种形式'，它不要求任何真正的技术、素质或者是培训。"[19] (3)家政服务不是一项"真正"的能够创造价值的工作。"家政工人的工作包括做饭、清洁、照顾小孩、老人或者残疾人，甚至宠物"；"因为他们的雇主是家庭，算不得'企业'，况且家务劳动不是商业行为，也不产生生产效率。所有这些，都给人造成一种印象：家政服务算不上'真正'的工作，也使得人们往往忽视它，看低它的价值。"[20] 由于家政服务长期被视为女性与生俱有的、不需要技术、不创造价值的工作，家政工的职业培训权很容易被视为无物。

3. 组织家政工职业培训是政府解决就业问题的手段，而不是必须履行的法定义务

我国《宪法》规定，"国家对就业前的公民进行必要的劳动就业训练。"《劳动法》第3条和《教育法》第41条规定，劳动者有接受职业培训的权利，国家机关、企业事业组织应当为职工接受职业培训提供条件和便利，但是《宪法》《劳动法》《教育法》等并未规定国家机关、企业事业组织不履行职业培训义务的法律责任。在实际工作中，一些地方政府和部门缺乏以人为本的理念，将组织家政工职业培训作为政府职能和上级安排的工作任务来完成，而不是家政工的职业培训权应当获得保障和实现的法定义务来履行，对家政工职业培训权缺乏足够的认识和重视，缺乏做好职业培训工作的积极性和主动性，没有对家政工接受职业培训起到良好的指引、推动和保障作用。

（二）家政市场用工形式复杂多样，组织家政工职业培训难度较大

1. 家政服务领域广，组织针对性职业培训难度大

根据国际劳工组织的观点，家政工人的工作包括做饭、清洁、照顾小孩、老人或

---

⑰ 国际劳工局：《有效保护家政工人：为制定劳动法提供的指导》，2012年，第1页。

⑱ 林昱：《家政进家庭》，上海科学技术文献出版社2013年版，序言。

⑲ 国际劳工局：《家庭工人的体面劳动》，2010年，第89页。

⑳ M. Crozet：《家政工人的体面劳动——新的国际劳工标准》，《劳工世界》总第82期，第4页。

者残疾人甚至宠物。其中大部分是女性,也有一部分移民工人中的男性,后者往往从事园丁、保安或司机等工作。[21] 这种观点与我国普通民众对家政工的认知大体一致。但在实践中,家政服务领域更加宽广,服务方式更加灵活多样。根据福建省家庭服务业协会的统计,当前全省从事家政服务行业的会员企业业态种类较多,主要包括家政公司、入户家庭保洁公司、物业公司、人力资源公司、早教中心、母婴护理中心、老年照料、月子会所、老年公寓等;家政服务的范围包括:家务、保洁、月嫂、育婴员;老人、病患和残疾人护理照料、家电清洗与维修、搬家、婴幼儿早教、托育、小学生托管等家庭服务。家政服务领域广、服务方式多样化,显然极大地提高了组织针对性职业培训工作的难度。

2. 家政市场用工形式复杂多样,职业培训动力不足

在员工制家政企业中,规模化程度不高,小微企业占大多数,职业培训难度大。以福建省为例,虽然全省拥有"好慷在家""金太阳""树人家政"等处于全国家政服务行业第一方阵的企业,但规模以下企业仍是全省家庭服务业的主要力量。在人员规模方面,根据对全省家庭服务业协会 221 家会员企业的统计,一线职工在 500至 1000 人的家政企业 22 家,占比 10%;1000 至 10000 人 2 家,占比 0.9%;10000人以上 1 家,占比 0.5%。在企业营业收入方面,据省商务厅 2019 年上半年统计,规模以上企业实现营业收入 13.04 亿元,占比 5.9%,规模以下企业实现营业收入206.9 亿元,占比 94.1%。[22] 小微家政企业占绝大多数,但其组织和开展职业培训的能力有限。企业职业培训积极性与员工流动性成反比,与技术的复杂性和技能的专属性成正比,由于时刻面临着员工"跳槽"的压力,加上职业培训外部性强,因此即使是规模以上企业,其组织职业培训的积极性也不高,容易形成"重用轻养"的现象。

中介制的核心是提供就业信息和收取中介费用。从家政市场调研情况看,一张桌子、一把椅子、一部电话、一个人就可以开门营业的中介式企业,仍是主要经营模式。[23] 中介制家政企业的最大弊端是管理松散,每年(会员制一般采取按年收取会费,每年提供若干次中介服务,实质上也属于中介制)或按次收取中介服务费,缺乏对从业人员的信息甄别、职业培训、鉴定考核等能力,也没有职业培训的动力,家政工参加职业培训的积极性也不高。

自雇型家政工主要通过亲戚朋友或前后雇主的互相介绍就业,呈现出散兵游勇、相互孤立的状态,各显神通,各自为战,且很多人将从事家政服务作为临时性或过渡性工作,缺乏长远职业规划,也缺乏参加职业培训的动力。

㉑　[ILO]M.Crozet:《家政工人的体面劳动——新的国际劳工标准》,总第 82 期,第 3 页。
㉒㉓　福建省总工会:《福建省家庭服务行业职工队伍和工会建设情况调研报告》,2021 年 3 月。

3. 家政行业缺乏服务标准和培训标准,培训内容不统一,培训效果不明显

职业是社会分工的产物。观念现代化、服务标准化、管理规范化、员工职业化,是任何一种职业不断发展走向成熟的标志。"目前,我国家政业的经营并没有相应的产业规划和产业标准,基本上处于原生态经营状态,国家只是认可了家政服务业这个业态。"[24]从福建省总工会的调研情况看,在行业服务标准方面,由于家政行业业态多样、分工较细,绝大部分业态没有统一标准,全省家政市场呈现出一个企业一个标准、一个业态多个标准的状态,相应地职业培训也缺乏标准。各类家政培训机构参差不齐,存在培训教材和培训标准不统一、课程设置不够规范等问题。[25]虽然绝大多数受访的家政职工表示受过专业培训,但大多是家政培训机构的速成培训或家政企业自行开展的岗前培训,而且很少组织"回炉"培训提升。[26]缺乏统一的服务标准和培训标准,既是家政服务业落后的表现,更不能满足家政服务业提质扩容的需要。

(三)家政工职业培训政出多门,多头管理,职业培训难以真正落到实处

自 2009 年 6 月 8 日商务部、财政部和全国总工会发布《关于实施"家政服务工程"的通知》(商商贸发〔2009〕276 号),规定运用财政资金支持开展家政服务人员培训、供需对接、从业保障等工作以来,职业培训作为政府缓解就业压力、促进经济发展、维护社会稳定以及提高家政工职业技能、就业能力和服务质量的重要渠道而受到高度重视。各级政府部门、群团组织采取举办专题培训班、财政提供培训补贴、培训直接对接就业等形式,认真做好家政工职业培训工作,激发农村转移就业人员、城镇登记女性失业人员、家政企业在职人员等参加岗前培训或在职培训的积极性,取得了一定的成效。中国商务新闻网 2020 年调查统计,在受访家政服务员中,接受家政服务培训的占 93.2%,未接受过培训的占 6.8%;接受过培训的 2233 名家政服务员中,有 1690 名参加过上岗培训,1433 名会定期或不定期参加回炉培训,1472 名参加过考证培训。[27]见表 1。

表 1 家政工职业培训重要政策、规章一览表

序号	文 件 名 称	主管部门	政 策 要 点
1	关于实施"家政服务工程"的通知(商商贸发〔2009〕276号)	商务部、财政部、全国总工会	实施"家政服务工程",运用财政资金支持开展家政服务人员培训、供需对接、从业保障等工作,扶持城镇下岗失业人员、农民工从事家政服务,促进就业、缓解就业压力

㉔ 郑尚元:《家政工职业化与城市居家养老社会化》,《财经法学》2021 年第 1 期,第 63 页。

㉕ 福建省总工会:《充分发挥社会组织作用 助力开展家政服务培训》,2021 年 3 月。

㉖ 福建省总工会:《福建省家庭服务行业职工队伍和工会建设情况调研报告》,2021 年 3 月。

㉗ 《家政业呼唤"工匠"型服务员》,《中国商务新闻网》2020 年 8 月 28 日。

序号	文件名称	主管部门	政策要点
2	关于发展家庭服务业的指导意见（国办发〔2010〕43 号）	国务院办公厅	把家庭服务从业人员作为职业技能培训工作的重点，落实培训计划和农民工培训补贴等各项政策。充分发挥各类职业培训机构、行业协会以及工青妇组织的作用，根据当地家庭服务市场需求和用工情况，开展订单式培训、定向培训和在职培训。对家政服务、养老服务和病患陪护服务等机构招聘从业人员进行培训的，按规定给予培训补贴。要将职业道德作为从业人员岗前培训的内容
3	关于"十二五"时期促进家庭服务业发展的指导意见（商服贸发〔2011〕455 号）	商务部	加强从业人员培训，提高从业人员的服务质量和水平。各地商务主管部门要积极联合相关部门，建立培训工作责任制，抓紧制定培训规划和实施方案，科学选择，严格监督验收，充分保障就业。培训任务应主要依托大型家庭服务企业，同时充分发挥各类培训机构、技工院校、行业协会及社会团体的作用
4	家庭服务业管理暂行办法（2013 年 2 月 1 日起施行）	商务部	家庭服务机构或家庭服务员应当以书面形式签订家庭服务合同（第 13 条）。家庭服务合同应当包括技能培训情况（第 14 条）。设区的市级以上商务主管部门应当建设完善家庭服务网络中心，免费提供家庭服务信息，加强从业人员培训，规范市场秩序，推进家庭服务体系建设，促进家庭服务消费便利化和规范化（第 27 条）
5	关于开展家庭服务业规范化职业化建设的通知（人社部发〔2014〕98 号）	人社部、国家发改委、民政部、财政部、商务部、全国总工会、共青团中央、全国妇联	以培训工作为重点加强家庭服务业职业化建设。具体包括加大家庭服务业职业培训工作力度、建立家庭服务从业人员职业发展通道、强化家庭服务业专门人才培养、提高家庭服务从业人员职业培训基础能力
6	关于加快发展生活性服务业促进消费升级的指导意见（国办发〔2015〕85 号）	国务院办公厅	推进生活性服务业职业化发展，鼓励企业加强员工培训，增强爱岗敬业的职业精神和专业技能，提高职业素质。依托各类职业院校、职业技能培训机构加强实训基地建设，实施家政服务员、养老护理员、病患服务员等家庭服务从业人员专项培训
7	关于印发《巾帼家政服务专项培训工程实施方案》的通知（人社厅发〔2016〕83 号）	人力资源社会保障部办公厅、全国妇联办公厅	对已经或拟从事家政服务的农村转移就业女性劳动者尤其是建档立卡的农村贫困妇女、城镇登记女性失业人员、毕业年度高校女毕业生、劳动年龄内的城乡未继续升学的应届初高中女毕业生进行专项培训

序号	文 件 名 称	主 管 部 门	政 策 要 点
8	关于促进家庭服务业提质扩容的意见（国办发〔2019〕30号）	国务院办公厅	将家政服务纳入职业技能提升行动工作范畴，并把灵活就业家政服务人员纳入培训补贴范围
9	关于建立家政服务业信用体系的指导意见（商服贸函〔2019〕269号）	商务部、国家发展改革委员会	家政服务员信用记录内容包括：个人基本信息、职业信息（从业经历、培训考核情况、处罚情况、消费者评价情况等）、商务部与公安部提供的犯罪背景核查结果信息

中国政府各级各部门对家政工职业培训工作高度重视，持续做出政策安排，取得了一定的成效，但也存在一定的问题，具体是：

1. 缺乏针对家政工职业培训的专门性法律制度和政策

家政服务业作为一项新兴重要产业，从业人员数以千万计，涉及家政工职业培训的制度，除《宪法》《劳动法》《就业促进法》的个别条文外，还有相关政策和规章，但至今尚没有关于家政工职业培训的专门性法律法规规章或政策。

2. 家政工职业培训工作多头管理，各自为政

在国家层面，家政工职业培训涉及国务院办公厅、人社部、国家发改委、民政部、财政部、商务部、中华全国总工会、共青团中央、全国妇联等部门。其中，商务部是家政服务行业主管部门，人社部是家政工职业技能培训责任部门，财政部提供职业培训补贴，全国妇联、中华全国总工会积极组织或参与培训工作，国家发改委、民政部、共青团中央也有所涉及。依照长期形成的条块分割的行政管理体制，省、设区的市、县（市、区）家政工职业培训管理体制与国家层层对应，由此形成一张涉及各级多部门的错综复杂的职业培训管理网络。家政工职业培训活动多头管理，各自为政，存在一定的盲目性和无序性。各个部门出台的政策是否真正执行到位，也要进一步检验。

3. 职业培训转换率低，衔接就业效果不明显

职业培训区别于其他培训的特点之一是具有明确的就业导向性。通过培训实现劳动者在接受培训的工种或岗位上就业率的高低，是衡量培训效果好坏的重要依据。从总体上看，各级人社、商务、妇联、工会等相关部门以及家政企业推出的家政培训项目可划分为三类：为解决农村劳动力转移、帮扶困难女性群体以及职工转岗再就业等开展的公益性家政培训；为需要上岗资质的从业人员提供的市场化职业培训；家政企业自行组织的定向招工、定向安置型的定向培训。在职业培训转换率方面，除定向培训就业率略高外，市场化职业培训转换率基本保

持在 10％～20％,公益性家政工职业培训转化率不足 5％。㉘ 个别培训机构组织培训或学员参加培训的目的甚至是为了骗取培训财政补贴。

三、以职业培训权的保护为核心推进家政工职业培训现代化

（一）提高对家政工职业培训权保护的重要性的认识

根据保守估计,当前我国家政工的人数已经超过 3000 万人,若按一名家政工自身拥有一个三口之家、服务一个三口之家计算,我国家政服务业涉及人口将达到 2 亿人,约占全国总人口的六分之一,每年产值数千亿元。家政服务业的发展对于解决劳动就业问题、促进国民经济发展、维护社会和谐稳定、减少贫困人口等具有举足轻重的作用。但在家政工群体内部,一直存在着供不应求与供不适求的难题,始终面临着队伍老化、技能偏低、服务水平低与职业稳定性差的压力,绝大多数家政工流离于劳动法的保护之外,沦为典型的"就业脆弱性"群体和劳动权利"易受伤害性"群体。有学者"通过对 32 家家政服务机构的问卷统计结果可见,家政工面临整个家政服务行业的发展瓶颈依次是年龄偏大、相关法律和政策有缺失、培训不到位。"㉙能力是力量之源、胜利之本。职业培训是家政工提高就业能力、维护劳动权益的重要途径。"职业培训权是劳动者获得职业训练和教育的权利。它对于劳动者实现劳动权、更好地实现劳动报酬权,对于劳动者获得更为充分的劳动保护权都具有显著的意义。"㉚"职业培训权的提出,使劳动者的培训由以往的行政行为转变为一种法律行为。"㉛实现这一历史性转变的重要意义是:行政行为对应的是政府的行政职能或行政职责,法律行为对应的是政府的法定义务和法律责任;不履行行政职能或行政职责情节严重的要予以问责或党纪政纪处分,不履行法定义务情节严重的要依法追究法律责任。基于职业培训权的法定性和家政工职业培训工作的重要性,各级政府机关、群团组织、用人单位要提高对家政工职业培训权保护的重要性的认识,从法律权利、法定义务和法律责任相统一的高度,做好家政工岗前培训和在职培训工作,提高家政工职业培训权的保护水平,促进家政工就业权和劳动权的顺利实现。

（二）落实家政工职业培训权保护之义务主体责任

1. 明确家政工职业培训权的义务主体及其主要义务

从国际人权公约和我国《宪法》《劳动法》《教育法》的规定看,职业培训权具有

㉘ 福建省总工会:《充分发挥社会组织作用 助力开展家政服务培训》,2021 年 3 月。

㉙ 刘明辉:《移民与城市:有关中国家政工招聘、就业与工作条件的行业研究报告》,2017 年,第 58 页。

㉚ 黎建飞:《劳动与社会保障法教程》,中国人民大学出版社 2007 年版,第 144 页。

㉛ 常凯:《劳权论——当代中国劳动关系的法律调整研究》,中国劳动社会保障出版社 2004 年版,第 208 页。

人权和私权等多重属性,可以归入社会经济权利的范畴。"职业培训权的实现,是通过职业培训法律关系中各主体权利义务的履行来实现的,即劳动者这一权利的实现,必须是法律关系的另一方履行义务的结果。"②作为人权和宪法权利,公民职业培训权的义务主体主要是国家;作为私权,公民职业培训权的义务主体主要是用人单位。具体要求是:

(1)国家的义务。职业培训是公民顺利实现就业的重要条件,既是公民的权利,也是国家的义务。为了提高劳动者的就业能力,我国《宪法》第 42 条规定:"国家通过各种途径,创造劳动就业条件,……国家对就业前的公民进行必要的就业训练。"《就业促进法》第 46 条规定:"县级以上人民政府加强统筹协调,鼓励和支持各类职业院校、职业技能培训机构和用人单位依法开展就业前培训、在职培训、再就业培训和创业培训;鼓励劳动者参加各种形式的培训。"《劳动法》第 66 条规定:"国家通过各种途径,采取各种措施,发展职业培训事业,开发劳动者的职业技能,提高劳动者素质,增强劳动者的就业能力和工作能力。"因此,国家对职业培训承担公法职责,对准备从事家政服务的公民和在职劳动者开展职业培训是国家的义务。各级政府、群团组织有义务通过举办职业培训班、提供职业培训补贴、开展职业技能鉴定、完善权利救济途径等形式,保证家政工职业培训权获得保障和实现。

(2)家政服务企业的义务。在职培训是为了提高在职劳动者的技术业务和实际操作水平。《劳动法》第 3 条规定,劳动者享有"接受职业技能培训的权利"。《劳动法》第 68 条规定:"用人单位应当建立职业培训制度,按照国家规定提取和使用职业培训经费,根据本单位实际,有计划地对劳动者进行职业培训。"家政服务企业的主要义务是:第一,保障家政工参加各种职业培训活动得以实现的义务。家政工依法请求参加规定的职业培训活动,家政服务企业无正当理由不得拒绝。第二,保证家政工有获得必要的学习时间的义务。对于家政工必须利用工作时间参加培训学习的,用人单位应当积极安排。第三,承担家政工职业培训费用的义务。按照法律规定由用人单位负担的培训费用,用人单位应当支付;已经由劳动者代付的,用人单位必须依法返还。

(3)群团组织(工会、妇联)、家政服务业协会的义务。我国各级妇联、地方总工会虽然在法律上被界定为群众团体,但实际上是参公管理,也负有对家政工进行职业培训的义务。各级妇联组织要充分运用自己的家政服务培训阵地和服务品牌,在家政工岗前培训、岗中职业技能提升培训、公益培训方面发挥引领和示范作用。地方总工会要积极参与或组织家政工职业培训,同时依照《劳动法》《劳动保障

---

② 常凯:《劳权论——当代中国劳动关系的法律调整研究》,中国劳动社会保障出版社 2004 年版,第209 页。

监察条例》对家政服务企业提取和使用职工培训经费、组织和开展职业培训活动进行监督。家政服务业协会是联系行业主管部门、家政企业、家政工和家庭雇主的桥梁和纽带,要在组织职业培训和职业技能竞赛活动、提高家政工职业素质和服务能力、促进家政服务标准化和规范化等方面发挥积极作用。

（4）家庭雇主的义务。国际劳工组织《关于家庭工人体面劳动的公约》第5条第2项规定:各成员国应当采取措施,以确保18岁以下和高于最低就业年龄的家庭工人所从事的家庭工作不会剥夺他们接受义务教育,或妨碍他们参加进修或职业培训的机会。因此,作为家政工服务对象的家庭,虽然不是保障职业培训权获得实现的主要义务主体,但同样负有促进和保障家政工职业培训权获得实现的义务。主要义务是:第一,培训时间支持。家庭雇主在考虑自身的利益的同时,应当允许家政工适当利用工作时间参加职业培训,或者对工作时间安排采取灵活措施,提供便利条件。第二,工资福利保护。家政工利用工作时间参加职业培训期间,家庭雇不得扣减其工资福利待遇。

（5）家政工本身的义务。由于家政工职业技能和服务水平的高低,直接关系到其本人以及所服务的雇主家庭成员的人身财产安全,因此,家政服务并非家政工完全仅凭自己的生活经验做事就能胜任。应当强调:职业培训是为了达到职业能力要求而进行的教育活动,接受职业培训对家政工既是权利也是义务,家政工不得放弃职业培训权,不得拒绝或无故不参加政府部门或用人单位组织的岗前培训或在职培训。

2. 大力推进家政工职业培训标准化规范化建设

促进家政服务职业化,提高家政工服务质量,要求整个行业拥有统一的服务标准,改变目前一个企业一个标准、一个业态多个标准的状态。

（1）统一职业技能培训标准。职业培训是提高家政工职业技能和服务水平的最主要途径。家庭服务业要实现市场化、职业化、社会化的发展目标,必须坚持以"职业活动为导向、职业技能为核心"为指导思想,以《家政服务员国家技能标准》为基础,依据家政服务员职业活动特点,结合市场需求定位和社会发展需要,在全国范围内大力加强职业技能标准化建设,统一课程设置、培训大纲、考核标准、考核程序和考核办法。

（2）加强法律法规与职业道德培训。家政工的工作地点在家庭,每天与雇主家庭成员打交道,掌握雇主家庭成员衣食住行等个人信息和财产信息,需要家政工具有良好的道德品质和行为习惯。现实中个别家政工实施的违法犯罪案件,也让雇主家庭心有余悸。《家庭服务业管理暂行办法》第20条规定:"家庭服务员应符合以下基本要求:（一）遵守国家法律、法规和社会公德;（二）遵守职业道德;（三）遵守合同,按照合同约定内容提供服务;(四)掌握相应职业技能,具备必需的职业素质。"商务部、国家发展改革委《关于建立家政服务业信用体系的指导意见》指出,"要将职业道德作为从业人员岗前培训的内容"。《商务部关于"十二五"时期促进家庭服务业发展的指导意见》强调,"在开展职业技能培训的同时,加强职业心态、职业道德培训,提高服务人员职业素养。"这些都是将法律知识与职业道德纳入家政工职业培训内容的直接依据。

3. 丰富家政工职业培训的形式

职业培训是以提高劳动者直接从事某种职业所需要的专业技术、业务知识和操作技能为目的的一种培训制度。要坚持需求导向、形式多样、学以致用、注重实效的原则,构建以就业能力为核心的培训模式,增强培训效果。主要是:第一,坚持通用型培训与专用型培训相结合。其中,人社、商务等政府部门、地方总工会、妇联、家政服务业协会等着力进行家政工的公益培训和通用型培训。家政服务培训机构、家政服务企业主要着眼于家政工的在职培训和专用型培训。第二,坚持现场培训与在线培训相结合。充分利用线上平台优势,拓展服务内容和培训内容,实现资源共享,降低培训成本,提高培训效益。第三,坚持自主培训和机构培训相结合。大型家政服务企业可以依托自身实力开展自主培训和提高培训,对于不具备自主培训能力的小微家政企业、自雇型从业人员、未就业人员等,可以依托政府部门、工会、妇联或家政服务业协会参加职业培训。

(三)加强家政工职业培训权保护之配套制度建设

1. 国家财政支持家政工职业培训制度

职业培训需要时间保障和经济支持。其中,家政工的职业培训费用应当由谁承担?从家政公司的角度看,由于家政工职业稳定性差,跳槽频繁,企业对家政工的培训容易产生收益外溢的现象,不愿意承担培训责任。从家政工的角度看,家政工大多来源于年纪较大、文化程度较低、家境贫寒的农村劳动力、城市失业人员或灵活就业人员,由家政工自己承担培训费用,无疑是一种经济负担,也是很多家政工不愿接受职业培训的重要原因。家政培训机构以营利为目的,由其承担培训费用显然不现实。

《劳动法》第 67 条规定:"各级人民政府应当把发展职业培训纳入社会经济发展的规划,鼓励和支持有条件的企业、事业组织、社会团体和个人进行各种形式的职业培训。"从促进国民就业、提高劳动力的整体素质的角度看,国家应当为所有愿意从事家政服务的公民提供免费职业培训,承担财政支持责任。具体是:第一,国家为愿意从事家政服务的公民,特别去产能失业人员、农村转移劳动力、建档立卡贫困人口等愿意从事家政服务的人员实行免费岗前培训。第二,对员工制家政企业实行企业稳岗返还和免费培训。对不裁员或少裁员的员工制家政企业按规定返还失业保险费,为符合条件的员工制家政企业员工提供免费岗前培训和"回炉"培训。家政服务公司承担该培训费用的,政府应给予税收等优惠措施。[③] 第三,对家政培训机构按规定给予培训补贴。

2. 家政工职业资格证书和职业技能鉴定制度

职业技能鉴定是职业训练制度化的必然结果,职业训练必须有相关证明制度相配套,而职业资格证书则是一种强制性的证明制度。[④]《劳动法》第 69 条规定:"国家确定职业分类,对规定的职业制定职业技能标准,实行职业资格证书制度,由经过政府批准的考核鉴定机构负责对劳动者实施职业技能考核鉴定。"实行职业资格证书制度,推进家政工职业技能鉴定工作,需要注意以下几点:

(1) 明确家政工职业资格证书的性质。职业资格证书制度是国际上通行的一种对技术技能型人才的资格认证制度。职业资格证书实际上包含"职业认证"和"职业许可"两种类型。2000 年 7 月 3 日原劳动和社会保障部印发《家政服务员国家职业标准》,要求家政服务员持证上岗,实行就业准入制度。根据国务院《关于取消第一批行政审批项目的决定》(国发〔2002〕24 号)、人力资源社会保障部《关于公布国家职业资格目录的通知》(人社部发〔2017〕68 号),我国于 2002 年取消家政服务员必须持证上岗的就业制度,并禁止各地区、各部门未经批准在目录之外自行设置国家职业资格。家政工通过职业技能考核获得职业资格证书,是家政工具有某种程度的职业技能的重要证明,可以作为求职、就业、提薪的重要参考,但不是职业许可证明和就业门槛。

(2) 推进家政工职业培训与职业技能鉴定制度的有机衔接。"我国的职业培训中心环节就是建立统一的资格证书制度。通过国家确定职业分类,制定职业技能标准,建立起职业技能培训网络、职业资格证书制度和职业技能鉴定网络,逐步建立和完善职业技能开发体系,保障劳动者的职业培训权得以实现。"[⑤]因此,凡从事和愿意从事家政服务的劳动者,经过学习和培训后,都可以根据申报资格条件,自愿申请母婴护理员、家务服务员、家庭照护员三个工种以及初级、中级、高级和技师四个等级的职业技能鉴定。考核鉴定合格者,取得相应职业资格证书。政府相关部门要简化程序,提高效率,方便职工培训、考核、取证。[⑥]

(3) 加大对家政工参加职业技能鉴定的财政支持力度。落实职业技能鉴定补

[③] 参见《国务院办公厅关于促进家庭服务业提质扩容的意见》(国办发〔2019〕30 号)。

[④] 郑尚元、李海明、扈春海:《劳动和社会保障法学》,中国政法大学出版社 2008 年版,第 274 页。

[⑤] 黎建飞:《劳动与社会保障法教程》,中国人民大学出版社 2007 年版,第 145 页。

[⑥] 福建省总工会:《充分发挥社会组织作用 助力开展家政服务培训》,2021 年 3 月。

贴政策,激发家政工参加职业技能鉴定的积极性。地方政府要适时发布家政工不同技能等级市场工资指导价,推动家政服务企业依据《技能人才薪酬分配指引》(人社厅发〔2021〕7号)建立健全符合技能人才特点的工资分配制度,引导家政工通过参加职业技能鉴定制度增加工资收入。

3. 家政工职业培训信息互联互通共享制度

"治国理政,无信不立。"社会信用治理是国家治理的重要组织部分,社会信用水平体现一国的生产力、竞争力与文明程度。实践证明,充分利用当前我国大力加强社会信用体系建设的机遇和条件,将职业培训活动融入家政服务领域信用体系建设过程中,把家政工培训情况记入信用记录并互联互通共享,有利于调动家政工参加职业培训的积极性,提升职业认同感,促进家政服务业持续健康发展。2017年6月13日国家发改委《关于印发〈服务业创新发展大纲(2017—2025年)〉的通知》指出,加大对家政服务人员培训的支持力度,制定推广雇主和家政服务人员行为规范,促进权益保护机制创新和行业诚信体系建设。《商务部、国家发展改革委员会关于建立家政服务业信用体系的指导意见》(商服贸函〔2019〕269号)规定:建立家政服务员信用记录,家政服务员信用记录的内容包括:个人基本信息,职业信息(从业经历、培训考核情况、处罚情况、消费者评价情况等)、商务部与公安部提供的犯罪背景核查结果信息。以福建省为例,截至2020年3月18日,全省诚信服务管理平台录入在档的家政服务人员达45000人左右,共计录入家政企业216家(会员总数221家)。福建省家政协会为录入平台的家政从业人员制作诚信服务卡,消费者可以通过扫描诚信服务卡中的二维码在线查询家庭服务人员身份信息、健康状况、从业经历、培训情况等内容,同时还可以对家庭服务人员的服务质量进行评价。该系统面向市民用户、家政服务企业以及服务人员,通过多方参与获得的数据汇总和分析,有效地解决数据采集、人员状态、诚信和培训信息查询等难题,取得良好的社会效果。[37] 建议在总结各省(自治区、直辖市)家政工职业培训信息互联互通共享经验和做法的基础上,加强国家统一立法和制度设计,并实现在全国范围内家政工信用信息和职业培训信息互联互通共享。

---

[37] 福建省家庭服务业协会:《福建省家庭服务业发展情况汇报》,2020年3月18日。

家政工劳动权益保护的法律进路

郑晓珊

一、家政工劳动权益保护之窘境

（一）窘境：家政行业的迅猛发展与家政工权益保护之间的冲突与反差

近年来,随着我国城镇化步伐的深化推进及居民整体生活水平(尤其是购买力)的显著提升,家政服务逐渐成为多数城市家庭的"必备消费"项目。尤其是在两孩、三孩政策的陆续放开,以及原本附随于计划生育政策的副产品——人口老龄化①问题日趋严重之后,小型化的核心家庭,越发难以应对沉重的家务(尤其是扶养照顾)压力,家政服务的消费需求逐年攀升。而且,至少在未来的二三十年中,(因人口抚养比的持续提升)这种攀升趋势仍将持续,且可能愈演愈烈。②

与之相适应的,便是家庭服务企业突飞猛进势的急剧发展。2011 年,该行业的从业人员还仅有 1500 多万,年营业额不足 1600 亿元,③仅仅经过十年,其从业人员已翻一番,超过 3000 万人,④占全国总就业人数的 4％以上,且仍在以每年 200

作者单位：郑晓珊,暨南大学法学院。

① 计划生育政策的直接措施是限制 70 年代末以降直至 21 世纪最初十年的人口出生率。而目前,70 年代末至 21 世纪初这 20 余年间出生的人口,又恰好是现阶段人口结构最主要的家庭支撑、最核心的劳动年龄人口。这一代人中,一对夫妻多需扶养四位老人,两个甚至三个孩子,家务(扶养)负担极重。同时导致家政服务需求激增。

② 根据联合国经济与社会事务部人口司估计,中国的少儿抚养比(0～14 岁人口与 15～64 岁人口之比)在 1980—2015 年间下降了六成,目前已成为全球少儿抚养比最低的国家之一。与此同时,中国老年扶养比(65 岁及以上人口与 15～64 岁人口之比)不断上升,老龄化加剧。目前中国的总扶养比约为 38％,在世界范围内尚属较低水平。伴随着人口结构的进一步转变和"人口红利"的衰减,预计 2055 年中国的总扶养比将超过 75％,远远高于世界平均水平。See United Nations, Department of Economic and Social Affairs, Population Division, World Population Prospects：The 2017 Revision, 2017.

③ 数据来源,请参见《商务部关于"十二五"时期促进家庭服务业发展的指导意见》(商服贸发〔2011〕455 号)。

④ 李坤:《我国家政服务业发展前景向好》,《光明日报》2019 年 7 月 6 日。

万人以上的速度连续攀升；⑤家政企业也从十年前的 50 万家发展到如今的 200 万家，翻了两番；其市场规模发展更甚，2020 年已达 8782 亿元，预计今年将超过万亿，达十年前的 6 倍有余，⑥这样的速度，实可谓惊人。

但就是在这样的高速发展背后，却同时深藏着巨大的潜在危机，尤其是法律危机——一个占据全国就业总量 4% 以上的"大行业"，其劳动用工却大多处于法律规制的真空地带，数千万家政工的劳动权益、社会保障权益甚至得不到最为基础、甚至底线的法律保障。尤其是对于那些仍占据家政市场主流民事雇佣型家政工，以及新兴家政平台采用的灵活派工型家政工而言。他们没有明确的用人单位，也并非劳动法羽翼护佑之下的典型劳动者，缔约双方之间的意思自治（劳动条件约定），并不受《劳动法》及《劳动合同法》（的底线性）约束，其合同履行、解除、终止及其相关纠纷的实际处理亦是如此。2021 年《民法典》实施之际，最高院甚至还专门又将这一问题摆在《最高人民法院关于审理劳动争议案件适用法律问题的解释（一）》（法释〔2020〕26 号）中重申一遍，强调"家庭或者个人与家政服务人员之间的纠纷"不属于劳动争议。⑦ 言下之意，此等法律关系，从实体到程序，均非劳动法之统摄范围，不适用那些"哪怕是最基础的劳动法底线保护"。⑧

与此同时，立足于平等自治的《民法典》，对此又保持回避态度，并未给雇佣关系下的家政雇佣人员提供任何明确的（类似）保护，以致使数千万受雇者的基本权益，长期被搁置、悬空。这在劳资关系上，很可能是非常危险的；在法律的平等性、公平性上，更难以服众，尤其难以解释：为什么同样是为雇主提供雇佣劳动，企业职工可以享受每天 8 小时工作制的保护，而家庭雇佣下的阿姨就得 24 小时待命？更勿论月嫂职业的 24 小时在岗！难道家政工就没有适当的，甚至是底线的工时保护与工时规制？就可以被雇主恣意压榨劳动力？其他安全卫生方面的劳动法禁制亦是如此。比如女职工的三期保护，可否适用于家政雇佣？《劳

---

⑤　2019 年，全国家政行业从业人员共计 3271 万人，占总就业人口的 7.74 亿的 4.22%，且该数字还在以每年 200 万人左右的速度迅猛发展。详见国家统计局发布《中国统计年鉴 2020》。2011—2020 年历年统计数据，详见前瞻产业研究院：《2021—2026 年中国家政服务行业市场研究与投资预测分析报告》第三章相关介绍，获取方式 https://bg.qianzhan.com。

⑥　艾媒生活与出行研究中心：《2021 年中国家政服务行业发展剖析及行业投资机遇分析报告》https://report.iimedia.cn/repo27-0/39334.html，访问日期 2021 年 6 月 16 日。

⑦　参见《最高人民法院关于审理劳动争议案件适用法律问题的解释（一）》第 2 条第（四）款。《家庭服务业管理暂行办法》亦采同一思路，规定："家庭服务机构、家庭服务员与消费者之间发生争议的，可以协商解决；协商不成的，可以向人民调解委员会、行业协会调解机构或其他家庭服务纠纷调解组织申请调解，也可以依法提请仲裁或者向人民法院提起诉。"

⑧　《民法典》实则也并未就这一群体做出明确、具体的制度安排，甚至法典全文自上而下，并无规制前述雇佣合同内部缔约双方间权利、义务分配的只字片语。仅在侵权编中略有提及劳务（雇佣）关系下可能形成的各种损害及其赔偿责任应如何在双方间妥善分担。家政用工的一般性权益保障，仍属悬而未决。

动法》上的工资抵扣限制、童工禁制以及更进一步的病假、产假、哺乳假以及带薪年假又将何去何从？再进一步，《劳动合同法》上的期限限制、解雇限制以及强制性社会保险又将如何处之？前述各项制度，到底可否采用适当的法学方法辗转扩展至家政雇佣？如果不可，那么立法者必须给出其区别对待（两种结尾类似至情形）的正当理由。如果可以，则还需进一步厘清，到底何者可以？及其在何种程度上可以？是否需要变通？以及，我们究竟应采何种工具、何种方式，辗转实现这种扩展、延伸及变通？再加之平台用工下，多方粉饰、掩盖的复杂关系，相关问题将更为棘手。

（二）解决问题的基本思路与基本方法

面对前述一连串问题，我们必先抓住问题的症结所在：

其一，家政用工关系的法律性质究应如何界定，尤需以从属性标准为核心，反复考证、细化灵活、具体的家政用工模式下，劳资双方之间的具体实践，依实际情况综合判断家政工对具体雇主（合同相对方）的从属、依赖程度，并以该程度、等级为基础，谨慎权衡对其倾斜保护之必要性及正当性——从属性程度不同，倾斜保护的法律需求自应有所不同。

其二，则是典型劳动法、社会法保护的适用范围及其延伸可能。在这一问题上，其实并不存在某一普遍适用于所有劳动法、社会法部门（各项制度）的统一（一般性）标准。毕竟，"劳动与社会保障法"本身乃是一个庞大而复杂的系统工程，其中每一项微观制度都具有自身的特殊性——它们可能产生于不同的制度基础、价值衡量，也时常会因此而导致适用范围上的偏差，仅针对劳动关系领域中特殊的主体、客体或对象而设。因此，在深入研究时，我们不能一概而论，必须根据每一项具体保护（规制）的具体规范、保护（规制）目的及保护（规制）价值去反复权衡，逐一判断它们各自所应达到的客观范围、程度，及其可能触及的延伸边界。

最后，再将前述两项考察彼此结合，即将现实中灵活多变的雇佣形态与规范中可予延展的各项保护制度一一匹配，并在类型化、层次化的基础上，探寻每一种雇佣情态中，雇佣劳动者所能获得以及所应获得之劳动权益。

二、家政用工模式的类型化及其法律属性解析

随着网络技术的发展及劳动力市场灵活安全化策略的全球化发展乃至风靡，传统家政服务业的用工情态也在不断演化、升级，家政行业在逐渐企业化、产业化。特别是经过平台运营商及平台工具的包装，原本"低端、土气"的保姆、阿姨也逐渐成了专业、时尚的家政管家，家政工与家政企业（特别是与平台企业）之间的关系开始变得模糊而隐晦。因为,后者总会利用自身在经济背景、法律背景上的诸多优势,通过对合同条款、合作模式的技术性控制,竭力规避劳动法上日益严格的保护性规定——将双方关系定位在劳动关系之外。至少表面观之,应是如此。

这便给家政工之法律地位的认定与劳动权益的保护带来了很多困难。在不同的营业模式、合作模式下,家政工所能获得的法律保护时常大相径庭。对此,本文将分而述之。

（一）传统家政用工模式

在我国,堪称传统的家政用工模式,无外乎中介型与散工型两种。此外,传统家政市场上,也存在少量员工制企业,但其整体占比很低,并非传统家政公司的首选模式。⑨ 不过,在这种模式中,家政工人的法律地位与劳动关系皆非常明确,属典型的劳动法意义上的劳动者,与其他产业工人一样,平等享有劳动法、社会法上所规定的一切(针对"劳动者"的)合法权益。在此,本文并不赘述,本文仅针对颇具争议的前两种典型传统用工,展开讨论。

1. 中介制用工模式

在这一模式下,家政工人系通过中介机构之"中介"服务,向客户提供家政服务。这也正是传统家政服务的主流经营模式。其下,又可分为"单纯中介型"与"管理中介型"两种亚运行模式。前者,家政公司仅扮演着典型(民法)居间人的角色,为家政服务的供需双方提供匹配资讯,撮合双方形成雇佣合意,并收取相应的居间费用。后者,则相对复杂,因为出于管理需要,家政公司很可能会要求与客户及阿姨一起签订三方合同。管理、合作方式不同,合同内容自不相同。对此,不宜一概而论。必须根据公司对家政工人的实际管理程度及约束程度,详加分析。

(1)有些家政公司可能会向客户按月收取一定数量的管理费,并承诺其不满意现有家政人员的服务,可在合同期内随时更换服务人员。但关于服务费用、工作条件等具体合同内容,皆由阿姨与客户双方自由协商,家政公司并不干预,更不指定条件。此时,家政公司的角色,实则更类似于客户的"招聘"代理人,按被代理人提出的条件,在登记求职的申请人中,为其寻找合适、匹配的家政工人,供其选择。有时还会按照当地政府的相关规定,代客户购买雇主责任险、家政服务人员意外伤

---

⑨　就 2014 年针对北京、广州、西安、武汉四地展开相关调查显示,仅北京有此类用工,且仅限于市政府重点支持的家政公司。

害险或家政服务综合保险。⑩而所谓管理费,则多属为客户提供"包年"性招聘(及相应附随)服务的服务费。至于家政公司与阿姨之间,关系则更为松散,家政公司一般不会对登记在册的阿姨实施实质意义上的管理,它既不不经手阿姨的雇佣收入,也无权对阿姨实施任何实质性的惩戒,在收到客户投诉后,大多只能口头提醒、斡旋,或直接为客户提供可替代现有家政人员的应聘人员信息,以做更换之用。此时,家政公司并非劳动法意义上的用人单位或雇主,直接接受家政服务的客户才是真正的雇主,他与家政工之间形成民事雇佣关系。至于其具体雇佣模式到底是采全日制雇佣还是非全日制(小时工)雇佣,则无甚大碍。

(2) 有些公司则可能要求客户将家政服务费用直接交给家政公司,再由家政公司按月向家政工人支付报酬。这种模式下,两者之间极有可能隐含有较强的管理、支配因素。即,由公司向客户派出阿姨,公司还可能建立有相对完善的家政服务管理制度,对其外派家政人员的档案信息、思想教育、技能培训、服务质量进行综合监督、管理,⑪对于其不符合公司要求之处,可做出相应的惩戒、处理。对于这种类型,我们必须根据家政公司对阿姨的实际管理程度、"控制—从属"关系及相关收益分配做出具体判断。

若除一次性招聘费用外,客户按月支付的管理费用可达合同金额的一定比例(如15%或20%)以上,且在合同存续期间,家政公司的管理、惩戒权限切实可行,如为旗下家政服务规定有明确、统一的服务标准、服务制度,并可随时针对该标准、制度之执行状况实施监督、管理,当家政工人违反前述标准、制度(遭遇中、差评或投诉时),公司可从客户付款中扣除其一定比例工资、可降低其相应工作(工资)级别,等等。在此种情况下,无论三方合同上如何措辞,将其界定为何种法律关系,我们皆应通过合同之实际履行状况,判定家政公司与家政工之间存在实质意义上的劳动关系。因为两者之间的"控制-从属"关系已然超越中介关系(居间合同)所能容纳之范畴。此时,家政公司的经营项目,并非家政中介,而是直接以自有人员向客户提供适当地家政服务,并赚取服务价格与工人工资之间的差价,或曰剩余

---

⑩　以上海为例,上海家政服务综合保险的被保险人为雇主,其保险目的是为了化解雇主和家政服务人员在家政服务过程中发生意外伤害事故的风险,包括一份家政服务人员综合保险,一份家庭财产保险,在保险有效期内(一年)可免费提供保险换人、理赔。广州则推出了家政服务"商业＋公益"综合保险,包括家政服务从业人员意外伤害保险和第三方责任保险,全面囊括意外伤害身故(伤残)补偿、意外伤害医疗费用报销、意外伤害住院津贴、乘坐公共交通工具意外伤害身故补偿、疾病身故补偿、因过失造成的第三者人身伤亡或财产损失等保障内容,保险费用100元/人/年,按不超过保险费用总额的50%且每人每年不高于50元的标准给予财政补贴,余下50%由家政服务从业机构投入30%,家政服务从业人员出资20%,将由家政服务从业机构通过广州市家政服务综合平台统一投保。参加马艺天:《年保费100元! 广州家政服务"商业＋公益"综合保险办法发布》,南方报业传媒集团客户端,2021年5月17日。

⑪　详见2013版《广州市家政服务合同》示范文本(穗工商合函〔2013〕1021号)第7条第(1)(2)两款之规定。

价值。

但若除一次性招聘费用(中介费)外,家政公司仅收取极低的日常管理费,其管理也仅维持在较低水平,即只是对客户投诉投诉进行提醒、规劝,对家政工与客户双方间合作纠纷进行调停、针对在服务期内为因故终止或解除合作的情况重新提供中介服务等,并不涉及刚性管理规定,也不涉及对家政工应得权益的实质性处分或惩戒,尤其无权扣除其劳动报酬,或其处分结果对家政工而言并不具有实质性的约束力,那么家政公司之角色,则仍应限定在中介服务范畴,而非实际意义上的用人单位。

2. 散工制用工模式

相较于中介制,散工制则是更为传统的家政用工模式,即由家政工直接与家庭或个人雇主达成雇佣服务合意,前者提供家政服务,后者给付劳务报酬的基础模式。此时,因雇主系自然人(或家庭),并非《劳动法》《劳动合同法》《社会保险法》等劳动(社会)单行法描述下的用人单位,因此双方之法律关系,并不受这些法律规制,也并非劳动法意义上的劳动关系,而是一种民法意义上的雇佣(劳务)合同关系,即"受雇人于一定或不一定之期限内,为雇佣人服劳务,雇佣人负担给付报酬"[12]的契约关系。纯中介模式下,双方的合作关系亦属此类。

就各国立法实践来看,这种家政雇佣,多被定为民事合同,纳入民法调整,如德国、日本即是如此(当然,将整个劳动合同都纳入民法调整者亦不在少数,如瑞士、意大利等),即便是将其直接纳入《劳动法典》调整的国家,比如法国,也会将其与其他典型意义上的(产业化)劳动关系区分开来,单独成节,规制程度多有差异,特别是放松之处。

(二)互联网家政用工模式及其法律属性分析

当前,家政行业已经形成了上游为家政服务/工具供应商、中游家政公司/O2O平台、下游为消费者的产业链,并细分出员工型和平台型两种商业模式。平台型模式之下,又会因三方合作及运营方式不同,产生若干不同的亚类型。

其中,员工型是法律关系最为清晰的一种运作模型。其家政工人会与平台企业间直接建立起典型劳动关系,前者接受后者的统一培训、管理、分配,并享有劳动法、社会法上的全部劳动者权益,如好慷到家、轻松到家等。对此,劳动法上并无特别疑问。

与此相反,平台型家政的运作则颇显复杂,平台运作方式不同,各合作方(包括家政阿姨、家政公司以及家庭客户)的法律地位与相应的法律关系,亦会有所不同。

---

⑫　王泽鉴:《债法原理》(第1册),中国政法大学出版社2001年版,第81页。

最终,家政工的劳动权益,也将因此而差距悬殊。其中,既有中介性质较强的 B2B2C 模式,[13] 也有混合中介与管理的 B2P2C 模式,[14] 还有 S2B2C 的轻平台加盟模式,[15] 当然也有重管理的 C2C 模式,[16] 以及多种模式兼营的 C2C(核心)+B2B2C 直营式,等等。[17]

其中,B2B2C 模式是中介性平台的运作典型,其模式基本与淘宝、天猫类似,或者说只是一个家政大集市,这些平台不过是为家政企业与潜在客户双方提供相应的交易资讯,同时初步将双方信息进行智能匹配,提供交易、协商的可能及途径,促进交易的达成。此时,平台的存在只是多了一层智能化的中介工具,其内部法律关系及劳动者的实际地位与传统中介模式并无本质差别(具体取决于线下家政企业的所选用的运营、缔约模式)。

C2C 模式则是管理性平台的典型,此种平台通常具有明确的服务标准、清晰的管理制度,平台直接掌控阿姨,对阿姨进行培训、考核、等级评定,配给统一服装、工具、工作安排,后台在接到订单后会根据用户位置直接匹配阿姨和消费者,同时通过消费者的反馈、评价,影响阿姨的评级,控制服务质量。为保证平台运作,平台会严格监控阿姨的服务质量,按照平台标准执行。对于这种平台,我们必须进行审慎分析。首先,根据前述介绍,这种平台已然对家政工具有管理、命令的实质权限,与之签约的家政工,也已经成为其平台运作中被固定好的一颗"螺丝钉",是镶嵌并融入其有机系统内部的组成,严格按平台组织的要求提供劳务,符合组织从属性之基

---

⑬　B2B2C 模式类似于淘宝的模式,在平台上汇集了众多中介,中介各自对接一定的阿姨资源,业主向平台提出需求,由平台推送给各个中介。以云家政为例,它更多是定位是一个家政的大集市,并不拥有任何一家线下家政公司、门店,也没有签约阿姨。所有加入云家政的商家就像是商铺进驻淘宝网和天猫网一样。在用户方面,云家政对家政人员进行身份证、培训证、健康证等进行核查,用户可以通过他们的平台进行查询。同时,云家政还开放了用户点评功能,用户可以在平台上看到家政人员所有的历史评价。这种模式的好处是聚合效率提升,但阿姨服务质量难以保证,另外平台的盈利模式不清晰。

⑭　B2P2C 经纪人式是在阿姨和业主之间除了平台以外,再设置一个经纪人,阿姨和业主在平台上发布供需信息,再由平台分派给经纪人,由经纪人进行筛选匹配,最后向平台反馈结果。这种模式的好处是通过经纪人可以满足雇主的一定个性化需求,提高阿姨和雇主之间的匹配程度,不过这种模式使得人力成本增加,因此适合中高端市场。

⑮　S2B2C 模式下,连锁总部是 S,加盟商是 B,消费者是 C。S2B2C 就是通过加盟家政管理系统打造平台商城,家政管理系统触达家政企业,平台商城触达家政企业、雇主和"阿姨"。平台以产业互联、资源分发的营销模式,服务于家政行业,为企业提供综合性的数字营销云计算企业 SAAS 服务,以 S2B2C 模式标准化的封装各种流量平台和营销渠道,整体有效的精准输出至更多 B 端用户(加盟家政企业),帮助企业实现线下场景、线上渠道的多方异业营销。其强调的优势、核心在于"赋能",是连锁加盟的升级再造。

⑯　C2C 直营直接对接消费者和家政人员,起到桥梁的作用,平台直接掌控阿姨,对阿姨进行培训并匹配阿姨和消费者。去掉了家政公司的中间环节,促成双方直接交流,降低了中间成本,同时因为平台对阿姨的全掌控,服务质量可以得到一定保证。但这种模式需要足够的阿姨进行匹配。

⑰　如 C2C(核心)+B2B2C 直营就是 C2C 模式一种延伸,不仅做 C2C,还充当撮合方,开放自己的平台给更多的中介机构。但这是更大的一盘棋局,既是参与者,又要跳出来做平台,双重角色不好把控。

本要求。派单方式,则隐含着必要的人身从属性因素,劳动者需服从平台的工作指令。此时,如果家政工与平台之间,已明确具有长期、稳定的专职、全日(每周 35 小时以上)工作关系,家政工的全部经济收入(至少绝大多数经济收入)均来源于此,那么不管平台与阿姨之间的合作协议如何约定,他都应被视为平台的雇员。平台所提供的单方格式合同,不足以规避它必须承担的劳动法上的用工责任。在此,比较法上也呈现出极强的一致性——采取一种不考虑工作合同本身标签的"事实第一原则",和雇佣(劳动)关系确认标准的多因素性与灵活性。[18] 国内部分司法实践,亦倾向于这一原则。[19]

在这一点上,家政 C2C 平台与被学者讨论较多的滴滴平台仍有很大差异。出于家政服务的特殊性,其平台经营内容实则只是家政工的劳务,生产工具的影响几乎可以忽略不计,而滴滴平台所提供的运输服务,则在更大程度上依赖于自有生产工具,因而承揽性更强,而雇佣性则更弱。与此同时,为了给顾客形成更好的统一服务印象,平台又大多会直接向家政工派发统一的生产工具乃至服装,再加之直接管理,雇佣(劳动关系)性明显要强大得多。

不过前述劳动关系判定,通常只能适用于具有高度经济依赖的全日制家政工及高度标准化经营的 C2C 平台。如果,家政工只是偶尔参与平台服务,或服务时间很短,并未形成稳定、持续、实质的人身与经济依赖;或者平台管理较为松散,仅为供需双方提供匹配信息,不对从业人员进行严格的管理、控制,则不宜简单套用前述结论。家政工的具体地位需要视其对平台经营者的具体依赖程度、控制程度而定。

其一,当家政工对相应平台仅有明确的经济依赖(如平台派单占据家政工总收入的 70% 或 80% 以上),但根据其具体管理运营状态,并未建立起强烈的人格从属与组织从属性时,平台并非劳动法语义下的雇主(用人单位)。比如阿姨的工作不是由平台派发,而是全凭自愿自行抢单,接单与不接单、什么时间接单以及接哪些单(包括拒绝接哪些客户的单)的选择权全然掌握在自己手中,甚至是否开启该平台接单,或者同时接受其他竞争性平台派单,都不加限制。

这时,与弱管理-从属性相伴相生的,乃是从业者自主性(自治、自控性)的提高(包括时间与空间两个层面的自主性),而这则将使他们逐渐偏离典型劳动立法上以人身从属性为核心的传统劳动者范畴,当然不也不宜强行套用那些从目的观之,仅适用于典型劳动者的特殊性保护。但相对于合作平台而言,此种家政从业者的

---

⑱ 参加肖竹:《第三类劳动者的理论反思与替代路径》,《环球法律评论》2018 年第 6 期。

⑲ 如"好厨师"案中,终审法院即认为"劳动关系认定与否是由强制性规范予以认定的范畴,不能仅凭当事人的书面约定就排除劳动关系,仍要结合双方的'合作'模式和劳动者的具体工作内容予以确定。"

个体性弱势又切实存在,两者之间和合作关系,虽非典型意义上劳动关系,却也同样不是典型意义上平等主体之间的纯粹的民事契约关系,而是一种具有一定倾斜保护必要的新型合作关系——以经济从属性为基础的劳务合作关系。比较法上,这种从业者常被定义为"第三类劳动者"或"准劳动者"。对此,现代法律之调整理念更倾向于适度规制、适度保护。其规制既需考虑到这种合作模式中的从属性因子,给与其底线性、基础性的从业保护;也必须充分关注其中的"自治性"元素,排除掉不宜延伸至此的(仅适用于典型从属性劳动的)"高端"部分。至于哪些能适用、哪些当排除,则常因各国立法不同而有所不同。[20] 毕竟,所谓的倾斜保护,本就根植于劳资之间的控制-从属关系,系从控制-从属中产生的不平等性衍生而来,是为保护该关系下的弱势一方,以平衡两者地位、权益而生的。

其二,如果在前述模式的基础上,从业者的经济从属再度被减弱,至不足以判定存在经济依赖(如低于总收入 50%)之程度,那么从业人员与平台之间的法律关系,将更加倾向于"平等化"——更适宜被判定为民法意义上的劳务合同,甚至仅为居间合同。[21] 不宜套用劳动法上的特殊保护。

至于以中介(经纪人)或加盟企业为转承的 B2B2C、S2B2C 模式,其劳动者性判断的对象则大多针对与平台直接对接的 B(Business)方,即经纪人或加盟商。而后再用同样的标准,判断它们与从业者间是否构成前述劳动关系或准劳动关系(第三类劳动者),并根据具体法律关系的不同,设定不同程度之权益保障。

三、劳动权利的分层结构及其适用基础

就实定法之外部体系观之,劳动法的确是一个独立的法律部门,拥有自身一套完整的规范系统,并涵盖有诸多涉及劳动关系各个领域的法律、法规。但每部法律、法规的立法目的与规制对象皆不尽相同,其权益保护之维度也不尽相同。所谓的劳动法权利体系,并非是自上而下适用范围全然一直的铁桶一块,而是一种隐含的分层体系。社会法保障亦然。不同层次的劳动权利,其适用范围与延展范围自是不同,不宜一概而论。其合理性基础乃在于劳动权利和社会保障的不同层次与价值目标,在很多时候,并不以典型劳动关系为其必要前提。具体而言,其可分为以下三层:

---

[20] 详见肖竹:《第三类劳动者的理论反思与替代路径》,《环球法律评论》2018 年第 6 期。

[21] 若收付款、服务质量与相应责任由平台负责,即为劳务合同;若由家政工自行负责,则平台只扮演了一个"为撮合双方缔约而存在"的传统居间人的角色,并无劳动法上的特殊价值。(劳务)雇佣关系仍系发生在家政工与家庭雇主(客户)之间,不管其契约是在线上还是线下缔结,皆是如此。以上两种情形,其法律关系均非常清晰,且与传统家政模式并无实质性差别,仅是采用网络手段作为辅助而已,在此不再赘述。

1. 第一层：劳动基本权

劳动基本权,更倾向于一种宪法性权利,是所有广义上的劳动者(包括自雇佣者)均可享有,且不可剥夺的普适性权利。比如劳动的权利、结社的权利,平等就业权以及广义的社会保障权,等等。这类权利,并不以劳动关系为前提,不管劳动者的就业状态、雇佣状态怎样,皆可普遍适用。比如我国《工会法》第三条中,即将参加及组织工会的权利赋予了所有"企业、事业单位、机关中以工资收入为主要生活来源的体力劳动者和脑力劳动者",它并未限制劳动者的就业模式与就业状态,即便不是签订劳动合同的标准劳动者,只是通过家政平台或其他家政企业赚取小时薪资的网络零工,同样享有此项权利。

2. 第二层：劳动法上的基准性(一般性)权利

除上述基本权利外,还有劳动法上一系列强行劳动(劳工)标准,或曰劳动基准,同样也具有较高的普适性。这些标准大多属安全卫生标准,系与劳动者生命、健康紧密相关的劳动条件标准,同时也包括为保障劳动者基本生存、体面生存而设定的最低工资等若干社会性标准。这些基准性权利,大抵可分为两类:

一类,是为保障劳动者之底线生存、健康的而设定的基准性权利,诸如最低工资、最高工时、最低休息休假标准、安全生产标准以及职业病防治标准等等,它们是所有从业者都应享有的一般性权利,无论其就业模式为何。民事(家庭)雇佣的保姆、家教,自主选择平台服务的准劳动者,甚至网络零工,同样不应沦为雇主或平台的"包身工",同样有权维护自身的安全、健康、体面生存的基本尊严。不过,就现行法而言,前述权利仍然并非哪些"非标准劳动者"的法定权利。换言之,它们并无法直接适用、直接主张这些权利。对此,我们不妨通过法律解释的方法,对它们进行转化,以辗转实现扩张适用。即,将这些标准之执行,作为劳务、雇佣合同的附随义务(保护义务)之内容,通过诚实信用原则转接入相应的法律关系之中。家庭雇主或接受劳务的家政平台、家政企业,若未妥善执行前述标准,将被视为债的不完全履行,就由此而给劳动者(劳务人)造成的损失,承担违约责任。

另一类则属于通过劳资利益博弈、利益交换而形成的福利性、政策性标准。比如带薪年假、探亲假、产假、育儿假等,这些标准、权利乃是紧密依赖于、半生于标准劳动合同的高度从属性、继续性特征,并以它们为前提而存在的。我们很难苛求作为自然人的家庭雇主完全承担起长达半年的带薪产假或其他照顾性假期。后者既没有这样的资本基础,也无法向企业那样将这一成本通过产品(出售)分散出去(否则,几乎将没人再敢或再愿意雇佣家政保姆,选择低成本、低责任的平台保洁服务明显更加有利)。同样,偶尔接受其零工服务的家政平台,也不应背负这样的沉重负担。它们只能适用于典型的劳动法上的劳动者,不可随意扩张。

3. 第三层：劳动上的专有性(特殊性)权利

此层权利,具有充足劳动特别法上的特殊性,不宜简单推及至标准劳动关系之外。比如书面合同强制、解雇限制、期限限制、非正规用工(如劳务派遣)之限制等等。事实上,即便是在典型劳动关系内部,这些限制也往往并不是普适性的,比如在德国法上,解雇限制也仅适用于雇佣 10 名以上雇员的企业。

工伤保险亦属此类权利,毕竟立基于大工业生产的雇主无过失补偿,不可随意扩张至所有类型的合作关系,特别是民事雇佣。但家政企业或家庭雇主仍应参加与自身情况相适应的雇主责任险或家政综合险。

四、结语

对于家政人员的法律保护程度,往往是与他们的就业形式、从属程度及保护必要紧密相关。当然,这也与一国的经济社会发展状况、劳资关系局势紧密相关,并无统一(甚至主导)范式。个案情形或具体国情之不同,皆可能导致迥异之局面,诚需以此为基础,谨慎处置。

与此同时,现代劳动法也必须直面越发灵活的就业模式,以及由这些模式所带来的新的保护需求。保护与否,并不宜简单粗暴地一刀切,而是更倾向于一种"灵活-柔化"的规制方案。在就业模式偏离典型用工,为灵活化处理之处,劳动法规制也随之做相应的灵活-柔化应对,以应对时代的需求、市场的需求。

关系认定与责任分配

——以家政服务合同纠纷的司法裁判为例

贺 玲

摘 要：城市家庭育儿养老的现实需求及农村进城务工人员的就业需求叠加必然会导致家庭照料领域市场需求的持续增长。《国务院办公厅关于促进家政服务业提质扩容的意见》提出要促进家政服务业提质扩容。家政工、家政服务机构、家庭(个人)三方法律关系的认定是家政服务业规范化发展的重要问题。在具体的司法实践中，各地法院对于"家政工-家政服务机构"关系认定并不统一，相关案件的法律适用也经常在民事法律制度和劳动法律制度之间徘徊。《民法典》中并未保留原《最高人民法院关于审理人身损害赔偿案件适用法律若干问题的解释》中所使用的"雇佣关系"概念。那么，家政工与家政服务机构、家庭(个人)间在《民法典》生效后到底是何种关系？本文通过对中国裁判文书网中提供家政服务者受害责任纠纷进行分析以展现当前家政服务从业者劳动权益保障的司法困境。

关键词：员工制家政；中介合同关系；劳务关系；雇佣关系

根据联合国的定义，当 60 岁的人口接近 10％，65 岁的人口接近 7％ 的时候，这个社会就进入了人口老龄化的社会。国家统计局公布的第七次全国人口普查数据显示我国人口老龄化程度进一步加深，60 岁及以上老年人口数为 26402 万人，占 18.70％(其中，65 岁及以上人口为 19064 万人，占 13.50％)，老龄化已成为今后一段时期我国的基本国情。此外，2021 年 5 月 31 日召开的中央政治局会议提出，"进一步优化生育政策，实施一对夫妻可以生育三个子女政策及配套支持措施"对生育

———————————

作者单位：贺玲，西南民族大学。

政策进行了调整。随着生育政策的调整及配套支持措施的陆续出台,低生育率现象或可得以改变。城市家庭育儿养老的现实需求及农村进城务工人员的就业需求叠加必然会导致家庭照料领域市场需求的持续增长。也正是基于这样的背景,《国务院办公厅关于促进家政服务业提质扩容的意见》(国办发〔2019〕30 号)应运而生,其政策目标是按照高质量发展的要求,促进家政服务业提质扩容。其后,商务部、国家发展改革委联合发布了《关于建立家政服务业信用体系的指导意见》(商服贸函〔2019〕269 号),从家政服务业信用工作机制保障的角度推动家政服务业规范化发展,"发展家政服务业,中央有部署、社会有需求、现实有短板。"

一、问题的提出与文献回顾

(一)问题的提出

《国务院办公厅关于促进家政服务业提质扩容的意见》指出:"家政服务业是指以家庭为服务对象,由专业人员进入家庭成员住所提供或以固定场所集中提供对孕产妇、婴幼儿、老人、病人、残疾人等的照护以及保洁、烹饪等有偿服务,满足家庭生活照料需求的服务行业。"《家庭服务业管理暂行办法》(商务部 2012 年第 11 号令)第 2 条第二款规定:"本办法所称家庭服务业,是指以家庭为服务对象,由家庭服务机构指派或介绍家庭服务员进入家庭成员住所提供烹饪、保洁、搬家、家庭教育、儿童看护以及孕产妇、婴幼儿、老人和病人的护理等有偿服务,满足家庭生活需求的服务行业。"

家政工、家政服务机构、家庭(个人)三方法律关系的认定是家政服务业规范化发展的重要问题,而三方法律关系认定中最为核心的又是"家政工-家政服务机构"关系的认定问题。在具体的司法实践中,各地法院对于"家政工-家政服务机构"关系认定并不统一,相关案件的法律适用也经常在民事法律制度和劳动法律制度之间徘徊,造成这一司法困境的原因之一是现行部门规范性法律文件及司法解释之排除规定。

其一,《关于〈劳动法〉若干条文的说明》从法律适用的角度否定了"家庭保姆"劳动法意义的劳动者人格。原劳动和社会保障部《关于〈劳动法〉若干条文的说明》第 2 条第五款明确规定,《劳动法》的"适用范围排除了公务员和比照公务员制度的事业组织和社会团体的工作人员,以及农业劳动者、现役军人和家庭保姆等",该款规定明确将"家庭保姆"排除在《劳动法》的适用范围之外。

事实上,《关于〈劳动法〉若干条文的说明》颁行于 20 世纪 90 年代,其时,以私人信任关系为纽带的"家庭保姆"与当下家政业产业化发展语境下的家政工并不能简单等同,因此,职业化家政工的劳动者人格也不宜由上述规定简单否定。

其二,《最高人民法院关于审理劳动争议案件适用法律问题的解释(一)》从纠纷解决路径的角度否定了家政工与接受家政服务的家庭(个人)成立劳动关系的可能。2021年1月1开始施行的《最高人民法院关于审理劳动争议案件适用法律问题的解释(一)》第2条第四款规定,"家庭或者个人与家政服务人员的纠纷"不属于劳动争议,这一规定是对2006年8月14日颁布的《最高人民法院关于审理劳动争议案件适用法律若干问题解释(二)》第7条第(四)项规定的延续。

劳动法律意义上的用人单位是指企业、个体经济组织、民办非企业单位等组织,"私人雇佣"主体的家庭或者个人在现行制度框架下无法获得用人单位人格,因此,家政工与家庭(个人)不能成立劳动关系,二者之间发生的纠纷非劳动争议。家庭乃至家庭成员雇佣家政工人所形成的社会关系被排除于劳动法律保护范围之外。

其三,《劳务派遣暂行规定》否定了以劳务派遣用工模式构造家政工、家政服务机构、家庭(个人)三方法律关系的合法性制度空间。

原劳动和社会保障部发布的《关于非全日制用工若干问题的意见》(劳社部发〔2003〕12号)指出,劳动者通过依法成立的劳务派遣组织为其他单位、家庭或个人提供非全日制劳动的,由劳务派遣组织与非全日制劳动者签订劳动合同。这是目前有效的唯一将私人雇佣纳入劳动法调整范畴的规范性文件。但是,2014年《劳务派遣暂行规定》第26条规定:"用人单位将本单位劳动者派往境外工作或者派往家庭、自然人处提供劳动的,不属于本规定所称劳务派遣",这一规定否定了通过劳务派遣法律关系构造"家政服务机构-家庭(个人)-家政工"这一三方法律关系的可能性,即便是家政服务机构按照《劳务派遣行政许可实施办法》的相关规定向所在地有许可管辖权的人力资源社会保障行政部门申请行政许可,取得了劳务派遣经营资质,按照《劳务派遣暂行规定》第26条的上述规定,其向家庭(个人)派遣家政工,也不属于劳动法律制度上的劳务派遣。

由上述分析可知,由于家庭(个人)不具备劳动法上用人单位之人格,家政工与家庭(个人)之间的关系无法确认为劳动关系。那么,家政工与家庭(个人)间的法律关系究竟是何种属性?另外,家政工与家政服务机构之间的法律关系又是何种性质?以上两个问题的答案直接关系到家政工在从事家政服务工作之时发生"提供劳务者受害责任纠纷"或者"提供劳务者致害责任纠纷"的责任分配问题。

(二)文献回顾

对家政工劳动权益保护的研究有关于立法模式等宏观层面的研究(魏静,2011),从立法技术的角度而言,有研究认为要为构建家政工作的独特地位进行立法或者出台相应的公共政策,同时使家政工人独特地位与现存的传统劳动法律关系保持一致(涂永前,2013)。有研究认为,《劳动合同法》的颁布是对《劳动法》用人单位主体资格的重大修改,赋予自然人用工主体资格并无法律上的障碍,因此,应当让家庭及自然人雇主为其所雇佣的家政工人承担用人单位责任(胡大武,2014)。另有研究对直接受雇于家庭(个人)的家政工与家庭(个人)的法律关系进行了研究,认为二者的关系属于介于传统雇佣关系和劳动关系之间的特殊雇佣关系,提出对家政工立法保护规则应当超越一般的雇佣合同规则和劳动合同规则(谢增毅,2012)。

近年来,对家政工具体劳动权益保护的研究呈现出较为多元化的趋势,从休息权(胡大武,2012),住家家政工人隐私权(胡大武,2013),到家政工养老保险权益(郑尚元,2020),家庭雇佣型家政工的工伤保险权益(胡大武,2012)。从研究方法而言,采用比较法视角的研究成果较多,如,对我国台湾地区"工人版家事服务法"(草案)的评析(胡大武,2011),关于美国各州关于家政工人工伤保险制度(胡大武,2010)的研究,以及对新西兰家政工人劳动权益保护机制的研究(李满奎,2014)。丰富的比较研究成果为我国家政工劳动权益保护制度建设提供了可借鉴的经验。

相较于数字经济所带来的就业新问题中以网约车司机、外卖骑手等新职业群体为对象各学科研究层出不穷的状况,家政工这一职业群体似乎并未受到足够的理论关照。然而,我国作为《关于家庭工人体面劳动的公约》签约国,负有将国际性公约本土化为国内法律政策的义务。《关于发展家庭服务业的指导意见》提出,"要研究制订适应家政服务特点的劳动用工政策及劳动标准,促进家政服务员体面劳动",然而时至今日,家政工的劳动权益保障问题依然陷在制度的泥淖里。

二、家政服务三方法律关系的规范分析:关系认定与责任配置

2004年5月1日施行的《最高人民法院关于审理人身损害赔偿案件适用法律若干问题的解释》经《最高人民法院关于修改〈最高人民法院关于在民事审判工作中适用〈中华人民共和国工会法〉若干问题的解释〉等二十七件民事类司法解释的决定》修正,删除了第9条、第11条关于"雇员在从事雇佣活动中致人损害的,雇主应当承担赔偿责任","雇员在从事雇佣活动中遭受人身损害,雇主应当承担赔偿责任"的规定。《民法典》生效以前,在关于家政工致害责任纠纷或者家政工受害责任纠纷的司法实践中,人民法院基本均会援引第9条第一款或者第11条第一款的相关规定对家政服务过程中的家政工致害或者受害责任纠纷进行责任认定和纠纷裁判。但是,原第9条、第10条、第11条的规定已由2021年1月1日开始施行的《最高人民法院关于修改〈最高人民法院关于在民事审判工作中适用〈中华人民共和国工会法〉若干问题的解释〉等二十七件民事类司法解释的决定》所删除,取而代之的是《民法典》第1191条单位用工责任、第1192条个人用工责任,以及第1193

条承揽用工责任的用工责任规范群。而在《民法典》第 1191 条、1192 条、1193 条的规定中，并未保留原《最高人民法院关于审理人身损害赔偿案件适用法律若干问题的解释》中所使用的"雇佣关系"概念，那么，家政工与家庭（个人）间在《民法典》生效后到底是何种关系？

（一）家政工与家庭（个人）间的法律关系

按照原《最高人民法院关于审理人身损害赔偿案件适用法律若干问题的解释》第 9 条及第 11 条的规定，"雇员在从事雇佣活动中遭受人身损害，雇主应当承担赔偿责任"，因此，如果家政工与家庭（个人）成立雇佣关系，那么，从事家庭服务的家政工的人身损害应当由家庭或个人承担雇主责任。但是，《民法典》侵权责任编第三章"责任主体的特殊规定"基本承继了《侵权责任法》第四章"关于责任主体的特殊规定""丢弃"了雇佣关系这一概念。那么，家政工与家庭（个人）之间是否成立劳务关系，当发生家政工从事家政服务过程中自身受损是否按照《民法典》第 1192 条的规定进行责任分配？

劳务关系是基于双方完全自愿平等发生的民事法律关系。在劳务关系中，双方是平等的民事主体，不存在人身性的控制或从属关系。依照《民法典》第 1192 条关于个人劳务关系中侵权责任的规定，个人之间形成劳务关系，提供劳务一方因劳务受到损害的，根据双方各自的过错承担相应的责任。该条是对原《侵权责任法》第 35 条的承继。如家政工与接受家政服务的家庭（个人）间成立劳务关系，家政工自身受损则应当根据家政工和家庭（个人）各自的过错承担相应的责任。对于提供劳务过程中，家庭（个人）作为接受劳务方对家政工的自身损害没有过错，则无需承担责任。换言之，家庭（个人）需要对提供劳务方承担对内保护责任是建立在作为接受劳务方存在过错的前提之下的。这与认定为雇佣关系，适用原《最高人民法院关于审理人身损害赔偿案件适用法律若干问题的解释》第 11 条第一款的后果截然不同。

在"许丽诉邓桔华、衡阳市高新技术产业开发区亿生缘家政服务中心（以下简称亿生缘家政中心）提供劳务者受害责任纠纷一案"中，法院认定家政工许丽与亿生缘家政中心成立居间合同关系，与接受家政服务方邓桔华成立劳务关系，并适用原《侵权责任法》第 35 之规定，根据双方各自的过错承担分配相应的责任：认为在该案件中，家政工许丽自身对于损害结果具有重大过错，应承担主要责任；邓桔华作为雇主因不能举证证明对于许丽尽到了合理、必要的安全保障义务而不能对许丽的人身损害结果免责。基于上述理由，酌情认定该案民事责任由许丽自行承担 70%，邓桔华承担 30%。

（二）家政工与家政服务机构之间的法律关系

按照《民法典》第 1191 条的规定，若家政工与家政服务机构间成立劳动关系，那么家政工致家庭（个人）损害时，家政服务机构作为用人单位应当承担替代责任。如家政工有故意或者重大过失，家政服务机构可向家政工作追偿。对于为劳动关系覆盖的家政工-家政服务机构，如果发生家政工因工作导致自身损害，无疑应当落入工伤保险法律关系调整范畴。依据《工伤保险条例》第2条第一款的规定，中华人民共和国境内的企业、事业单位、社会团体、民办非企业单位、基金会、律师事务所、会计师事务所等组织和有雇工的个体工商户应当依照本条例规定参加工伤保险，为本单位全部职工或者雇工缴纳工伤保险费。在上述情况下，家政工因家政服务工作原因导致的自身及家庭（个人）的损害均能够在现行法律框架下得以救济，这也正是国家倡导发展员工制家政企业的本质所在。

当前，在我国家政服务业市场上中介制家政服务机构仍然占据绝大多数，家政工通过中介公司或非正式社会网络进入家庭从事服务，绝大多数没有签订劳动合同。家政公司同家政工人之间建立劳动关系的比例在深圳仅为11.11%，在广州，没有一家家政公司采用员工制，北京和济南两地分别仅有1.6%和0.4%的家政工签订了受《劳动法》保护的正式劳动合同。通过非正式社会网络进入家庭从事家政服务的家政工发生自身人身伤害的情况下，如诉请法院裁判其与家政服务机构之间成立劳动关系将难以获得法律的支持。如"卢燕君与靖江滨诚家政信息服务部（以下简称滨诚服务部）确认劳动关系纠纷一案"中提供保洁服务的原告便是在保洁服务中掉落受伤，诉请其与靖江滨诚家政信息服务部间存在劳动关系，试图通过确认劳动关系令家政公司承担用工主体责任。然而，卢燕君保洁服务的机会正是通过非正式社会网络而获取的，因此，法院认定二者并不存在劳动关系。类似的案件，如"盛兴安与沈建华、绍兴市柯桥区柯桥坂湖家政服务部提供劳务者受害责任纠纷案"，涉案的家政工其实也是通过非正式社会网络获取的家政服务工作机会。

三、家政服务合同纠纷涉家政工权益损害的司法裁判分析

《民法典》颁行后，雇佣关系尚缺乏明确的规则设定。家政工在家政服务劳动过程中受害责任，按照现行法律规定，可能的救济路径为：

路径一：家政工与家政服务机构成立劳动关系，该种情况下的家政工为员工制家政工，其可通过工伤保险制度获得相应的救济；

路径二：如家政工与家政服务机构不成立劳动关系，该种情况下的家政工为非员工制家政工，其救济外溢于工伤保险制度，当事人的救济将转向寻求法院裁判接受家政服务的家庭（个人）来承担受损的责任。家政工与接受家政服务的家庭（个人）间如成立劳务关系，则通过民事侵权制度进行责任分配。

下文通过家政服务合同纠纷中涉家政工自身受害责任具体的司法实践对家政

工劳动权益保护的困境进行进一步分析。该部分的案例样本来源于中国裁判文书网,以"家政服务合同纠纷"为维度得到涉家政工伤害的以下 9 个案件作为分析样本。(详见表 1)

表 1　涉家政工伤害案件表

案件编号	案号	服务类型	家政工与家政服务机构关系	家政工与家庭(个人)关系	责任承担
1	(2020)湘 0408 民初 17 号	家务员	中介合同关系	劳务合同关系	家庭:30% 家政工:70%
2	(2020)赣 0502 民初 3884 号	母婴护理	劳务合同关系	—	家政公司:80% 家政工:20%
3	(2020)湘 1302 民初 4715 号	住家保姆	中介合同关系	事实劳务关系	家庭:60% 家政工:40%
4	(2019)黑 12 民终 1229 号	保洁	中介合同关系	—	家政部:40% 家政工:60%
5	(2019)京 03 民终 12014 号	居家家政	一审:劳务关系 二审:雇佣关系	—	家政公司:主要责任 家政工:次要责任
6	(2018)川 15 民终 1855 号	钟点工	一审:中介合同关系 二审:雇佣关系	劳务合同工关系	家庭:60% 家政工:40%
7	(2018)粤 2071 民初 18737 号	一般家务服务	中介合同关系	劳务合同关系	家庭:100%
8	(2018)浙 0602 民初 12200 号	保洁	劳务关系	—	家庭:40% 家政机构:40% 家政工:20%
9	(2017)晋 0107 民初 846 号	保洁	劳务关系	—	家政工:20% 家政机构:70% 家庭:10%补偿

(一)关系认定

在样本案件中认为家政工与家政服务机构形成中介合同关系的占 50%,认为形成劳务关系的占 30%,另外还有 20%认为二者形成雇佣关系(均为二审改判为雇佣关系,分别在一审时认定为劳务关系、中介合同关系)。此处尚存疑问的是:上述样本中有 30%的案件认为二者间构成劳务关系,但是,依照《民法典》第 1192 条仅对个人之间形成劳务关系中的用工责任问题进行了规定,并未对"单位与个人之间形成劳务关系"所引发的用工责任问题加以规范。若家政工与家政服务机构间成立的是劳务关系,因提供劳务引起的损害当如何进行法律适用?虽然有研究指出,这一不足可以通过法律解释加以补漏,即"个人之间的劳务关系"和"单位与个人之间的劳务关系"均属于提供劳务的"劳务合同",除接受劳务一方有所差别外,并不存在任何本质上的差异,个人接受劳务时应当承担替代责任的法理,同样完全适用于单位接受劳务的情形。但不能不说,《民法典》第1192条这种规范补给不足事实上属于立法的漏洞。

(二) 责任分配

1. 司法认定家政工与家政服务机构形成中介合同关系的情况下,法院同时会认定家政工与家庭(个人)形成劳务关系(详见表2)

表2 家政工与家政服务机构形成中介合同关系与责任分配表

关 系 认 定	案 件 编 号	责任分配/%		
		家庭(个人)	家政工	家政服务机构
中介合同关系	1#	30	70	—
	3#	60	40	—
	4#	—	60	40
	7#	100	—	—

1#案件、3#案件分别家庭(个人)、家政工的过错程度进行了责任分配,7#案件法院认定接受家政服务方承担全责,且建立在认为家政工对自身受伤不存在故意或者重大过失的基础上,令接受家政服务方对家政工伤害事故承担全部责任。值得注意的是,4#案件的责任分配并未在家庭(个人)与家政工之间配置,而是根据公平原则及过错原则令家政服务机构承担了40%的责任。但是如果家政服务机构只是中介机构,那么令中介机构承担劳务关系中的损害责任并无法律依据。《民法典》第692条第二款仅规定了,中介人在故意隐瞒与订立合同有关的重要事实或者提供虚假情况,损害委托人利益的,不得请求支付报酬并应当承担赔偿责任。

2. 司法认定家政工与家政服务机构形成劳务合同关系(详见表3)

表3 家政工与家政服务机构形成劳务合同关系与责任分配表

关 系 认 定	案 件 编 号	责任分配/%		
		家庭(个人)	家政工	家政服务机构
劳务关系	2#	—	20	80
	8#	40	20	40
	9#	10	20	70

在2#案中,法院认定家政工根据家政服务机构指示完成工作任务且接受家政服务机构监督管理,服务完成后,家政服务机构根据家政工的服务情况向其发放劳务报酬,因此,家政工与家政服务机构之间形成劳务合同关系,家政服务机构与家

庭(个人)间成立服务合同关系。在该案中家政工为已领取基本养老金人员,因此,其与家政服务机构之间即便存在"从属性",也无法成立劳动关系,所以在该案中法院认定家政工与家政服务机构之间形成劳务合同关系。8#、9#案件中接受家政服务方也承担了部分责任。

3. 司法认定家政工与家政服务机构形成雇佣关系(详见表 4)

表 4　家政工与家政服务机构形成雇佣关系与责任分配表

关 系 认 定	案 件 编 号	责任分配/%		
		家庭(个人)	家政工	家政服务机构
雇佣关系	5#	—	次要	主要
	6#	60	40	—

5#案件一审法院认定家政工黄雪玲与家政公司之间成立劳务关系。在该案审理中,家政工的诉讼策略是主张其与家政公司形成劳动关系,在这一点上接受家政服务的家庭(个人)与家政工是存在一定意义的"合谋"。因为,如果家政工与家政服务机构间不成立劳动关系,则家庭(个人)存在承担家政工损害责任的风险。值得注意的是,该案是样本案例中唯一一个家政服务机构为家政工投保了雇主责任险的案件。6#案件在家政工与家庭(个人)间分配责任,家政服务结构并不承担雇主责任。

综上,上述样本呈现出以下问题:第一,家政工与家政服务机构间成立中介合同关系,家政服务机构是否具备中介机构的资质要求?第二,在《民法典》项下,个人间方可成立劳务关系,家政工与家政服务机构成立劳务关系的依据何在?第三,通过法律解释,劳务关系可以在个人与单位之间建立,那么劳务过程中的损害何以溢出扩及接受家政服务的家庭或个人?这些问题正是当前家政服务从业者劳动权益保障的困境所在——可依托的制度缺失。

四、家政工员工制转型的困境

劳动法二分法与前述排除性规定导致了员工制家政工与非员工制家政工虽然从事相同的家政服务工作,但却因其与家政服务机构之间成立不同的法律关系而获得差异化保障水平的怪现象,这也导致了涉家政服务合同纠纷不同的司法裁判结果。诚如前所述,在我国当前家政服务市场上员工制家政服务机构非常稀缺,而且,相当数量的家政工获得家政服务的工作机会是通过非正式社会网络,这也就意味着绝大多数家政工并非员工制家政工。一旦发生自身损害,无法通过路径一获得救济,只能诉诸劳务关系项下,与家政服务机构或者与接受家政服务的家庭或个人根据各自的过错承担相应的责任。"如果将家政服务作为一种职业,那么对发生在家政服务中的伤害事故仍然按照侵权来予以救济,既不符合现代社会工伤保险制度的意涵,也不利于对家政工和雇主的利益的保护,进而阻碍家政服务作为一项职业的发展。"家政公司基于运营成本和运营风险的角度考量,难以采取员工制运营,已有的员工制家政公司也在政府的补贴和支持下步履维艰。家政服务机构是否愿意缔约在本质上是与家政工的职业化程度密切关联的,在家政工职业化程度欠缺的情况下,单纯依靠外生的力量令家政工与家政服务机构缔约并不能有效促进家政服务机构员工制转型。依靠政府干预得以生存的员工制家政公司能否在市场经济的大环境下取得可持续发展的内生动力存在极大的不确定性。在标准劳动关系与非标准劳动关系二元结构条件下雇主在人力资源管理上将采取"核心——边缘"雇佣策略。雇主将在雇佣时优先考虑"具有适应性"的个人,这会导致分层化雇佣现象的出现:对核心雇员提供标准化的雇佣而对其他雇员提供非标准化的雇佣。

制造稳定

——不稳定就业背景下微信日结小时工劳动过程研究

梁　萌

摘　要：本文关注典型不稳定就业劳动者的劳动过程及其主体性问题。当前平台企业的影响正超越组织边界而构建行业整体劳动力市场结构，从而形成平台生态。而微信日结小时工群则是基于微信由主动或被动逃离平台企业的小时工组成的生产指向的社交群体。在多重流动和技术挑战的背景下，也构成了该生态中最边缘和典型的不稳定就业劳动者。本文基于质性研究方法，通过对十余个微信日结群近一年的观察和对日结小时工半结构访谈，试图呈现微信日结小时工领域劳动过程的日常实践。本文发现劳动者一方面是以虚拟社会资本的建构应对虚拟网络社群等技术因素所造成的匿名化和流动性挑战；另一方面则体现在对小时工具体工作特征方面流动性的克服，劳动者通过主动对订单使流动的隐性成本最小化，同时也通过制造熟客的策略，将订单固定下来，从而进一步提升工作日程安排的确定性和稳定性。通过以上策略，微信日结小时工呈现出极具生命力和主动性的劳动过程。相对于机器制造业中持续稳定由管理策略主导的被"制造同意"，微信日结小时工工作的持续稳定显然呈现出主动的"制造稳定"的特征。

关键词：不稳定就业；流动；劳动过程；主体性；日结

一、从平台企业到平台生态：不稳定劳动力市场的再分化

平台经济在我国的发展历程已近十年，作为当下互联网产业最核心的发展模

作者单位：梁萌，中国农业大学人文与发展学院发展研究与社会政策系，副教授。

式,平台经济正在显著地重塑我们生活的各个方面,并对国民经济产生越来越深刻的影响。而在劳动用工领域,最重要的表现则在于平台经济以一己之力颠覆了服务业一直以来的小规模、非正规经营模式,以此带动了家政、网约车和外卖等相关服务行业的产业化和标准化,并凭借信息技术的优势吸纳、优化匹配供需双方(客户、劳动者)的信息,显著提升了该行业劳动者的劳动效率并因此获得了相应的劳动报酬,中国信息通信研究院政策与经济研究所 2020 年 7 月发布的报告显示,平台经济一线服务从业者人均月收入在 2018 年为 6064 元,远超同期规模以上企业的 5698 元的月收入水平①。因此也吸引了大批劳动者投身于平台就业领域之中,使平台就业的劳动者队伍呈现日益壮大之势。从总数来看,2018 年在平台经济中直接提供服务的劳动者约 7500 万②;在不同企业层面,网约车方面,据滴滴平台数据显示 2018 年通过滴滴平台至少完成一单并获取收入的网约车司机共 1166 万人③,外卖业虽然人数远未及网约车,在 2018 年美团的注册骑手为 270 万、饿了么骑手超过 300 万人,但其增速却不可忽视,从增速方面美团在 2017 年注册骑手数还仅为 50 万人,2018 年则达到了 270 万人,增长速度不容小觑④。与此同时,平台企业的用工模式也由此日渐受到社会大众的关注,并伴随产业的极速扩张而影响到越来越多的劳动者,在某种程度上也由于互联网产业的示范效应而正在进一步扩展到更广泛的工作领域当中去。而其广受关注也同时备受诟病的核心用工特点就是用工的灵活性、非正规性。

从劳动关系的角度看,一般将劳动者与企业签订正式劳动合同而形成的责权明确的雇佣关系这类用工模式称为正式用工,而将其他类型例如以劳务合同、劳务派遣等方式达到用工目的的模式称为灵活用工或非正式用工,劳动社会学从劳动者立场出发也将其称为不稳定就业(precarious work),意指工作的"不稳定、无可预知性和风险性"(Kalleberg,2009:2)以此区别于企业立场所凸显的灵活性特征。事实上,不稳定就业作为一种典型的用工模式早已存在于工作领域当中,并因此形成了较为稳固和普遍性的二元分割的劳动力市场结构。在首属劳动力市场,具有良好教育背景或社会资本的精英劳动者与核心产业的企业结成正式劳动关系并享有相应的劳动权益和社会保障,而次属劳动力市场的中低层劳动者则大部分从事偏重体力的边缘产业且缺乏稳定的雇佣关系和与之相关的保障与权益。不仅如此,在组织内部,首属劳动力市场的企业还会建立内部劳动力市场以形成劳动者职

---

① 数据来源:中国信息通信研究院政策与经济研究所,2020 年 7 月,《中国数字经济就业发展研究报告》。
② 数据来源:《中国共享经济发展年度报告(2019)》。
③ 数据来源:中国人民大学劳动人事学院课题组,《滴滴平台就业体系与就业数量测算报告》,https://mp.weixin.qq.com/s/2FpDNkJJTWbaEJ0a7-EeWQ。
④ 数据来源:《中国共享经济发展年度报告(2018)》。

业发展路径,激励劳动者长期投入,而组织外和其他次属劳动力市场的劳动者则既难以维持长期工作也没有相应的晋升通道。因此,首属-次属、内部-外部成为劳动力市场一直以来的主要划分结构(李培林,1996;李春玲,2006)。

如果仅考虑到企业组织的直接用工,平台企业中不稳定就业的劳动者主要扩充了次属劳动力市场的劳动者数量,并使得此种用工模式具备了未来倒逼首属劳动力市场调整用工特征的可能性,这也是目前各界讨论的共识。但是当我们将目光由单个企业的组织层面扩展到宏观产业用工的角度,就会发现平台经济的影响绝不仅限于一时一地的企业组织边界,而是从整个产业的角度构建整体的平台用工生态。以被技术重塑的平台家政业为例,平台不仅从技术角度构建了整合消费者和劳动者信息、智能规划和多元管控劳动者的平台劳动运营模式,更通过部分冗余信息的分流将传统家政门店整合进入其订单分配系统,再由门店将难以消化的订单再次分包给日结小时工,从而构建了家政平台、家政门店中介和日结小时工的三级订单分配体系,最终突破了单个平台的组织范畴,从整体上构建了一个以平台企业为核心的平台生态。在这个过程当中,我们看到次属劳动力市场再次被分割成多个层级,围绕着平台企业,形成了多种类型的不稳定就业群体,其中直接接受平台订单的是核心,次级为透过从属家政门店接受平台订单的劳动者,而平台的冗余订单最终通过层层发包传递给了被平台"排斥"在外的劳动者。

因此,在现有次属劳动力市场由于平台生态的建构而导致的多层级结构当中,最边缘的日结小时工是不稳定就业劳动者中最弱势群体。对该群体的关注和讨论,对于梳理和澄清平台经济用工模式的本质和特征以及影响等具有高度的必要性和典型性。因而,本文将以平台家政产业影响下的微信日结小时工为例,通过田野资料中有关其流动背景下的生活状态和边缘不稳定就业的劳动过程的相关事实,以便以此为基础深入理解平台经济所带来的不稳定就业趋势的本质特征。

二、不稳定就业研究框架及其既有实证研究

从概念来看"不稳定就业"(precarious work)主要指不确定、不稳定和不安全的工作,劳动者承担工作风险(相对于企业或政府的风险)且仅获得有限的社会福利和法定保护(Kalleberg,Vallas,2018)。在社会学的研究中,主要有两类传统关注此议题。一类传统从社会宏观结构与发展出发,在发展历程方面借用了波兰尼的钟摆模型,提出在信息技术的支持下市场正在逐渐占据优势。而在宏观层面的表现主要为资本全球性的竞争、全球企业工会的衰落和政府福利政策导向的变化;在意识形态层面则表现为个人主义得到了广泛的认同,特别是个体应对其自己及家庭负责而不是政府或社会的相关理念。在这一传统中不稳定就业被认为是宏观结构变迁所导致的社会后果。另一类传统则主要关注中观层面的组织及产业变

迁,包括了产业中心开始转向服务业及在生产制造业后福特主义的生产方式的流行,在这类传统中不稳定就业不仅被看作是一种生产雇佣方式,也是造成劳动者生活困顿、危机四伏的重要线索,因此也将不稳定就业所造成的社会后果作为重要的讨论议题。

而从具体的历史情境来看,不稳定就业从来都是就业领域的常态,而长期雇佣、保障周全的福特制雇佣模式才是波兰尼钟摆模型中社会发展至某一阶段的特例。标准雇佣在工业生产中主要以生产制造业中的汽车制造业为核心模式,相关研究显示"二战"后以汽车制造业为代表的生产制造业在全球化市场竞争下为了获得更多利润由福特主义的大规模生产转向了后福特主义的精益生产(Lean Production)(Kalleberg,2009;Sliver,2003;Benería,2001)。这种生产方式是由丰田公司所首创使用的,丰田公司凭借此超越了曾经的霸主福特和通用而成为了汽车制造业的新领导者。这正因为如此,此种生产方式继而被欧美国家争相效仿,并迅速扩散到世界各地的各个行业和角落。然而正如这种生产方式的名字一样,精打细算的资本由此可降低成本提升灵活性,并获得利益,但这压低的成本并不会凭空消失而是被转嫁到了劳动者的身上。在精益生产方式下,公司只保留少数的管理、研发等核心工人,而低技术和低收入的工作则由兼职工人、临时工和转包制工人等来承担,以此来减低成本和保持生产的灵活性。但同时也在客观上造成了工人群体的核心-边缘的二元分化,并使得边缘工人的工作性质和生活成为不确定和不可预见的不稳定就业状态。在日本国内,这种生产方式的产生是与其本土特殊的家庭内部性别角色分工相辅相成的(Sliver,2003),因此大部分的边缘不稳定工作是由已婚的妇女承担的,以此支撑了男性长期的固定的工作职位。但随着公司的生产由国内扩展到国家之间,这种家庭的支持策略不再起作用,因此边缘不稳定工作的承担者在日本之外也就不仅仅限于已婚的女性而是扩展成了低收入国家的全体工人的身上。因而欧美国家的精益生产方式被称为精益-平均模式(Lean-and-mean Production)⑤,即并没有建立核心和边缘两种工人群体,而是在灵活生产安排下将所有的劳动者都置身于不稳定就业的状态。

随着大规模的生产制造业被以信息技术为基础的新经济和精益生产模式所取代,服务业得到了迅猛的发展(Kalleberg,2009)。作为新发展的产业,服务业所受到的不稳定就业的影响更甚。这一方面可以从本文之前提到的宏观层面的因素变迁来解释,也同时是因为从事服务业的劳动者多为妇女、移民等边缘人群,因此其议价能力更差。

有关服务业的研究曾经是比较乐观的,认为服务业的非正规化就业是暂时的,

---

⑤　相应地,日本的精益生产模式被称为精益-双重模式,即 Lean-and-dual Production。

最终将由于经济的发展而被正规部门吸收,然而随着时间的推移我们看到这基本只是学者的一厢情愿,服务业中的非正规化和不稳定性伴随着该产业发展而扩大化。在此状况下学者开始关注服务业以劳动者的"灵活性"和低工资为利润来源的发展背后,劳动者所承担的隐形成本(hidden cost)(Pun,2004;Kidder,Raworth,2004)。这些隐形成本包括,因为不稳定的工作所多付出来的现金,例如多次往返工作地点;被资本侵占的收入,例如加班费用和本可享受的假期;人类发展成本,例如由于工作环境差所导致疾病的治疗费用等;平等和自尊,由于从事较低层次和不稳定的工作所导致的自卑等。这些研究将重点聚焦在了具体的工人的日常生活上,弥补了之前偏重宏观因素研究的不足,并揭示了经济发展神话背后工人所付出的沉重代价,它不仅限于生产领域,也相应表现在生活领域。也即对于劳动者来说不稳定就业是一个全方位的风险和挑战。

在此基础上,研究者们也注意到服务业相比较于制造业的相关特征,特别是基于服务业中的雇佣关系多为客户-中介-工人三方关系的特征,相关研究提出,中介机构在推荐、监督工人工作的同时也剥削了工人并再生产了这种核心-边缘劳动力的不平等结构(Elcioglu,2010)。研究认为一方面中介公司的存在使得劳动力的实际雇主规避了本应对劳动者所承担的责任,例如出现长时间累计的工伤事件时由于同时服务多家雇主而无法认定责任;另一方面中介公司作为一个利益主体,有其自身的利益目标,因此会运用这种策略来保证自身的利润实现,已经是边缘劳动力的劳动者中再次区分出核心-边缘的结构并通过不断更换新的工作场所和设置监督者从而加强了劳动者的碎片化,以利于自己对劳动力的控制。这种针对不平等结构的产生和维持以及其中中介公司的作用的相关研究,使我们看到了不稳定就业中的结构安排和结构的再生产,从而更加明确这种不稳定的状态并不会随着时间或经济的发展而有所改变。

而21世纪以来互联网技术推动下而兴起的平台经济,在促进传统服务业发展的同时也一并强化了其固有的不稳定就业特征。一方面平台服务业用工保留了传统中介的特质,平台仍然作为客户和服务业者之间信息的传递与匹配中介而存在,也即客户-平台-工人三方关系得以存续(Vallas,Schor,2020);另一方面平台将服务业者明确定义为仅与平台存在"信息服务业"合作的独立承包商,二者之间不存在任何形式和程度的雇佣关系,但又运用科技手段在劳动过程和服务评价等多个维度加强了对劳动者的控制(梁萌,2017;吴清军、李贞,2018;陈龙,2020)。由此来看,平台经济下的服务业不稳定就业趋势正在呈现出延续和强化的趋势,并且随着将网约车、外卖业等以男性从业者为主的服务职业囊括进来,此种不稳定就业的范畴也脱离了传统上以底层女性为主的性别特征,不仅如此,学者们也观察到这种不稳定的趋势正在向其他的专业工作和管理工作蔓延(Kalleberg,2009;Benería,

2001),甚至存在未来从根本上改变标准雇佣的忧虑,转而成为深刻影响更广泛群体的就业模式。因此,对不稳定就业的关注,并非仅仅是对传统弱势人群的悲悯情怀,而是对整个工作领域历史发展转向的梳理与预判。

因此,通观不稳定就业的研究脉络,学者们更多将其置于受宏观社会结构裹挟的发展后果,以讨论不稳定就业的原因与影响为核心,而不稳定就业的劳动者也因其在社会地位和就业结构中的不利位置,通常被视为被动的不稳定就业消极影响的承受者,也即在结构(structure)与行动(agency)的框架中结构被认为处于绝对控制的位置。仅有少数学者提出即便是在如此不利的条件下劳动者仍有其主体性,有做出反抗行动(agency)的可能。

学者 Sliver 在她的研究中提出,虽然不稳定的就业趋势不断发展,资本使用多种策略来保持利润,但历史的不同阶段一直表明资本到哪里,哪里就有工人的反抗。在不稳定就业下的工人结构谈判力量⑥被弱化,但联合谈判力量将是工人阶级未来对抗资本的主要力量。虽然不稳定就业将工人阶级与雇主之间的关系转变为不确定性,且将工人阶级在工作场所因碎片化而削弱力量(Elcioglu,2010),但已有的证据表明不稳定就业中的边缘劳动者通过联合对抗资本的斗争是值得期待的。另一位学者 Gorz 认为不稳定就业的趋势一方面是一个危机,另一方面也正是出路。因为这样一来,灵活就业的劳动者将增多,对于这部分来说工作对他们的意义极度衰退,而生活则是他们关注的重点,因此也拥有了更多的自治领域得以摆脱一直以来隐含在工作之中的结构控制,Gorz 也由此认为未来社会变革的力量就存在于这样的灵活就业的劳动者当中(Gorz,1997)。由此,无论是前者提出的劳动者在工作领域利用联系力量的谈判或是后者提出的在生活领域自治可能导致的变革,虽然时至今日以上预测都尚未得以显现,但其对劳动者在不稳定就业状况下的主体性和能动性的可行性和重要性问题的关注都对我们澄清这个议题具有重要的启发意义。

这种意义主要在于,当不稳定就业作为一种长期存在且以一种压倒性趋势蔓延开来的时刻,我们需要意识到劳动者不仅是与结构对抗的形式上的力量,更是长久以来以及当下日常中挣扎求存的生活中独具意义的个体,不稳定就业对于从业者来说具体的影响是怎样的,以及劳动者如何具体地应对、适应这种结构上的趋势,是我们从微观层面梳理和理解不稳定过就业的影响的重要维度,更是深入解析此趋势下劳动者的困境与挑战,抵抗与适应的重要线索。

因此,本研究选取平台经济中最具不稳定就业特征的微信日结小时工作为主

---

⑥ Sliver 认为工人的谈判力量有两种,一种为结构谈判力量,一种为联合谈判力量。而结构谈判力量则包括市场谈判力量和工作场所的谈判力量。具体解释清参见参考书目中的著作。

要的研究群体,围绕其产业生态、择业背景、劳动过程等核心要素进行梳理,呈现日结小时工作为在平台经济影响下的不稳定就业劳动力市场结构中最弱势的从业者,如何与宏观结构相关联,如何在其工作场域中动员和利用其各类资源从而最终保证劳动过程的完满,为理解不稳定就业的研究提供一个角度的探索。本研究的具体田野资料主要来源于 2020 年 5 月开始的对家政工日结微信群内的成员展开的深度访谈,因为疫情的限制,这部分调查全部以网络线上形式开展,目前共访谈了 25 人,包括群主、家政发单老师和日结小时工等多个群内主体类型,其中派单老师 2 人,男性日结小时工 2 人,日结小时工以女性为主,年龄分布在 45～53 岁之间,总体较平台家政工年龄偏大,主要来自北京周边省份,获得访谈录音 20 多小时,并已全部转换为文字,同时作者也从 2020 年 1 月起持续观察记录日结群的相关情况,这部分资料也作为理解该类劳动者的重要背景信息。

三、成为微信日结小时工

(一)多重流动:家政工产业的结构背景与变迁

从人口结构上看,家政业的从业者大部分从属于在城乡之间往返迁徙的流动人口。自 20 世纪 80 年来以来,伴随着城乡之间流动壁垒的渐次消融,大批农村劳动力人口来到城市寻找就业机会,由于教育背景、技能和户籍制度等方面的限制,大部分流动人口只能从事以体力劳动为主、劳动报酬较低和非正式雇佣的非正规部门,处于次属劳动力市场结构中。而家政业由于更接近于女性在家庭传统中的角色与功能且从业门槛较低,因而成为第一代外出务工女性在工厂流水线之外的重要就业窗口,这一时期的家政产业多以小型家政中介门店为主,市场化和职业化的程度较低,但也直接促进和实现了城乡之间的空间流动。

而 21 世纪以来,一方面由于制造业引入智能制造从而对劳动力需求锐减的"机器换人"效应,以及另一方面互联网技术与传统服务业相结合所带来的平台服务业的蓬勃发展,越来越多的年轻一代女性务工者开始投身于平台家政领域,在平台家政企业的带领下,整体家政产业的从业者数量有了显著提升,年龄也更为年轻化。这部分劳动者在这一发展浪潮中实现了在不同产业间的就业流动。

而具体到家政产业中的小时工工作,其在劳动过程的本质上也同时具备显著的流动性。小时工工作通常都是临时且以小时为单位计算的超短期工作,即便在同一天劳动者也可能需要在不同地点工作,且大部分工作以个体承接为主,鲜有与其他劳动者形成深入联结的机会,因此劳动过程的时间、空间和社会网络方面都面临极度流动性的工种。

因此,家政业的劳动者无论在宏观的社会流动或产业就业流动,以及微观的劳动过程都呈现出三重流动性的特征。可以说，流动既是其就业的成因，也是其就业的趋势，更是其劳动的本质，而本文所讨论的微信日结小时工则是这群体中最为极致的群体——她（他）们脱离了传统家政工对中介组织的依附，成为彻底自由的个体化劳动者，仅在非正式的微信日结群中接单，并自主安排工作日程和工作内容，而从这一角度，其日常工作的安排正是对以上流动的特征的克服。正是从这一角度看，微信日结小时工在家政业中是不稳定就业的最为典型群体。

（二）微信日结群的形成

微信日结小时工之外的小时工群体大都会围绕一个特定的实体来获取订单信息，要么是家政中介门店，要么是平台企业的专属 App，而微信日结小时工的所有工作都是基于家政日结微信群的，因此对于普通人来说主要功能在于社交的互联网社交 App，在这个群体中就被赋予了更多的经济价值，成为获得工作的首要资源。而微信群的组建者即群主则主要来源于两类群体，一种是家政企业员工[⑦]（非家政服务者），另一种是资深日结小时工。

众所周知的家政平台企业主要通过互联网家政 App 招揽客户、对接劳动者，中国几家主要的平台家政公司都是体量庞大、影响广泛的全国性企业组织，而在其出现之前，家政产业主要由中小型家政门店主导，这类门店主要为其相邻的部分社区提供服务，地域性限制较强。平台家政出现后逐步迫使中小家政门店突破地域限制并开始尝试线上线下双重客户招募，其线上的部分就是与平台家政企业合作，利用平台中海量的客户流量，将客户订单分流或传递到自己的门店中：

大概五年前，互联网没有这么火爆的时候，有一些家政公司会发名片（招揽客户）这种形式。想让客户看到这个信息，也在报纸上打广告的，有巨头投资的可以定期做广告、电梯广告、视频广告。有钱的花钱多一点，效果好一点。现在所有的公司比较依赖于互联网，因为互联网的渠道比较多样化，比如像 58 会主推用自己的平台，还有天猫、淘宝、京东、美团、点评等等平台。手机上每个软件都会有上门服务家政这一块，原来是很少的，但是近两年每一个软件出现了之后，直接就会增加上门服务这一块。很多平台打出来是免费，但是不可能是长久的免费，甚至免费的效果没有收费的效果好。（某家政门店 L 经理，2020 年 5 月访谈）

虽然一般来说这些家政门店都会有自己线下固定合作家政工群体，但由于网络订单的不可预见性和地域模糊性，就使得家政门店时而需要额外的劳动者来处理突发情况：

---

⑦　在中国大部分家政企业与家政工之间都没有形成正式的雇佣关系，而是以中介等方式形成信息服务等合作关系，属于非正式用工、灵活用工模式。因此这里提到的家政企业员工是指在这些家政公司里从事管理、培训、客户服务等被企业正式雇佣的劳动者，她们主要从事管理行政类工作而不提供家政服务。

比如接单子没有人去,我们会(在微信群)找一些干活比较好的,然后去到客户家服务。因为微信群里很多都是有经验的阿姨,可以解决一些比较急的情况。(某家政门店 L 经理,2020 年 5 月访谈)

从日结小时工的角度来看:

比如说你昨天接了发单老师的一个活,老师觉得你活干得不错,他就把你拉到他自己的群里,这样拉,拉到现在群里人挺多的。我加入的这些群一部分是发单老师拉进群的,另一部分还是我们做保洁的阿姨拉我进群的,因为这些人都特别心善,相互体谅的那种,互相帮忙把对方拉到群里。(兼职日结小时工 WX 访谈,2020年 5 月)

继而有一些长期从事日结小时工的劳动者,慢慢积累了人脉资源,也开始尝试建立自己的微信群:

反正我刚开始的时候,第一个群是有人把我拉进去的,第二个群又是别人拉我进去的,那时候我还在户上,是双休,我就利用双休的时候干,那时候他们建群就会往里面拉人。但慢慢时间久了,他们就会给我红包,让我帮他们往群里拉。但是我建这么多群是什么原因呢?是每天都有加我微信的,天天有加我微信的。所以与其这样,不如建个群解决问题,要不总有人都让我往群里拉人。反正现在光我自己的群就超 10 多个了。其他人也在群里接活。然后也有人不断建立自己的群,但是有的人建群没建起来,有的人也建起来了。(全职日结小时工 LJY 访谈,2020 年 5 月)

从以上建群、入群的经验来看,微信日结小时工群的主要功能主要是派单,订单大部分来自于平台家政的分流或转移,是家政平台业务的溢出或延续效用。因此,最初这类日结群是由家政门店的员工(在群里被称为派单老师)建立的,后续有日结小时工利用在不同的群所积累的人脉资源反客为主开始建立自己的日结群。当然除此之外,我们也能看到这其中技术对社交软件的规则设定的影响,即微信群中陌生人可以互加好友,可以自由设立群组,从而为突破组织界限(是否属于家政门店)和科层权力关系(是否是派单老师)提供了必要的技术基础。

(三)谁会成为日结小时工?

在智能手机、平台家政都尚未出现的传统家政时期,行业内的订单都主要源自于中小家政门店,虽然门店和家政工之间没有正式的雇佣关系,但是基于订单和劳动力的双方需求,二者的关系是比较稳定的,同时家政门店也会依据情况为其组织内的小时工提供较为稳定的订单和住宿等支持,因此并没有完全意义上的不属于或不依附于任何正式组织的日结小时工。那么当行业用工模式和技术条件都发生改变后,是什么促使原本从属于或依附于某个家政门店的家政工们脱离于组织并失去了组织的订单支持和住宿庇护,从而最终成为完全个体化、绝对灵活就业的日结小时工？

通过对日结小时工群的观察和访谈,我们发现群内的劳动者主要分为两种情况。一种情况是过渡型,这部分劳动者虽然也是从事家政行业,但是其主业主要是住家保姆、育儿嫂或者是从属于家政门店的较为稳定的小时工,在上下户的时间间隙或者利用上户期间的休息日从事日结小时工工作,以补贴收入;另一种情况是全职型,这类劳动者不从属于任何其他企业组织,其全部的订单和收入都依赖于日结小时工群。对于过渡型的日结小时工,其从业的原因非常明确,就是充分利用空闲时间贴补家用,而对于全职型的日结小时工则主要分为主动型与被动型:

LJY 大姐,女,辽宁人,小学五年级文化,1967 年出生,今年 53 岁。年轻时与祖籍山东的丈夫结婚,婚后举家迁回山东农村,其后 L 大姐边种地边带大了独生子,孩子大了以后 L 大姐为了提高家庭收入,由在北京做小包工头的哥哥引荐至工地做饭,后转做住家保姆,现在是全职日结小时工:

我来北京已经 12 年了。一直做住家保姆,那时候做住家保姆休息的时候也做小时工。因为这几年干保洁、保姆的时候老让我下(户)来,我就不愿意下(户)来,从大上年(去年)开始全天干小时工了,现在干着就干习惯了,还不愿意上户了。(全职日结小时工 LJY 访谈,2020 年 5 月)

虽然全日制小时工的收入也并不差,而且 L 大姐表示也已经习惯了现在这种状态反而不愿回到过去,但是仍然难以遮蔽 L 大姐是被动成为全职日结小时工的本质。实际上,这种情况并非是孤立的个案。一直以来,家政业虽然都是以 40 岁以上的已婚人士为主要从业者(家政平台占比 70%,传统家政业占比 80%[8]),但却也同时存在着明确的年龄歧视,50 岁左右的劳动者无论是家政门店还是平台家政都不再愿意接受,特别是对于平台企业来说这一年龄界限可能更为提前。L 大姐在访谈中提到的频繁被下户的经历即是其被相关企业不断边缘化直至被排挤出门的典型案例。而这部分家政工失去了曾经依傍的企业组织,从而依靠其所掌握的微信日结群生存也就是成为一种顺理成章的选择。

DL,女,安徽人,1977 年出生,已婚,已在北京二十多年,大儿子 17 岁在老家读书,小儿子 9 岁在北京上小学,丈夫在北京某银行做保安。曾在超市做导购,后到平台家政做小时工,最终转为全职日结小时工:

超市导购和现在收入差不多,干了不少年了,我刚来那个时候开超市还很好,后来到处都是超市。在超市当导购,死死板板的一天。这几年我跟 58(某平台家政)也做过。现在就在微信群里面,58 有个微信群里面,因为 58 必须派单就得去,我自己有孩子也有点老客户。那个不自由,这个(日结小时工)自由。这个百家,今

---

⑧　数据来源:http://tradeinservices.mofcom.gov.cn/article/yanjiu/hangyezk/201809/70643.html。

天去这家,明天去那家。见到的人也不一样,今天在这家干这个,明天去那家干那个,人家说的也不一样。觉得每次干得特别透亮,心里特别舒服。真的有成就感。(全职日结小时工 DL 访谈,2020 年 6 月)

D女士选择做全职日结小时工的原因——自由,代表了另一部分日结小时工的心声。这部分人不喜欢正式组织中被管理、被安排的工作方式,而全职日结小时工既能保证一定水准的收入也使她们掌握了是否接单、工作的时间、地点等方面的决定权,由此挣脱了组织管控的枷锁,获得了个体的选择自由。

由此,大体上全职日结小时工一方面来自于那些由于年龄、受教育程度等方面的限制而被正式组织排斥的家政从业者,另一方面则来自于那些厌倦了被正式组织管理控制而主动脱离向往自由自主的家政从业者。因此,基于以上原因,日结小时工群内的人员分布类型庞杂,多样性特征明显。但总体上仍然符合家政业劳动者的整体特征,即多数属于来自于农村,教育程度较低,年龄结构偏大(相对于平台家政),已婚已育且家庭经济压力大总体收入较低的人群[9]。

与此同时,我们也发现了这类大龄家政工被平台排挤后仍选择进入微信日结领域的重要生命历程特征。在这个年龄段的家政工虽然子女已经成年,但却仍然需要继续担负支持子女成家的责任,日结的工作是其能够获得工作的唯一也几乎是最后的渠道。

前面提到的L大姐,独生子已经成年且工作,丈夫自去年以来受伤在家休养,为了儿子成家,家里贷款在县城买了楼房,也购置了总价十几万的车,目前大姐打工赚的钱主要是为了偿还贷款和准备儿子结婚彩礼,是家庭的主要收入来源:

家里孩子(疫情期间)也没工作,后来也来北京了,来北京之后去拉萨了。给人拉网线,他好像是一天干11个小时,活也不累。一个月七千。我们孩子赚的钱也就够他自己花的。儿子30岁了,去年谈一个(女朋友)没成,他不要。现在车、楼房都有了。我们就在市里住,因为我们在市里买的楼房嘛,楼房贷款是一个月还三千多。车叫什么牌的了? 我也不知道,十万多呢,就是儿子平时用的。之前还贷款没问题,去年上半年他(丈夫)从5月23号脚开始受伤了,一直到过年,就我自己干。没有疫情的话我一个月得挣个五六千吧。因为去年我一个人打工,一个人挣钱,连交房贷,还有这边的房租、水电费,吃喝拉撒睡反正是够了,也没剩多少钱。(全职日结小时工 LJY 访谈,2020 年 5 月)

另一位50岁的来自山西的W,大儿子结婚已经将家里的家底用尽,且W近年来离异,只得只身筹备小儿子的婚礼。之前在家乡的矿上工作,后来由于国家经济政策变化,矿上没有工作了,于是来到北京做家政赚钱:

---

⑨　参见:http://tradeinservices. mofcom. gov. cn/article/yanjiu/hangyezk/201812/74501. html。

现在家里负担重,儿子二十六七,有对象了要结婚了。我们那里儿子结婚什么都要,要车、要房,要彩礼。所以说感觉压力好大。山西房价不是太高,但是全部算起来也得五六十万。车十万上下的就可以。房子以前县城是可以,现在不知道该往哪买。彩礼也是十几万,十五万左右。本来今年可以结的,但人家两个没有说好。儿子赚的钱也剩不了多少,因为他谈着对象,两个人花钱挺多的。所以现在也没有给自己留点养老金,目前有点火烧眉毛,只想着急赚钱。我现在离婚了,所以还得比别人努力。因为我们那边人有个不好的毛病,他们挣钱上班出去都是吃喝赌,不顾家。因为我是特别爱顾家,他一点也不顾家,所以我们两个人差距大。离婚之前他也(对大儿子结婚)有一点点贡献,也还是我的多。(兼职日结小时工 WX 访谈,2020 年 5 月)

还有来自辽宁的 56 岁的 WQ 也同样在给大儿子筹备结婚,来自重庆的 46 岁的 YHJ 独自抚养已经成年的自闭症女儿,来自吉林的 C 姐,为了替儿子偿还生意失败的欠款……

家政工在整体上都属于社会中的低收入群体,因此来自维持家庭再生产需求的较高经济压力是这个群体的共同特征。然而听了这些日结小时工背后的家庭故事,我们发现这些压力的来源并非是通常家政工们的抚育教育子女的成本,而是对成年子女的延续责任,农村父母们对子女的抚养责任延续时间之长(不仅到 18 岁成人,还要到成家结婚)、负担责任之重(从成家到立业、还债)着实令人惊讶,更值得深思的是子女们只顾自己消费而无需承担更多的受之泰然,以及父母们对这些冗长繁重家庭责任的安之若素。

由此,可以看到微信日结小时工工作的形成,一方面是平台企业突破组织边界,重塑家政业整体劳动力市场结构的影响,也即从平台企业到平台生态的建构。互联网技术与资本合作不仅构建了整合消费者和劳动者信息、智能规划和多元管控劳动者的平台劳动运营模式,更通过部分冗余信息的分流将传统家政门店整合进入其订单分配系统,再由门店将难以消化的订单再次分包给日结小时工,从而构建了家政平台、家政门店中介和日结小时工的三级订单分配体系,最终突破了单个平台的组织范畴,从整体上构建了一个以平台企业为核心的平台家政生态体系。在这个意义上,那些曾经逃离或被排挤出平台的家政劳动者又以更松散和间接的方式被平台再次"俘获"了。

而另一方面,对于那些因为年龄和教育程度被平台家政拒绝的日结小时工来说,这种形式的合作到底为其提供了生计保障的最后一道防线,虽然已无任何退路,但毕竟有一份生计保障使其得以摆脱产业中日益明显的年龄劣势。从本质上企业将"冗余"的订单分包给"不标准"的劳动者,既可最大限度地扩展企业的劳动力边界,又得以保持与其的疏离关系,建构了一个家政系统中最具不稳定性和边缘性的底层生态。

四、制造稳定：承接平台家政业"冗余"订单的典型不稳定就业者的劳动过程

从工业生产时期对劳动过程的研究来看，一个稳定、顺畅的劳动场域的建构是需要企业组织多个方面的管理策略的，一般来说包括主观和客观两个方面。在客观方面主要关系到企业组织与劳动者缔结明确的用工关系，明确双方的责任与义务，以及制定劳动规则，规范和约束劳动者在劳动过程中的行为；而在主观方面则表现为通过对劳动过程中"赶工游戏"的设定，以及绩效考核框架下对劳动者部分自主权的设定，使其对管理策略和生产过程产生潜移默化的"认同感"，也即企业通过建构管理策略而"制造同意"的过程。以上两个方面，特别是主观方面的制造同意，被认为是责任自治生产体制下维持持续、稳定生产的重要方面。而在其他直接控制的生产体制下，来自管理方全方位的管控则是维护生产的主要途径（布洛维，2005）。

而反观微信日结小时工，在多重流动的背景下劳动者与平台企业或中介门店等组织间都已经彻底脱离了任何隶属关系，也即以上建基于劳动关系之上的主客观管理策略皆已失灵，而相比于平台家政领域内劳动者与企业之间尚存稳定、明确的平台主体和实名可追溯的劳动者群体，平台通过技术机制和消费者评价等方式仍然建构出去稳定劳动关系化之中的维系生产的管理策略，更为挑战的是微信日结小时工这一网络虚拟社群具有高度匿名化和高度流动性的特征。匿名化主要表现为微信群允许人们使用昵称而没有要求实名和认证，也表现为群成员之间主要以线上沟通为主，鲜少有线下面对面的互动；流动性则表现为群内成员可以随时通过改换头像和昵称而变化为另一种身份，也表现为入群、退群的手续简便、来去自由。这两个方面的特征就决定了群成员之间的交往和关系将主要以临时性、不确定性和难以延续为主要特征。这些特征对于一般的社交需要来说尚能接受，而对于微信日结小工群这类以维持生计和经济交换为主的职业功能群来说，则充满了不确定性的挑战。

然而，将近一年的观察和多次访谈，我们发现日结小时群及其工作都在有条不紊地持续运转。因此，在本部分我们将通过对微信群体主体间的互动以及日结小时工的劳动过程的梳理，进一步讨论和分析多重流动性和不确定性等挑战下的典型不稳定就业劳动者，能够在极端不稳定的条件下"制造稳定"的具体实践，从而呈现不稳定就业问题下劳动者自身的主体性等问题。

（一）虚拟社会资本：日结小时工如何应对网络技术带来的流动性与匿名化

微信日结群的人员构成

群内主要存在三方核心主体：群主、派单老师和日结小时工。群主是日结小

时工微信群的建立者,在群成员的意识中也是这个群的拥有者,掌握着建群或撤群的绝对权力。而在日常交流中,群主却鲜少对群内的纠纷给予评判或表态,而主要是设置和维护群内交流的底线原则为主。例如有的群会设立"群内禁止招工广告"或"不得骂人"等规则,群主会在群公告中说明,也会在有人违反时出言警告,多次无效进而会发展为将其"踢"(驱逐)出群,也可能会在群人数将满之时设立门禁,只有和群主打过招呼经其同意才能加人入群。在我们的观察过程中,包括派单老师在内的所有群成员都在交流中表现出对群主的敬重、客气的态度,但这并非仅来源于群主在群内拥有的以上提及的权力,更来源于对群主建群背后所蕴含其在行业内资历、人脉和地位的认可。

派单老师多数为家政门店的工作人员,少数单量比较多的小时工也会偶尔在群中释放其顾不过来的临时订单。在数量上,群中的派单老师是少数,一个派单老师也会活跃在多个群里。虽然派单老师手里掌握着日结小时工的生计来源——家政订单,但是在群里也同样需要尊重群主、遵守群规,唯一不同的是他们可以在群中申明自己派单的原则,例如为使沟通更有效率会在昵称中注明"语音不回",未免有人盲目接单会注明"先查好位置再接单"等。在群里的日常互动中,派单老师主要以发布订单和派单为主,基本不会参与到聊天等其他群内的活动中。

群内成员以等单的日结小时工为主,日结小时工们也会互相拉熟识的同行们入群,并不太会考虑互相之间可能会存在竞争或挤占订单的关系,一方面体现了劳动者之间的互助意识,另一个方面也和每个人接单的地点范围等偏好都差异较大有关。虽然日结小时工在群内既没有群主的权力也没有派单老师的订单资源,但是也因为群内与其立场、地位相似的同行众多,在舆论上会占有一定的先机。在大部分群里,日结小时工们都会被动且安静地等待派单老师的订单信息,一旦有适合自己的订单才会在群里询问或简短发言说"我去"等,只有在群主制定可以闲聊的群里,才会经常出现比较日常的类似网络讨论区的灌水聊天场面。

因此,从日结微信群的日常运作来看,其是紧密围绕着家政订单而建立起来的规则简洁、明确的虚拟社群,在这个社群里群主掌握主要的社会资本、派单老师掌握信息资本,日结小时工除了人数众多外看似在其他方面都处于被动地位,但是却没有表现出如组织内的上下级之间的明确的管理控制关系,原因主要在于日结小时工不从属于任何组织,拥有行为的决定权和对其他同行的舆论影响力,群主和派单老师的资本价值如果失去了群成员的认可和回应则也同样会丧失其价值,因此得以维持群内微妙的平衡而没有形成明确的结构位置和权利关系。

而日结小时工与派单老师之间的具体互动则主要体现在派单和结算两个环节。

派单:关系优先原则

日结小时工的劳动过程以派单老师派单作为开始,以到达客户家并完成清洁工作为主要劳动过程,以收到派单老师线上结算的劳动报酬而结束。在整个过程中,与派单老师的互动都是通过线上形式(微信)完成的,与客户则是线下面对面的交流为主,而派单老师和客户之间也是以线上互动为主。

派单老师在群里派单的内容会主要涉及订单的地点,会具体到小区名字;时间,通常时间较紧多为当天或隔天订单,具体时间会详细到分钟;订单类型,日常保洁、深度保洁或者开荒,因为所需工具和技能略有不同;订单时长和价格,例如会说明 3 小时 90 元等(参见图 1)。

派单信息发出后,随着有群内小时工回应,派单老师就需要确定最终接单的人选。而对于派单老师来说确定接单人的原则有两种,在群里表面上的接单原则是按回应的时间先后顺序,先回应者得,而从资深日结小时工的反馈来看,时间顺序仅是其确定人选的次优选择:

我这个人实在,一般的情况下干活也干得干净,我不会糊弄。派单老师都了解我,我在群里说一句话,他们不给别人就直接给我。(全职日结小时工 LJY 访谈,2020 年 5 月)

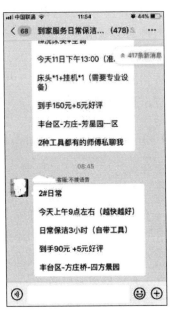

图 1　日结微信群内订单实例

我如果愿意接的话还是有单。我在每个群里都接过单,群里发单的这些人,不管是发单老师或者转单的这些,我只要和他们接触过他们还是愿意给我派单的,因为我干活都得干到位,不能给人家老师找麻烦。(日结小时工 WX 访谈,2020 年 5 月)

因此,在本质上派单确定人选的原则有两种,最重要的原则是派单老师会优先将订单派给自己合作过的关系好且工作口碑好的小时工,其次才会按照时间先后的原则确定派单人选。但是,时间先后是明显的,而关系则是隐性的,当二者冲突的时候,派单老师就容易因为没有遵守明显的时间原则后受到诟病和责难。

结算：作为关系维系重要资源的"好评"

日结小时工在客户家的工作完成以后,是由客户付劳动报酬给派单老师,然后派单老师再将钱从微信付给劳动者。由于行业的标准模糊,劳动效果和劳动时间之间的关系尚没有一个明确的多方认可的规定,在实践中极易引起劳动争议,例如小时工没能在客户期待的时间内完成清洁工作会被认为在"磨洋工",或者在规定时间内的但清洁效果没达到预期会被认为是在"糊弄",从而引发投诉并扣减劳动者的报酬,在本质上这类矛盾是家政业内较为常见的。

更为突出的是虽然微信日结完全避开了平台管控机制,但在平台家政中约束

劳动者行为的"五星好评"问题,在日结小时工这里也仍然存在,并且是即时体现在结算过程中的:

觉得我干活还不错的话,你给我个好评吧,一般客户都会这么说,肯定没问题就这样。如果像58的订单的话,我们会从客户那儿拍照,把好评截图,发给老师,大部分订单都是这样,才能结账,如果没有这个截图的话,他们就是结账比较慢。(YXL访谈,2020年5月)

派单老师在群里发单,后面写着90+5,那个"+5"就是五星好评,你把图给老师,老师就给你五块钱。我看到客户(在平台上)点,点完了我拿相机照下来,拍完就发给老师。但是有的客户来不及拍,老师也会给我钱。我碰过一次那个客户,我干了五个小时硬给抹了半个小时,就说干活不好。但是客户你还惹不得,怕他给你差评,现在老师不就怕差评嘛。如果我要得了差评的话是没扣我钱,但是得了差评对(老师和家政门店)有影响,如果好评多的话,说明这个公司做得好单量多,要不怎么都要好评呢。(全职日结小时工LJY访谈,2020年5月)

从中可以看到,日结中好评的经济价值显然远远低于平台家政,即便是日结小时工收入水平不高,也很难为5元钱的"好评"而折腰,但现实却是:因为好评背后涉及特别是家政门店在平台上的排名和口碑,从而是派单老师日后是否派单给某一小时工的重要决策依据,因此仍然得到了日结小时工的普遍重视。

而想要得到好评,就要求劳动者在接单环节施展浑身解数,博得客户的认可。从而才能维护与派单老师的合作关系,得到其持续派单的机会。因此,与平台家政不同,好评在日结小时工这里的经济意义被明显弱化,反而被转化为其与派单老师之间关系维系的资源,是关系建构的重要影响要素。这一点也回应了在派单环节部分日结小时工们解释自己得到派单的原因——与派单老师保持良好的合作关系。

反抗:以控诉解构"派单老师"在虚拟社群中的社会资本

显然,在日结小时工的生计场域中,派单老师是其维系生计的重要资源。然而派单老师在决策过程中的关系和时间的双重原则、家政产业相关标准的模糊性等原因,也常常会造成双方的误会、矛盾和冲突,从单纯的权力关系来看,以上情况发生时派单老师拥有绝对优势,只要暗地里将劳动者排除出自己的派单名单即可,而劳动者则毫无辩驳或反抗的余地。但是在长达半年的密切观察之中,我们发现劳动者竟也拓展出相应的反抗路径。

其一是一位日结小时工(XXJ)在日结群内投诉一位派单老师在派单过程中的不公平操作。当日,一位派单老师在群中发布信息,XXJ在群中第一个回应,还追问了具体时间,派单老师回复了她并表示加微信详聊。但待XXJ加了微信后,派单老师却回复她单已经派给别人了。于是XXJ在群中发布二人对话截图,并表示

是自己先回应的,派单老师的做法不妥。她说:

> 我先说去的,又说派了,会说的不如会听的。让群里四百多人听一听,你派给别人可以,为什么还告诉我八点九点都可以?不能跟我玩儿这个。(2020 年 7 月 7日群聊节录)

其二是一位日结小时工(YH)在群内控诉自己在另一个群中被名为 WG 的派单老师移除群聊的事情。派单老师 WG 在群内发布了一个开荒订单,60 平方米220 元。YH 马上在信息下留言:

> 工友们!!! 100 平以下连四块一平都不给,怎么干?按他们所谓的六块一平,工人们 70% 该多少钱?你们算算。我今天开荒建筑面积 130 平,还是老客户介绍的,柜子多 10 块钱一平。大家没挣过钱吗?疫情期间冒着生命的危险在外面奔波,开荒四块一平都没有,你们干啥呢?没见过钱吗?廉价出卖自己的劳动力,值得吗?你们一味地廉价接单,只能让那些黑心的老师坑你们!因为人家发的再便宜也有人接,你们呀醒醒吧,让那些发廉价单的自己去干,看他们一小时能合多少钱?!!! 坑人会遭报应的。(2020 年 7 月 6 日群聊节录)

YH 这篇发言之后,即被移出群聊。但是这并没能阻挡 YH 继续控诉,她在另外的群继续晒出她的发言和被移出群聊的截图:

> 工友们你们看清楚这些人的嘴脸!WG 有头像!这个人的单子我希望我群里的你们都别接!让他自己去干,太坑人了。去年这会儿没有疫情还四块一平,今年连四块都不给了,工具物料他们不给提供,交通补助没有,黑着良心坑工人,开荒比日常脏累,连他们发的日常保洁的 30 钱都给不到,你们干什么,再给黑心的他们赚钱吗。我昨天在他发单的群里说了以上的话,他还让(群主,WSC)把我从那个群里移出去了,两个山东大汉,有理倒是给老子辩解呀!移我出群算啥本事!……俗话说君子爱财取之有道!你们有道吗?告诉你们老子虽然是女人,做事从来都光明磊落!无愧于天地良心 你们这等小人!为了自己一己私利,坑害这些出门在外卖苦力的最基层的员工!你们会遭报应的!左手做的事.右手不知道!但是老天爷知道!是你的就是你的!不是你的求也求不来!告诉你们江里来!水里去!对于你们这些恶人!不是不报时候未到。(2020 年 7 月 6 日节录)

在第一个案例中,能够看到虽然派单老师并没有明确自己的派单原则,但是大家都已经接受关系优先和时间其次的派单原则,因此,她在群中控诉的并非是派单老师把订单派给了熟人,只是不能接受派单过程中的出尔反尔、反复无常的行为。

在第二个案例中,HY 控诉的是派单老师枉顾小时工利益而派廉价订单的行为,在没有得到任何回应就被移除群聊后,她继而控诉派单老师们的不够"光明磊落"的无理行为。而这种控诉不仅会得到群成员的回应,也会影响到她们的接单决策:

我们会在比较信任的平台接单,我们也不是所有的单都接。你可能在好多群里面,我不是所有派单的人都接。所以说陌生的单我都不接,我接熟悉的,做过的。还有我也会看,如果他发单很多,每次发单都有人去做,证明他的单还比较可靠。(BRH 访谈,2020 年 5 月)

通过这两个案例我们看到,当日结小时工意识到自己的利益被侵犯时,往往难以得到直接解决,而他们主要的反抗方式也因而表现为间接地向第三方群内成员倾诉为主,而倾诉策略则主要围绕派单老师的诚信、人品、道德展开,在主观上希望由此让群内成员认清他们的"嘴脸",从而不接他们的订单,并最终在客观上拆解和削弱派单老师的劳动力蓄水池。

由此,我们能看到虽然日结小时工在日结核心主体内并不拥有实际的资源和权利,但是他们仍然具备一定反抗的力量。而反抗虽然是个体发起的,但本质却是一种集体主义的路径,借由群体的舆论的力量传导压力,使派单老师面临失去潜在接单者的威胁。日结小时工正是以数量的优势和舆论的力量得以抗衡派单老师在资源上的绝对优势,从而维系着日结生态内微妙的平衡。

此种反抗策略的选择也在另一个角度呈现出日结生态中关系的重要性,这种关系对派单老师和日结小时工双方来说,都是其生计可持续的重要基础和保障。也正是这种关系,使各方在高度匿名性和流动行的线上虚拟社群中反而需要基于自己的昵称(包括群内昵称和头像)的稳定和正向的个体形象和人际关系,从而在一定程度上维护了虚拟社群的稳定性。

而通观日结小时工微信群内的互动关系,虽然日结微信群是功能明确的工作信息交换的虚拟社群,但是却并非实行着职场运行规则。在这里,程序正义等形式理性的重要性屈居于人情关系的优先顺序之后,结构位置和资源优势也不能够根本决定某类行为主体在群体中的层级和地位,集体对其个体的口碑评价,个体的人际关系和个人形象是将这些优势最终转化为生计资源的重要中介变量。因此,在日结小时工的虚拟社群中,与其说是职场,则更带有中国传统社会中桃园结义、快意恩仇的江湖色彩。在这个线上的微信社群里,虚拟社会资本是各个主体得以存在、合作、获利的重要基础,也是日结小时工克服技术所带来的绝对匿名化和高度流动性的核心资源。

(二)聚集与固定:日结小时工如何处理工作中的流动性特征

一直以来小时工的工作相比较于家政产业中的其他工种在时间上是最为细碎在空间上也是最具流动性的。在平台家政那里,是平台数据计算来解决以上问题,从而希望为劳动者带来更为有效率和稳定的工作日程安排。那么微信日结小时工作为一个独立的从业个体要如何应对以上挑战呢?

空间和时间的聚集：隐性成本计算下的日程安排

日结小时工的所有工作安排都由自己决定，因此在微信群中接单对她们来说是至关重要的信息来源。而小时工决定是否接单的主要考虑包括订单时长、地点远近等要素：

我一般都是接 4 个小时的。每天都有不同的地方，没有那么固定的，一般都是今天上午跑这儿，明天上午跑那儿，反正都干。反正我天天有活。（全职日结小时工 LJY 访谈，2020 年 5 月）

你看我们挣钱成本也大，那你说我就接一个单，三十块钱一小时，我干三个小时，然后我再去下一家，你能不能接到单不一定，你时间能不能排开不一定，那接个单干完活，一天没了，一个月交通费得三百。那能行吗？（全全职小时工 ZLM 访谈，2020 年 5 月）

从以上的经验来看，日结小时工之所以会考虑时长、地点等要素来接单，主要的目的在于在订单名义价格之外，还需要考虑到路程上的时间、交通等隐性成本，对于她们来说，劳动最终的报酬高低是由订单名义价格和隐性成本两个要素决定的，因此是否接单以及如何整体安排自己的日常工作对于她们来说就构成一项复杂且关键的决策，也因而大部分日结小时工倾向于选择小时数多、空间上较为接近的订单，以时间和空间的聚集性解决订单之间流动的成本问题。

然而，聚集性的要求和必要的空间之间的流动也同样显著地影响了她们的生活：

现在对我来说也挺难的。你回去上家政公司找活上户也不太好找，然后做小时工还得租房子。这个租房子就感觉不太好租，因为太贵了也合不上。太贱（方言：便宜）了离地铁还远，接活还远。一般朝阳、海淀这一带还行。到了昌平交通就有点不方便，接活也不方便，也不好接。反正这方面挺困难的。（全职日结小时工 CJ 访谈，2020 年 5 月）

他们很多人在群里以这个（日结）为生，但是与公司里的小时工有什么区别？她们很累，特别累。你想想干完活，累了一天了。本来正常像我们工作了一天回家，就是想歇一歇，他们不是。他们不断地看手机，每天我要去哪里，能不能在群里抢到单子。然后甚至有一些单子，比如说大家都想接四个小时的单，这样的话赚的多。但是群里没有合适的位置，或者是没有她想要的四个小时的单子。这样的话很多人就赚不到钱，或者是收入不稳定。甚至有的时候没有合适自己比较近的地址，只能上午休息。这个东西完全是碰运气的。（某家政门店 L 经理访谈，2020 年 5 月）

午饭有的时候我跟你带点吃的，我就不瞒你说，就是在车上不能吃（公交车、地铁禁止饮食），我找一个比较僻的地方，人少的地方吃一下。晚饭我回家得九点以后吃饭,有的时候就是到哪儿便宜,看方便买点吃就得了,因为晚上尽量回家就休息。(全职小时工 ZLM 访谈,2020 年 5 月)

中午很少吃饭,因为有时候中午 12 点完事就近能吃点,要是有活儿的话,还得看好怎么走,坐公交或者是骑自行车,查好路线,到那去是多长时间,提前和雇主沟通好时间,或者早一点、晚一点人家不介意那就会放心吃一点饭。有时候没有接上活心里不着急?有时候就歇一会儿(所以就不吃饭)。(日结小时工 WX 访谈,2020 年 5 月)

出于对接单决策机制,特别是地点远近、订单时长等多方面成本的考虑,日结小时工需要在微信群中投入很多的时间搜集信息,判断并决策,由此额外消耗了她们的休息和生活时间,同时其居住地点也需要尽量靠近订单较多的地方,一般是城区中心,但这些地方的居住成本高、居住条件差,从而从另一个侧面影响了日结小时工对自己生活的安排。而在订单间交通接驳,不仅需要小时工付出经济成本,也同时需要规训其身体,使其适应现代公共交通对驾乘文明繁复的规定。

制造熟客:流动性工作中的固定客户

在有关销售、美容等行业的研究中,研究者早已发现服务业劳动者通过建构其与顾客的熟人关系而获得较为稳定的工作业绩(文献)。为了应对流动性的挑战,微信日结小时工克服了极为不利的条件也践行了以上制造熟客的策略。

(微信群内派单)我就不干了,因为干了三年多老客户,积累的转介绍的就行了。我(主要)在朝阳,通州有一个别墅,我做的基本上都是大面积。我就一天去了就是一天,我今天到这个地方就是一天,这几家排下去。这样的话从你家到他家,从他家到他家,这样大单,一天就两单,再大就是一天一单就是这种情况,这样没有浪费的时间,你也不用等单,基本上八九个小时,十个小时。(客户搬家)我基本都是跟着,要不为什么干到通州了,他搬家我也跟着,所以说没有办法,也有一个部分因为这个涨价的,客户搬家了说阿姨我给你涨工资,我给你涨你就跟着我。(全职小时工 ZLM 访谈,2020 年 5 月)

我们做一家的时候,一定要把这个客户成为我们的固定客户(老客户)。让他生根开花,通过他走遍他的朋友、亲戚。我们现在不从线上接单了。客户介绍客户,我们每干一家就按照深度保洁来干,本来三个小时,我就给他干三个半小时,这半个小时送给他。我就把这个客户留住了,通过这个客户介绍他的七大姑、八大姨,通过他的介绍那就是开花。有时候我们还多送一个小时。打个比方,三个小时没干完,再给人家干一个小时。客户很感谢你,虽然是 40 块钱的事情,钱虽少礼轻人意重,那就感动他了。(全职小时工 ZYL 访谈,2020 年 6 月)

总体上,实行老客户策略的小时工一般工作日程能够排满,而且收入也相对较高。但是如何才能将微信群内临时性的散单转化为老客户呢?上面的 ZYL

师傅谈到了一点,就是适当延长工作时间和通过超出预期(日常保洁按深度保洁标准)的工作效果来"感动"客户。从劳动社会学的研究视角来看,这属于情感劳动(Hochschild,2003)的范畴,但综合来看,还体现为劳动者对自身服务者形象(Pérez & Stallaert,2016)的建构方面,同样是上面提到的两位以老客户为主的小时工,他们在客户家的经验非常生动地向我们展示了这一点:

点点滴滴都要注意,我们去人家做日常保洁3个小时的,去的时候是不喝粥的,必须吃米饭。为什么?因为喝粥的话正好赶到人家的时候是要上厕所的,三个小时是不使用人家卫生间的,这是我们这么多年养成的习惯。我们是非常注意。做日常保洁的时候我们中午一般带两个苹果,中午吃饭渴了我们就吃两口水果,这样的话就不会出现老是用卫生间的情况,引起客户的反感,这一块我们做得特别好。(全职小时工 ZYL 访谈,2020 年 6 月)

礼貌,做人的品质,然后就是干活的技巧,你自己本身脏,手指甲都不剪,到人家去干活那可能吗?再一般自己的穿戴,我觉得也很主要。干净是一点,但是不能太华丽了,也不能太邋遢也不行,这个度得掌握一点,你到人家,你穿的比人家主人都好,那也不行,我从来到客户家也不穿裙子。我夏天就是 T 恤、裤子,我冬天就是运动服。因为你首先你得知道你是干什么的。(全职小时工 ZLM 访谈,2020 年 5 月)

对比于我曾访谈过的平台家政和家政门店的小时工从业者,以上两位在客户家劳动过程中对劳动效果之外的形象、行为的约束都是更加严格和细致的,二者深刻地理解了在家庭这类私人领域从事劳动,对于客户来说家庭是私领域,是自己全权主导的后台,而对劳动者来说则是其提供劳动的职场,具有一定公共性的前台,前后台之间必然存在明显的行为规范矛盾。在使原本隐蔽、私人化的后台由于劳动者的介入部分地转化为前台,还是最大程度地维护其私领域的性质这两个选项之间,很显然她们选择了后者。虽然他们没有办法讲出这背后的本质逻辑,但是对生活中复杂情境的处理能力和他人心理的理解能力都使人不由得不感叹。

通过情感劳动和专业化劳动,制造客户对自己的认可,从而增强双方合作的粘性,最终会将临时客户转化为老客户,从而在根本上解决了散单在时间、地点等方面的变动和不确定性所带来的成本问题。当然,在此过程中,劳动者也一并经历了对身体、形象和行为的重塑与规制,仍然为此付出更加隐蔽的身心代价。

综上,我们可以看到,面对多重流动性挑战,微信日结小时工主要从两个方面应对挑战。一个方面是以虚拟社会资本的建构应对虚拟网络社群等技术因素所造成的匿名化和流动性挑战,以关系为核心的派单、结算甚至是反抗机制都使原本作为威胁和风险存在的虚拟社群关系转而成为积累社会资本的重要载体;另一个方面则体现在对小时工具体工作特征方面流动性的克服,劳动者通过对订单时长和空间分布的选择与安排,力争使将分散的订单之间呈现出空间聚集的效应,以使流动的隐性成本最小化,同时也通过制造熟客的策略,将订单固定下来,从而进一步提升工作日程安排的确定性和稳定性。通过以上策略,微信日结小时工在极具挑战的多重流动与不稳定就业的背景下幸存下来,日复一日挣扎向前,呈现出极具生命力和主动性的劳动过程。相对于机器制造业中持续稳定由管理策略主导的被"制造同意",微信日结小时工工作的持续稳定显然呈现出主动的"制造稳定"的特征。

五、结论与讨论:典型不稳定就业劳动者的主体性及其代价

通过以上对微信日结小时工作为典型不稳定就业劳动者的梳理和讨论,可以发现这一群体在结构位置、主体性、社会后果等方面都存在比较鲜明的特征。

在结构位置方面,在一般不稳定就业劳动者为企业工作但无法与企业建立正式劳动关系的基础上,微信日结小时工即使在名义上与平台企业在工作上也没有关联,而主要涉及其与派单老师个体之间的信任与合作关系,因此在平台企业所建构的次属劳动力市场结构里,微信日结小时工相比较于平台家政工和门店家政工显然处于更加边缘的位置。不仅如此,在脱离了对平台专有 App 而转而使用一般社交软件微信之后,微信日结小时工还面临着技术所带来的高度匿名化和流动性的问题,由此结合其社会流动、产业流动和劳动过程流动的产业特点,这一群体在劳动中面临着多重流动性的挑战。

但是,即便如此,虽然我们日常对家政群体包括微信日结小时工群体的整体判断是整体处于最为边缘的结构位置且群体在教育程度、劳动技能和社会资本等方面都极为弱势,但其却也同时在微信日结的工作领域里顽强地扎根下来。为此,这一群体在不利结构下仍能不断激发其行动的主体性问题开始显得尤为突出和重要。

在对制造业劳动者主体性进行讨论的经典研究里,由于直接控制模式下对主体性的压制和责任自治模式下"制造同意"的被动性,人们对于劳动者生产中的主体性问题保有较为悲观的态度,也同时意识到劳动者主体性的多元性与交叉性,因此在消费社会的背景下开始关注到处于较低社会结构位置的青年打工者通过对其主体性在消费领域的再造,从而力争成为更平等、受尊重的"消费主体"的社会身份(余晓敏、潘毅,2008)。然而多年以后,消费对在生命历程中处于中老年的微信日结小时工群体来说,其主体性的塑造呈现出新的特点。一方面,在消费目标上,主要以成年子女的成家、立业的延续责任,也由日用品等小额消费变为不动产(车、房)大额消费,从而带来欠款、借贷等长期负担和风险,因此成本更高持续时间也更长,隐含着中长期的财务危机和风险;另一方面,该群体的消费由青年时代的以自我为目的转变为以子女为目的,呈现出代际转移的特点,在经济和意识等方面的主

要获益者都以其子代为主。由此来看,消费在塑造微信日结小时工的主体性方面的直接作用已与之前的青年时代存在较大差异,消费不再是作为其直接主体性的塑造来源,而是其投身到微信日结生产领域的压力或动力来源,因其在消费领域的巨大投入而不得不在极端不稳定的生产领域中持续稳定的投入。

而其在生产领域的主体性则表现在对技术和社会资本的使用两个方面。在技术方面,体现为部分劳动者对平台系统的主动逃离,在智能手机平民化和社交软件普及的背景下生产性地使用技术,创造性地建立起基于一般社交软件的生产性社群,并成功地建立社群的规范克服了技术带来的挑战,摆脱平台对其体力劳动和情感劳动双方面的严密控制,在微信日结领域里追求一种更加自主和自由的工作方式并使其成为可持续的生计来源。在这一过程中,劳动者对不同技术系统的遴选,对于技术挑战的克服,以及基于技术使用而获得的数字红利,都体现出其在处理与新信息技术方面所具备的主体性和能动性。

在社会资本方面,一般来看流动人口在生产中的社会资本一直处于较为薄弱的状态(文献)。而在微信日结小时工群体里,正是依靠与客户在劳动过程中的真实熟人关系建构和与派单老师在微信群中虚拟熟人关系的维持从而确保其工作的持续稳定。因此,微信日结小时工基于自身原本极为不利的社会资本条件,或投入时间、规训身体或经营"好评"来点滴汇聚凝结成生产中的支持性社会资本。

因此,虽然作为多重流动背景下典型不稳定就业群体,微信日结小时工处于极为脆弱的境地中,却凭借其对技术和社会资本的创造性使用而呈现一种坚韧的工作与生活状态。而微信日结小时工社群的成功运作也同时促使我们反思平台机制,在平台系统中所表现出来的强监管性和去权性,以及对平台中劳动者之间、劳动者与消费者之间经济与监管关系的强调与社会与合作关系的压抑,在某种程度上将会抑制从业者的主体性与能动性。

当然,不可忽视的是,在不稳定就业的社会后果方面,为了应对以上挑战,我们在分析部分已经呈现出微信日结小时工所付出的诸多努力和采取的应对措施——制造稳定。即便他们通过自己极为有限的资源而维持了生产劳动的持续稳定,但仍难以掩盖其中的身心代价。在已有研究所关涉到的生产和再生产中的后果之外,微信日结小时工的具体代缴还包括为了接近订单来源区域而忍受的极低居住条件;为了安排订单降低隐性成本而付出的休息时间;订单间的高频流动及现代交通文明规范所带来的身体规训;向客户索取好评而承担的心理代价等。

参考文献

1. [美]布洛维,迈克:《制造甘愿——垄断资本主义劳动过程的历史变迁》,林宗弘、张烽益、郑力轩、沈倖如、王鼎杰、周文仁、魏希圣译,群学出版有限公司 2005 年版。

2. 陈龙：《"数字控制"下的劳动秩序——外卖骑手的劳动控制研究》，《社会学研究》2020 年第 6 期，第 113～135 页，第 244 页。

3. 李春玲：《流动人口地位获得的非制度途径——流动劳动力与非流动劳动力之比较》，《社会学研究》，2006 年第 5 期，第 85～106 页。

4. 李培林：《流动民工的社会网络和社会地位》，《社会学研究》1996 年第 4 期，第 42～52 页。

5. 梁萌：《强控制与弱契约：互联网技术影响下的家政业用工模式研究》，《妇女研究论丛》2017 年第 5 期。

6. 邱林川：《信息时代的世界工厂：新工人阶级的网络社会》，广西师范大学出版社 2013 年版。

7. 吴清军、李贞：《分享经济下的劳动控制与工作自主性——关于网约车司机工作的混合研究》，《社会学研究》，2018 年第 4 期，第 137～162 页，第 244～245 页。

8. 余晓敏，潘毅：《消费社会与"新生代打工妹"主体性再造》，《社会学研究》，2008 年第 3 期，第 143～171 页。

9. Benería, Lourdes. Shifting the Risk：New Employment Patterns, Informalization, and Women's Work. International Journal of Politics, Culture & Society, 2001.

10. Beverly J. Silver, 2003 Forces of Labor：Workers' Movements and Globalization since 1870 Cambridge University Press.

11. Elcioglu, Emine Fidan. "Producing Precarity：The Temporary Staffing Agency in the Labor Market." Qualitative Sociology 33. 2(2010)：117-136.

12. Gorz, Andre. Farewell to the working class：an essay on post-industrial socialism. Pluto Press, 1994.

13. Hochschild, 2003, The Managed Heart：Commercialization of Human Feeling, University of California Press：Berkeley /London.

14. Kalleberg, A. L. and S. P. Vallas (2018). Probing Precarious Work：Theory, Research, and Politics. Precarious Work：Causes, Characteristics, and Consequences. A. L. Kalleberg and S. P. Vallas. Bingley, United Kingdom, Emerald. 31：1-30.

15. Kalleberg, A. L. 2009 "Precarious Work and Insecure Workers：Employment Relations in Transition" American Sociological Review, Vol. 74(1), 1-22.

16. Kidder, Thalia, and Kate Raworth, 2004 "'Good Jobs' and Hidden Costs：Women Workers Documenting the Price of Precarious Employment" Gender and Development, Vol. 12, No. 2, Trade (Jul. , 2004), pp. 12-21.

17. Pérez I, Christiane Stallaert. The professionalization of paid domestic work and its limits：Experiences of Latin American migrants in Brussels. European Journal of Womens Studies, 2016.

18. Pun, Ngai 2004 "Women Workers and Precarious Employment inShenzhen Special Economic Zone, China" Gender and Development, Vol. 12, No. 2, Trade (Jul. , 2004), pp. 29-36.

19. Vallas, S. , & J. B. Schor. (2020). What do platforms do? understanding the gig economy. Annual Review of Sociology, 46(1).

家政工养老保险权的分类保护

——基于上海的实证研究

谭金可

摘　要：家政工养老保险权保护问题凸显了劳动法"灰色就业地带"以及非典型雇佣的劳动者问题。基于上海的实证分析发现，家政行业乱象最直接的表现是家政工社会保险权益问题。目前参加社保的上海家政工的人数较少。《上海市家政服务条例》强调了员工制家政服务机构对于家政从业人员的社会保险费缴纳责任，而对于家政服务中介机构的社会保险责任并未规范，对于"散户"家中社保权益关注不足。而如今上海家政行业以"散工式"为主。员工式家政工养老保险权保护面临着亟待制度倾斜与制度强化推动员工制模式发展的困境；中介式家政工养老保险权保护需要重新界定三方责任，探寻三方缴费的平衡模式；散工式家政工养老保险权益的症结在于突破现行养老保险保障模式的束缚，采取渐进式制度变革。

关键词：家政工；劳动法；养老保险

一、问题与意义

市场经济的多元性和发展不确定性，使得现存于我国劳动法领域内的"灰色就业地带"以及非典型雇佣的劳动者问题愈发明显。"现有社保政策是建立在劳动关系基础上的，与就业形态的新变化不相匹配。"[①]由于我国社会保险的参与机制与劳动法中规定的劳动关系密不可分，家政工受制于从业形式的束缚，"家政工的劳

作者单位：谭金可，华东政法大学。本文暂时为本次会议交流的初稿，请勿引用，谢谢。
① 陈晓燕：《2020 全国两会职工话题"热词榜"》，《中国工运》，2020 年第 6 期，第 17～21 页。

动法人格至今仍未正位",②大部分无法突破劳动法的窠臼、参与社会保险的合法权利保障阙如。随着我国老龄化进程的不断加快,关注家政工参与社会保险的议题不仅具有现实意义,更对劳动法发展完善以及灵活就业人员的劳动权益得到切实保障具有重要意义。

二、家政工的类型及其保护难题:基于上海的分析

根据第七次人口普查数据显示,上海全市常住人口中,60 岁及以上人口5815462 人,占 23.4%,其中 65 岁及以上人口为 4049012 人,占 16.3%。60 岁及以上人口的比重提高 8.3 个百分点,65 岁及以上人口的比重提高 6.2 个百分点。而 0~14 岁人口为 2436296 人,仅占 9.8%。③ 上海如今呈现少子老龄化趋势,老年人口数量不断增加,后继抚养持续力不足,老人面临着家庭养老能力弱化的现实。加之上海处于我国市场经济发展中心,市民市场化意识较高,对于家政工的需求更高。据统计,上海目前 820 多万户家庭中,正在使用或者有家政服务需求的家庭超过 1/3,年市场经济规模约 300 亿元。④ 上海庞大的家政工需求市场以及较高的薪资收入引得全国各地的家政从业人员为之奔赴。上海的家政从业人员已经突破 50 万人,而其中有 95% 为各地来沪人员,上海家政工市场的规模已是不容小觑。然而,截至 2018 年,上海在工商、民政、人力资源与社会保障部门注册登记的家政服务机构有 2400 多家,但实际正常经营的只有 700 多家(不包括一些散在大街小巷的非注册登记的机构),个别家政企业和中介机构鱼龙混杂,无照或违法经营。⑤家政行业乱象最直接的表现是家政工社会保险参保权益的问题,尤其体现为养老保险领域。由于家政工自身知识水平能力有限,自我权益维护意识薄弱,市场存在规避缴纳社会保险费降低成本的倾向等原因,因此家政工的社保权益获取很难得到落实,也就导致目前"参加社保的上海家政服务员的人数较少"⑥。上海作为如今全国最大的家政市场,对于家政工的权益保护理应形成治理经验和治理样板,切实保障上海家政市场可持续发展,亦为我国养老保险全覆盖探索可行性模式。

2019 年 12 月 19 日上海市人大通过《上海市家政服务条例》(以下简称《条例》),标志着上海市成为我国为数不多的具有家政行业立法的省份。上海市《条例》的出台基于当前新时期为全面提升家政服务质量,满足群众对优质服务的需

② 郑尚元:《家政工纳入养老保险制度及家政工劳动权益之保护》,《社会科学家》,2020 年第 6 期,第16~25 页。

③ 上海市统计局、上海市第七次全国人口普查领导小组办公室:《上海市第七次全国人口普查主要数据公报》,《解放日报》2021 年 5 月 19 日,第 2 版。

④⑤ 《上海市促进家政服务业发展立法研究》,《上海人大月刊》,2019 年第 4 期,第 41~42 页。

⑥ 李银雪:《上海家政服务业发展调研报告》,《科学发展》,2021 年第 5 期,第 108~113 页。

求,实现家政服务优质供给要求,根据 2019 年国务院办公厅下发的《关于促进家政服务业提质扩容的意见》,率先在全国做出尝试,创制性推进家政地方立法。《条例》主要以行业规范、产业赋能为目的,宏观层面的制度构建较突出,细化到个人权利保障较少,因此其中对于家政工的社会保险权利的强调篇幅并不算多。上海在推动《条例》出台的过程中并不顺利,面临着示范表率创制性立法的压力、上位法的缺失、立法周期较短、家政工在劳动法中身份特殊等因素。因此当前《条例》中,针对家政工的社会保险权益的保障仍然存在以下不足。首先,《条例》中涉及家政工社会保险的立法与其创制性不符。依照《条例》中第二章第 8 条规定:"本条例所称的家政服务机构,包括员工制家政服务机构和家政服务中介机构。"⑦家政服务发展至今,已经产生了多种机构形式。对于家政公司性质仅仅涉及"员工制"和"中介制"两类,明显缩小了保护范围和监管覆盖面。《条例》中强调了员工制家政服务机构对于家政从业人员的社会保险费缴纳责任,而对于家政服务中介机构的社会保险责任并未规范。虽然中介机构与家政从业人员属于民法上的"居间关系",不具有承担家政工社会保险费的责任,但作为创制性法律,就上述来看,关于家政工社保领域的保障并未有所突破,相应保障仅起到对于现行政策下的明示意义。其次,针对立法保障对象,"条例"中并未明确界定家政服务人员的概念。"条例"中仅明确"家政服务"的概念,对于具有多重身份的家政服务人员仅仅通过"从事家政服务的人员"这样的概念是不具辨析意义的。"家政服务人员"的概念界定关系到上海市目前的家政工是否能依照"灵活就业人员"的身份参与城镇职工养老保险,因此存在概念上的界定必要。最后,"条例"中所涵盖的家政用工关系范围较小,没有实现有的放矢的类型化立法。"条例"中侧重对于家政服务机构的规范,而对于"散户"存在关注不足的问题。而如今上海家政行业便以"散工式"为主。由于家政服务行业存在三角关系的特殊性,由此便会产生诸多法律关系。条例中对于涉及"散户"家政工的"雇佣合同关系"、"劳务关系"、"模糊(合作)关系"并未明确体现,因此"散户"的社会保险权益并未得到强调。虽然"条例"针对"散户"的立法意义在于引导个体家政工纳入机构管理,但在相应的机构管理机制并未成型前,对于目前市场中的"散户"进行过渡性的立法保护还是应该完善的,如此才能体现该"条例"对于家政用工关系的合理完备覆盖。

三、员工式家政工养老保险权保护的优化路径

员工式的家政工基于劳动合同形成的基础上,能够受到劳动法的保障,养老保险的落实较之其他类型的家政工具有明显优势。依照 2019 年国务院办公厅下发

---

⑦ 《上海市家政服务条例》,《解放日报》,2020 年 1 月 5 日,第 4 版。

的《关于促进家政服务业提质扩容的意见》，我国目前对于家政工社会保险的保障实现路径，是依赖通过家政市场"员工制"覆盖来实现。而在现实家政服务市场中，家政服务机构采用"员工制"的意愿却并不强烈，"员工制"保障存在着发展准入阻力。

（一）三大阻力

1. 顶层设计层面的阻力

我国《劳动法》建之于 20 世纪末期，至今并没有进行较大调整。"劳动关系"作为根本性原则，对于劳动者是否能获取相应福利、社会保险等等具有决定性作用。当前我国推行倡导"员工制"家政用工模式，便是希望借由"劳动关系"直接包揽家政工所有权益保障。然而，提倡"员工制"却并没有调整上位法中对于家政工的隔离因素，属于本末倒置。1994 年 9 月 5 日劳动部办公厅印发《关于〈劳动法〉若干条文的说明》（以下简称《说明》）。在《说明》第 2 条第五款中明确规定，《劳动法》适用范围排除了公务员和比照公务员制度的事业组织和社会团体的工作人员，以及农业劳动者、现役军人和家庭保姆等。其中家庭保姆作为家政工的主要工作定位，明文被《劳动法》所排除。此项规定一直延续至今，在后续的法律修改中并有新的填补或完善。而从 1994 年至 2021 年，家庭保姆的身份已经发生极大转变，员工制企业下的家庭保姆签订劳动合同，已经成为劳动法必须调整的对象毫无疑问，但却与此条款相背离。由此可见，劳动法对于家政工群体的关注仍然存在漏洞。

2. 劳动法对于员工式家政机构责任分配不合理

"员工制"的家政用工模式背后意味着家政服务机构将承担比原先更大的责任，并且面临成本的增加。家政服务机构抵触建立"员工制"的家政服务模式，不仅仅只是需要负担家政工社会保险费用缴纳等显性成本这么简单，根本原因还是在于家政服务机构的潜在成本将大大提高。引发潜在成本增加的最根本原因表示家政工面临的风险由家庭雇主转移到了家政服务机构身上。在非员工制模式下，根据《民法典》等法律法规，家政工面临的工作风险可以通过双方之间建立的民事关系，向家庭雇主进行求偿分担。而员工制建立后，虽然家政的用工形式形似劳务派遣。根据 2013 年 12 月 20 日审议通过的《劳务派遣暂行规定》第 26 条规定："用人单位将本单位劳动者派往境外工作或者派往家庭、自然人处提供劳动的，不属于本规定所称劳务派遣"。因此根据《劳动法》以及《劳动合同法》，员工制的家政公司对于旗下安排到家庭雇主家中工作的员工，所产生的工作风险需要承担替代责任。然而家政服务又不同于其他劳动工作。其一是家政工的工作地点为私人家庭，工作场所存在私密性和隐蔽性，难以有效监管，并且危险发生后取证存在一定困难；其二是即使在员工制下，家政工的主要工作开展依然是根据家庭雇主的任务安排和指示进行的,家政公司没有办法对家庭雇主的进行有效约束。基于这两点,站在家政公司的角度来说,其下属员工的工作风险存在不可控性,并且该风险有无限扩大倾向,家政服务机构时刻处在需要承担其员工巨额替代赔偿责任。因此与家政服务的低收益相比,家政公司成本过高。

3. 家政工层面:理性选择下参保收益的期望不高

由于劳动关系的形成,员工制家政服务机构对于帮助家政工缴纳城镇职工社会保险费已是法定义务。然而对于家政工而言,并不意味着员工制的参保对其具有巨大吸引力。首先,如今在上海家政市场从事工作的大部分家政员,本身属于低收入人群,其从事家政服务的本质目的就是为了获取当下的物质收入,以满足对于金钱的需要。在这种短视化的投资理念的影响下,面对需要额外扣除工资收入的养老保险缴费的时候,家政工多数选择拒绝。其次,目前我国养老保险仅做到省级统筹,养老保险的转移接续制度仍不完善。家政工本身就属于进城务工就业人员,如今上海市家政工中有 95% 为各地来沪人员[⑧],养老保险的转移接续问题就更为重要。由于如今养老保险跨统筹区的领取存在手续上繁杂、制度上不完善等,这将对家政工参与养老保险的意愿产生巨大推力,最后演变成家政工对于员工制家政机构的拒绝。

(二)对策建议:制度性倾斜推动员工制模式发展

员工式要突破目前仅占家政市场 1% 的窘境,政府的行政手段介入扶持是当务之急。上述笔者分析员工式家政机构由于拘束于劳动关系的框架内,需要承担大量责任,因此出于逐利心理,对于家政机构自发形成员工制的期望大不。就目前来说,政府需要在《条例》外制订细则,明确如何落实鼓励家政机构员工式的方法。政府可以对建立员工制的家政机构给予倾斜性补贴政策,依照所吸纳的签订劳动合同的家政员人头数作为基本标准,以此确定补贴程度,激发家政机构的社会责任感。同时需要规范补贴领取的条件,以防止员工制以外的家政机构产生寻租心理,通过名义建立员工式家政以骗取倾斜性补贴。只有当鼓励手段落实到实处,非员工式的家政机构才会有转型意愿,进而形成行业规模效应。

四、中介式家政工养老保险权保护的实现路径

当前上海家政工市场中,由于信息获取渠道有限等因素,家政工往往难以通过自身能力寻找到家庭雇主。因此中介式成为了家政市场最普遍的用工模式之一。中介式模式中,家政机构作为信息的提供方,家政工与家庭雇主之间构成居间关

---

⑧ 《上海市促进家政服务业发展立法研究》,《上海人大月刊》,2019 年第 4 期,第 41～42 页。

系。家政机构作为居间人，为家政工提供订约机会或者充当订约媒介的当事人，帮助家政工和家庭雇主草拟服务合同，达成服务关系。在这个过程中，家政公司的盈利方式以信息费为主，即向家政工和雇主收取相应的中介费。而对于今后家政工在工作中出现的任何风险或者违约侵权行为均可以免责，家政公司对家政工人没有任何管理义务。由于居间关系属于《合同法》的管理范围，目前中介式的家政机构对于劳动者不存在养老保险缴费义务。因此，需要从民法关系下，重新界定三方责任，探寻三方缴费的平衡模式。

（一）三大问题

1. 当前三方家政服务协议合同不规范

家政服务合同乱象在中介式家政模式中最为凸显，本次《条例》制定中一个突出措施便是要求制定规范的家政服务合同。作为民事居间关系，劳动服务合同在中介式中极其重要，合理合规的服务合同是家政工养老保险权益得到保障的基础性要素。而在如今家政市场中，家庭工作为委托人，通过中介家政服务机构达成居间合同。然而在我国现行《合同法》中，对于居间合同的具体形式并没有相应的明确规定。因此，家政工与中介机构最终采用何种合同形式，完全由当事人自行决定。只要当事人双方意愿达成合意，家政服务合同即成立生效。在此过程之中，便会存在家政工与中介机构达成居间关系，而实际上不存在居间合同的现象。而合同的缺失，即便相应法律法规存在，也难以通过法律关系对家政工的养老保险权益进行保障，更谈何要求中介家政机构在其中承担部分责任。

2. 中介式家政服务法律关系定性模糊

中介式家政用工模式不同于员工式，只存在有无劳动关系的区分。在中介式中家政用工关系中，存在着多重家政服务法律关系。其中，服务合同关系和雇佣关系的辨析最为关键。当前学界对于中介式中的家庭服务员与家庭雇主之间的法律关系该如何定性存在着一定的分歧。一部分学者认为两者之间应该构成服务合同关系，也有的学者认为中介式的居间关系完成后，即为家政工与家庭雇主构成雇佣关系。是否为雇佣关系还是服务合同关系，两者的定位决定了家政工所获得的权益保障，以及家庭雇主在民事层面所需承担的责任程度。如果按照服务合同关系确认，家庭雇主对于家政工的责任义务则相对较小，作为中间经纪人的家政机构也理应在其中发挥一定作用。若定性为雇佣关系的，由于存在人身从属性，雇主所与承担的责任范围将扩大，并且也相应淡化家政公司在三角关系中的责任。除此之外，中介家政公司仅仅只有居间关系存在，抑或为同样存在雇佣关系？在多重关系的交叉下，中介式家政工的定位不清，家庭雇主与家政机构的责任分配难以确定，因此中介式家政工的养老保险参与难以探求出新路径。

3. 家政工在三方合同当事人中处于不平等地位

中介式家政用工模式本质是去劳动关系化,目的就是家政机构通过牺牲家政从业人员的利益实现利润最大化。中国由计划经济体制转向市场经济体制的时间不长,仍然处于发展阶段,因而在劳动力市场普遍存在资本对劳动者权利的挤占和压迫。受到传统观念的影响,劳动者在劳动力市场往往处于劣势,其主动争取自身权利的意识淡薄,"强资本,弱劳动"的用工业态形成。中介式模式本身就是为了降低家政工劳动报酬,尽量避免对家政工提供过多的福利待遇,甚至通过非法手段对家政工进行压迫。其中,家庭雇主和中介公司往往形成合力,共同阻碍家政工对于自身权利的获取。正是由于用工市场大环境的影响,中介式下家庭雇主和家政公司没有形成对家政工人权的平等尊重态度,在实务中,对于家政工是否需要参与养老保险漠不关心。雇佣者对于家政工参保的消极态度和漠视,直接影响家政工养老保险的参与。

4. 中介式市场乱象丛生

家政工养老保险权益在中介式中不仅面对着制度自有弊端,还存在主观人为风险。目前中介式家政用工鱼龙混杂,中介公司的资质认定模糊,皮包公司情况较为严重,并且现行规范对家政中介机构的监管又过于简陋和宏观,这导致中介中"黑中介"盛行。现有制度对社保监管的范围、监管的方式以及问责处罚的方法等仍有改善空间。相应配套立法落后,导致员工式和中介式的家政服务机构杂糅。基于种种因素,中介式家政用工模式实际给黑心企业开辟了违法路径。"黑中介"的存在,使得当前市场更难以规范,不利于保护中介制家政工的养老保险等合法权益。

(二)保护措施

1. 规范中介式市场运行

中介式家政工养老保险权益保障最首要任务是清除市场中存在的"黑中介"。违规中介家政机构的存在会使得家政市场混乱,增加了对家政工养老保险权益的侵害可能,因此必须对中介式家政机构进行规范化管理。在日本,中介式家政服务机构只有得到厚生劳动省的批准承认才能开展工作,私自从事家政中介工作属于违法。我国也需要采取相应手段,构建统一的中介机构登记平台,完善中介家政机构的准入机制,制定相应中介平台规范条例,以此保证中介家政机构的合法化运营。其次,政府应推动中介式转向员工式发展。除了通过倾斜行政策使得员工式较中介式更有吸引力,吸纳更多家政工;还需要进行补贴扶持,激发中介式机构的内生动力,协助中介家政机构转变为员工式。其中要防止中介式家政机构产生寻租行为,借由政策骗取补贴。再者,结合我国社保费征缴已由税务部门征收的情况,其财务监管及审计调查手段将促进中介式家政机构发展,使之为家政工缴纳养老保险的技术条件越发成熟。因此,新的机制模式未推出前,应通过立法手段将中介平台的鼓励行为转变为协助义务,明确中介机构对家政工养老保险事务的手续办理、政策普及等方面的帮助责任。有了中介平台的帮助后,一定程度上也能保证家政工顺利参与进我国基本养老保险体系中。

2. 三方共同购买家政工养老保险

在工业化进程早期,劳动者与雇主的雇佣关系主要是私法进行调整。随着劳动市场的发展,特别是非典型雇佣现象的普遍存在,社会政策的介入使私法体现社会责任已经成为趋势。目前家庭雇主雇佣家政工,并无明确的任务清单以及要求边界,通常通过口头吩咐来指示家政工的工作任务。并且,家政工的工作场所为家庭雇主住宅,私人环境的限制使得家政工在工作过程中的地位便已经受到拘束。家政工与雇主之间具有明显的人格从属关系,在家政工服务期间内,其人身严格受到家庭雇主的控制,人格从属性明显于双方间经济从属性,应依照雇佣关系调整。从域外对中介式家政从业人员的关系界定来看,菲律宾和我国香港地区等地均采用雇佣关系的定性,将家政工视同为民事法律上的劳动提供人,实施严格标准的雇佣合约。雇佣关系调整符合当前劳动者对法律的期待,在适用雇佣合同模式后即可对相关责任进行相对合理的分配。雇佣合同加强了家庭雇主的自身责任,强化了三方之间的民事关系,在此基础上便可构建中介式的家政工养老保险费用分摊机制。目前现行法律只是倡导中介式家政工以灵活就业人员的身份参加城镇职工养老保险,而缺少雇主方负担部分。既然家庭雇主与家政工之间存在雇佣关系,并不仅仅是单纯的经济从属性,因此家庭雇主承担相应部分符合民法立法精神,体现了对家政工劳动人格的保障。而作为中间人的家政公司,虽然与家政工签订的均是居间介绍合同,但实质上对家政工存在较强的控制约束。中介公司在两边收取相应中介管理费,并作为双方关系结束后的善后方,亦不应摆脱责任。因此针对中介式,需要统筹创新社会保险模式,可以采用三方购买模式,共同承担家政工的城镇职工养老保险费。中介家政机构从收取的管理费中按比例缴纳一部分,而家庭雇主自身承担一部分。其中由于雇佣关系强于居间关系,较大比例应由家庭雇主承担,而中介家政公司则需承担汇总三方款项并定期向社保经办机构缴费的职责。为了保障落实,在签订居间合同和劳动服务合同时,需要把三方各自承担的缴费比例列明。通过司法社会化的手段,保障家政工养老保险权益。

五、散工式家政工养老保险权益的特别立法保护

散工式也是如今市场较为常见的模式之一。散工式顾名思义是由雇主直接与

家政工直接形成关系,不需要家政机构的参与和介入。往往是通过熟人的关系或双方在家政市场上自由协商,达成合作意向,从而建立服务关系的模式。由于散工式受到"亲属关系"的道德捆绑,以及完全没有劳动关系存在的可能,因此该模式下的家政工的劳动权益的实现只能依靠雇主的"良心"。

(一)问题

1. 劳动法适用除外、专门保护法的缺失

散工式家政服务模式是目前权益保障最不足的,根本原因在于我国劳动法对于非典型雇用的忽略。因此如果无法填补当前劳动法中存在的对于非典型从业者的保护死角,即使相关部门和有关单位也是无能为力。首先,散工式家政工身份无法得到法律承认。2005 年,我国劳动和社会保障部发布了《关于确立劳动关系有关事项的通知》(劳社部发〔2005〕12 号),文件中第一项明确了当前我国用人单位招用劳动者未订立书面劳动合同,但同时具备三种情形的,劳动关系成立。其分别是:(一)用人单位和劳动者符合法律、法规规定的主体资格;(二)用人单位依法制定的各项劳动规章制度适用于劳动者,劳动者受用人单位的劳动管理,从事用人单位安排的有报酬的劳动;(三)劳动者提供的劳动是用人单位业务的组成部分。[⑨] 对于家庭自雇式即散工式家政工来说,情形(一)直接就否决了成立劳动关系的可能。其次,家政工权利保障一定程度被遏制。2006 年 10 月 1 日施行的《最高人民法院关于审理劳动争议案件适用法律若干问题解释》(二)中第 7 条第(四)项规定,"家庭或者个人与家政服务人员的纠纷"不属于劳动争议。这项规定直接导致散工式的家政工群体,在为家庭雇主提供家政服务过程中,社保权益的争取甚至是出现工作危险后的索赔的难度大大提升。这两条规定实际上直接否定了散工式的家政工成为劳动者的可能,使得家政工暴露在劳动法保护范围之外。因此,在现行的法律框架下探寻散工式家政工的养老保险问题困难重重。

2. 缴费比例缺少倾斜保护,散工负担费用较大

散工式最大的问题在于,无法找到具有用人单位主体资格的对象分担养老保险缴费责任。由于家庭不存在成为用人单位的可能性,因此散工式的家政从业者只能自行缴纳养老保险费。目前上海的城镇职工养老保险对于个体劳动者和灵活就业人员的缴费标准是其核定缴费基数的 24%,实际上对于工资处于缴费上下线之间的散工式家政工来说,相当于每个月需要扣除其工资的 24%。依照缴费基数最低线进行计算,散工家政工也需面临每月 1182.48 元的养老保险缴费。根据多

---

⑨ 劳动和社会保障部:《关于确立劳动关系有关事项的通知》(劳社部发〔2005〕12 号),《中国医疗保险》,2019 年第 12 期,第 72 页。

方机构联合开展的《上海家政员生存现状调查》[⑩]显示,有超过 80％的家政工人均月收入低于同年度上海市社会月平均工资。如此高昂的缴费负担使得家政工愿意选择放弃参与到养老保险的体系中。而如果家政工选择参与城乡居民养老保险,面对不同档次的缴费标准,则会倾向于选取最低档作为缴费标准。而根据"多缴多得,少缴少得"原则设立的城乡居民养老保险来说,家政工选择最低档次的缴费,在年老后所享受到的养老保险待遇是最低的,对比其他相同劳动程度的劳动者来说,无疑是对家政工的不公。

3. 家庭雇主歧视下劳动者角色无法确立

现行散工式家政模式中,普遍存在对家政工职业身份的轻视,把家政工角色形塑成为完整的独立个体存在困难。家政工身份具有多重性,兼妇女、农民工、外地人三重身份为一体。加之对比其他两种模式,散工式失去家政机构在之中的调整平衡,单独面对家庭雇主。在双方知识阅历、财富积累等存在较大不平衡下,散工式家政工无法在薪酬议价、福利商定的过程中取得话语权。家庭雇主在寻找散工式的家政工时,对于家政从业者的角色认同仍然停留于"类仆人"的观念下,即使在相处交流时能维持平等,但这种隐性的歧视仍会使其倾向于对家政工权益的剥削。正是由于这种歧视的存在,散工式家政工不仅难以实现基本的劳动保障,更面临着无法进入养老保险的保护范围内的巨大困难。

(二)解决办法

1. 特别保护路径一:突破现行养老保险保障模式,强化第三支柱模式

面对散工式的困境,现行最直接解决办法应该是采用"基本养老保险＋商业养老保险"双保险结合模式。根据前文所述,家政工与家庭雇主之间签订劳动服务合同,其中具有明显的雇佣关系。雇佣关系下,家政工人格从属于家庭雇主,人身自由由于私人住宅而受到一定限制。由于散工式缺少第三方家政机构的存在,城镇职工缴费基数有最低限制,如果强行要求雇主承担家政工城镇职工养老保险的缴费责任,即相当于要求家庭雇主肩负用人单位的责任,明显有失不公,对于家庭雇主负担过重,亦可能出现"羊毛出在羊身上"的情况,最终影响家政市场发展。如果要求雇主与家政工共同承担其城乡居民养老保险缴费,又无法体现出对于家政工劳动人格的尊重。家政工仅能参与城乡居民养老保险无法体现其劳动价值和社会公平。因此,散工式家政工养老保险要考虑到缴费负担以及收益水平,则引入商业保险最为不过。商业保险可以供家庭雇主和家政工不同的缴费层次,突破了城镇

---

⑩ 周珏珉、方磊、魏迎娣、张弘、王慧、唐敏、周芸、石奕蓉:《家政员都是家庭经济支柱——上海家政员生存现状调查报告》,《家庭服务》,2018 年第 2 期,第 42～50 页。

职工养老保险的最低缴费标准。在此基础上,家庭雇主和家政工可以共同选择适合的投保等级。在服务合同签订时,双方进行相应的缴费责任划分,共同购买商业养老保险。这个过程中需要政府加强扶持,引导保险公司适当让利,在合理程度内适当降低保费,采取缴费层次越高补贴越多的模式,引导家庭雇主和家政工选择更高层次的缴费标准。此外需要考虑到家政工的高流动性,在缴费的宽限期和复效期等设置上适当延长。

2. 特别保护路径二:现行法律框架下专门立法实行特别保护

根据前文所述,我国当前劳动法将散工式家政工排除在外,并且缺乏系统性的法律法规实现家政工社会保险权益的保障。基于家政工作的特殊性,按照民法和合同法来调整家政和雇主的关系,这保护力量对家政工而言是微弱的。因此对于散工的社会保险保障法律法规需要相应完善,通过专门立法以实现家政工的权益。《条例》目前对于散工式仅存在倡议性规定,未体现出专门针对散工式的家政工的保护手段。仅仅通过鼓励散工进入员工制模式中,在员工制家政机构数量有限的情况下,很难发挥出有效地保障作用。针对家政工的专门立法,国外早有先例。我国台湾地区有《工人版家事服务法》来保障家政工的权益;津巴布韦专门设立《雇佣关系法》强调对家政工劳动权益的保护;阿根廷则专门出台《家政工人工作条件法令》,其中明确对家政工的工作条件等做出了详细规定;秘鲁的《家政工人法》明确家政工同其他劳动者享有职业培训、8 小时工作制等劳动权益;在印度,为了保障家政工特别制定了《家政工人(注册、社会保险和福利)法》;美国纽约州于 2010 年通过了《家政工人权利保护法》,该部法律实现了家政工同一般劳动者具有同等权利的保护[11]。在不触动现行《劳动法》和《劳动合同法》的框架下,不论是中央还是地方或者门立法应从两方面考量。首先是突破《最高人民法院关于审理劳动争议案件适用法律若干问题解释》(二)中第 7 条第(四)项规定,将家政工与家庭雇主之间产生的争议纳为劳动争议。此举是为了保证家政工议价权利得以提高的前提,以及家政工社保权益得到保障的前提。只有将其争议纳入劳动争议,家政工的权益争取才能获得社会法中的倾斜性支持,弥补私法的保护不足。散工家政工与家庭雇主之间存在的雇佣关系使之存在不平等,如果只用民法解决其争议,实际上还是损害家政工的合理权益。其次,对于家庭雇主是否应具有家政工的城镇职工养老保险的缴费责任,应该通过家政工的工作时间确定。类似于美国《纽约州家政服务人员权利法案》中所规定的,如果家政工每周为雇主提供服务超过 40 小时,雇主则有为家政工购买工伤保险的义务[12]。因此,立法应该保障长期性的家政

---

① 彭雷:《家政工劳动权益保障问题研究》,《兰州大学》,2020 年。

② 李世平:《家政服务业立法域外经验借鉴》,《上海人大月刊》,2019 年第 8 期,第 29～30 页。

工的养老保险权益。依据家政工为同一家庭雇主的连续服务期限累计计算,如果当家政工累计期限达到一定程度,则雇主应承担家政工城镇职工养老保险的缴费义务。不用依照用人单位和劳动者的缴费比例,相应缴费比例可以调整,由两方共同负担。而短期的家政工,则可以通过前文所说"基本养老保险＋商业养老保险"的模式开展。当相应的专门立法出台后,散工式的家政工权益将能得到针对性保障,即使没有形成劳动关系,但也能实现获取养老保险的可能。

3. 变通性保护:劳动关系的适应性调整

散工式家政工养老保险权益得到保障的根本机制是建立起切实明确的劳动关系。家政工参保难问题所折射的时代性产物,是非典型雇用以及处于灰色地带就业的群体的代表,背后透露出的是法律局限性问题。其要求我们对《劳动法》和《劳动合同法》的调整范围及对象进行扩展延伸,肯定家政关系的合法性,将家政服务关系纳入两者的保护范围之内,建立家政工获取社会保险的法律基础,确定家政工参与社保的适法性。未来《劳动法》和《劳动合同法》对劳动关系的认定进行一定程度上的松绑属于大势所趋,劳动关系与社会保险之间的绝对一致关系也会随之调整。将劳动关系延伸为所有从属性劳动,将直接使得散工也成为劳动法的保护对象,各种权益也能得到切实保障。如今通过对家政服务市场中的劳动关系进行调整,也是开启这一道路的最好切入点。

六、结语

目前上海市场中,家政服务业繁荣,家政工在上海的职业构成中越发凸显。然而家政工的劳动人格及相应的社会保险权利却未得到切实保障。今后,随着我国市场经济不断发展,家政工市场的需求量也会逐年提高,大量家政工将会涌入市场,此问题若得不到解决将会如滚雪球般越发严重。家政工群体背井离乡,劳碌半生,养老保险权益作为他们后半生的核心依靠,也是其劳动付出获取尊重的象征。笔者希望借由家政服务人员的养老保险问题,不仅能促进当前家政服务市场的规范化以及家政工的职业化,消除当前社会对家政工群体的偏见歧视,更渴望推动我国早日完善劳动法及社会保险法,对僵化的劳动关系与社会保险"捆绑"进行调整,关注非典型的职业群体,提高保障覆盖面,早日实现十九大提出的"全面实施全民参保计划"。

中国家政服务培训体系的变迁研究

——以上海市家政服务企业为例

徐俭俚　苏熠慧

一、研究背景与研究问题

作为一项解决就业，满足人民日益增长的生活服务需要问题的职业，国家商务部、财政部和总工会联合发布《关于实施"家政服务工程"的通知》（商贸发〔2009〕276号），其中"职业培训"是该工程的核心内容。文件明确提出运用财政资金支持开展家政服务人员的职业培训活动，支持家政服务企业对家政服务员进行内部培训。这是国家首次以文件的形式对家政服务业的发展做出培训规划。至此，在政策支持下家政服务市场的培训机构和企业也逐渐兴起。2019年，国务院颁布了《关于促进家政服务业提质扩容的意见》（国办发〔2019〕30号），职业培训体系的建设更是成为家政服务业职业化发展的重要手段之一。从家政服务职业的正式确立，到家政服务职业培训工程的开展再到如今的为促进家政服务职业化发展而建立职业培训体系的过程，表明职业培训体系的建设和方向的改变都有其内在的演变逻辑。本文旨在探寻以下问题：家政服务业的职业培训体系建设经历了怎样的演变历程？其内在逻辑是什么？

二、职业化视角下的家政培训研究

（一）多学科视角下的职业培训体系研究

职业培训作为一种继续社会化的重要手段，其目的在于通过让从业者接受职业教育、培训等活动，提升从业者自身的文化素养与技能水平等职业能力，增强其适应社会规则和理解社会规范的能力。其主要任务包括调节从业者与工作内容的

作者单位：徐俭俚，苏熠慧，上海财经大学。

冲突和矛盾,实现从业者与自身工作的顺利匹配。在现有的大量研究中,职业培训体系常常与职业教育联系起来考察。所谓职业培训体系,指的是针对劳动者技能进行培训的一系列活动,形式上可以被分为院校的全日制和在职培训、企业的在岗培训体系以及社会培训机构的专业化培训体系(彭莉华,2001)。职业培训体系也成为教育学、经济学、社会学等学科领域的研究对象,以此也形成了不同视角的理论解释。

在职业教育学研究维度上看,可以发现,学者侧重于从终身教育理论视角出发,将职业培训体系的建设视为是接受教育不可或缺的一部分,职业培训所服务群体的广泛性和无差别性以及职业培训的长期性和连续性恰恰实现了教育的平等性、终身性和全民性原则。

在经济学研究维度上看,学者关注的则是职业培训所产生的经济效益。劳动价值理论就强调要实现教育所输出的经济效益,就必须对劳动工人进行教育和培训,并将其投入到生产活动当中创造更多新的价值。正是因为职业培训的建设能够针对性地解决市场需求,满足企业的人岗不匹配的现象,为企业带来良好的社会经济效应和溢出效应,企业才得以加大对员工职业培训的意愿和积极性。由于职业培训不仅有利于国家劳动力市场的规范发展,企业社会效应的提升,更是个人提高自我价值和个人资本的重要举措,因此职业培训体系的建设也是一种投资行为(Alfred Marshall,1972)。这一观点认为,职业培训所产生的人力资本远远超过其所付出的物质资本。在经济学家看来,职业教育和培训不应仅是一种消费行为,而更应该将其视为一种投资手段。因此,经济学视角的更加关注的是职业培训所产生的经济和社会效应(Schultz,Becker)。

在社会学研究维度上,学者主要从情境学习理论、需求层次理论与制度主义分析视角出发研究职业培训问题。劳动从业者接受职业教育和培训的基础是生理需求,只有在保证劳动者有稳定的收入来源时从业者们才愿意接受职业培训,安全需要和社会需要等更高层次的需求是促使劳动者接受职业培训的动力(柳成黎,2011)。这一视角关注的是职业培训行为发生的原因。而制度分析视角则更加侧重于职业培训体系形成的制度根源。这一观点认为职业培训体系的发展与演变是在特定的社会背景下发生的,演变的动因往往是嵌入在经济、社会和政治关系中的。这也就使得职业培训体系的发展必定存在一条特有的路径以解释其背后的变迁机制(刘晓,陈志新,2018)。

此外,从职业培训的功能、对象和意义维度来看,已有研究认为职业培训有利于增强劳动力的文化水平和能力的功能,企业对劳动者的职业技能培训有利于提高企业整体人力资源的质量,促进企业的整体发展,政府对职业培训工作的重视则有利于提高整个社会的职业素质,促进行业的健康有序发展,实现人力资源强国战略目标(王绍良,刘望,2015)。[①] 就职业培训对象,近年来国内学者研究的主要群体是农民工的职业培训,包括对其接受职业培训的重要性(周杏梅,2007),农民工这一群体在接受职业培训时的存在的问题(刘建民,2011)等方面。以及在2013年国家提出要建立终身职业培训体系后,学界又开始关注各行业终身职业培训体系建设的必要性和意义。家政服务行业的职业培训也得到学者的大力关注。从文献的梳理中,可以发现学者主要侧重于分析家政服务从业者培训与城市文化适应的问题,认为职业培训有利于家政服务员对城市文化的适应,增强其社会交往能力,促进社会融合(雷有光,2005);家政服务员的职业培训行为作为社会支持对整个行业的影响问题(胡玉霞,2006)以及政府在家政服务从业人员的职业培训上所发挥的角色和功能。

可以发现,已有的关于家政服务职业培训的研究的空白之处在于对其培训体系建立过程的逻辑分析,学者集中关注职业培训的意义和作用,分析其可能存在的问题,却忽视了培训体系的建立过程。社会学维度对职业培训体系建设的研究要么聚焦于家政服务个体的微观研究,导致忽视了背后的社会机制;要么过于关注宏观背景的理论解释,而忽视了职业培训是否能够得到落实和执行的情况。基于此,本文认为,职业培训体系的建设不仅有其深层的制度因素,同时更与职业本身的走向有着不可忽视的联系,与市场的执行效果有着密切的关联。借鉴历史制度主义的分析框架和职业社会学的理论,本文以职业化的理论视角分析国家是在怎样的社会背景下提出职业化发展目标的,在职业培训体系的建设上又有怎样的政策行动;同时企业又是如何去贯彻和执行这一职业培训行动的。

(二)职业化视角下的家政培训研究

在职业社会学中,职业化一直是学者关注的焦点。首先对职业化的内涵做出解释的是功能主义学派。这一学派认为,专业技能的不对称性是职业化的重要因素,专业技能的特殊性和专家的权威性要求委托人必须信任专业人士,专业人士也要尊重委托人,同时在职业化系统中,协会、许可证的颁发及伦理规范等制度是维持这种关系的保障。因此,专业人士、委托人之间的地位和关系以及制度共同构成了职业系统。功能主义学派强调将职业作为一个系统来研究,关注制度与外部社会关系的作用。其次则是结构学派。结构学派重视的是职业化的建立过程,职业化的表现是培训体系、职业团体、规章制度和道德准则等结构性制度的确立(Wilensky,1964)。到了70年代,垄断学派占据上风。这一学派认为,职业化取决于从业者如何在职业教育中再生产出新的标准和制度,并能够通过职业地位和工

---

① 王绍良、刘望:《以政府为主导的职业培训工作体系的建设》,《山东社会科学》,2015年第12期。

作特权来巩固职业结构和社会声望(Larson,1977)。因此,可以看出垄断学派强调的是职业从业者对职业地位和内容的控制。到了 70 年代末期,文化学派开始兴起。这一学派强调职业化背后的文化内涵。他们认为,职业从业者从来都不是单独的个人工作,而是在一个组织当中,因此组织对职业的介入使得职业化的发展必然具有了特殊的文化意义。而到了 20 世纪 80 年代,"职业化"又受到了相关学者的批判,比如,(Abbott,1988)认为,职业化忽视了职业活动的具体内容与不同职业之间的竞争关系,他认为,职业内容的不同与工作的分化必然会导致职业的分化,同时不同职业之间也对会产生冲突与矛盾,因此职业化的形成并不是在自身的内部系统中形成的,而是在不同职业的管辖权边界不断进行冲突与斗争中得以完成的。

尽管学界对职业进行了系统的阐述,但是其仍然存在一些不足和漏洞:首先,关于职业社会学的研究和概念的提出,多是从西方国家的职业出发,而从中国现有的制度和社会环境出发研究职业的却还是零散的。其次,不管是西方学者和中国学者,其对职业的研究范围和领域受到了很大的限制,即大多数研究都是从律师职业和医生职业出发,来探究职业化问题,但我们不得不承认,医生和律师职业的特殊性也必然会导致职业研究的片面性缺陷。最后,职业内容和职业特征的不同决定了职业的内涵、职业化的过程以及职业与国家之间的关系必然会有着不一样的行动结果和社会机制,而已有的研究职业的普遍意义和内涵,导致难以对职业社会学领域的相关概念进行界定的窠臼。

根据韦伦斯的观点,职业化发展主要体现其标准正规的培训体系、道德规范和规章制度的建立,因此,家政行业的职业化发展也就意味着首先从业者需要有自我学习和接收培训的意识和动力,其次社会对家政服务行业有一致的认同,而且这种专业化知识是不容易复制和被取代的。此外,在家政服务行业中家政工尤其是月嫂和母婴护理工作者所具有的自主性更多的是体现在其提供服务时能够打破规范掺杂自身情感的程度,而国家和社会对家政服务的干预和规制就使得这种自主性受到制约,实现一个统一化、专业化和标准化的过程。而这个过程实施的关键就是职业培训体系的落实。因此,本文认为从职业化的视角分析职业培训体系的演进过程及其内在逻辑具有很好的契合性。

本文将从职业化的视角来梳理中国家政服务职业培训体系的演进逻辑(见图 1)

首先,从历史时段着手,找到培训体系形成的时段,要分析家政服务职业培训的变迁首先就要划分体系的形成及发展时段,即其初始位置在哪个时间点,持续的时间段有多长。其次,就是要找到一个关键节点,即通过分析各阶段体系所处的特定政治、经济和文化背景,找到其关键分界点。再次,分析培训体系内变迁的要素表现,包括职业培训模式、职业培训文化、职业培训标准、职业培训主体及其职能

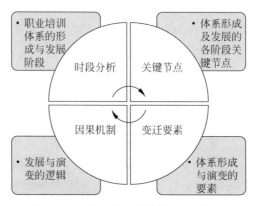

图 1　家政服务职业培训体系分析框架

等。最后,分析其发生演变的逻辑或因果机制,某一体系的变革通常是由外部制度发生了重大变化,即特定的制度背景的改变会导致现行制度的变迁,职业培训体系所处的经济、文化和职业环境的不同也会导致体系内容和方向发生改变等。基于此,本文认为,要深入研究家政服务职业培训体系的演变与发展逻辑,首先应分析我国整个职业培训体系的结构与背景(包括政治、经济和文化传统结构)、职业本身的经济与文化结构、职业培训体系建设中各行动主体的表现。因此,本研究的基本逻辑包括三个方面:影响体系发生变迁的宏观环境因素、体系演变的逻辑以及体系发生变迁的动力机制。

三、研究方法与案例选择

本文作者以上海市家政公司为案例,随机选取了上海市 3 家家政服务企和一个培训学校进行了深入的调研访谈。本文采用实地观察法和访谈法对培训师的专业水平、培训课程、培训内容和培训中涉及的细节问题进行详细的了解,其中包括对公司的老板进行了深入访谈,了解到老板设置职业培训模式的目的和动机的看法,以及其对国家关于职业化发展政策的态度等、对公司的培训师进行了半结构式访谈,以此了解培训师对公司培训体系和家政工接受培训的行为的看法和态度、对该家政公司的 8 名家政工进行了深入的半结构式访谈的,了解家政工们对公司培训和对职业资格证书的了解和态度的看法,以及在实际工作中对专业技能的应用情况。其次,本文作者也对一家中介制家政公司的两位老板进行了实地调研和访谈,意图发现员工制家政公司与中介制家政公司在家政服务业的职业化发展问题上的不同看法,以及其在促进家政服务业职业培训体系好职业化发展目标中执行力的差异表现。再次,本文作者针对被访者的回答,后期做了进一步的访谈,随机选取了 5 位雇主进行了访谈,意图了解雇主对家政服务员培训情况的看法,对家政服务员职业证书的认识,尤其是对企业的标准化和规范化程度的态度以及家政工们对专业技能和知识水平的要求情况。最后,对于政府层面在家政服务业职业培训体系建设的行动逻辑,本文将通过梳理政府出台的相关文件和主持的项目进行分析。此外,本文作者通过联系家政服务行业协会的1位老师并对其进行了三次会谈,了解到政府和行业协会在家政服务业职业培训和职业化发展中所充当的角色和所做的努力,以及行业协会对当前家政服务企业的期望和政府角色的期望。

四、家政服务业职业培训体系建设的变迁逻辑

家政服务职业培训体系的演变逻辑渗透了以多元化为取向的职业培训价值导向;以职业化为核心的家政服务职业培训体系建设的目的取向;形成了以企业为主体,政府发挥监督职能的家政服务体系建设的过程保障;反映了以市场驱动和治理的职业发展模式;体现了以"证书制度"为主导的职业培训符号和规则。

(一)"多元化"为主导的职业培训体系建设价值取向

价值是作为主体的人的需要与客体属性之间的一种关系模式,在家政服务行业内,客户的实际需要决定了家政服务员应具备的实际资质,也反映了职业培训发展的方向和重点。在职业培训体系的建设的第三阶段,呈现的显著特点便是从业人员的专业化和多样化特征,不再是家政服务员这么一个笼统的职业分类,而是越来越细分到养老、育婴和管理等多个职业类别的发展;同时,职业培训方式也朝向多样化方向发展。

1. 职业培训对象的多样化

从家政服务职业培训对象的多样化方面来看,从今年7月份家政服务"36条"的内容和教育部等多部门出台的紧缺型人才建设的通知文件中,可以看出:养老护理员、母婴护理师、家政管理师将成为家政服务职业培训的重点对象,而家庭保洁师也将继续占据重要位置;人才培养结构也将更加合理。当前,家政服务从业人员整体年龄结构集中在40~50岁之间,对于这部分人群,他们有着丰富的从业经验,容易获得客户的信赖,但对这部分群体的职业培训难度也更加大;而国家将"1+X"职业教育制度引入家政服务业,意味着家政服务行业将引进更多有学历有资质的年轻大学生和专职生,这部分群体也是未来家政服务职业培训重点发展对象,是促进家政服务职业化发展的关键一环。

2. 职业培训方式的多样化

从家政服务职业培训方式的多样化方面来看,可以发现:家政服务职业培训从以往的岗前培训逐渐向在岗终身培训延伸,从以往的政府和企业举办的短期零散培训向集中管理的培训基地转移。在家政服务职业培训体系建设的初期,政府

以实事项目制的形式对家政服务员进行短期培训,虽为未曾接受培训的家政服务员提供了机会,但由于其名额有限,终究无法辐射大多数家政服务员;企业则是对员工进行短期的岗前培训,既无法保证员工的证书有效性,也无法保障其后期的工作能力。而政府提出的"回炉"培训制度和强制要求每个省市必须有一所本科高校和若干职业院校开设家政服务相关专业的政策表明,家政服务的职业培训方式将向在岗培训、终身培训以及院校培训等拓展。

(二)"职业化"成为家政服务业职业培训体系建设的目的取向

1. 关于"职业化"的内涵

家政服务职业培训体系的建设的最终目标仍是要实现是家政服务的职业化发展。在职业社会学中,职业化可以被认为是一个静态的过程,它包含的内容很宽泛,但可以明确的是职业培训体系、规章制度、道德准则和专业资格鉴定等内容必定是职业化的表现之一,同时职业化也是一个动态的过程,因为职业本身处于一个大的社会系统中,社会政策、经济和文化的发展必然会对职业本身的发展产生影响,并采取相应的行动。因此,职业化更是一个过程,由此,职业培训体系的演变历程也是随着家政服务业的社会地位和发展方向改变的。在职业化和终身职业教育成为产业发展的重要内容的社会形势下,家政服务业亦须以政策为导向,建立和形成行业内的职业培训体系,通过加大职业培训力度,打造职业培训基地,实行产教融合制度和方案,保证家政服务从业人员能够持证上岗,最终实现家政服务业的职业化、规范化和标准化发展。而职业化的目的取向就以为着职业培训主体在执行和落实行动时应采用特定的职业治理模式。

2. 职业治理模式

所谓"职业治理模式",是指依据职业的知识属性和特征对职业内容和工作安排进行规制和管理。其基本机制是"专业权威"(姚泽麟,2016)。在职业社会学研究中,西方学者将"职业"视为是一个具有特殊意义的词,它与行业(occupation)区别开来,职业工作者必须是接受过长期的专业教育,拥有比其他人更多的专业知识和技能,而且这些知识不是经过简单培训就能够获得的;同时职业工作者还需有公共服务意识,以维持职业的稳定性和持续性发展;更为重要的是其专业知识的难以获取性和职业内容的排他性使得职业工作者具有职业自主性,即"对职业工作内容的合法控制"(Freidson,Eliot,1997)。

然而,家政服务作为一项职业,却具有其独特性:首先,家政服务工作的情感属性。家政服务工作是家庭情感劳动市场化的产物,情感性是家政服务的基本属性,这也就对决定了家政服务员在提供服务的过程中必须注入情感要素,而不是单纯以专业技能胜任的。其次,家政服务工作的低专业知识性,家政服务所涉及的

"清洁""保姆""月嫂""护理"等工作性质决定了家政服务的低门槛特征,经过简单的职业培训甚至只要富有经验就能从事使得家政服务员缺乏"专业"意识。最后家政服务工作者的高年龄层次而低文化水平性使得职业培训也成为一项困难的工程。家政服务从业者的职业自主性不是由专业权威带来的,相反的,却是由家政服务的情感性特征和从业者缺乏职业培训意识导致的。也正是因为家政服务业的特殊性,更加表明:在对家政服务业的职业化发展尤其是职业培训体系的建设过程中必须有一套特有的职业治理模式。本文主要从以下几个要素进行界定:明确职业管辖权的边界、保证职业资格认证机构的专有性和权威性、分级管理职业培训、加强职业伦理与道德培训。

2.1 明确职业管辖权的边界

"管辖权"在职业系统中是一个常被提及的概念,且多集中在律师职业或者与律师相关的舆论场中。主要是为了合法的控制某一类工作,通过强调职业所具有的管辖话语权,以明确各职业之间的业务内容和工作职责。[②] 在职业社会学中,管辖权属于某一职业内的专业人士,而由于行业之间的同化性,使得工作场所内的管辖权边界变得模糊。不仅是职业内部存在管辖权的边界问题,在职业外部,不同职业之间也存在管辖权的边界问题。在家政服务职业中,要了解职业培训中的职业治理逻辑,首先就要分析其职业管辖的边界问题。

2.1.1 家政服务主体的管辖话语权

在家政服务业内部,家政服务员作为职业主体,其并不享有管辖话语权,这从既有的关于家政工的劳工关系研究中可证实这一论点(大量实证研究表明家政工在家政服务业中处于被动地位)。这也导致家政工在职业培训过程中也处于被安排的一方,家政服务员无法自己单独参加职业资格鉴定考试,在当前的职业培训形式中,不管是企业内部提供的培训,还是定点培训基地提供的培训,家政从业者要想参加培训考试,都必须通过企业统一报名和培训机构统一培训,在经过企业和培训基地的双方接洽后,家政从业者才能顺利参加考试,这就意味着家政服务员最终仍是受到企业的内部控制,家政工们在这一过程中并没有决定权,他们唯一能决定的只有要不要参加培训获得证书。因此,实际上政府现有的这套参加培训的流程和规则实际上是存在问题的,这不仅让家政服务员更加处于被动地位,还赋予企业更高的控制权和话语权。

"所有的家政工要想考证都得是我们企业首先给她们报名,然后我们把名单上交给社保部那边,审核通过后,我们再与培训机构那边联系,告知我们这边有多少人要参加培训,再由培训机构那边统一安排培训时长和员工食宿这些,培训费用是

---

② [美]安德鲁·阿伯特:《职业系统:论专业技能的劳动分工》,商务印书馆 2016 年版。

由培训机构收取,我们企业有的是政府给的补贴和机构付的合作费用。可以说,企业是培训的主体,家政工需要我们企业给她们报名,机构需要我们给他那边介绍人过去培训。"(XJ20191220)

因此,应该清楚的一点是:家政服务员作为家政服务的主体,在职业培训过程中,应该增设对家政服务员话语权利认识以及关于家政服务职业各利益主体关系的介绍的课程内容,让家政服务者意识到自己的职业位置,增强其职业角色的认知能力。而这确是目前家政从业者尚未认清的一个事实。在笔者参与培训过程中,对家政从业者的访谈过程中,就存在这一现象。

"这是公司规定的培训,虽然我个人觉得没啥用,但我也得参加呀!之前比这难的工作我都做过,现在做个保洁工作还要给我上这样的培训课,我确实不是很想参加这样的培训课……"(CPJ20191018)

"我记得之前有人和我提过家政服务员的资格考试,但是这个是有名额限制的,而且还不能自己去报名,在机构培训的话肯定要花一笔钱,还有教材费啥的,想想还是算了吧,现在也都用不上……"(LZL20191018)

2.1.2 职业培训体系建设的管辖主体的明确

无论是家政服务职业培训体系建设的初步探索时期还是发展时期,职业的管辖权边界模糊一直是家政服务业存在的问题,由此也导致职业培训体系的执行过程难以受到部门的监督和管理。在2009年之前,国务院明确提出人力资源和社会保障局负责家庭服务业相关工作的管理,而家政服务业作为其中的组成部分必然也由其统一管理,而这一时期的家政服务培训任务又是作为社区服务的一部分被分派给妇联会负责,导致职业培训工作没有明确的管理主体。上海市政府虽在1995年就建立了劳动、工商、民政、公安联合会议制度,原则上规定了家政劳务介绍机构,并根据机构的不同营业性质分属不同的部门管理,但并未对家政服务的具体内容和工作安排进行明确的分工,导致部门只负责给家政服务机构发证,却不负责后期的工作管理和监督工作。在2009年以后,上海市政府针对家政服务市场的不规范问题,在《关于促进本市生活性服务业发展的若干意见》中明确了各部门的工作分工,其中指定市人力资源好社会保障局和市教委负责生活性服务业的职业技能鉴定、职业教育以及持证上岗工作,同时又指定市商务委员会和民政局负责家政服务和社区照护的具体工作,导致各部门之间存在责任推诿的现象,到底谁负责培训体系的什么环节存在模糊不清的边界。

"上海市的培训项目落实是由人力资源社会保障部负责,职业教育培训那块由教育部负责,养老服务和照料这块有些是归民政部管,但是家政工的培训也有多种形式,有和院校合作的职业教育培训,也有定点培训机构的培训,还有家政企业组织的培训,有时确实很难去管理,比如今年我们上海市的《家政服务培训教材》的编

写就是由商务部负责,但人力资源社会保障局和教育部也参与其中,'有时人多了事情就容易乱'"。(CYZ20200105)

家政服务业包括职业培训体系建设的管辖主体不明确的直接后果便是企业在职业培训过程中拥有较大的自主性。企业可以自行设定培训价格,培训标准以及最后的培训证书的颁发。

2.1.3 明确职业培训标准与其他职业的管辖边界的划分

家政服务业具体包含的服务内容众多,从国家对家政服务业的最新定义内容(家政服务业是指以家庭为服务对象,由专业人员进入家庭成员住所提供或以固定场所集中提供对孕妇、婴幼儿、老人、病人、残疾人的照护以及保洁、烹饪等有偿服务,满足家庭生活照料需求的服务行业)可以发现,家政服务必然与其他职业存在交叉和冲突,此时企业存在的一个问题便是这个标准的下发到底是家政服务行业应遵守的标准,还是其他行业特有的,或者是两者共有的。以《养老护理员国家职业标准》的修订为例,企业经营者的理解是:"家政服务企业涉及养老服务业务的可以去考养老护理师证,但是由于家政服务员证本身就具有在这个行业通用的效果,所以没有这个证也是可以的。而且由于市场本身就存在较多商业性质的养老机构,对这些护理员的要求必然也会更严格,所以对这一行业的从业者来说更有必要。"(ZQ20200105)也就是说,家政服务企业在对员工进行培训时,会借助职业内容之间的模糊界限而对培训内容的和标准进行"释义",即是说,企业会根据利益原则和市场环境决定是否与其他职业挂钩,最明显的外在表现便是企业内部的职业培训项目。在笔者走访的 A 家政服务公司,就设置了不同类型的培训项目,其中有一项是 FEP 就业能力提升项目,在家政服务业内并不存在这样的培训设计,那么其培训内容以及参考的标准便成了问题。而企业却是结合育婴师的职业培训标准和健康咨询师的职业培训标准对家政服务员进行培训。而由于家政服务的工作内容中确实涉及育婴工作和健康管理内容,这就导致负责培训鉴定的部门难以确定,最后出现企业靠"关系"获得某鉴定机构的认证,"我们的培训项目更多的是以市场需求为主,不可能靠一张证就能做所有事,所以企业都会自己开设一些具有特色的培训项目,最后证书的鉴定和认可可能就是直接找一个熟的部门盖个章了。"(CP20191029)

2.2 职业资格认证机构的专有性和权威性

职业资格认证机构的专有性和唯一性也是体现职业权威性的一种形式,是证明职业含金量和重要性的要素表现。就如同律师执业证和国家司法考试证书只能由司法行政机关予以颁发,医生执业资格证只能由国家卫生部统一发放,正是其唯一性和专有性保证了证书的既有价值。然而,在家政服务业,却存在不同类型的证书和发证机构,有由劳动保障部门所属的职业培训学校、就业指导中心、培训基地和家政服务公司举办的培训发放的资格证书,也有由其他部门举办的培训机构开展的职业培训发放的证书,只要经过技能鉴定考核都能获得职业资格证书。证书的多样性和混乱性不仅导致其本身失去了意义,也不利于职业培训和职业教育的开展。政府的意图是计划实现全部家政服务员都能持证上岗,这里的"证"是指由各省市人力资源社会保障部认证的职业资格证书,而在家政服务市场中,这并未获得广泛的认同。在笔者的调查访谈中发现,企业更加倾向于鼓励家政从业者接受企业内部的培训,以便能够尽快上岗,直接满足客户的需要。"企业更加看重的是客户的需要,家政工如果有资格证固然是好,但是就像我公司更需要养老护理员,但你有的是家政服务员的资格证书一样,家政服务员的培训内容可能确实有养老照料这一模块的内容,但都是很宽泛的介绍,而我们需要的是更专业化,精细化的服务。所以你有没有这张证对我们来说意义不大,而且这个证书的获得对家政工来说并不难。"(ZQ20191010)而政府更加强调证书所代表的身份意义,获得了这一证书就代表家政从业者具备家政服务员的基本素质。"这是基本的门槛,之所以会有不同的认证机构,也是为了保证家政服务员都能实现一证在手,因为有的家政工确实很难获得人社部颁发的证书,所以我们也会有商务部和培训机构印发的证书,而且在开办院校合作的职业教育后,以后1+X证书就多是中专和大专学生持有的,这以后也会算是家政服务业的通行证。"(CXZ20200105)

由于政府并未对证书的认证机构进行严格的限制,也未对证书的有效性进行限制,使得企业在证书的认定上也具有了较大的自主性,企业可以根据内部的需要与相关部门联合颁发某一证书,而证书的多样性导致客户对其也难以辨别,最终的结果便是有证即可上岗。因此,明确界定和限制资格认证机构的专有性和唯一性,明确职业资格证书的有效性和唯一性是保证标准统一的重要举措。在强制要求只能获得某一机构的认证并只认准某一资格证书才能上岗的基础上,企业才能按照统一的标准去执行职业培训行动,才能避免企业行动与政府目标脱节的问题。

在家政服务业被国家作为一项解决就业安置问题的手段却没有正规的职业培训体系的时期,家政服务业的发展集中体现了行政治理的模式。这种"行政"的特征在当时行业内主要从三方面理解:一是家政服务从业人员的工作由政府将指令下发给各个社区,再由社区统一安排;二是家政服务从业人员的培训由各地妇联组织集中安排,街道社区和妇联会成为家政服务员上岗和培训的主要负责主体;三是家政服务员的职业培训标准和资格鉴定标准由国家制定并统一培训考核。

2.3　职业培训体系的分级管理

所谓分级管理,主要是针对不同管理模式的家政服务企业和家政服务企业内部员工之间的分级管理。家政服务业存在的两种不同模式的家政服务企业,即中介制和准员工制企业;这两类性质的企业在职业培训的各方面都有着本质的区别;在家政服务企业内部,家政服务员的技能水平、年龄结构和文化程度结构的差异性也使得职业培训模式可以有相应的差异体现。

中介制家政服务企业多是小规模门店经营,企业与家政服务员之间没有劳动关系,企业根据客户的要求为其介绍符合要求的家政工,若双方都满意便可达成交易。企业并不直接对家政服务员和客户负责,因此在中介制服务企业内,并不存在对家政服务员的培训。此外政府的培训政策倾向也并未涉及中介制服务企业,这就更加难以调动中介制服务企业的参与和执行政策的积极性。在员工制企业,呈现的则是如上文所介绍的培训模式和流程。这类企业有统一的培训课程和培训师资,也有政策的补贴和项目,对于员工制企业的职业培训,关注的则是培训的实际效果和培训课程的设计合理性问题。

此外,在家政服务企业内部,本身也存在着家政员之间的层级差异,基于管理理念的不同,有的企业能对家政服务员进行层级管理,有的企业则忽视了这一人员管理策略。以当前市场管理较好的小羽佳家政服务股份公司为例。该公司对家政服务员的管理有着明显的层级差异,包括员工的年龄结构划分、文化水平划分以及员工等级划分。③ 在对企业员工进行培训时,企业会以员工等级为依据对员工提供不同的培训机会和学习机会,也会依据员工的年龄和文化水平优先选取比较年轻和文化水平比较高的员工进行特色项目的培训,并为其提供外地培训学习的机会。而根据笔者在实地调研的企业内部,虽然也是员工制家政服务企业,却也并没有对员工进行分级管理培训,更一般的模式便是将公司员工集中起来开展短期培训。

因此,政府在健全职业培训体系的建设和管理时,也应将"分级培训"的职业治理模式纳入职业培训策略中。毋庸置疑,不同文化水平和不同年龄层次的家政服务员在知识的接受能力和理解能力上都是存在差别的,在不同的家政服务项目上也是具有各自的优势的。根据 2018 年的家政服务行业发展报告可以发现,当前家政服务员的年龄层次聚集在"4050",也存在"7080",在文化水平上虽以小学和初中为主(占比 85%),但也有高中学历层次(占比 12%),大专以上学历的也出现了(占比 3%)。如何安置和培训年龄较大但却具有丰富经验的家政服务员,又该如何发挥文化水平相对较高又年轻的家政员的优势和作用更应成为政府在制定职业培训方案和计划时应考虑的问题。

2.4 职业伦理与道德培训建设

家政服务的低就业门槛性决定了其专业权威的构建难以成为职业治理模式的核心,相反,家政服务劳动的情感属性促使在对家政服务人员进行培训时应注重职

---

③ 小羽佳家政服务股份公司公开转让说明书,https://max.book118.com/html/2018/1008/5032210344001320.shtm。收集日期:2019 年 12 月 3 日。

业伦理知识的传输。从我国的职业标准和资格鉴定考核内容来看,在职业道德知识考核模块,要求家政服务员须遵纪守法、尊重用户、守时守信和诚实本分。家政服务业员是面向家庭提供服务,因此家政员必须遵守法律法规,尊重客户家庭隐私和物品安全,在服务过程中不能有任何欺骗、偷窃等不良行为,这也是对她们的基本道德要求。但是,对家政服务员来说,需要明确的是告诉家政员如何尊重客户隐私,需要在哪些方面和行为中注重自己的行为,然而这在培训教材和标准中并未细化。同时,在企业的培训中亦是如此多。从前文提及的企业培训课程设置中,可以发现企业在理论知识的时间安排和考核形式上并不重视,培训师在理论知识教学中更多的是对企业文化和工作内容进行介绍,不仅没有实质性的教材辅导,也没有专门的职业道德讲解。在培训师看来,职业伦理与道德讲解具有敏感性,刻意对家政服务员进行讲解意味着对她们的素质和道德进行怀疑,因此培训师在培训时更多的是间接的和隐晦的方式告知家政员在服务中应注重哪些行为。

"我们不会直接和家政工她们说去客户家里不能打听客户隐私,不能乱拿、偷客户家里的东西。她们确实都是从农村出来的,也没啥文化水平,但正是如此她们也更加在意有人教她们不要偷东西不要乱说话这些东西,她们会觉得这是在歧视她们没有文化也没有素质。"(XQ20191018)

在企业看来,培训更多的是对家政服务员进行职业技能的专项培训,尤其是在"回炉"培训中。A家政服务企业每个月会组织家政工回公司进行一个上午的简单培训,这是公司内部提供的免费培训,由公司的培训师指导。

"这主要是针对家政工的技能知识的一个检验,看她们在技能水平上是否有提升,存在什么问题。家政工的工作是一个熟能生巧的过程,只要做久了就有经验了,也不需要太多的改变,只要经常定期对她们常用的技能进行检验和培训,就能达到比较好的效果和质量。"(XJ20191223)

而在笔者对随机抽取的5个客户的访谈中发现,他们都会优先考虑家政服务员的道德素质,笔者在家政公司遇到的一位上门客户在找家政员时,首先向企业负责人询问的便是家政员的职业操守。在负责人询问其对家政工的要求时,客户也是多次强调家政员的人品。

"你们介绍的家政服务员人品怎么样?会不会有抽烟这些不良嗜好⋯⋯""我在家政工的技能没多大要求,只要能给我带小孩就行,关键是要人好,不能打探家庭隐私,更不能在外边随意八卦人家家事的那种。还有就是不能有不良家庭背景,我之前就有碰到过被丈夫赶出来的家政工,这种万万是不能要的,会影响我小孩的健康⋯⋯"(LQ20191010)

在近几年的家政服务行业发展报告中,"市场对家政工的服务质量要求越来越高""应加大对家政服务员的培训力度,提高家政工的专业技能"是共有的内容,然而可以发现政府也并没有明确服务质量的具体要素,企业致力于提高家政员的技能水平,而缺乏真正意义上的职业伦理培训。而职业权威的核心要素之一便是职业伦理。因此,在开展职业培训或是制定职业培训方案时,政府应明确职业伦理和职业道德方面的培训,进而引导企业进行培训计划和内容的落实。

(三)企业主导,政府发挥监督和服务职能成为职业培训的过程保障

家政服务职业培训体系的建设依赖于政府对职业培训政策的制定出台,而职业培训的具体落实则取决于企业的行动,"企业+政府"的协作培训模式是保障职业培训体系得以建立的前提基础。有关职业培训建设的政策从出台到具体落实这一过程中,能否实现政策目的和效果,取决于对影响政策实施过程的相关变量之间的相互关系的制约与控制。[①] 政府、企业和社会培训机构等相关利益主体的权力和利益边界需要政策的约束和管理,在这一控制过程中,必然引起利益主体之间的冲突和矛盾,导致政策在执行的过程中出现难以控制的现象,进而职业培训体系的建设也将脱离既定的目标,包括职业培训的效果不佳、参与度不高等问题。

1. 政府角色影响职业培训体系的走向

所谓政府角色,主要是指作为公共权力的主体的政府在一定范围内所具有的功能的人格化,[⑤]以此来定位其在社会经济生活中的行为方式和功能模型。在已有的研究中,最经常使用的便是根据国家演进历程来对政府的角色演变进行定位,从而提出了政府的三大角色类型,即分别为"守夜人"角色、"全能政府"角色和"有限政府"角色。政府角色不仅对的整个宏观社会系统有着重要的影响,而且对中观的企业发展战略和方向也有着决定性的影响。

1.1 政府角色对职业培训体系的影响

纵观家政服务职业培训体系的整个演变历程,可以发现政府在其中扮演的是一个"有限政府"角色,也就是说政府在职业培训体系的建设中一直都在进行政府干预,但是政府干预的程度却经历了一个"强—弱—强"的过程。在职业培训体系未成体系前,家政服务被视为一种非正规职业,国家以社会购买和公共培训的形式向家政服务工作者提供社区培训,随着劳动力就业人口的增加,社会就业安置压力的增大以及社会需求增加等多因素影响,国家开始鼓励家政服务企业经营,并将职业培训活动交由市场进行管理,而以财政补贴的方式对企业、培训机构及个人进行激励。因此,在国家出台了明确的职业标准和资格鉴定标准后,各地方政府也积极设立了相应的企业管理规范文件和家政人员培训大纲,再由企业去落实这些文件。

---

① 谢维和:《教育活动的社会学分析》,教育科学出版社 2007 年版,第 175 页。
⑤ 文馨:《群体性事件中地方政府角色分析》,《上海交通大学》2010 年。

在 2000—2008 年这一时期,从政府的行动和政策文件较少的现实可以得知政府在家政服务业和家政服务职业培训建设上的干预很少。这既催生了大量的家政服务企业的产生,解决了大量的劳动力就业问题,但另一方面也使得市场秩序混乱,包括政府所倡导的职业培训并未得到真正的贯彻执行,企业之间由于价格竞争而导致家政服务人员常常是不经过培训就上岗的,家政服务人员与客户之间的关系紧张等行业问题。在这样的情况下,政府再次对家政服务市场进干预,并明确提出要打造家政服务培训工程。至此,政府再一次对家政服务企业的培训问题进行干预,干预方式包括职业标准和培训大纲的再次明确和细化,职业培训方式的拓展,从以往的社区与企业培训扩展至培训学校和社会团体等,培训补贴和培训项目的提供方面也加大了力度,职业工种的增加和具体化,职业资格鉴定的机构设置都进行重新的调整。政府对家政服务行业的规范化发展以及当前对家政服务业的职业化发展目标的规划和都影响着各地方政府、企业及社会机构在职业培训体系建设方面的行动表现,从而决定着职业培训体系的未来走向。

1.2　政府角色对企业行动的影响

2019 年国务院在会议上和文件中明确指出,家政服务员必须持证才能上岗,强调家政服务员必须经过统一培训、统一考核,获得由人力资源和社会保障部颁发的从业资格证书才能上岗,其他证书都不予认证。上海市作为政策的积极响应者和践行者,首先在政策文件上做出了行动。在国务院召开家政服务提质扩容会议后,上海市人大常委组织起草《上海市家政服务条例》,明确提出家政机构须负责家政服务员的上门服务证,家政机构须对家政服务员进行岗前培训,并鼓励家政服务机构举办家政服务职业院校等内容。同年 12 月,该服务条例最终通过审议,这是上海市家政领域的第一个地方性法规,也标志着家政服务市场行为将有法可依,对企业而言,这更意味着不久家政从业者必须有证才能上岗,并且还必须是人社部发的从业资格证。这就使得家政服务企业开始加大与培训学校的对接,也有的企业开始承接培训服务项目。

"现在家政工必须得获得国家资格证书才能上岗了,即使现在不考以后也必须得考,因为其他证书社会都不承认,我们现在招阿姨也是必须有证才要的。没证的话到时候我还是要把她送去培训,中间的时间成本太高了。"(YMF20200105)

政府给予培训补贴是促使企业和培训机构积极参与职业培训建设另一有效的激励机制。《关于家政服务提质扩容对的意见》中明确提出,对参与培训的家政服务员和举办职业培训的企业和机构进行补贴,根据培训内容的不同,企业可获得每人 1000～1800 元的培训津贴;另外收取学员的教材费和工具费。在此激励下,企业和培训机构开始鼓励和要求家政服务员参加培训。

"办培训的目的很简单呀,因为有政策补贴,有钱,而且又是未来家政服务地发展趋势,培训一定是现在行内最吃香的,今年家政服务业务不好做了,很多企业都在亏损,但是培训不一样,之前国家没有明确的政策,也没有强制性的要求,大家都不重视,现在企业认识到了政策的重要性,肯定会越来越重视家政工的培训的,即使现在不培训,明年后年家政工也必须培训,因为没有证的阿姨是上不了岗的,这对企业也是一个损失。"(BYF20200105)

2. 企业行动决定家政服务职业培训效果

然而最根本的仍是在企业的落实方面。家政服务企业是职业培训体系建设和整个家政服务职业化发展的主导力量,培训政策的落实需要企业这一主体去执行。企业的主导作用具体从以下两个维度来发挥作用:第一,企业是家政服务员得以培训的组织者,不管是企业内部的回炉培训,还是培训基地的集中培训,都是建立在企业积极组织的基础上,家政服务员所能享受的培训质量和师资水平都取决于企业是否愿意为其投入时间成本;第二,企业是职业教育培训基地的资源输入方,职业培训基地得以维持的前提是学员的持续输入,而想要获得大批量的学员,则关键的一环便是企业的行动。如若培训基地与家政服务企业建立合作关系,企业便可将其员工安排到制定的培训机构进行培训,从而实现双方利益的共赢。因此,企业必定是未来职业培训体系建设的主导者,也是整个家政服务职业化发展的主导者。家政服务企业的行动选择和意识形态决定着家政服务职业培训体系的建设形态和成效。

2.1 家服务企业间的交流与合作

"小、散、弱"是过去家政服务业存在的普遍形态,企业之间缺乏交流与合作,也没有业务往来关系。而 2015 年,尤其是 2018—2019 年国家对家政服务业的重视,家政服务企业开始探索经营策略和模式,致力于促进家政服务业的健康长远发展,释放行业的活力。在笔者参与家政服务年会和论坛的过程中,得知,当前上海市的家政服务企业之间会通过举办家政服务企业年会的形式加强彼此的交流与合作。

这个年会是由上海市各个区做得比较好的有影响力的企业老板以及家政服务行业协会共同发起的,这种通过举办年会将企业聚集起来的形式于 2012 年开始,并持续了 7 年之久。根据承办方的介绍,每年这个年会都会有 200 多家企业前来参加,在笔者参加的 2019 年年会数量也不例外。年会的根本目的是为了使企业之间能够加强合作与交流,"不管是小的家政机构还是大的机构,都存在抢业务的现象,企业之间只有竞争,就像管家帮把所有阿姨都抢了,然后其他机构就没业务了一样,但是管家帮所接单的数量与阿姨的数量是不匹配的,就导致阿姨没活干,市场缺阿姨的矛盾现象。这对家政服务企业来说是一个教训,也是一个提醒,就是说我们企业必须有竞争更有合作,合作才能长存。所以我们这些企业才会想到这样

一种途径,让企业了解政策形势,给他们提供挖掘资源的机会。"(BYF20200105)

2.2　不同类型企业之间的资源对接

家政服务行业从业务形态上可以分为专做业务对的家政服务企业、专做培训的家政服务培训机构和兼顾培训和业务的家政服务企业。这三类是当前家政服务培训市场的主要类型,其中第三类是家政服务企业正在发展的一种形态。对于只提供服务的家政企业而言,员工的职业培训需要交给培训机构负责,或者是家政工自己先去获得资格证书再来工作,但是现实情况是家政工无法单独报名参加考试,在这样的情况下,为了减少时间成本问题,企业会倾向于给员工提供一个内部岗前培训,只要家政工获得公司给的证书即可上岗;而对于专做培训的机构来说,由于企业不提供员工资源,因此培训机构的主要业务是组织社会培训,即对于那些需要上岗的家政工,对她们进行专门的短期培训,证书由机构颁发或者由工商部、就业培训中心或者培训协会等部门颁发,这类证书不具有权威性,国家并不承认这类证书,但是为了解决问题,它被允许存在。而随着国家资格证书成为家政服务员的前提条件,一些市场份额较大的培训学校和企业开始加强联系和交流,实现双方资源的对接,并鼓励和支持小型企业等中介制公司都参与其中,从而实现双方共同发展对的目标。在这样的情况下,既有利于满足家政工都能持证上岗的政策要求,促进家政服务业的职业化发展目标,同时也能带动小规模企业的发展,实现利益共赢的目的。

"合作是最正确的一个方法,我需要学员,家政公司需要培训机构,虽然说有些公司也有自己的培训服务,但这是少数,而且上海市家政公司真正既做培训又做业务做得好的很少,几乎没有,而且最后还是培训做得不好业务也做不好的结果。家政服务行业内容太多了,只有做精才能生存,我做培训就设法去挖掘我的资源,我去与家政公司合作,这样的话大家都省事了,也都挣钱了。最后不仅是大公司,连小企业的阿姨都是有证的,这就是我们需要达到的目标。"(YMF20200105)

2.3　同行企业之间的分区管理

这是目前上海市具有代表性的家政服务培训机构和培训学校向同行倡导的一种模式。其主要运行机制是:培训机构分别负责自己所在的区域,并同时将不在自己区域内的资源介绍给对方,从而实现各方的共同发展。而对于小型家政服务企业,则鼓励其走社区模式,即根据自己所附属的社区范围,专注于自己社区范围内的项目。"我们的想法是分片区管理,比如我负责的是静安区、普陀区这一块的培训业务,然后我就会和同业者就洽谈,让他根据自己所在的区域负责黄埔区,这样的话也不会存在利益冲突了。然后我们主要对接的是比较大型的公司,一些小公司我们会接,但很少,如果他们要求与我们对接,那我们会接受,不找我们的话我们也不会花太多精力去挖,这些小型的机构可以直接与社区合作,让他们根据社区的实际需求去提供培训和服务。"(BYF20200105)

这些企业"带头人"在年会和论坛中宣传自己的想法,并鼓励大家积极参与,这种积极宣传和引导的做法有利于激发企业合作的意识和政策的敏感性,小型企业的老板会以成功企业为标杆去衡量自己的企业,并试图借助与大型企业的合作得到更多资源,进而培训行动也自然而然会在家政服务行业内站立根基,并成为企业和培训机构都愿意去实践的一个行动。

(四)"市场驱动"成为家政服务业职业培训体系的发展模式

市场驱动型的职业培训模式直接指向的市场需求,其培训的原则是实现企业与劳动力市场需求的最佳匹配,其中心假设是人们能够根据自己的意愿和对自己的了解去接受相应的技能培训,从而满足岗位的需求,适应市场需求。[⑥] 在家政服务业职业培训体系的发展中,各主体的行动和认知释放了这一信号。首先,从政府一方的行动来看,政策文件的内容表明,政府越来越将职业培训下放给企业和培训机构,鼓励企业自主进行培训和认证,比如政府甚至已将职业资格证书的认证主体交给了三家家政服务机构,这就意味着以后的认证标准和培训教材制定等工作内容都由家政服务机构自行负责,政府充当的是一个监督的"守夜人"角色;其次,从企业一方来看,政府虽然向家政服务企业提供了项目支持和资金支持,但能够获得这些项目的企业也需要具备严格的条件才能有机会的,最后能够争取到名额的也只是行业内的"领导者"。但对其他小企业而言,他们并未因此游离于政策之外,而是通过参与行业论坛获取资源和信息,抓住政策机遇调整自己的经营策略,主动参与到职业培训工程当中;而对家政服务员自身而言,一方面企业和客户对她们持有证书的强制要求会促使她们去考取相应的从业资格证书;另一方面,家政服务员也会为了提升自己的能力和职级,赚取更多的工资回报而主动参加技能培训并获得等级证书。在此行动和认知的驱动下,各利益主体将以市场为导向,以实现岗位和市场需求的直接匹配为原则实施培训计划,参与职业培训,最终实现职业治理和管理目标。

1. 市场需求决定职业培训体系的内容

从一定意义上讲,"职业"本身不具有任何含义,因为职业更应被看作是一种象征符号,其意义在于获得职业自主性和从业者在职业工作中能获得职业声望与和合法性。[⑦] 在西方国家,职业一词本身具有排他性和权威性,它意味着从业者们需要具备比外行人更多的知识,这些知识是高度专业化的且具有科学逻辑的,以此才能保证职业的持续存在和稳定职业的地位(Hughes,1994)。然而,家政服务职业

---

⑥ 刘晓、陈志新:《英、法、德三国职业教育与培训体系的发展演变与历史逻辑》,《外国教育研究》,2018年5期。

⑦ 刘思达:《职业自主性与国家干预——西方职业社会学研究评述》,《社会学研究》,2006年第1期。

却有其特殊性,本文在前面也针对家政服务业的背景进行了论述,可以看出家政服务业的低就业门槛、低文化水平、低专业技能要求高职业自主性与西方意义的职业形成了鲜明的对比。从家政服务业兴起初期到家政服务的规范化发展再向职业化和产业化发展的过程中,都面临着特定的社会职业背景。

在国企改革时期,家政服务仅仅是作为一项安置下岗工人的就业措施,从性质上看属于非正规就业,从从业人员来看,是文化水平普遍偏低的"40""50"主体,从服务内容来看,从事的是从家庭分离出来的普通家务劳动,从薪资水平来看,这一时期的家政工只能自身生计问题,这都反映了家政服务较低的职业地位,也没有正式的职业标准。随着家政服务职业标准的确立,在 2000—2009 年这段时期,城镇化发展,经济水平提高,市场活力释放,与之而来的是家政服务企业的陆续出现,然而由于市场以中介制的小规模门店经营为主,且家政服务业被纳入在家庭服务业大类中,并未受到社会和政府的过多关注;2010 年以后尤其是 2015 年之后,随着市场需求的变化,家政服务业的职业背景也呈现了新的特征。

2. 职业资格制度的改革与职业教育成为政府重点工作

自 2013 年起,中央开始提出并一直高度重视职业资格制度的改革,先后取消了四百多项职业资格认证项目,其中包括家政服务员的资格认证。同时,在 2014 年国务院发布《关于加快发展现代职业教育的决定》(〔2014〕19 号),明确指出"要加大对各群体的职业教育培训,完善职业培训的各方面基础建设和投资,并积极探索'文化素质+职业技能'的教育模式"。而家政服务职业培训体系正是在这样的宏观制度背景下发展的。在 2019 年,国家再次提出了职业资格制度改革的必要性,并提出了当前社会紧缺的专业人才,要求加强职业教育和培训力度,重点培养专业技能型人才,家政服务员又一次被列入国家重点发展职业和专业人才的名单中。在 2009 年以前,国家虽然在职业教育和培训内容上同样予以关注,但却并没有将家政服务业或者家政学专业纳入其中,家政学专业一直处于边缘地带。尤其是家政服务员资格认证的取消,虽然为从业人员提供了更多就业机会和岗位,但也导致家政服务市场的就业门槛极低,市场秩序更加混乱。而国家对职业教育的再度强调,对职业资格证书制度的再度实施,带来的效应是家政服务职业的规范化发展和职业化发展,职业培训体系的建设有了制度的依赖,体系的建设路径也有了明确的方向。也正是在这一宏观制度背景下,家政职业培训体系的建设和制度的出台才有了依据。

3. 市场对家政服务质量的要求提高

经济发展与居民生活水平不断提高的现实状况在刺激家政服务的需求的同时也提高了对家政服务员的质量要求。根据华经产业研究院好与中国统计局的行业数据及测算显示,我国家政服务需求尤其是高端家政服务业需求将成为家政服务的主要业态。同时,家政服务的主要领域将集中在养老照护、病患护理和婴幼儿看护上,而这些业务都需要专业知识和技能较强的家政服务员,为保证满足和维护客户的权益和需要,对家政服务员的职业培训就成为必要手段。

4. 家政服务行业内存在的短板问题

家政服务行业的现实状况是国家推进职业化发展战略的直接原因和导火索。从历年的行业发展报告内容梳理可以发现,家政服务企业的非规范性和从业人员的非专业化是家政服务市场一直存在的问题。企业服务质量较低,企业之前恶意进行价格竞争,从业人员的专业技能水平和职业道德水平偏低等问题导致家政服务业难以得到突破性发展,这与家政服务业的现实需求存在着冲突与矛盾。作为服务行业的朝阳产业,加大家政服务业的职业培训体系建设成为解决行业现实问题的必要措施。

(五)"证书制度"成为家政服务职业培训的符号和规则

证书对家政服务人员而言,有着重要的作用:证书是证明从业人员已接受和完成职业培训的符号,是家政服务人员得以上岗的前提条件;证书也是家政服务员的身份象征,凭此资格证书,可以向客户说明自己是经过正规培训的并有着专业基础的能力和水平;证书还是象征家政服务职业培训体系的完善化和家政服务业的职业化规则。拥有家政服务特定的从业资格证书,家政服务员便有了一定的身份认同和话语权力,企业也有了安全保障。"家政工可以出示证书,告知客户她是经过专门培训后才上岗的,是有专业基础知识和实操技能的,这样的话即使家政工在服务过程中与客户产生了观念的分歧,也可以此来为自己辩护。对企业而言,就容易避免部分客户的不当投诉了,比如有些客户就会以家政工没有相应的资格证书来投诉家政工不专业,要求企业进行赔偿。这个时候我们也可以拿出家政工的证书来维护自己的利益。"(CXZ20200105)

家政服务业职业培训体系自建立以来,持证上岗制度就一直被各地方政府重视。然而,当前市场存在的多种类型的培训项目,也出现了不同类型和层次的证书,有企业颁发的培训证书,有培训机构颁发的培训证书,有各地的人力资源和社会保障局颁发的资格证书,证书的混乱使得家政服务员产生了错误的观念,认为自己手中的证书就能证明其上岗资格,加之客户对各种证书的难以分辨,导致市场上出现各类证书。而在《家政服务员国家职业标准》以及《家政服务业提质扩容的意见》等文件中,都明确提出只有在政府指定的培训机构,由培训机构集中报名培训并参加人力资源和社会保障局安排的统一考试,合格后获得人力资源和社会保障部发的从业资格证书才是官方的,也是真正意义的"持证上岗"。今年,国家提出各省市必须有一个职业教育培训基地,供家政服务员集中培训,同时鼓励符合条件的大型家政服务企业对家政服务员进行内部培训,并经过统一教材,统一大纲、统一题库、统一程序考核等培训流程和原则达到统一证书和统一查询的目标。在此政策指导下,家政服务员"持证上岗"成为职业培训的建设目标,也是家政服务员参加职业培训的象征符号。

五、结论

中国职业培训体系建设经历了三个发展阶段,分别为 2000—2008 年这段时期的初步探索阶段、2009—2018 年这一时期的发展阶段和 2019 以后的转型阶段。三个阶段中,职业培训行动经历了由最初的无序化到后期逐渐规范化和职业化发展,国家职业标准经历了由最初的综合性、模糊性到如今的专门化和详尽性发展,职业培训内容经历了单一化、口头化的道德教导到如今的多元化、程序化发展,政府角色也经历了从"守夜人"角色到政府-企业协作再到市场治理转变的发展。而之所以经历这一发展历程的变迁,其根本原因在于政府职能和角色的转型,从业催生了市场的发育。在初期探索阶段,虽然政府职业培训任务下放给社区,却并没有对家政服务企业的培训做出明确要求,也没有对家政服务员的职业培训要求做出具体的政策支持,政府此时更像是一个"守夜人",企业处于自发发展阶段;随着家政服务市场需求的不断扩大,政府在 2009 年开始的对家政服务培训进行干预,并陆续出台各类规范性标准文件,开展实事项目,发挥社会团体的功能和作用等,同时企业在这一阶段也积极采取职业培训行动,完善职业培训程序;到 2019 年,家政服务业成为国家关注的重点,政府开始将职业培训项目逐渐交给市场运作,包括院校合作,职业培训教材的编制以及职业资格鉴定机构。因此,政府的职能转型是家政服务职业培训体系的建设能够取得突破性进展的根本原因。

政府的政策支持确实为家政服务职业培训工程的建设提供了导向作用,但另一方面,本文作者在调研过程中,也发现尽管政府提供了较好的社会支持,但无论是从政策内容的梳理还是对企业管理者的访谈中,都可以看出政府当前对家政服务职业培训体系的治理存在着很大的局限,政策优惠的对象只限于少数企业,政策与实际的家政服务市场也存在较大的落差,政府当前对培训市场的规范程度还不足的这一事实也导致实际效果不佳。而其根本原因在于政府在实施职业培训体系建设时,缺乏职业治理逻辑。由于家政服务行业本身就是一个比较特殊的行业,在职业培训过程中也存在着独特性要素和特征,在这样的情况下本应从职业本身的特点出发开展职业培训体系的建设,然而政府并未将其与其他职业区别开来,以以往的行政和市场治理逻辑去管理家政服务业的职业培训体系发展,从而导致企业行动与政府目标出现偏离,最终也无法发挥出各利益主体和现有资源的优势和潜能。综上所述,在家政服务职业培训体系的发展中,尽管其取得了阶段性成就,越来越成为政府和企业重视的一项内容之一。但不可忽视的是,在当前的职业培训体系建设过程中,政府的行政＋市场治理模式仍占主体地位,而职业治理模式没有得到充分地关注和有效发挥。

参考文献

1. [美]安德鲁·阿伯特:《职业系统:论专业技能的劳动分工》,商务印书馆2016年版。

2. 蓝佩嘉:《跨国灰姑娘》,吉林出版集团有限公司2011年版。

3. 谢维和:《教育活动的社会学分析》,教育科学出版社2007年版。

4. 王绍良,刘望:《以政府为主导的职业培训工作体系的建设》,《山东社会科学》2015年12期。

5. 石伟平:《职业能力与职业标准》,《外国教育》1997年第3期。

6. 苏熠慧:《控制与抵抗:雇主与家政工在家务劳动过程中的博弈》,《社会》2011年第6期。

7. 苏熠慧:《育婴家政工情感劳动的性别化机制分析——以上海CX家政公司为例》,《妇女研究论丛》2016年第5期。

8. 杨蕊竹,孙善学:《我国国家资格框架制度形成路径研究》,《中国人民大学教育学刊》2016年第12期。

9. 中华人民共和国劳动和社会保障部制定:《家政服务员(2006年版)——国家职业标准》2006年版。

10. 阳盛益、郁建兴:《政府购买就业培训服务的是慈航机制及其应用》,《浙江大学学报》2010年第6期。

11. 杨英、郑丽云等:《澳大利亚全科医生培训体系及其启示》,《中国全科医学》2014年第3期。

12. 沈枞:《催化剂的政府:家政工职业化发展的行政行为研究》,《华中师范大学》2014年。

13. 阳盛益、严国萍:《政府购买就业培训服务的准市场:路径设计与治理机制》,《南京社会科学》2014年第5期。

14. 胡玉霞:《家政服务员的社会支持》,《上海社会科学院》2006年。

15. 刘晓、陈志新:《英、法、德三国职业教育与培训体系的发展演变与历史逻辑》,《外国教育研究》2018年第5期。

16. 雷有光:《农民工家政服务人员培训与城市文化适应研究》,《中央民族大学》2005年。

17. 刘思达:《职业自主性与国家干预——西方职业社会学研究评述》,《社会学研究》2006年第1期。

18. 刘思达:《分化的律师业与职业主义的建构》,《中外法学》2005年第4期。

19. 邓金霞:《政府购买公共服务:掩护路径及其条件——以上海职业培训服务社会化历程为例》,《上海行政学院学报》2019年第3期。

20. 潘姿曲、祁占勇:《改革开放四十年我国职业培训政策的变迁逻辑与未来走向》,《政策研究》2008年第7期。

21. 姚泽麟:《行政、市场与职业:城市分级诊疗的三种治理模式及其实践》,《社会科学》2016年第6期。

22. 邵元君、匡英:《国家职业标准:中高职衔接中培养目标定位的重要依据》,《职教论坛》2012年第28期。

23. 上海市质协用户评价中心:《2013年上海家政服务现状调查报告简述》,《上海质量》2014年第2期。

"家政工"类平台经济的法律规制

杨复卫

　　摘　要："家政工"现象本质上是共享经济形态下家庭劳动深度社会化与市场化的产物，它对传统的雇佣关系和家政服务行业造成了巨大的冲击。对于"家政工"类平台的发展，理论界与实务界秉持不同态度，使得"家政工"的法律地位未能及时廓清。导致传统家政服务业对其进行抵制，"家政工"的社会法权益又难以实现。但，"家政工"作为新经济形态的一种类型适应了社会成员的多元需求，不应简单允许或禁止，应基于"家政工"类平台结构提出场景化规制措施。"家政工"类平台经济的运行机制与内外部结构决定了应选择"个人赋权＋协同监管"的混合规制模式，引入"类雇员"塑造"家政工"社会法权利，发挥央地政府、行业组织和家政平台间的协同监管优势，确保家政服务消费者和社会获得更多福祉，政府公共家政服务购买市场化的实现。

　　关键词：家政工；平台经济；法律规制；个人赋权；合作监管

一、问题提出

　　得益于互联网技术的突飞猛进，平台经济[①]在全球范围内迅猛发展。根据《中国共享经济发展报告(2021)》显示，2020年我国平台经济规模持续扩大，其中共享经济参与者人数约为8.3亿，服务提供者约为8400万，较2019年同比增长约

　　作者单位：杨复卫，法学博士，农林经济管理博士后，西南大学法学院副教授，西南大学社会政策与法律研究中心副主任。

　　① 当前，对于"共享经济""平台经济""分享经济"等术语的使用，我国学者并未进行严格区分。虽从字面含义来看，前述术语有不同理解，但均属于在移动互联网时代涌现的新名词，在共享经济的大背景下前述术语有着近似的所指，及有别于传统雇佣关系的新型经济模式。参见《国务院办公厅关于促进平台经济规范健康发展的指导意见》(国办发〔2019〕38)。

7.7%；平台企业员工数约 631 万。[②] 国家统计局资料显示，到 2020 年底我国平台经济从业人数将超过 1 亿，全职参与者可达到近 2000 万。虽说平台经济从业人员绝对数量在就业人口中占比不高，但绝对数量已经足够庞大，从长远发展来看其重要性不容小觑。前述《报告》还指出，由于受 2020 年"新冠疫情"影响，"家政类"等生活服务消费较 2019 年下滑了 6.5%，但总体上"家政类"平台经济仍呈现快速增长态势。实际上，"家政类"服务业已成为吸纳我国就业人口的主要行业。据统计，2016 年我国家政从业人员总数为 2542 万，占全社会就业人口的 3.3%，从事家政服务的企业达 66 万家，连锁家政服务企业有 12 万家。[③] 由此可见，"家政工"类服务已成为我国平台经济发展的重要组成部分。自 2014 年始，全国各种"家政类"服务平台蜂拥而起，发展出较为成熟的 O2O 模式，[④]形成了诸如"管家帮""58 到家""家政无忧""阿姨来了""e 家帮""云家政"等大型互联网平台企业。虽说"家政类"服务平台企业有多种角色，但中介式服务仍然是绝大多数企业的组织模式。[⑤] 也即，绝大多数"家政类"从业人员并未与服务平台建立劳动关系，非正规就业仍是"家政类"平台经济的主流。据国际劳工组织统计，家政从业者非正规就业占比在各类劳动群体中是最高的。[⑥] 故此，本文探讨的"家政类"平台经济并非典型的直接雇佣模式，而是家政工在平台注册，自主决定是否接单、何时和何地接单的非正规模式。换言之，"家政工"类从业者依托网络平台以独立方式[⑦]提供家政服务，也被称为"网约工""众包工作者""平台经济从业者"。[⑧] 由于此类平台用工关系尚未被完全定性，[⑨]故本文并不强调对这些概念进行细分，统一使用"家政工"或"平台经济从业者"的称谓。

家政平台的兴起源于灵活性带来的多样化选择，在此环境下打破了传统雇佣形式下劳动力市场和空间限制，使得低技能者和失业者也有机会参与。

---

② 参见国家信息中心：《中国共享经济发展年度报告（2021）》，http://www. sic. gov. cn/archiver/SIC/UpFile/Files/Default/20210219091740015763. pdf，2021 年 5 月 10 日最后访问。

③ 参见《2018 年中国家政服务行业发展报告》。

④ O2O 即英文"Online to Offline"的缩写，是指将线下的商务机会与线上的互联网相结合。而家政类 O2O 便是通过互联网、通信技术与传统家政行业结合的新模式，提高家政行业在业务销售、客户管理、信息匹配、市场推广等方面的效率，从而提升整个行业的服务质量和水平。

⑤ 参见商务部服务贸易和商贸服务业司：《中国家政服务行业发展报告 2017》，http://images. mofcom. gov. cn/fms/201708/20170824160026338. pdf，2021 年 4 月 20 日最后访问。

⑥ 国际劳工组织(ILO)统计，在全球 6700 万家政工人中，5000 万人集中于非正规就业领域，中国的这一比例也近 70%。See ILO. Formalizing Domestic Work[R]. Geneva：International Labour Office,2016,pp 9-11.

⑦ 对于这种"独立"方式，在不同国家有不同的理解，如在美国、加拿大等国，习惯称之为"独立承揽人"(independent contractor)，欧盟将其称之为"自雇(self-employment)工作"，而我国实践中则以"劳务关系"表述。

⑧ 参见班小辉：《超越劳动关系：平台经济下集体劳动权的扩张及路径》，载《法学》2020 年第 8 期，第 160～161 页。

⑨ 参见王天玉：《互联网平台用工的合同定性及法律适用》，《法学》2019 年第 10 期，第 170 页。

在家政服务工作任务越发碎片化、专业化的背景下,家政平台创造了大量非传统雇佣工作,为"家政工"提供了更多就业选择。[⑩] 得益于"三孩"生育政策的配套措施,[⑪]"家政工"的未来发展有着更为广阔的前景。然而,"家政类"平台经济脱离了传统雇佣形式,多样化选择的背后隐藏着"家政工"从业的不稳定性与不确定性,议价能力低的"家政工"只能接受低稳定性和低福利保障的用工方式。究其原因,在于"家政类"平台经济的就业模式发生了从"组织+雇员"向"平台+个体"的转变,[⑫]这使得家政类从业人员与平台间的劳动关系难以通过传统劳动法理论获得证成,实务中面临着如何确认是否建立劳动关系的难题。[⑬] 近几年,我国劳动法学者对平台经济下家政从业人员的用工关系和社会保障问题进行了大量研究。[⑭]劳动仲裁和司法机构通过个案的审理对家政平台与"家政工"之间的劳动关系进行确认,然而司法实践中却存在截然相反的两种观点,[⑮]造就了平台企业与"家政工"之间的紧张关系。当传统劳动关系认定因素难以直接适用于平台经济时,个案审理的结果本身便存在极大的不确定性。毕竟我国劳动关系认定与劳动者社会保险权益"捆绑",认定存在劳动关系意味着平台企业需要为"家政工"缴纳社会保险费,增加平台企业的营运成本,影响其"轻装上阵"参与创新。相对应地,如若不认定其劳动关系,"家政工"将既无劳动法保护又无其他社会保障,在传统行业失去工作,无奈参与到缺乏保障和安全的临时性工作中去,成为"权益隐形人"。[⑯] 此时,裁判

---

⑩ See Rozzi,F. (2018). The Impact of the gig-economy on US labor markets：Understanding the role of non-employer firms using econometric models and the example of Uber. Junior Management Science,3(2),33-56.

⑪ 参见《中共中央政治局召开会议听取"十四五"时期积极应对人口老龄化重大政策举措汇报,审议〈关于优化生育政策促进人口长期均衡发展的决定〉》,http：//politics. people. com. cn/n1/2021/0531/c1024-32118263. html,2021 年 6 月 1 日最后访问。

⑫ 参见娄宇：《平台经济从业者社会保险法律制度的构建》,《法学研究》2020 年第 2 期,第 191 页。

⑬ 据北京市朝阳区人民法院《互联网平台用工劳动争议审判白皮书》介绍,2015 年至 2018 年第一季度受理的 188 个互联网平台用工劳动争议案件均为服务业,集中在劳动关系确认方面,主要涵盖了家政员、司机、美容师等职业。http：//www. 360doc. com/content/19/0201/04/42480489_812467719. shtml,2021 年 5 月 20 日最后访问。

⑭ 如较早的胡大武、谢增毅、岳宗福、涂永强、丁晓东、班小辉、娄宇、石超、王裕根、闫冬和郑尚元教授等。他们分别从不同角度论述了家政工的劳动关系和社会保险问题,特别是平台经济背景下家政工的职业化发展问题。

⑮ 法院对于家政平台与其家政从业人员是存在劳动关系存在不同意见。其中,认可二者存在劳动关系的有：《乌鲁木齐凯荔家政服务有限公司与黄小伟确认劳动关系纠纷一审民事判决书》(2021)新 0106 民初 919 号；《成华区心满意家政服务部、李发文确认劳动关系纠纷二审民事判决书》(2020)川 01 民终 12338 号。不认可二者存在劳动关系的有：《刘本霞与广州管家帮家庭服务有限公司服务合同纠纷一审民事判决书》(2020)粤 0106 民初 38913 号；《彭海英与广州管家帮家庭服务有限公司劳务合同纠纷一审民事判决书》(2020)粤 0106 民初 34975 号。

⑯ See Huang N, Burtch G, Hong Y, et al. Unemployment and Worker Participation in the Gig Economy：Evidence from An Online Labor Market［J］. Social Science Electronic Publishing,2018. 18(23),pp7-58.

者不得不基于地方"家政工"平台经济发展态势，以及地方劳动法律政策，寻求平台经济创新与"家政工"权益保护的动态均衡。⑰

2019年国务院发布了《关于促进家政服务业提质扩容的意见》，提出改善家政服务人员从业环境、提升服务规范化水平等任务。可见，从国家大政方针出发，保障"家政工"体面劳动⑱是大势所趋。纵然"家政工"与劳动者在组织管理上存在一定差异，从工作性质来看"家政工"也应当获得劳动法的部分保护。另外，平台经济超越了传统的劳动场景，创造了更加灵活流动的"平台＋个体"关系。平台作为一种独特的数字生产点，营造了工厂般的独立环境，由此资本得以实现对"家政工"的控制。平台通过建立反馈、等级和评价系统，监控"家政工"与客户之间的互动，"家政工"为获得好评必须"主动"投入大量情感，"家政工"不得不接受平台算法的控制，"数字控制"下的平台成为"影子雇主"。⑲事实上，平台并非客观中立的"管理者"，"家政工"要避免沦为平台经济下的"数字难民"，就必须看到数据潜在的阴暗面，警惕技术背后的资本操纵，通过反思、批判和行动抵制平台公司的数据侵犯。⑳在复杂的"数字控制"下，"家政工"面临的问题即是其是否获得劳动权利保障的问题，也是平台经济与既有治理方式缺位问题。还关涉"家政工"的体面劳动，更涉及行政部门如何看待平台经济发展和创新。为此，本文认为需从两方面入手：一方面通过"类雇员"的塑造拟制"家政工"的部分社会法权利，打破劳动关系"全有或全无"模式；另一方面通过协作规制来破解"家政类"平台企业过度"数字控制"，实现政府、行业组织与平台企业间的良性互动。也即，本文基于"家政工"的特殊性，追求一种功能主义和反本质主义的劳动关系认定方式，拟就此展开设计和论证。

二、"家政工"类平台经济现象及特点

（一）"家政工"现象与平台经济

我国对于家务劳动的认知经历了一个渐进过程。㉑在较长的一段时间内，家

---

⑰　参见阎天：《劳动关系概念：危机、坚守与重生》，《中国法律评论》2018年第6期，第129页。

⑱　国际劳工大会于2011年通过的《家庭工人体面劳动公约》将"家政工"解释为"在一种雇佣关系范围内从事家政工作的任何人"。参见谢增毅：《超越雇佣合同与劳动合同规则——家政工保护的立法理念与制度建构》，《清华法学》2012年第6期，第72页。

⑲　See Gandini, A.. Labor Process Theory and the Gig Economy. Human Relations, 2018, 72 (6). pp1036-1056.

⑳　陈龙：《"数字控制"下的劳动秩序——外卖骑手的劳动控制研究》，《社会学研究》2020年第6期，第133～134页。

㉑　参见郑尚元：《家政工职业化与城市居家养老社会化——兼论劳动者人格塑造与社会保险覆盖》，载《财经法学》2021年第1期，第64页。

务劳动并不被认可为职业的有偿劳动,而是作为家庭生活的重要纽带。随着社会发展的进程,越来越多的女性走出家庭,参与社会化大生产,引发家务劳动与社会化生产之间的矛盾。[22] 表现为原本从事家务劳动的家庭成员的缺失,引发家庭的"照料危机"(crisis in care),[23]由此家务劳动成为可以购买和消费的商品,服务于此的人逐渐职业化为"家政工"。我国家务劳动商品化进程开始于 20 世纪 80 年代,大量农村妇女进入城市,[24]成为第一批家政从业者[25]。相对于其他社会化工种,家政工有着鲜明的职业特色,"家政工人(尤其是住家家政工人)的工作场所不是公共领域的工厂而是私人领域的家庭,是封闭的、隔绝的、孤立的。"[26]历史和职业因素的交织,使得我国"家政工"存在整体文化水平偏低、合同议价能力差、职业群体成员分散等特点,即属于社会结构中的弱势群体。[27] 由于"家政工"游离于劳动法保护之外,因此经常被社会冠以带有社会歧视性因素的"保姆""月嫂""育儿嫂"等非职业化称谓。虽说理论上家政公司与"家政工"形式上属于劳动关系,但法律规范中这种关系并未上升为劳动法上的法律关系,例如《劳务派遣暂行规定》明确将"家政工"排除在劳务派遣之外。究其原因,"家政工"多为农村女性,存在户籍与性别的双重歧视问题,导致其社会法上的权利时隐时现。[28] 为强化"家政工"权利保护,国际劳工组织(ILO)于 2011 年通过了《家庭工人体面劳动公约》,引入社会法体系内的雇佣合同、最低工资、最长工时、工作保护等制度,构筑"家政工"权利保护体系。我国紧跟时代大潮,于 2012 年、2019 年颁行了《家庭服务业管理暂行办法》《关于促进家政服务业提质扩容的意见》,以求完善其权利保障机制。这一时期的理论研究也主要集中于如何强化"家政工"的基本权益和制度设计。然而立法并未突破劳动关系的认定范围,加之执法和司法部门并不以"家政工"权益为价值取舍之坐标,"家政工"依然被排除在劳动法保障范围之外。

在这样一个技术突飞猛进的科幻时代,"家政工"劳动法律制度不改变,新经济

㉒ 有学者于 20 世纪 80 年代将这种矛盾解释为知识分子阶层中脑力劳动和体力劳动的对立冲突。参见陈宝明、孙自俊:《保姆的社会作用——对上海部分中、高级知识分子家庭的调查》,《社会》1983 年第 5 期,第 34～37 页。

㉓ See Evelyn Nakano Glenn. Creating A Caring Society[J]. Contemporary Sociology:A Journal of Reviews,2000,29(1):84-94.

㉔ See Tiantian Zheng. New Masters,New Servants:Migration,Development,and Women Workers in China by Yan Hairong[J]. American Anthropologist,2010,112(4):691-692.

㉕ 1983 年北京市妇女联合会成立了中国第一家家政公司之后,各地家政公司在各省市妇联的支持下陆续发展起来。2000 年,"家政服务"已被中国人力资源与社会保障部列为一种职业。

㉖ 魏静:《论我国家政工人劳动权益立法保护模式之选择——基于家政工作的特殊性》,《西南民族大学学报(人文社会科学版)》2011 年第 5 期,第 115 页。

㉗ 参见张铁薇、陈茂春:《我国家政用工法律关系认定的立法选择》,《学术交流》2021 年第 3 期,第 44 页。

㉘ 参见张伟:《社会性别主流化视角下的家政社会与法律保护分析》,《河北法学》2010 年第 8 期。

业态发展与社会结构的转变自会改变法律制度本身,不会坐等滞后法律制度的垂怜。平台经济的勃兴似乎提供了这样的一个契机,一方面,"家政工"通过在网络平台注册成为其一员,平台借此储备大量有效的"家政工";另一方面,消费者通过平台中介,积极解决因社会结构转变引发家政服务刚需问题,进而借由交叉网络效应,不断冲击、改变传统用工观念和方式。[29] 此时,我国劳动力市场存在两类家政用工关系,一类是传统的基于"家政工"与家庭、个人间形成的不受劳动法律调整的用工关系;另一类是基于新经济形态下平台的指派或链接,"家政工"与在网络平台注册的家庭、个人间建立的用工关系。前者深受传统的"从属性标准理论"和"控制性标准理论"[30]影响,然而平台经济形态下存在法律关系的多方利益主体,前述理论很难做到清晰界分各自法律关系的内容。[31] 换言之,后者的复杂性与精密性远远超过前者,"家政工"早已脱离于松散的家庭劳动中。网络平台重塑了"家政工"与家庭、个人之间的关系,用户评级和声誉系统替代了传统用工关系中的人力资源管理,进而强化了"家政工"的高度自治与,助力家政服务走向专业化与精细化。[32] 此时,新经济思维的介入下,家政平台与"家政工"由从属关系变为合作关系,传统的通过就业方式来维系的组织管理体系出现适用困难。[33] 值得注意的是,新经济形态下"家政工"势必出现任务化与碎片化特征,破坏了自发的家政资源整合形成团队协作,[34]但增加了"家政工"与家政平台之间的黏性。因此,有必要从新经济形态的立场来重新审视"家政工"角色,跳出传统的聚焦劳动关系窠臼,统合各方主体利益诉求合理取舍。

"家政工"类平台经济何以勃兴? 显然并不能简单归咎于大数据、互联网、云计算、人工智能等科技发展塑造的全新智能社会,[35]而应当考量这种新兴经济形态背后所暗含着"家政工"这一主体对其权益的捍卫,对实现工作自主性与收入增加的诉求,以及对工作灵活性的追求等因素。 首先,平台经济打破了"家政工"传统用工

㉙ 参见张铁薇、陈茂春:《我国家政用工法律关系认定的立法选择》,《学术交流》2021 年第 3 期,第 44 页。

㉚ 参见谢增毅:《劳动关系的内涵及雇员和雇主身份之认定》,《比较法研究》2009 年第 6 期,第 74～78 页。

㉛ 参见谢增毅:《我国劳动关系法律调整模式的转变》,《中国社会科学》2017 年第 2 期,第 127～128 页。

㉜ See Wood,A. J.,Graham,M.,Lehdonvirta,V.,& Hjorth,,A. J.,Graham,M.,Lehdonvirta,V.,& Hjorth,I. (2019). Good gig,bad gig:autonomy and algorithmic control in the global gig economy. Work,Employment and Society,33(1),pp56-75.

㉝ See Keegan,A. E.,& Meijerink,J. (2019). Conceptualizing human resource management in the gig economy:Toward a platform ecosystem perspective. Journal of Managerial Psychology,34(4),pp 214-232.

㉞ See Byrne,J.,& Pecchenino,R. A. (2019). Heigh Ho,Heigh Ho:flexible labor contracts with real option characteristics. Business Economics,54(1),pp25-34.

㉟ 参见张文显:《构建智能社会的法律秩序》,《东方法学》2020 年第 5 期,第 7 页。

桎梏,丰富了灵活用工形式。对于平台经济而言,规避用工风险与降低人力成本始终是家政企业发展的核心动力,灵活用工可达成此目的。具体而言,通过家政平台使用"家政工",可规避家政企业的雇员责任,降低其固定成本支出。[36] 换言之,固定期限或无固定期限劳动合同的免除使企业摆脱劳动关系中用工成本,允许企业基于市场变化快速灵活配置生存资源,提高企业核心竞争力。[37] 此时,"家政工"可基于应用程序的按需工作(Work-on-demand Via App),[38]家政企业不再直接与"家政工"线下连接,而是通过家政平台控制匹配和交易过程,但家政服务交付仍以线下方式进行。其次,平台经济带来的用工多样性,为"家政工"参与服务市场提供了广泛的选择,即偏好灵活工作的主动和传统就业市场机会匮乏的被动。一方面,"家政工"热爱平台经济工作的自主性和灵活性,积极主动的参与;[39]另一方面,传统家政工作低迷或收入微薄,出于增加收入的被动想法参与平台经济。[40] 对于"家政工"来说,平台经济提供了一种新的生活模式,"家政工"群体愿意参与以实现对其自身工作和休闲时间的合理分配,符合大多数中国人的美好愿景,即实现外出工作和家庭生活的平衡。在我国"家政工"绝大多数为女性的情形下,这种意愿可能更加强烈。此外,平台经济的易得性和开放性为"家政工"注册提供了便利,使得家政服务工作不再拘泥于某种中间媒介而更为易得。平台经济可使劳动者实现从失业到就业的轻松转型,家政服务行业的低门槛为失业个人重新获得工作机会。换言之,经济周期性波动也可能催生了"家政类"平台经济。[41]

(二)"家政工"类平台经济的优缺点

平台经济正在深刻地改变着人们的生产生活方式和经济社会治理方式。[42] 据中国信息通信研究院报告显示,2019 年中国平台经济规模达到 5.2 万亿美元,仅

---

[36] See Aloisi, A. (2015). Commoditized workers: Case study research on labor law issues arising from a set of on-demand/gig economy platforms. Comp. Lab. L. & Pol'y J.,37(3),620-653.

[37] See Berkhout,E.,Heyma,A.,& Prins,J.(2013).Flexibility@ work 2013: yearly report on flexible labor and employment. Retrieved from https://pure. uva. nl/ws/files/2270937/139244_410231. pdf.

[38] See De Stefano,V.(2016). The rise of the "just-in time workforce": on demand work,crowd work, and labor protection in the "gig economy",Comparative labor law and policy journal,37(3),461-471.

[39] See Spreitzer,G. M.,Cameron,L.,& Garrett,L.(2017),Alternative work arrangements: Two images of the new world of work. Annual Review of Organizational Psychology and Organizational Behavior, 4,473-499.

[40] See Koustas,D. K.(2019). What do big data tell us about why people take gig economy jobs?. In AEA Papers and Proceedings,109(5),367-371.

[41] See Huang,N.,Burtch,G.,Hong,Y.,& Pavlou,P. A.(2017). Unemployment and worker participation in the gig economy: Evidence from an online labor market. Information Systems Research, 18(23),7-58.

[42] 参见周文、韩文龙:《平台经济发展再审视:垄断与数字税新挑战》,《中国社会科学》2021年第3期,第 105 页。

次于美国的 13.1 万亿美元,排名全球第二。[43] 平台经济的高速发展势必给传统经济和经营方式带来强烈震撼,但平台经济并不能完全取代传统经济模式,而只是对传统经济基于不同对象的错位补充。具体到"家政工"类平台经济,当网络平台深入家政服务行业后,"家政工"将不再基于原有的"家政工人—家庭/个人"或"家政工人—中介—家庭/个人"模式,而是通过网络平台的注册和网络信息的获取,成为平台经济服务的对象。然而,平台经济带来的技术优势可能将现实世界虚拟化,网络平台通过指挥命令、服务质量考核、报酬给付结转等方式,成为看不见的"家政工"技术控制主体。此时的"家政工",相对于传统的家庭工人在控制层面并未有本质改变,网络平台对其的控制丝毫不弱于实体家政公司。可见,"家政工"类平台经济本身便存在诸多优缺点。

1. "家政工"类平台经济的优点

第一,可以解决传统"家政工"长期存在的分散雇佣和就业问题。例如,"家政工"在网络平台注册后完全可以根据自身意愿是否决定接受"家庭/个人"的家政服务邀约。对于市场上需要家政服务的"家庭/个人"而言,可不再持续雇用某一特定的"家政工",完全可以基于其服务能力、服务态度和服务保障进行评估,在网络平台上进行灵活选择,配置服务最佳的"家政工"。如此,既可降低双方交流、磋商的成本,又不在面对"熟人"社交场所的情感影响,还可增加双方的信任,为家政服务专业性的提升和服务带来后续保障。

第二,盘活闲散家政服务资源,实现资源优化配置。由于以"家政工"为代表的零工经济发展受宏观经济影响较大,当经济下行或经济疲软时均可能出现较多"家政工",产生大量家政服务的从业者。平台经济灵活就业方式迎合了此类"家政工"偏好,为盘活此类闲置的家政服务资源提供了便利,此时"家政工"及其生产工具和设备均可投入生产和使用,进而防止资源重复配置和资源闲置。通过网络平台的形式促成分散的"家政工"与"家庭/个人"之间提供家政服务意愿的共享行为,这可实现家政资源优化配置。家政平台通过网络和数字技术为"家政工"与"家庭/个人"双方提供家政服务信息,如此,既可快速、有效促成精准的家政服务,也可节约交易成本,避免家政服务供给和需求错配导致的浪费问题。换言之,家政平台的设计有利于家政服务资源的整合与分配,实现家政服务供给便捷性。[44]

第三,有利于"家政工"权益保障的实现。相对于其他劳动者,"家政工"具体独

---

[43] 参见 CAICT 中国信通院:《全球数字经济新图景(2020 年)——大变局下的可持续发展新动能》,中国信息通信研究院 2020 年。

[44] 参见萨支红、张梦吉、刘思琪、刘京、辛瑞萍:《家政工生存状况研究:基于北京、济南被访者驱动抽样调查》,《妇女研究论丛》2020 年第 4 期,第 68~69 页。

特的职业性格,如其工作性质通常围绕私人的"家庭"展开,导致其工作相对于普通劳动者而言更具"隐蔽性"和"私人性"的特点。加之绝大部分"家政工"属于从家庭转移出来的女性,具备女性与移徙人口双重特点,难以与家庭场所之外进行的"生产性工作"并列,这与无报酬的家务劳动类似。[45] 当住家"家政工"工作时,其工作时间、空间与私人生活高度重合,导致家政工私人生活的商品化,加之与家庭成员之间的照料关系十分微妙且不易处理,其劳动过程更像是"被卷入的私人生活"。[46]雇主可能采用时间规训、监视、情感管理等方式控制家政工的劳动过程,家政工采取"跳槽"、讨价还价等策略予以抵抗,处于弱势地位的"家政工"权益易受损。[47] 此时,则可借用家政平台成熟的争议处理机制来维护"家政工"权益,在传统雇佣中家政从业者权益维护机制不明,难以有效获得中介等主体的支持。

第四,政府可以利用平台经济提供社会所需要的公共家政服务。随着政府购买公共服务机制的逐步健全,由政府向特定社会主体提供公共服务越发普遍。比如,对于社会的失能、失智人员和特定的社会主体,他们存在身体或心理的缺陷,需要政府在家政平台上购买家政服务,从而实现服务性政府的有效作为。"家政工"的服务代替了原本需要政府直接雇佣劳动者供给的公共服务,政府不需再为这部分劳动者承担劳动法和社会保险法上的责任。如此,既增加了就业,又满足了失能、失智等特定主体的需求,还可降低其财政支出。再者,"家政工"类平台公司依托移动互联网、GPS和大数据为供需双方提供家政服务,能够对家政服务全过程进行适时监管。由此,"家政工"类平台公司摒弃了无监管或政府监督带来的诸多弊端,真正做到了"由专业的人干专业的事"。

2."家政工"类平台经济的缺点

第一,接受家政服务的"家庭/个人"权益保护不足和责任分配失衡。当"家政工"进入"家庭/个人"的私人领域开始从事家政服务时,"家庭/个人"根本无法对其行为进行安全或规范评估,很难防范虚假或不专业的"家政工"对"家庭/个人"生活的威胁或意外事故。同时,网络平台上的"家政工"进入和退出门槛较低,很难避免非专业人群加入家政服务行业,也即其人品和专业能力均未获得检验,可能危及家庭生活。如若此类非专业人群在家政服务过程中与"家庭/个人"发生意外事故或法律纠纷时,前者并无能力通过法律途径化解纠纷,或者说前者根本无法探查到与家政服务接受者之间到底是何种法律关系,对于"家政工"应当承担何种法律责任

---

⑤ 参见郝鲁怡:《家庭工人权利保障问题检视——一种人权普遍性原则与劳动权利保护的竞合方法》,《河北法学》2014年第11期,第65页。

⑥ 参见马丹:《北京市住家家政工的劳动过程分析》,《中国工人》2015年第2期,第21页。

⑦ 参见苏熠慧:《控制与抵抗:雇主与家政工在家务劳动过程中的博弈》,《社会》2011年第6期,第188页。

也就更无从知晓了。故此,家政平台需要从数字经济长远角度出发,构建完善的管理体制和服务质量监控体系。

第二,"家政工"脱离劳动法保护同时面临更为严苛的数字控制。一方面,家政平台提供的数字经济模式虽增加了"家政工"与受雇主体讨价还价和雇佣方式的灵活性,但却脱离于劳动法律明确的指引和规范,使得双方达成的合意极易损害"家政工"一方的权益。实际上,在平台经济模式下的"家政工"并不能获得独立的工人身份,服务平台倾向于将"家政工"视为独立承包人,⑱以规避正式劳动关系的规制,形成劳动法之外的"隐蔽性雇佣"和"依赖性自雇就业"地带。⑲ 另一方面,平台经济不再拘泥于传统的雇佣关系,而是创造了一个有别于劳动关系的工作场所。此时,家政平台便是作为家政服务的数字生产点,通过数字技术营造着工厂般的环境,平台得以通过数字控制"家政工"。这种数字控制体现在平台可以评价、反馈、处罚"家政工",以及监控其与雇佣主体间的互动,"家政工"为获得好评需积极主动的投入大量情感和高质量服务,平台基于客户的反馈对"家政工"进行评价。⑳ "家政工"为争取家政服务客户的稳定性,不得不接受平台算法的数字控制,努力提高服务质量。㉑ 为此,有必要防止家政服务的"内卷化",需以社会利益为本位,对此种家政服务行为设定基本的服务标准和限制措施。

第三,"家政工"与雇佣的"家庭/个人"间欠缺成熟的信息反馈和信任机制。"家政工"多从事零工或待命工作,其雇佣状态高度不稳定,甚至为了获取经济利益而放弃灵活性,制造"逐底竞争"。相对于工厂工作,受数字控制的"家政工"需接受平台的精准记录和服务跟踪,虽对传统低收入高工时的工作有所改观,但仍无法破解"家政工"与雇佣者间的信任难题。为解决此问题,家政平台不得不建立雇主对家政服务的"好评"或"差评"机制,以信息反馈方式建立"家政工"与雇主间的信任关系。这种信息反馈在传统的劳动关系中是行之有效的,但前提是雇佣双方均需给予对方"好评"才能获得平台优惠或其他支持,只要一方给予"差评"便不能产生该家政服务最佳交易结果。㉒ 雇佣双方为各自利益或防止被恶意举报等事项,有可能达成弱化"差评"的交易,进而破坏本就脆弱的信任机制,甚至危及家政服务

⑱　See Hunt, A., and Machingura, F. A Good Gig? The Rise of On-Demand Domestic Work[R]. London: Overseas Development Institute, 2016.

⑲　ILO. Non-Standard Employment around the World: Understanding Challenges, Shaping Prospects [R]. Geneva: International Labour Office, 2016. p16.

⑳　See Bloom, N. (2009). The impact of uncertainty shocks. econometrica, 77(3), 623-685.

㉑　See Gandini, A. Labor Process Theory and the Gig Economy[J]. Human Relations, 2018, 72(6). pp1039-1056.

㉒　See Gary Bolton, Ben Greiner & Axel Ockenfels, Engineering Trust: Reciprocity in the Production of Reputation Information, 59 MGMT. SCI. 265, 268(2012).

的交易安全。对此,有国外学者便指出,平台经济作为一种新的雇佣关系模式,短期主义和工人可替代性是其最主要特征,此种模式无助于信任与非工具性照料关系的建立。[53]

第四,需警醒家政平台的野蛮生长,将危及"家政工"基本权益和破坏传统实体家政服务体系。家政平台的建立是基于互联网技术和算法的突破,其受众范围和影响越来越大。如不对家政平台加以约束,施加数字社会责任和树立法律底线思维,不受法律控制的家政平台势必为了经济利益而背离法律底线,"家政工"可能沦为"数字奴隶"。传统家政服务体系将被快速瓦解,走向技术助力社会的反面。平台经济的推动下,传统家政企业将转型为家政平台,延缓或减少雇佣行为是企业应对外部不确定环境的战略决策,[54]从而最小化外部风险。这并非危言耸听,现在已出现一些苗头,如"某一家政平台建立了数据服务中心,对客户需求信息进行汇总、分析,根据客户需求整合分类。这些数据既支撑采购,又为客户提供精准服务。数据量越大,时间越长,就越精确,成本会更低。消费者通过精准服务,由分散消费转向定向消费,换取增值服务"[55]由此可见,传统"家政工"很难对抗拥有数据优势的平台企业,将被服务平台牢牢控制。这一问题既可能制造传统实体家政服务竞争壁垒,又可能损害"家政工"权益,极易引发社会性事件。

可见,这种由"数字霸权"进行垄断的家政平台对"家政工"的技术控制程度,丝毫不亚于传统实体家政公司。因此,如何规范和治理"家政类"服务平台带来的各种问题就显得尤为重要了。问题的解决应当从两个角度入手:一是"家政工"的个人赋权,对"家政工"的数字控制应当建立在合乎人性尊严基础之上,树立"家政工"是主观的人而非客观的物的意识,通过个人赋权保障合法权益;二是树立协同监管意识,通过"家政类"服务平台与地方政府合作,承担数字垄断的社会责任和行业治理责任,构筑合法经营模式和良性竞争规则,履行监管责任,确保"家政类"平台经济健康有序发展。

三、"家政工"类平台经济具有可规制性

平台经济的用工灵活性,让更多人的社会群体以相对便利的形式加入家政服务工作。特别是随着国家人口老龄化和"二孩""三孩"政策的放开,家政服务市场的规模越来越大,形成了较长的产业链,对以月嫂、育儿嫂、保姆、清洁服务人员等

㉝　See Flanagan, F.. Theorising the Gig Economy and Home-Based Service Work[J]. Journal of Industrial Relations, 2019, 61(1). pp57-78.

㉞　See Bloom, N. (2009). The impact of uncertainty shocks. econometrica, 77(3), pp. 623-685.

㉟　参见新华网:《"新家政"模式催生互联网经济新生态》, http://big5. xinhuanet. com/gate/big5/www. js. xinhuanet. com/2019-12/26/c_1125391030. htm, 2021 年 6 月 7 日最后访问。

为代表家政从业人员需求越发强烈。然而,家政服务的快速发展也引发了诸多社会舆论事件,如"保姆摔打小孩、虐待老人、偷盗钱财的新闻屡见报端。"⑤⑥这种"家政工"与雇佣者之间发生的纠纷,更类似于一种信用矛盾。有新闻报道认为,"不专业的家政培训机构,生成了不专业的家政服务人员,再由无资质的家政企业招收,便导致了行业乱象。"⑤⑦家政平台用工好似可以解决前述"家政工"与雇佣者之间的纠纷。因为网络平台通过"数字控制"方式建立对"家政工"的奖惩机制,而这一机制建立在以家政服务的雇主为中心的"单向—失衡评价机制"基础之上,"家政工"为获得雇佣者较高评价不得不表现得"唯命是从"。⑤⑧毕竟雇佣者对"家政工"服务评价的高低及投诉是单向的,意味着"家政工"几无反驳申诉机会,而这种反馈的信息评价机制与"家政工"的社会声誉、总体评价和基本收入直接挂钩。这看似和谐的"家政工"与雇佣者关系,并非源自"家政工"的敬业精神或是强大忍耐力,而是被雇佣者身后对"家政工"单向奖惩机制所压制。当某一天"家政工"与雇佣者之间的矛盾激化,形成矛盾的共振时,便可能发生前述双方之间的冲突乃至惨剧,而雇佣者成为了这场平台不公平"数字控制"的"替罪羊"。为此,有必要从公平视角对这种不公开的数字评价和控制机制进行规制,防范以损害"家政工"权益为代价的发展,促成平台经济快速发展。

平台经济的"数字控制"引发"家政工"与家政平台之间的纠葛。由于算法技术的深度参与,高效率匹配和管理使家政工作呈现出不同于以往的特征。家政平台通过算法管理将"家政工"置于"数字监管"之下,根据劳动过程理论,"家政工"实质上受到比传统工厂工作更为严苛的劳动控制。⑤⑨ 导致的结果便是"家政工"在平台控制下,生存状况普遍较差,因此与平台关系也呈现复杂性特征,频发劳动争议问题。⑥⑩ 有学者直接认为,平台经济通过数字技术使得"家政工"等工人对资本的隶属加深,将劳动力再生产过程纳入到资本增值循环中。⑥⑪ 具体表现为,家政平台可能垄断"家政工"从业的渠道,从而将绝大部分家政服务纳入平台分配体系中,"家政工"运

⑤⑥　经济日报:《"问题保姆"事件频发 家政服务业乱象如何治理?》,2019 年 9 月 10 日,第 3 版。

⑤⑦　内蒙古新闻网:《家政服务行业乱象该如何治理? 业内人士这样说》,http://inews.nmgnews.com.cn/system/2020/01/06/012828283.shtml,2021 年 6 月 7 日最后访问。

⑤⑧　参见陈龙:《游戏、权力分配与技术:平台企业管理策略研究——以某外卖平台的骑手管理为例》,《人力资源管理》2020 年第 4 期,第 118 页。

⑤⑨　参见吴清军、李贞:《分享经济下的劳动控制与工作自主性——关于网约车司机工作的混合研究》,《社会学研究》2018 年第 4 期,第 137～162 页。

⑥⑩　参见范围:《互联网平台从业人员的权利保障困境及其司法裁判分析》,《中国人力资源开发》2019年第 12 期,第 139～140 页。

⑥⑪　谢富胜、吴越、王生升:《平台经济全球化的政治经济学分析》,《中国社会科学》2019 年第 12 期,第76 页。

用平台提供的数据和内容再进行家务劳动生产。⑫ 此时，"家政工"既希望平台提供充足的家政服务岗位，又因缺少数字技术和数据资源而受平台控制，双重困境下的"家政工"，话语权更加微弱。相对应，家政平台的进入门槛较高，平台集聚效用产生的家政企业对家政服务市场具有强大的垄断和支配地位。⑬ 其结果便是平台上的"家政工"面临数字技术下的议价失衡，其自身合法权益实现变得越发困难。例如，当"家政工"首次在"好慷在家""无忧家政""超级阿姨"等平台注册时，需要同意电子化的格式条件，否则不能注册和使用该 App，工作接单也是来自该 App 的信息接入和数据传输服务，无法就合同条件与家政平台进行谈判。⑭ 市场难以自发或自觉进行调整，需要劳动法律赋权来提升"家政工"的议价能力和权益保障水平，也即将"家政工"的某些权利纳入劳动法保护体系，通过劳动法保护"家政工"劳动权益同时避免过度规制平台，构筑一种"家政工"权益保障的"助推型规制"体系。⑮

"家政工"类平台经济的发展还可能引发社会公正治理问题。"高度的信息不对称导致意思自治的基石被动摇，算法在市场资源分配中的作用越来越明显、影响越来越深刻，致使对工业时代确立起来的市场经济的制度基石需要重新审视"。⑯也即，看似中立的互联网技术和算法技术运用于"家政类"平台经济时，将不可避免的产生危及"家政工"权益、传统产业和公平竞争的问题。实际上，从纯粹的算法角度技术分析，作为一种运用数学、计算机等学科知识的技术本身并无好坏的价值判断之分，但当作为个体的人使用这种先进技术后，却有可能破坏现行秩序，也即运用算法等技术的平台经济可能并非中立，需要法律加以规制才能正本清源。虽说有学者认为，平台经济作为一种数字技术或工具的创新，价值上是相对中立的，法律所应对的仅是平台经济产生的破坏结果，而无需对平台经济背后的技术进行法律规制。⑰ 类似于家政服务中介，当犯罪分子利用中介服务行骗或是盗取个人信息时，法律并不认为家政服务中介需要规制，规制的应该是其不当行为。即，是一种基于算法产生的决策机制或辅助决策机制行为，其深深的嵌入了价值的判断标准。故，法律规制"家政类"平台经济是基于这种利用互联网和算法的技术已经深度介入"家政工"和雇佣者的生活，改变了主体间的权益均衡状态与服务供需模式，

---

⑫　See Ritzer G, Jurgenson N. Production, Consumption, Prosumption The nature of capitalism in the age of the digital"prosumer"[J]. Journal of Consumer Culture, vol. 10, no. 1, 2010, pp13-36.

⑬　参见李叶妍、张中祥：《互联网平台反垄断监管路在何方》，《经济参考报》2019 年 9 月 25 日，第 7 版。

⑭　参见李干、董保华：《劳动关系治理的变革之道——基于"增量"与"存量"的二重视角》，《探索与争鸣》2019 年第 1 期，第 52 页。

⑮　参见丁晓东：《平台革命、零工经济与劳动法的新思维》，《环球法律评论》2018 年第 4 期，第 97～98 页。

⑯　张文显：《构建智能社会的法律秩序》，《东方法学》2020 年第 5 期，第 8 页。

⑰　参见丁晓东：《论算法的法律规制》，《中国社会科学》2020 年第 12 期，第 141～142 页。

甚至产生前述提到的家政服务的人类价值伦理问题。故此,法律应当基于预防的态度介入"家政类"平台经济的各种行为,规制各种挑战法律价值和法律伦理的行为,引导规范、和谐的家政服务发展路径。

四、"家政工"类平台经济结构的场景化

由于家政平台的加入,使得"家政工"类平台公司相对于传统的家政服务企业而言,有着更为复杂的法律关系结构。如将"家政工"类平台公司的法律结构放大到整个"家政工"类平台经济上时,法律关系所关涉主体更为多样,甚至地方政府与同业竞争者也将加入。这种法律结构存在内外部之分,内部法律结构涵盖了家政平台、"家政工"和家政服务需求方,三方法律结构产生三组法律结构形式,对应不同权义关系,对接不同法律规制模式;外部法律结构亦涵盖了三组变量,包括"家政工"类平台竞争者、传统家政服务企业、地方监管部门,三类主体均存在法律规制的必要性。值得注意的是,平台经济的复杂性还表现在内外法律结构主体之间的交织,导致更为多样的法律关系结构和不同形式法律后果。这种不同的法律结构对应多重法律关系主体,存在不同法律问题,对应不同的规制场景,所采用的规制原则和方法也应有别。如若不加以区分,机械地套用某种单一的规制措施势必难以精准对应法律关系主体的特征,规制易失准。故此,对于"家政工"类平台经济而言,应当建立起场景化思维的规制路径,契合家政平台的人机交互决策方式。

(一)"家政工"类平台经济内部结构的场景化

"家政类"服务平台已不同于传统的居间服务媒介,后者通过居间人向委托人报告订立合同的机会或提供合同订立媒介服务,进而向委托人要求支付报酬。显然,"家政工"类平台经济从其内部结构来看,早已超越了传统居间服务的本质范畴,至少在参与主体、双方代理、具体责任分担和报酬确定上具有完全不同的气质。具体而言,涵盖如下内部结构场景:

第一,家政平台上的参与主体具有不特定性。"家政工"类平台成功发展的关键因素便在于平台可在短时间内匹配需求的信息,并通过平台所建立起来的信用体系破除信任障碍,促成双发当事人"放心"的家政服务交易行为。可见,对于信用机制本身不健全的家政从业者而言,网络平台反而可以增强其信用基础。在家政服务线下交易中,家政从业者如想提供更多家政服务或者持续从业,需要锁定多家固定的家政服务雇佣者,也即家政服务长期发展的前提是存在于"熟人"社会,才能构建信任机制。平台则可打破这一传统规则,通过平台本身的信用机制构建在陌生人间的家政服务供需,即平台通过对家政服务标准、服务方式、服务地点、"家政工"人数和资质以及违约责任分配等事项的明确规定,化解"家政工"和家政服务需

求方的顾虑。显然,家政平台降低了服务成本和提升了服务的便捷性,激励家政服务供需双方交易。可见,参与主体的不特定性是家政平台发展的结果,也是平台经济获得迅猛发展的条件。这一特征决定了"家政工"类平台企业处于这一经济模式的核心地位,为防控衍生多重风险和负面效应,需要法律规范其行为,包括自身行为的自律与外部行政压力。

第二,"家政工"类平台所处的核心地位决定其分别与家政服务的供需双方建立法律关系。家政平台除了建立家政服务供需间的信任关系外,还为经注册的"家政工"寻找适当的需求方,也为家政服务需求方匹配合适的"家政工"。虽说平台允许"家政工"自行控制工作时空,平台只对其工作效率及工作产出做适当约束,⑱但平台用工具有劳务关系的特征,以从属程度来看,它未必构成劳动关系。⑲平台企业仅在双方匹配成功并完成家政服务后收取一定比例佣金或提成,但平台需要与供需双发均签订电子合同,通过合同构筑具有实质内容的双方代理关系,从而约束双方权义行为。而"家政工"与雇主因家政服务缔结服务合同的前提便是与平台公司缔结代理合同,从而接受平台公司提出的一系列苛刻条件。该合同约定了,如"家政工"希望进入平台则需满足平台要求的年龄、资历、劳动技能、服务评价、责任承担等条件;雇主则需同意平台在合同中对家政服务的价格、时间长短、质量标准、服务内容、违约责任等方面的条件。另外,合同中还对"家政工"与雇主一方的违约行为设计了处罚措施,并时刻监控合同的履行。由此,家政平台并非单纯的居间方,⑳而是与家政服务供需方均建立法律关系。以网络上经常发生的"家政工"虐待所服务的老人、小孩为例,对此平台便可对"家政工"进行处罚。㉑ 此时,家政平台既可通过"数字控制"监管双方行为,又可确保双方自行履约,也可滥用其优势地位损害其他主体权益。为防范此类问题,需要政府对家政平台进行外部监管。

第三,"家政工"类平台的三方主体各自的责任承担和风险分担。由于平台建立了"陌生人"之间的信任关系,但其并非真实生活下的信任,而是基于平台约束所产生,故隐藏着某种未知风险。㉒ 如何在平台经济条件下分配各自的法律风险和

---

⑱　参见刘皓琰、李明:《网络生产力下经济模式的劳动关系变化探析》,《经济学家》2017年第12期,第35页。

⑲　参见李梦琴、谭建伟、吴雄:《共享经济模式下的共享型用工关系研究进展与启示》,《中国人力资源开发》2018年第8期,第110页。

⑳　参见其木提:《居间报酬请求权的法理依据》,《法学》2018年第7期,第117～118页。

㉑　参见《大同市平城区刘某1家政服务中心与王某、刘某3等生命权、健康权、身体权纠纷再审审查与审判监督民事裁定书》(2020)晋民申2661号;《郜艳艳、深圳市龙岗区任达爱心护理院生命权、健康权、身体权纠纷二审民事判决书》(2019)粤03民终19076号。

㉒　参见中国网新闻中心:《56岁保姆虐待85岁老人十余次 被判处有期徒刑2年》,http://news.china.com.cn/2020-11/20/content_76931750.htm,2021年6月10日最后访问。

责任就显得尤为重要了,这同时影响着"家政工"类平台的长远发展。首先,家政平台与"家政工"和"雇佣人"之间的法律责任承担与风险治理。通常情形下,"家政工"类平台具有较强的支付能力,故并不担心发生平台不能按时支付价金的情况。但,如若平台经营者出现违法、资金链断裂或是其财产被查封、扣押、冻结等情形时,"家政工"所获得的劳动收入、"雇佣人"缴纳的费用可能均无法支付或返还。此时,便产生以平台为核心的违约行为和风险危机,传统的法律在面对此种情形时难以有效应对。而法律之外的维权方式可能引发地方政府的维稳压力,故需要提前规划法律规制路径,严防法律风险转化为社会风险。

其次,"家政工"和"雇佣人"发生违约纠纷或侵权纠纷而产生的责任承担和风险分担。总结目前"家政工"和"雇佣人"纠纷,较少有关于合同纠纷的案例,加之平台的信用担保,即使发生违约也有明确制裁和保障措施,故本文将重点放在因侵权而产生的法律责任和风险问题,主要涵盖了两种情形:一是"家政工"存在虐待、殴打被服务的老人、小孩以及其他服务对象的情况,或是"雇佣人"侵犯"家政工"的人身安全,此时的家政平台承担何种责任的问题。在传统家政服务中,此种情形的法律责任较为清晰,主要由加害人承担民事或刑事责任。[73] 然而,平台经济的特殊性使其不同于传统的责任分担方式,源于家政平台有审核"家政工"准入的义务,这是"雇佣人"之所以信任"家政工"的主要依据,也是平台承担社会责任的基础。故,当"家政工"出现合同约定之外的不法或犯罪行为时,平台企业理应基于其审核义务和社会责任承担责任,立法也应当通过法律规制方式实现监督。二是"家政工"在服务过程中侵犯"雇佣人"或被侵犯其隐私信息的责任分配问题。如若"家政工"与"雇佣人"之间发生隐私信息的泄露、侵害,乃至被"性骚扰"时,应基于民事侵权归责原则,但家政平台负有协助受害方提供相应证据的义务。另外,当家政平台泄露或非法利用"家政工"与"雇佣人"的隐私信息时,应当基于严重程度承担民事和行政责任,其直接负责人或参与人还应承担刑事责任。对此,法律规制措施应当及时补强。

第四,家政平台单方控制服务收费标准和"家政工"劳动报酬。算法技术的突飞猛进,平台对其参与者的控制越发严格,如"专车"类平台中,"优步的算法让公司对司机的工作方式有了极大的掌控权";[74]互联网平台通过建立一套严密的信息监控系统,通过扫描快递产品的条形码将物流信息和相关责任人记录到计算机中,以供管理者和消费者追踪和查询。[75] 平台系统并非客观中立的"管理者""数字控制"

---

⑦③　参见《张玲娃虐待被监护、看护人一审刑事判决书》(2020)京 0106 刑初 944 号。

⑦④　[美]罗森布拉特、亚历克斯:《优步:算法重新定义工作》,郭丹杰译,中信出版集团 2019 年版,第187 页。

⑦⑤　参见庄家炽:《资本监管与工人劳动自主性——以快递工人劳动过程为例》,《社会发展研究》2019年第 2 期,第 30～34 页。

的背后存在着资本操纵的身影。⑦ 显然,家政平台存在相类似情形,如平台通过单方决定"家政工"服务收费标准和提成比例,甚至要求"雇佣人"绑定银行卡甚至提供预付资金等内容。这种"家政工"类平台经济由平台单方决定的模式与传统民法上的霸王条件极为类似,甚至为了获得利益不顾"家政工"的身体状况、休息休假和工作时间限制强行派单,并通过奖惩措施,如不接单便降低服务星级等加以控制"家政工"。为了解决类似上述问题,国家出台了《关于建立家政服务业信用体系的指导意见》,规范家政业发展。为了平息外部压力,平台可能将其法律关系复杂化,通过家政 App、"家政工"和劳务派遣公司签订"三方协议"掩盖前述问题。实际上,不管家政平台如何"辗转腾挪"均无法改变其引领家政服务规范发展的核心地位,国家应通过外部法律监管防范其不法行为,如损害"家政工"、消费者合法权益,乃至冲击传统家政服务业,破坏零工经济和就业稳定等,只有严格的法律监管才能防止平台的负面效应外溢问题。

(二)"家政工"类平台经济外部结构的场景化

"家政工"类平台虽面临诸如"家政工"权益保障等问题,但其通过整合闲置劳动力,提升家政服务质量和探索家政服务标准进而推动整体的家政服务繁荣发展,总体而言是推动社会发展的。故,不能遇到问题就对该平台苛责,反而应当通过国家政策助力其规范发展。从"家政工"类平台经济外部结构出发,其至少面临三类结构主体,包括:同类家政平台、传统的家政服务中介公司和行政监管机构。"家政工"类平台内部结构决定了其外部化是必然的,通过对其外部结构主体的规制可反过来助力内部结构问题的解决,衍生出外部成本内部化。

第一,同类家政平台。网联网技术和算法技术的发展,家政市场上成长起来了诸多家政平台公司,如"58 到家""威曼斯""好快洁""阿姨一点通""老年之家""E 家人""家政在线""百宜社区""道为云社区""牛修修"等知名平台,这些全国和地方的App 均是经历激烈竞争洗牌后的幸运者,互联网时代的生存法则表现出极强的流量为王,"强者恒强,赢者通吃(Winner-Takes-ALL)"特点。⑦ 这种激烈的竞争模式决定了家政平台如想占领更大市场、获得更大规模和排挤竞争对手,只能学习其他平台企业的"烧钱"补贴或并购重组等方式。当然,这种所谓的优胜劣汰符合市场经济的基本法则,提升家政服务质量的基本逻辑。同时,也应注意这种排挤同类家政平台的行为可能会产生市场垄断,即使家政服务还未产生"专车"类平台的一家独大,但依然应谨慎看待,防止过度竞争损害"家政工"权益,如侵犯"家政工"的工

---

⑦ 参见陈龙:《"数字控制"下的劳动秩序——外卖骑手的劳动控制研究》,《社会学研究》2020 年第 6 期,第 133～134 页。

⑦ 参见王磊:《互联网不正当竞争纠纷的裁判思路》,《人民司法》2020 年第 1 期,第 84～87 页。

作时间、休息休假、社会保险等。[78] 实际上,对于家政平台如何保障本就弱势的"家政工"权益成为诸多学者和法律规范探讨的内容,如 ILO 就曾指出"整体而言家政工是过劳的、低薪的、缺乏保护的",[79] 也有学者指出"家政工人作为中低收入群体,抗风险能力差,而家政雇主对于承担雇主替代责任也普遍存在担忧和不情愿"。[80] 再者,当"家政工"类平台成为各个平台"烧钱"竞争的场所后,资本的重要性取代技术的重要性,平台不得不将融资作为第一要务,导致"劣币淘汰良币"恶性市场竞争。为此,政府理应通过立法和规范性文本营造良好的竞争秩序,规范平台的融资和竞争行为,特别是用工行为的规范,避免"家政工"类平台的"内卷化"。

第二,传统家政服务中介公司。平台经济的兴起对传统家政服务中介公司造成了巨大的冲击。平台经济下,"劳动者不再是集中起来整齐划一地从事劳动,而是在大数据运算的指挥下和平台的协调下完成各自独立的工作,既无需考虑与工友的分工,也无需考虑社会的协调,劳动是自我的、自发的,但在实际效果上却是合作的、自觉的。"[81] 在此情形下,不少传统的"家政工"也加入到了平台经济行列,直接挤压传统家政服务的生存空间,引起了传统家政服务中介公司的紧张。具体表现在以下两个方面:一是直接降低传统家政服务中介的垄断收益。由于"家政工"大多属于农村居民,且文化程度普遍不高,主要以女性为主,据调查可知北京、济南的家政从业者均以农村户籍的已婚女性为主,约 1/5 为城镇户籍,男性不足 2%,两地家政从业者平均年龄近 50 岁。[82] 这意味着并非所有的"家政工"均能无障碍的使用平台上的 App,或者说他们可能并不愿意受平台约束,而更愿意选择服务自己的老雇主,这就需要传统家政服务中介的加入。因此,并不能因为家政平台的发展就放弃乃至压制传统家政服务中,否则既无法满足家庭对"家政工"的需求,也可能影响"家政工"的工作机会。但传统家政服务中介应当适应算法技术的发展,提高自身的服务水平和服务能力,如增加对"家政工"的培训、降低收费标准、内部引入市场竞争机制等内容。二是"家政工"类平台有别于传统家政中介,依托互联网技术脱离监管甚至违法经营。可以理解此种观点,确实在互联网技术的包装下,很多线下的违法行为转到线上后可能更为猖狂,法律的规制越发困难,如网络赌博、网络

[78] 参见袁文全、徐新鹏:《共享经济视阈下隐蔽雇佣关系的法律规制》,《政法论坛》2018 年第 1 期,第 119～130 页。

[79] See Martin Oelz. The ILO's Domestic Workers Convention and Recommendation: A Window of Opportunity for Social Justice,International Labor Review,vol. 153,no. 1,2014,pp. 143-144.

[80] 参见李坤刚、王一帆:《我国灰色地带就业的法律反思与规制》,《安徽大学学报(哲学社会科学版)》2020 年第 2 期,第 94 页。

[81] 闫冬:《社会化小生产与劳动法的制度调适》,《中外法学》2020 年第 6 期,第 1621 页。

[82] 参见萨支红、张梦吉、刘思琪、刘京、辛瑞萍:《家政工生存状况研究:基于北京、济南被访者驱动抽样调查》,《妇女研究论丛》2020 年第 4 期,第 61～68 页。

诈骗等。但从保护创新和社会进步的角度出发,"家政工"类平台实则颠覆了传统的家政服务工作,对于家政从业者的个人素质、职业能力、家政服务标准等进行重塑。此外,平台经济使得"家政工"在劳资双方博弈中的地位更为不利,出现了工作的不可预测性和权利保障的不可预测性,甚至"资方对劳动者剩余价值的榨取更加隐秘化。"⑧但这并非是抑制"家政工"类平台经济发展的理由,因为该问题可以通过后续的劳动法和社会保险法解决。故,当政府在考虑如何规制"家政工"类平台经济时既要考虑传统家政服务中介的利益,更要以整体社会利益为价值目标,追求更好的创新和家政服务。

第三,地方行政监管机构。虽说"家政工"类平台经济发展并不成熟,但其显示出强劲的创新和发展能力,需要国家顶层设计予以呵护,而非简单的支持或否定其发展。由于家政服务工作的性质、迅猛发展的规模以及平台经济的复杂法律结构体系,难以通过中央政府予以规制,还需地方监管机构发挥其激励监管的作用。这实际上对地方行政监管机构提出了挑战,因为各地"家政工"类平台经济发展程度不同,家政服务业的成熟度和从业人口差异巨大,地方政府难以简单套用其他地方的监管方案,这就需要精准设计本地监管落地方案。例如,广州、南京、佛山这样的发达城市,有着较为成熟的家政服务网络,平台经济发展迅速,平台上家政工的身份、年龄、地域多样,秉持一种开放包容的态度㉞;而中西部三四线城市的"家政工"以本地农民或无业居民为主,接受互联网的态度相对保守,可能并不愿成为平台从业者,更看重传统中介和自身老客户的作用。故,地方政府对于"家政工"类平台经济可能并不热衷,还担心扰乱本地区的就业问题,故持一种相对谨慎保守态度。㉟可见,正是这种地域、经济发展程度和个人观念的差异,使得地方政府对"家政工"类平台经济的监管政策差异极大,毕竟这直接影响"家政工"内部结构和行为模式。所以,各地的监管策略应当是在鼓励创新基础上平衡本地经济发展程度,以及本地家政服务市场的成熟度和劳动政策的丰富度,换言之,地方的监管策略应当建立在

---

⑧ 袁文全、徐新鹏:《共享经济视阈下隐蔽雇佣关系的法律规制》,《政法论坛》2018年第1期,第123页。

㉞ 《2019南京、无锡、广州、佛山家政工人问卷调查报告》显示,4地家政工人以女性为主,年龄普遍偏大,受教育程度偏低;来源以省内劳动力转移为主;从事家政工作的平均年限约为8.5年。4地家政工人平均月工资接近4900元,但内部工资水平差异明显:月嫂收入最高,平均10311元;养老护理员的收入最低,仅有3835元。参见人社部网站:http://www.mohrss.gov.cn/SYrlzyhshbzb/rdzt/zyjntsxd/zyjntsxd_zxbd/201911/t20191107_340537.html,2021年6月1日最后访问。

㉟ 笔者调研了重庆市主城周边的北碚区、璧山区、永川区、合川区四地的各10家家政服务企业。虽超过30家企业有建立家政服务App,吸引平台"家政工"的意愿,但仅有7家企业在行动,另外33家企业仍沿用传统的家政中介和提供家政服务的形式(经营家政服务;家用电器保养咨询、清洗及维修服务;养老咨询服务;社区咨询服务;桶装水配送服务等)。《家政服务提质扩容行动方案(2017年)》在重点任务部分也提出:"组织北京、天津、上海、广东等9个省(市)的中心城市与中西部地区国家级贫困县之间跨省对接",开展家政服务对接。

本地实际基础之上。

五、混合规制的场景化塑造：个人赋权＋协同监管

随着算法技术的兴起，平台经济在国家新经济形态中地位越来越重要，势必改变传统的法律关系结构和法律状态。实际上，"家政工"类平台的兴起托于算法技术的发展，但如仅将此类平台的快速发展归因于互联网科技显然是流于表面的，因为无论是工业时代还是信息时代，技术本身并没有改变市场对劳动力的需求。⑯ 在这样一个技术突飞猛进的科幻时代，需深入考虑社会变革的可行性，让社会进步主动跟上技术的发展，否则快速发展的生产力和静态社会之间一定会产生剧烈的摩擦和震荡。平台经济的发展需要劳动力供需双方共同合力，通过场景化方式塑造"家政工"与家政类平台的混合规制显得尤为重要。长久以来，"家政工"类平台经济的核心问题均是"家政工"的身份认定，也即应当采用何种方式去规范平台经济中的用工关系。⑰ 基于规制的场景化方式，通过"家政工"权利的社会法塑造解决其与平台间的用工关系问题。仅有家政工权利的塑造显然是不够的，还需提防平台经济对"家政工"、行业竞争和行业稳健发展的负面效应。虽说平台经济价值中立，但不得不防范"有心人"借平台经济从事违法、犯罪行为，或是形成自然垄断等，因此须选择合适的规制路径方可扬长避短，促进健康有序发展。

（一）平台经济"家政工"权利的场景化塑造

平台经济所具有的灵活性特征减少了"家政工"的社会法保障。虽然从事高度专业化工作的"家政工"能获得可观的收入，但其社会法权利的缺乏使其脱离了传统职业发展轨道，如缺少劳动法保护、社会保险基本待遇等，处于不安全的境地。⑱ 如若不对人格与经济从属性标准加以变革，"家政工"权利将难以实现。在平台经济条件下，仍以从属性作为判断劳动关系的要素便受到质疑，劳动关系与劳务关系认定出现了分歧。⑲ 为此，"扩大解释从属劳动关系理论，将原有之人格的从属性与经济的从属性，扩大为组织的从属性与技术的从属性，促使劳动契约制度贴近从

---

⑯　See Sanders，D. E.，& Pattison，P.（2016）. Worker characterization in a gig economy viewed through an Uber centric lens. Southern Law Journal，26(2)，297.

⑰　See Pichault，F.，& McKeown，T.（2019）. Autonomy at work in the gig economy：analysing work status，work content and working conditions of independent professionals. New Technology，Work and Employment，34(1)，59-72.

⑱　See Arenas，C.，García，V. H. M.，& Otálora，J. E.（2018）. Crowdworking as a Knowledge Management Mechanism in the Elicitation of Missional Software Requirement. In International Conference on Knowledge Management in Organizations，49(8)，288-298.

⑲　参见王天玉：《互联网平台用工的合同定性及法律适用》，《法学》2019 年第 10 期，第 174 页。

属劳动关系的新现实。"⑩为解决"家政工"社会法上的权利问题,本部分打破从属性不变的理论,通过场景化方式塑造"类雇员""自雇员"和"劳动者"类型的"家政工",及其权利内容。

1. "类雇员"属性下的"家政工"塑造

平台经济的人物画特征模糊了传统的用工关系,因此劳动法并不适用于"家政工",家政平台与"家政工"间亦不构成劳动关系。"家政工"的工作权利不受劳动法保护,意味着其权利极易被立法所忽视,成为就业市场的弱势群体。在现有制度下,我国的社会保障体系与劳动关系严格挂钩,如不受劳动法保护,意味着也不受社会保险法保护,社会保险权利实现障碍重重。至于如何在不破坏"家政工"就业灵活性情况下对其予以劳动法保护,成为学者们议论的焦点。是构建新劳动法律制度还是扩充原有劳动法律制度的覆盖范围,⑪或许是探讨比"家政工"与家政平台是否构成劳动关系更有效的命题。对此,德国社会法理论似乎提出了新的思路,认为劳动关系与就业关系分离。前者来自劳动法的规制,后者来自社会保险法的逻辑体系。这种理论的集中体现便是创设了"类雇员"理论,该理论认为传统工业社会的劳动关系教义学内容难以有效解释现代社会的劳动关系和承揽关系的界限。⑫ 对此,有学者直接认为"所有的家政工只要在经营的背景下,皆属于劳动法上之劳动者,皆应受到劳动法、社保法之保护";⑬也有学者尝试从人格从属性角度出发去重新定义这一理论,提出了"第三类劳动者"的概念;⑭还有学者借用德国"类雇员"理论来分析。⑮ 德国《集体合同法》(TVG)第 12a 条第 1 款规定,"类雇员"是具有经济从属性的需要像雇员一样被倾斜保护的人。"类雇员"理论主要借用了德国劳动法对不同劳动者区分的"三分法",以人格从属性和经济从属性为基础,人格与经济均独立者为自雇员,人格独立经济从属的为"类雇员",人格不独立

---

⑩ 黄越钦:《劳动法新论》,中国政法大学出版社 2003 年版,第 9 页。

⑪ See Stewart, A., & Stanford, J. (2017). Regulating work in the gig economy: What are the options?. The Economic and Labour Relations Review, 28(3), pp. 420-437.

⑫ 参见娄宇:《平台经济从业者社会保险法律制度的构建》,《法学研究》2020 年第 2 期,第 193 页。

⑬ 郑尚元:《家政工纳入养老保险制度及家政工劳动权益之保护》,《社会科学家》2020 年第 6 期,第 21 页。

⑭ 参见田思路、贾秀芬:《契约劳动的研究——日本的理论与实践》,法律出版社 2007 年版,第 1~2 页;肖竹:《第三类劳动者的理论反思与替代路径》,《环球法律评论》2018 年第 6 期,第 79 页;田思路:《工业4.0 时代的从属劳动论》,《法学评论》2019 年第 1 期,第 76 页;王天玉:《网络劳务是对劳动法的挑战吗》,《中国法律评论》2018 年第 6 期,第 121 页。

⑮ 参见王倩:《德国法中劳动关系的认定》,《暨南学报》(哲学社会科学版)2017 年第 6 期;战东升:《民法典编纂背景下劳动法与民法的立法关系——以"类似劳动者型劳务提供人"的保护为切入点》,《法学》2018 年第 10 期,第 97 页;闫冬:《社会化小生产与劳动法的制度调适》,《中外法学》2020 年第 6 期,第 1621~1625 页。

的则为雇员。㊌ 虽然"类雇员"与雇主不具备人格从属性特征,但需具备以下条件:㊍一是无需融入雇主组织,不受其实体上的完全支配或控制;二是与雇主存在经济从属性,也即其主要收入来源于雇主;三是与普通劳动者一样受到劳动法律的倾斜保护。

　　除了德国的"类雇员"理论外,相似的理论也出现在其他国家,如意大利的"准从属性劳动",㊎西班牙的"经济依赖性自雇佣劳动者"㊏等。"类雇员"理论扩展了劳动法的适用范围,从而为"家政工"进入劳动法体系打开了缺口,进而为平台经济从业者劳动权益保护提供了新的思路。我国学者也提出了相类似的思路,认为可以学习德国法将劳动者的保护体系重构为三分结构,㊐通过"类雇员"设计保障"家政工"类平台从业者的职业安全、劳动发展权、社会保险权等内容。在此基础上,还可试点劳动争议处理机制或订立集体合同等内容来解决"家政工"与平台之间的纠纷。㊑ 然而,也有学者对我国构建"类雇员"制度持相对谨慎态度,㊒毕竟我国劳动关系认定是建立在传统的社会化大生产基础之上,这与平台经济时代对灵活雇佣的追求格格不入。一方面,德国法上的"类雇员"概念和规则与我国劳动法体系下的"劳动者"概念和规则有别,前者是建立在雇佣和自雇基础之上的,后者则是通过"全日制"和"非全日制"对劳动者进行划分,二者构建的理论路径不同。㊓ 另外,我国劳动法实践中经常存在"劳动者""雇员""劳动关系""用工关系""雇佣关系"等词汇的混用,这与我国劳动法律规范界定混乱不无关系,这也从另一方面阻碍了"类雇员"制度引入。另一方面,如若引入"类雇员"制度,则需要对当前的劳动关系体系进行修改,包括对劳动者权利、劳动关系的体系化内容等,普通劳动者可能被企业转为"类雇员",这使得改革的成本过高,影响当前劳动关系的和谐稳定。而且,采取"类雇员"制度还会面临如何为其配置相应权利和劳动保护水平

　　㊌　参见战东升:《民法典编幕视野下的服务合同立法》,《法商研究》2017 年第 2 期。

　　㊍　BAG 15. 4. 1993,AP Nr. 12 zu§5 ArbGG 1979,BAG 25. 2. 2005,NZA 2006,223ff.

　　㊎　See Cherry M A,Aloisi A. 'Dependent Contractors' in the Gig Economy:A Comparative Approach [J]. American University Law Review,Vol. 66,No. 3,2017,p. 666.

　　㊏　Sorge S. German Law on Dependent Self-Employed Workers:A comparison to the Current Situation Under Spanish Law.[J]. Comparative Labor Law & Policy Journal,Vol. 31,No. 2,2010,pp. 235-241.

　　㊐　参见粟瑜、王全兴:《我国灵活就业中自治性劳动的法律保护》,《东南学术》2016 年第 3 期,第 104～113 页。

　　㊑　参见盖建华:《共享经济下"类劳动者"法律主体的制度设计》,《改革》2018 年第 4 期,第 102～109 页。

　　㊒　例如,郑尚元教授认为家政工与家政服务企业及所服务家庭之间构成劳动关系,不存在所谓的"类雇员"问题。常凯教授认为,互联网经济中用工关系的基本性质是雇佣关系,也即劳动关系。参见郑尚元:《家政工纳入养老保险制度及家政工劳动权益之保护》,《社会科学家》2020 年第 6 期,第 20～21 页;常凯、郑小静:《雇佣关系还是合作关系?——互联网经济中用工关系性质辨析》,《中国人民大学学报》2019 年第 2 期,第 85～87 页。

　　㊓　参见闫冬:《社会化小生产与劳动法的制度调适》,《中外法学》2020 年第 6 期,第 1621～1625 页。

的艰难抉择。⑭ 虽说将"家政工"塑造为"类雇员"的做法困难重重,甚至听起来匪夷所思,但未必不值得严肃讨论,至少可以给更新鲜的方案做参考。

　　场景化思维下应对"家政工"的"自雇员"⑮抑或"类雇员"属性进行区分,因为二者区分的核心要素是人身从属性,⑯而这在"家政工"工作环境中是较难辨析的。如若"家政工"提供的劳动表现为非正式的、非固定的"打零工"形态,也无须固定在一个或者几个家政平台从事家政服务,平台仅为信息中介角色,此"家政工"既不属于劳动法上的非全日制用工,也不具有"类雇员"属性,表现为一种真正的"闲置资源"的有偿共享,属"自雇员"类型。⑰ 这种"自雇员"类型的"家政工"属于典型的劳务提供者,并不需要遵循按照小时、天数等计酬,也无须固定注册在某一个或某几个家政服务。他们除了提供家政服务外,还提供其他类似服务。因此,此种"家政工"与家政平台之间亦无明确的劳动法上的雇佣关系,更不属于某种明确的劳动制度下的用工关系。有学者对此进行过区分,提出了"劳动关系与劳务关系"的命题,认为劳务关系应限定在狭义的劳务合同范围内,换言之,此时劳务关系仅为民事雇佣关系或者自由雇佣合同。⑱ 按此观点,"自雇员"类型"家政工"将被排除在劳务关系之外。随着平台经济的发展,该观点被慢慢修正。提到"判定劳动关系与劳务关系的标准须从多维角度入手,具体到家政公司、家政工及所服务之私人家庭之间,尽管存在家政工工作场所的特殊性,但并不能否认家政工的劳动法人格。"⑲此观点从"实用主义"角度出发,并不拘泥于存在何种人格或经济从属性,而是从用工关系出发,正如"吾人不可拘泥于'人格从属性'及'经济从属性'之字义解释,或略劳务供给契约当事人间之实际关系。"⑳此外,"类雇员"属性的"家政工"表现为提供专职化的、固定化的"打零工"形态,"家政工"可掌握自己的工作强度和时间安排,与平台之间具有相对较弱的人格从属性;"家政工"按次数从平台获得报酬,与平台间具有一定经济从属性。至于平台上专职化、固定化的"家政工"可直接认定与平台存在劳动关系,不属于"类雇员"范畴。

---

　　⑭ 参见肖竹:《第三类劳动者的理论反思与替代路径》,《环球法律评论》2018 年第 6 期,第 79～100 页。

　　⑮《德国商法典》第 84 条第 1 款第 2 句规定"凡是能够基本自由地安排自己工作计划和工作时间的人,都可以被认定为自雇者"。

　　⑯ 参见[德]曼弗雷德·魏斯、马琳·施米特:《德国劳动法与劳资关系》,倪斐译,商务印书馆 2012 年版,第 41 页。

　　⑰ 参见于莹:《共享经济用工关系的认定及其法律规制——以认识当前"共享经济"的语域为起点》,《华东政法大学学报》2018 年第 3 期,第 57～58 页。

　　⑱ 参见郑尚元:《民法典制定中民事雇佣合同与劳动合同之功能与定位》,《法学家》2016 年第 6 期,第57 页。

　　⑲ 参见郑尚元:《家政工职业化与城市居家养老社会化——兼论劳动者人格塑造与社会保险覆盖》,《财经法学》2021 年第 1 期,第 69 页。

　　⑳ 黄程贯主编:《劳动法》,新学林出版股份有限公司 2009 年版,第 17 页。

2. "家政工"的社会法权利塑造

本文尝试参考"类雇员"制度,将社会法上的部分权益赋予平台从业者,解决"家政工"在平台经济环境下的权益保障问题。"类雇员"的设计使得劳动关系的认定并非平台从业者劳动权利实现的唯一"通道",而是应当摒弃劳动关系作为劳动权利保障前置条件,将经济从属性的强弱作为劳动权利接入的标准。例如,通过收入标准[⑪]或工作时间标准[⑫]来确定"家政工"类平台从业者的经济从属性强弱,以此判断其是否享有劳动权利以及享有权利的内容。如此,可使"家政工"与家政平台之间的用工关系独立于劳动关系,不必经过劳动关系的认定而获得劳动法上的部分权利保障。这也意味着,"家政工"在不同场景下享有劳动法上的权利样态与内容有别,也即"家政工"在平台注册、接单和争议处理场景与劳动法上的劳动者权利不同。第一,"自雇员"类"家政工"的劳动权利。由于"自雇员"属性下的"家政工"与平台之间仅具有微弱的从属性连接,在此场景下其仅享有劳动法上最基本的劳动权利,该类权利直接复制于宪法上的基本权利,未经过劳动法体系的具体化,如劳动报酬权、人身安全保障权等内容。第二,"类雇员"类"家政工"的劳动权利。"类雇员"类"家政工"相比前者有着更为浓烈的从属性特征,更接近于劳动法上的劳动者,故其享有的劳动权利应当多于前者。因此,除享有直接复制于宪法上的基本权利外,还涵盖了宪法权利在劳动法上的衍生权利,但"类雇员"类"家政工"毕竟不是劳动法上的劳动者,其权利应当来自于基本生存权的内容。实际上,平台对于家政服务定价及调价规则、家政服务的假日补贴规则、违规处罚与拉黑规则等关涉"家政工"的基本生存,包括定价与报酬保障权利、连续在线时长控制、职业风险保障和纠纷申诉及救济权利等,[⑬]应当获得保障。第三,与平台建立劳动关系的"家政工"劳动权利。此类"家政工"可完全享有劳动法上的劳动者权利。

至于"家政工"的社会保险权利保障,则可根据各个险种对"家政工"基本权利保障的功能差异,借用险种的"拆包"设计[⑭]进行场景化塑造。由于"自雇员""类雇员"等理论均来自德国法实践,而德国并未面临诸如我国特有的平台经济高速发

[⑪] 在德国,"类雇员"经济从属性的判断标准是某份工作收入占总收入不低于50%,西半夜则提高到75%。See E. Torres, The Spanish Law on Dependent Self-Employed Workers: A New Evolution in Labor Law,31 (2)Comparative Labor & Policy Journal 231-234 (2010).

[⑫] 参见郑功成主编:《中华人民共和国社会保险法释义与适用指引》,中国劳动社会保障出版社2012年版,第35页。

[⑬] 参见王天玉:《互联网平台用工的"类雇员"解释路径及其规范体系》,《环球法律评论》2020年第3期,第98~99页。

[⑭] 参见娄宇:《平台经济从业者社会保险法律制度的构建》,《法学研究》2020年第2期,第200~205页。

展、互联网技术的大力推广、"农民工"大量进城等社会背景,这使得德国的社会保险法基础理论并不一定适合我国"家政工"实际。加之,我国社会保险制度的设计具有较强的政策性,[⑮]缺乏劳动法体现出来的法律共通性,故对平台经济下的"家政工"社会保险权利塑造应当立足于我国社会保险制度实践。现代社会保险以"劳动关系—社会保险关系—社会保险项目"为基本逻辑,[⑯]但平台经济下的从业者对传统思维形成了挑战,"全有"或"全无"的社会保险项目并不适合平台经济下的"家政工"。平台经济从业者的社会保险项目应当脱离"劳动关系—社会保险关系"制度的束缚,通过"自雇员""类雇员"的设计,探索契合的社会保险项目。从"家政工"的个人诉求来看,职业伤害风险、疾病风险和年老的经济风险是其最为担忧的,而失业和生育产生的经济风险则影响不大,毕竟"家政工"本身工作具有灵活性,不存在担忧失业和生育保险的问题。故,从场景化角度出发,三种类型的"家政工"社会保险可按如下方案塑造:第一,"自雇员"类"家政工"。由于其与平台间的人格和经济从属性较弱,无需平台出面为其参加社会保险,可自行按照城乡居民或灵活就业人员身份参加基本养老和医疗保险。至于职业伤害风险可通过购买商业保险方式化解。第二,"类雇员"类"家政工"。此类"家政工"可通过"拆包"方式参加社会保险,特别是参加职工基本医疗保险、[⑰]工伤保险[⑱]等这些应当属于劳动者参加的险种。至于养老保险则没有必要过多强调,毕竟保障"家政工"退休后的生活水平与工作期间不下降已经突破了宪法上生命权保障范围和力度。值得注意的是,这样的设计可谓"牵一发而动全身",可以作为未来可供选择的一种设计方案,但还需要进一步详细论证。第三,与平台建立劳动关系的"家政工"。此类"家政工"参照劳动者参加的社会保险制度既可,无需进一步塑造。

(二)"家政工"类平台经济的协作监管塑造

1. 协同监管措施的场景化组成

"家政工"类平台经济是互联网技术推动下形成的新经济模式,依托在线平台的广泛灵活性实现"家政工"的按需工作,其发展势头迅猛,然而其负面效应也不容忽视。例如,平台算法可控制"家政工"服务的整个过程,新的工作方式下隐藏着平台对"家政工"绝对的劳动控制,可能将"家政工"物化为技术"客体",失去了作为人

---

⑮ 参见胡敏洁:《社会保障政策执行程序的法律原理》,《当代法学》2018年第4期,第4~9页。

⑯ 参见席恒:《融入与共享:新业态从业人员社会保险实现路径》,《社会科学》2021年第6期,第3~11页。

⑰ 参见娄宇:《平台经济从业者社会保险法律制度的构建》,《法学研究》2020年第2期,第200~205页。

⑱ 参见李坤刚:《"互联网+"背景下灵活就业者的工伤保险问题研究》,《法学评论》2019年第3期,第140页。

的基本尊严。⑲ 为此,应尊重市场在资源配置中的决定作用,但还需更好发挥政府的"干预"功能,特别是面对平台经济这一新兴领域时,应探索合适的规制模式以回应。一些学者提出了非常有见地的观点,如建立"负面清单"和"权力清单"制度⑳,或者加强法律规制,通过转变立法思路、结构和内容,提升整体经济治理能力;㉑乃至推动政府职能转变,"规制功能上政府由管制转向治理,调控功能上政府由直接转向间接"。㉒ 然而,前述观点均建立在传统经济资源上,并未考虑到高速发展的平台经济对就业市场的冲击。因此,有必要立足场景化思维,将"家政工"类平台经济的特点与内外部结构结合起来,以追求更为科学合理的规制形式。㉓ 随着平台经济的迅猛发展,政府亦随之寻找有效的监管策略,有学者提出了包括进入管制、价格管制等经济管制手段,也包括产品和服务质量管制、环境管制等社会管制手段。㉔ 规制方式方面,在原有不作为、制定法规、谈判(约谈)、诉讼㉕的基础上,增加了算法公开、信息披露、平台责任㉖等规制方式,通过协同监管统合。虽说《关于促进平台经济规范健康发展的指导意见》提到的监管部门较多,但目前为止并没有管理平台经济的专门部门。也许正如该"指导意见"所设计,通过各部门的协同监管在跨部门和跨区域之间构建多元共治的监管格局。

考虑到"家政工"类平台经济的行业属性和内外结构,协同监管的场景化模式可按照如下逻辑塑造:第一,监管部门间的协同。"家政工"类平台经济的发展关涉多方主体和行为,如家政 App 的开发与应用、"家政工"个人信息,"家政工"注册的认证与推广、家政 App 的不正当竞争、家政消费者的权益保障等内容,横贯制定法规、谈判(约谈)、诉讼、信息披露等多种规制方式。如针对家政平台泄露"家政工"个人信息,政府就有必要通过立法或执法进行积极干预。而立法势必涉及多部门的权限,如人社部、发改委、市场监管总局、工业和信息化部等,只有多部门间协同才能更高效的发挥监管优势。第二,区域间的协同监管。"家政工"类平台经济

---

⑲　参见孙萍:《"算法逻辑"下的数字劳动:一项对平台经济下外卖送餐员的研究》,《思想战线》2019 年第 6 期,第 50～57 页。

⑳　参见王利明:《负面清单管理模式与私法自治》,《中国法学》2014 年第 5 期,第 37～40 页。

㉑　参见张守文:《政府与市场关系的法律调整》,《中国法学》2014 年第 5 期,第 69 页。

㉒　陈甦:《商法机制中政府与市场功能定位》,《中国法学》2014 年第 5 期,第 57 页。

㉓　例如,荷兰通过推行政府简政放权,鼓励社会创新,把为新业态发展创造良好的用工环境作为自己灵活就业政策追求的目标。参见冯彦君、张颖慧:《劳动关系判定标准的反思与重构》,《当代法学》2011 年第 6 期。

㉔　参见王俊豪:《政府管制经济学导论:基本理论及其在政府管制实践中的应用》,商务印书馆 2017 年版,第 34 页、第 170 页。

㉕　See Morriss A P, Yandle B, Dorchak A. Choosing How to Regulate[J]. SSRN Electronic Journal, 2004, 29(1): 179-185.

㉖　参见《关于促进平台经济规范健康发展的指导意见》(国办发〔2019〕38 号)。

在各地区的发展水平参差不齐,绝大多数家政 App 均来自东部发达地区的公司开发,但家政服务的交付却在中西部地区,这对中西部地区的监管部门提出了挑战。只有加强区域间的协同监管,通过信息互换、执法互助,形成监管合力,才能实现高效和精准执法。第三,央地间的协同监管。"家政工"类平台对"家政工"和消费者信息的收集并非仅在家政行业,而是平台经济发展的产物,需要中央政府利用在线政务服务平台、"互联网+监管"系统、国家数据共享交换和信用信息共享平台加以规制。这就要求中央政府的顶层设计与地方政府的具体制度有效衔接,从而形成监管合力。第四,政府与行业组织间的协同监管。家政行业有其自身的行业服务规范和行业惯例,政府的监管只有与其密切合作才能顺利解决行业纠纷和信用评价等事项,形成自律监管与政府监管的协同。"家政工"类平台经济独特的内外部结构与运作方式为协同监管的实施提供了便利条件,特别是家政平台独特的结构满足了协同监管各项规制工具效用发挥。既节约监管成本,又提高监管效率,还可防范某些极端问题的发生。

2. 协同监管实施的场景化方略

第一,政府主导协同监管的实施方略。虽说"家政工"类平台经济发源于市场经济,但平台经济模式还未形成普世的立法共性,国家难以通过立法予以规制和促进。此时,政府主导下的行政命令式的监管就显得尤为重要了,其可以避免对家政服务市场和传统家政行业产生负面冲击。相应的,过度行政化的处理方式亦不可取,简单的禁止和限制措施均难以发挥"家政工"类平台经济的优势。换言之,"政府的监管权力应当被明确界定,防止因监管主体混乱以及滥用监管权力对市场造成负面影响。"[⑰]而场景化方略为"忧虑政府过度监管"提供了解决思路,海伦·尼森鲍姆(Helen Nissenbaum)提出了场景完整性(contextual integrity)理论,[⑱]他认为传统隐私权概念乃受限于"公与私""政府与私人"等传统二分法的界定,但很难做出非此即彼的判断,不如去关注场景——信息收集者、处理者和利用者是是谁,三者之间是何种关系。[⑲] 当聚焦于平台经济的监管问题时,亦可参考场景完整性理论,通过政府、家政服务协会和家政平台等参与者之间的场景关系,在政府主导下发挥家政服务协会的行业规范作用,以及家政平台自身建设,三者联动实现协同监管。政府主导协同监管可扬长避短,还可防止简单的禁止或限制,进而发挥政府助力"家政工"类平台经济健康。例如,政府通过向平台购买"养老""托育"等家政服务,由家政行业协会制定

---

⑰ 高薇:《平台监管的新公用事业理论》,《法学研究》2021 年第 3 期,第 95 页。

⑱ See Helen Nissenbaum,Privacy in context:Technology,Policy,and the Integrity of Social life,Cali. Stanford Law Books,2010,p. 231.

⑲ See Helen Nissenbaum,Privacy as contextual Integrity,79 Wash. L Rev.,2004,pp. 119,137.

服务标准和体系,引导家政平台朝着预设目标发展。政府主导下的协同规制,既助力"家政工"类平台发展,又防范其负面效应,是一种兼顾了公平和效率的友好型规制。[⑩]

第二,家政行业组织参与协同监管的策略。除了政府主导监管外,家政服务协会对"家政工"类平台发展,也起着举足轻重的作用。例如,北京家政服务协会制定了北京家政服务标准门店办法;[⑪]上海家庭服务业行业协会开展了家政持证上门服务培训,[⑫]进而统一了"家政工"服务的标准。由此可见,家政行业组织对于家政服务和"家政工"均有一定的控制力,特别是通过设定服务标准建立了从业者准入与合规制度。从协同监管的策略来看,家政行业组织只有与政府、家政平台做到协同才能更好发挥监管作用。为此,基于"家政类"平台特殊的内外部结构和"数字垄断"能力,地方政府可引领建立家政服务协会,通过服务协会推动家政平台自律机制构建。因为家政服务协会在监管人才、手段和技术方面具有高度专业性,可发布家政行业报告和指南,提出家政平台准入标准,组织家政平台相互监督与约束,弥补政府监管空白。而且,家政服务协会的自律规范可提前为政府协同监管政策推动进行市场验证和压力测试,待验证有效后再推行政府监管。[⑬] 此外,家政服务协会还可成为"家政工"获取信息、提升服务能力、表达权益诉求、获取知情权的重要渠道。家政服务协会还可发挥其为家政平台在规范市场秩序、诚信监督及调解纠纷方面的作用,实现对平台的引导、约束,通过家政服务行业标准和自律规范引导平台的健康发展。[⑭] 特别是当"家政工"与家政平台发生纠纷时,家政服务协会应成为纠纷调解的重要机构。

第三,平台企业配合协同监管的实施。"家政工"类平台有其独特的内外部结构,如若政府和行业组织监管过于严格可能影响平台创新和自我调适,还应为其保留自律监管空间。换言之,协同监管的体系内,既要有政府的主导,又要有行业组织的帮扶,还要有平台自发的监管措施。正如前文所言,"家政工"类平台对传统家政企业和地方行政监管机构造成了冲击,为减少冲突获取发展,"家政工"类平台理应采取合作姿态,积极配合协同监管的实施。主动承担相应的社会责任,如对"家政工"承担必要的保护义务。这正是"家政工"类平台在取代传统家政服务公司为

---

⑩　参见孙晋:《公平竞争原则与政府规制变革》,《中国法学》2021年第3期,第201～202页。

⑪　参见北京家政服务协会网站,http://www.jiazhengbj.org/PC/page/toNotice,2021年7月1日最后访问。

⑫　参见《关于2021年上海市为民办实事项目家政持证上门服务预报名的通知》http://www.shhsia.com.cn/article/details?id=146&name=%E5%8D%8F%E4%BC%9A%E9%80%9A%E5%91%8A,2021年7月1日最后访问。

⑬　参见刘家明、耿长娟:《从分散监管到协同共治:平台经济规范健康发展的出路》,《商业研究》2020年第8期,第43页。

⑭　参见杨增美:《协同治理让共享经济走得更远》,《人民论坛》2018年第31期,第49页。

社会群体提供就业岗位之际,同时承担了传统企业作为社会公民所肩负的社会职能,担负作为社会治理者应有的社会责任。⑬ 从协同监管来看,政府和家政服务协会可将"家政工"权益保护纳入对平台考核和监管的内容,落实平台治理规则,"积极拥抱监管"。此外,家政平台与地方政府和行业组织的协同还体现在缓解人口老龄化带来的养老服务和托育服务压力、⑬支持低收入者就业、发展家政服务业等,此时的家政平台代行了部分地方政府职能。当地方政府主导协同监管时,应当重视家政平台此类创新作用,寻找彼此间的交集,探索协同监管策略的连接点。当然,家政平台并不能以此为理由逃避监管,不宜采规避或不合作态度,而应主动承担社会责任,与政府和行业组织紧密联系参与监管策略制定,积极配合协同监管。由此可见,"家政工"类平台协同监管的目标在于实现监管,着力点在于政府、家政行业组织和家政平台的有效"协同",满足场景化下的监管需求。

六、结语

新经济新业态的发展,改变了传统家政服务业模式,衍生出家政类平台用工新形式。在解决社会焦虑的"一老一小"⑬问题上,"家政工"类平台大有可为。然而,"家政工"类平台不可避免地衍生出其他平台经济的类似问题,如"家政工"权益保障、家政服务双方的个人信息和隐私、冲击传统家政服务企业等,关涉国家经济和社会安全。特别是"家政工"类平台的走出去和引进来战略,还牵扯国家政治安全。为此,有必要对"家政工"类平台构筑专门规制措施,以引导其健康有序发展。"家政工"类平台经济属于新经济形态,如若依然沿用传统的思维方式和操作逻辑对其进行规制,势必难以精准把控,甚至伤及传统家政经济。因此,需要对此类平台创新监管思维,实现创新与规制的有机结合。为此,本文在规制措施选择上不妨"大胆假设、小心求证",以期为后续研究提供观点指引。如,突破"劳动二分法"将"家政工"区分为"劳动者"与"自雇者"的框架,塑造"类雇员",构筑"劳动三分法"体系,并针对"类雇员"属性"家政工"建立职业伤害保障制度。本文还直面"家政工"类平台经济的新业态问题,并尝试进行澄清和解释,试图通过场景化理念提出协同监管的规制方案。尽管部分方案被当下平台经济实践所佐证,但仍需理论和制度设计的提前预判,以期"以良法善治保障新业态新模式健康发展"。⑬

---

⑬　参见王全兴、刘琦:《我国新经济下灵活用工的特点、挑战和法律规制》,《法学评论》2019 年第 4 期,第 94 页。

⑬　"十四五"规划明确提出了"持续推动家政服务业提质扩容,与智慧社区、养老托育等融合发展。"

⑬　参见《两会新华时评:照顾好"一老一小"是篇大文章》,http://www.xinhuanet.com/2021-03/06/c_1127177994.htm,2021 年 7 月 2 日最后访问。

⑬　孙晋:《数字平台的监管需要思路创新》,《经济参考报》2021 年 7 月 6 日,第 A08 版。

家政工与家政服务企业法律关系的司法认定及启示

——基于相关司法案例判决文书的研究

房海军

摘　要：司法实践表明我国家政服务市场中以家政服务企业为媒介实现就业的家政工类型可划分为职工制家政工、会员制家政工和中介制家政工三种形态。不同形态的家政工与家政服务企业间法律关系的性质存在差异，对相关法律问题判决的影响亦应有所不同。为了避免司法定性中出现逻辑偏差和思路混乱，对家政工与家政服务企业法律关系的界定应当强调类型化思路下，结合家政工的具体用工形态和家政服务合同的实质审查，在法律思维逻辑下，综合运用概念、类型、法律特征、构成要件等法律关系的方法，客观定性，正确适用法律，确保案件审判的公正。

关键词：家政工；家政服务企业；法律关系；家政服务合同；法律关系方法

一、问题缘起

为促进家政服务业提质扩容，实现高质量发展，2019 年国务院办公厅印发的《关于促进家政服务业提质扩容的意见》中强调"以市场为导向，培育一批产教融合型家政企业。……适应转型升级要求，着力发展员工制家政企业。"可见家政服务市场中借助家政服务企业的居间途径提供家政服务是当前家政工就业的一个重要渠道，也是家政服务职业化、规范化的政策引导方向。基于这一背景，笔者在中国裁判文书网搜集关于家政工的法律纠纷案例时发现，在家政服务企业提供就业机

作者单位：房海军，湖北经济学院法学院讲师，武汉大学法学博士，主要研究方向：社会法、劳动和社会保障法。

会的模式下,家政工的用工形态呈现出多样化特征,基于不同形态的用工方式家政工与家政服务企业以及雇主之间所确立的法律关系具有一定的复杂性,存在着明显的属性差异。而司法实践中成讼的案例问题又无不与界定家政工与家政服务企业之间的法律关系紧密相关,①甚至法律关系的准确定性可使相关问题迎刃而解。是故,探讨家政工与家政服务企业之间法律关系的认定问题,便成了从根上解决相关纠纷问题的"牵牛鼻子"之法。基于此,本文通过搜集、整理司法实践中家政工与家政服务企业、雇主之间的纠纷案例,梳理了实践中家政工用工形态的具体表现,进而结合个案中家政合同内容的文本分析和法院判决,归纳不同用工情形下家政工与家政服务企业法律关系的表征及其性质差异,总结司法实践中法院对于二者法律关系认定的态度和基本思路,进而提炼家政工与家政服务企业法律关系界定的司法启示。

二、类型化视角下家政工与家政服务企业法律关系的属性争议

结合相关案例中法院阐述的法律事实部分对家政工、家政服务企业、雇主三方签订的"家政服务合同"②内容的认定,根据家政服务企业与家政工关系的外在表现形式,可以将家政工划分为员工制家政工、会员制家政工、中介制家政工三种类型。不同类型的家政工与家政服务企业之间形成的法律关系属性认定存在不同争议。

(一)员工制家政工与家政服务企业的法律关系争议

员工制家政工是指以家政服务企业职工的身份被派遣至雇主处提供家政服务的家政工。实践中此类家政工具体呈现为两种表现形式:一种是家政服务企业与家政工意思一致的基础上建立劳动关系,家政工作为家政服务企业职工接受公司安排,为雇主提供家政服务。比如"张×1与北京嘉佣坊家政服务有限公司等生命权、健康权、身体权纠纷"一案中,家政工李亚川即属于此种家政工类型。③ 另一种是,家政工被登记为家政服务企业的家政服务人员,后以公司员工名义为雇主提供家政服务,但未与家政服务企业签订劳动合同。"曲靖开发区家馨家政服务有限公司诉曲靖市人力资源和社会保障局"一案中家政工代水凤与"广州鑫和家庭服务有

---

① 相关案例纠纷大体上分为以下几类:家政行为致雇主损害的责任承担问题;家政工自身受损害的责任承担问题;家政工与家政服务企业未签劳动合同的经济补偿问题;家政工的工伤认定问题。

② 实践中协议的具体名称呈现出明显的差异性,为表述方便,文章中除在个案中讨论外,统一使用"家政服务合同"这一用语代指家政服务企业、家政工、雇主之间达成的有关家政服务的协议。

③ 参见(2015)三中民终字第15668号"张×1与北京嘉佣坊家政服务有限公司等生命权、健康权、身体权纠纷二审民事判决书"。

限公司、刘织芳劳动争议"一案中家政工刘织芳均属于此类家政工。^④

以上两种员工制家政工表现形式中,前者家政工与家政服务企业之间劳动关系十分明确,因此相关争议不大;司法实践中围绕家政工法律关系问题的相关争议主要集中在后一类型中。后种类型下由于家政工与家政服务企业没有签订劳动合同,而家政工提供劳动的对象是雇主,因此存在脱离家政服务企业的客观事实,相关争议产生后家政服务企业即否定与家政工存在劳动关系,个案中相关法律问题的解决又依赖于劳动关系的认定。涉及的相关法律问题包括家政工工伤认定问题、未签劳动合同的经济补偿问题、家政工致雇主损害的责任主体认定问题。^⑤

(二) 会员制家政工与家政服务企业的法律关系争议

会员制家政工是指,家政工以缴纳会费的形式取得家政服务企业会员身份并受其管理,在家政服务企业的居间作用下与雇主签订家政服务合同,提供家政服务的家政工类型。比如相关案例"长春市康士泰家政服务有限责任公司与刘旭辉、苏玉红生命权、健康权、身体权纠纷"一案中,家政工苏玉红即属于此类家政工。^⑥ 此类家政工具有以下三个方面的特征:首先,家政工不以家政服务企业员工的身份对雇主提供家政服务,其身份的对外表征是家政服务企业的会员;其次,会员制家政工与雇主之间会围绕家政服务的具体要求及双方权利义务签订家政服务协议,家政工是服务合同的一方主体;最后,家政工作为家政服务企业的会员,一定程度上需要接受家政服务企业的管理。

对成讼案例呈现的法律问题加以提炼,在会员制家政工类型下,家政工提供家政服务过程中给雇主造成人身损害时,家政服务企业一旦被作为共同被告被要求承担法律责任,其是否属于责任主体这一问题的认定,则将涉及家政服务企业与家政工之间会员关系究竟属于何种法律关系这一根本问题的解决。

(三) 中介制家政工与家政服务企业的法律关系争议

中介制家政工是指,家政工与雇主通过家政服务企业的居间行为签订家政服

---

④ 参见(2018)云03行终54号"曲靖开发区家馨家政服务有限公司、曲靖市人力资源和社会保障局劳动和社会保障行政管理(劳动、社会保障)二审行政判决书";(2018)粤01民终22618号:"广州鑫和家庭服务有限公司,刘织芳劳动争议二审民事判决书"。

⑤ 相关案例判决书:(2016)粤0306民初1980号"深圳市安子新家政服务有限公司民乐分公司与孙艳芳劳动争议一审民事判决书";(2018)云03行终54号"曲靖开发区家馨家政服务有限公司、曲靖市人力资源和社会保障局劳动和社会保障行政管理(劳动、社会保障)二审行政判决书";(2018)粤01民终22618号"广州鑫和家庭服务有限公司,刘织芳劳动争议二审民事判决书";(2020)鲁01民终7758号张赋清与济南德林家庭服务有限公司等健康权纠纷二审判决书。

⑥ 文中关于会员制家政工的内涵及其特征则是根据该案例中法院认定的法律事实内容进行分析后概括得出。具体判决文书参见:(2020)吉01民终3226号"长春市康士泰家政服务有限责任公司与刘旭辉、苏玉红生命权、健康权、身体权纠纷二审民事判决书"。

务合同,同时向家政公司支付一定数额中介费的家政工类型。该类型下家政服务企业系以中介者示人,为家政工与雇主签订家政服务合同提供机会并收取一定的中介费。从法律关系的视角分析,真正的中介制家政工与家政服务企业之间是非常明确的居间合同关系。然而司法实践中围绕家政工与家政服务企业、雇主三方法律关系争议最多的偏偏是该种家政工类型。⑦

基于对相关司法案例中法律问题的分析,之所以实践中围绕中介制家政工法律关系争议的纠纷最多,原因在于家政服务企业提供居间服务过程中并非纯粹的只是向家政工和雇主方提供订立合同的机会或提供订立合同的媒介服务。成讼的诸多纠纷中家政服务公司往往作为一方主体参与到家政服务合同的订立中,对相关权利义务的约定产生实质性影响。最为典型的表现则是,居间合同的形式下约定劳动合同才会涉及的内容。比如"杨跃林与贵阳云岩欣星家政服务部、徐明芬家政服务合同纠纷"一案中家政工徐明芬与雇主杨跃林以及家政服务企业欣星家政服务部三方主体签订的《欣星家政保姆雇佣合同》,既约定了关于徐明芬与杨跃林之间有关家政服务的权利义务内容,又同时约定了欣星家政服务部对徐明芬用工管理的相关内容。⑧ 此种"异化的"中介行为影响了家政服务企业与家政工、雇主之间本应纯粹的居间合同关系的定性,使得三者之间的法律关系扑朔迷离。围绕该法律关系界定,成讼的案例中呈现的法律问题包括家政工提供家政服务时致雇主遭受人身或财产损失的责任主体认定问题;⑨家政工个人受伤的责任承担问题;⑩家政服务合同违约的责任主体认定问题;⑪家政工与家政服务企业劳动关系

⑦ 本文搜集整理的20起相关案例中,有15起案例属于中介制家政工类型下涉及的法律关系认定问题。

⑧ 具体合同文本内容参见(2020)黔0103民初6030号"杨跃林与贵阳云岩欣星家政服务部、徐明芬家政服务合同纠纷一审民事判决书"。

⑨ 相关案例参见(2014)二中民终字第01562号"张建华等与谭孙灵提供劳务者致害责任纠纷二审民事判决书";(2018)鄂01民终10117号"武汉陈华虹桥家政服务中心、杜小平生命权、健康权、身体权纠纷二审民事判决书";(2018)粤2071民初15138号"钟燕与中山民源家政劳动服务有限公司、李敦家政服务合同纠纷一审民事判决书";(2019)豫01民终3149号"郑州市中原区三和家政服务部、马子义家政服务合同纠纷二审民事判决书";(2020)鲁01民终7758号判决书"张赋清与济南德林家庭服务有限公司等健康权纠纷二审判决书"。

⑩ 相关案例参见(2016)湘01民终7955号"袁某某、杨某某提供劳务者受害责任纠纷二审民事判决书";(2016)京0116民初1317号"李淑兰等与北京华宇兴家政服务有限公司确认劳动关系纠纷一审民事判决书";(2018)川15民终1855号"郭时伟、邓国雪提供劳务者受害责任纠纷二审民事判决书";(2019)鄂0102民初5531号"马绪东、杨顺英等与俞斐等家政服务合同纠纷一审民事判决书";(2019)辽0204民初794号"李德英与牟文荣、大连一凡家政服务有限公司家政服务合同纠纷一审民事判决书";(2020)湘0408民初17号"许丽与邓桔华、衡阳市高新技术产业开发区亿生缘家政服务中心家政服务合同纠纷一审民事判决书"。

⑪ 相关案例参见(2020)黔0103民初6030号"杨跃林与贵阳云岩欣星家政服务部、徐明芬家政服务合同纠纷一审民事判决书"。

认定问题。⑫

三、家政工与家政服务企业法律关系界定的司法实态与逻辑

结合相关判决文书对前文三类家政工涉及的纠纷案例加以分类整理不难发现,司法实践中围绕家政工法律关系界定问题产生的纠纷性质存在差异,由此导致三类家政工与家政服务企业之间法律关系属性界定的逻辑起点并不相同,法院对于相关问题的处理思路因此亦有所区别。

(一)不同类别家政工与家政服务企业法律关系认定的司法态度

首先,在员工制家政工的成讼案例中主要的纠纷在于认定家政工与家政服务企业是否存在劳动关系。针对此类案件法院的主要处理思路是围绕劳动关系认定要素,明确阐明家政工与家政服务企业之间是否存在劳动关系,在此基础进而对关联的工伤认定问题、经济补偿金问题等给出判决意见。例如深圳市安子新家政服务有限公司民乐分公司与孙艳芳劳动争议一案中法院判决意见认为"民乐分公司依法制定的各项规章制度适用于孙艳芳,孙艳芳受其劳动管理且从事民乐分公司安排的有报酬的劳动。"因此认定民乐分公司与孙艳芳存在劳动关系。在广州鑫和家庭服务有限公司与刘织芳劳动争议一案中法院判决意见认为"鑫和公司对刘织芳进行日常工作安排管理及考勤,病患的陪护费用并非直接与刘织芳结算,而是由鑫和公司收取后按月支付给刘织芳,刘织芳的工作内容是鑫和公司业务的主要组成部分。双方之间存在管理与被管理关系,支付报酬的方式也符合一般劳动关系工资支付的特征。因此也是判定双方建立的是劳动关系。"⑬

其次,会员制家政工法律关系认定的司法案例呈现的特点是,纠纷的发生不在于家政工要求确认与家政服务企业之间存在何种法律关系,而是基于家政工提供家政服务过程中与雇主发生纠纷,需要认定相关责任主体时将家政服务企业牵扯进来,法院作出责任认定的相关判决必须以明确家政工与家政服务企业的法律关系为前提。例如长春市康士泰家政服务有限责任公司与刘旭辉、苏玉红生命权、健康权、身体权纠纷一案中,家政工苏玉红以会员身份加入康士泰家政公司,后被派往雇主刘旭辉家中工作,在提供家政服务过程中导致雇主受伤,刘旭辉将苏玉红和康士泰公司列为共同被告,要求二者承担侵权责任。该案中一审法院将家政工与

---

⑫ 相关案例参见(2014)三中民终字第09036号"北京嘉佣坊家政服务有限公司与申若丹劳动争议二审民事判决书";(2020)京0113民初7784号"北京洪福家政服务有限公司与张晓辉劳动合同纠纷一审民事判决书";(2019)粤03行终36号"深圳市人力资源和社会保障局、张存华劳动和社会保障行政管理(劳动、社会保障)二审行政判决书"。

⑬ (2016)粤0306民初1980号"深圳市安子新家政服务有限公司民乐分公司与孙艳芳劳动争议一审民事判决书";(2018)粤01民终22618号"广州鑫和家庭服务有限公司、刘织芳劳动争议二审民事判决书"。

家政服务企业的法律关系界定为挂靠经营关系,判决理由是"苏玉红以康士泰家政公司会员的身份,利用康士泰家政的业务平台和业内影响力对外承接业务;康士泰家政根据双方协议条款对苏玉红业务开展进行有限管理;苏玉红承接每单业务后需按收入比例交纳管理费等"。这些特征的存在,表明苏玉红与康士泰家政公司签订的《康士泰家政会员制员工上岗协议》与挂靠经营关系更为类似。该案后经二审法院审理后,对二者法律关系的定性进行了改判,二审法院结合三方主体之间《服务合同》的内容将苏玉红认定为康士泰公司的员工,基于此判决康士泰公司承担连带责任。但对于苏玉红与康士泰公司之间是否是劳动关系二审法院没有给出明确界定,而是告知当事人双方"是否是真实的员工与公司的关系,不是本案基于《服务合同》所解决的问题,康士泰公司可与苏玉红另行处理。"⑭再结合二审法院要求康士泰公司与苏玉红承担连带责任的判决来看,事实上该案中法院并未确认二者之间属于劳动关系。

再次,相较于前两种类型的家政工,中介制家政工涉及的法律关系纠纷情况更为复杂。结合整理的案例来看,相关争议有直接围绕确认劳动关系问题的纠纷,比如李淑兰等与北京华宇兴家政服务有限公司确认劳动关系纠纷一案;有基于侵权或者违约诉请责任认定而间接涉及家政工与家政服务企业法律关系认定的纠纷,此类纠纷所占比例最大。从法院相关判决的处理意见来看,请求认定劳动关系的案件中由于当事人直接诉请法院认定法律关系属性,主审法院因此会基于劳动关系认定要素给出明确的判决意见,例如李淑兰等与北京华宇兴家政服务有限公司确认劳动关系纠纷一案中,法院则是基于家政工入职时已经到达法定退休年龄不属于劳动关系中适格劳动者为理由,否认了家政工与家政服务企业之间存在劳动关系。⑮ 而在北京洪福家政服务有限公司与张晓辉劳动合同纠纷一案中,法院则是依据家政公司存在向家政工给付工资的事实,认定了家政工与家政服务企业之间成立劳动关系。⑯ 在后一类纠纷中,结合判决文书分析来看,法院不再仅仅局限于劳动关系的思路进行法律关系的认定,更多是结合家政服务合同的文本内容以及具体的法律事实去综合判断家政工与家政服务企业之间的法律关系,有认定为劳动关系的⑰,有认定为居间合

---

⑭ 参见(2020)吉 01 民终 3226 号"长春市康士泰家政服务有限责任公司与刘旭辉、苏玉红生命权、健康权、身体权纠纷二审民事判决书"。

⑮ 参见(2016)京 0116 民初 1317 号李淑兰等与北京华宇兴家政服务有限公司确认劳动关系纠纷一审民事判决书。

⑯ 参见(2020)京 0113 民初 7784 号北京洪福家政服务有限公司与张晓辉劳动合同纠纷一审民事判决书。

⑰ 张建华等与谭孙灵提供劳务者致害责任纠纷二审民事判决书(2014)二中民终字第 01562 号;钟燕与中山民源家政劳动服务有限公司、李敦家政服务合同纠纷一审民事判决书(2018)粤 2071 民初 15138 号;张×1 与北京嘉佣坊家政服务有限公司等生命权、健康权、身体权纠纷二审民事判决书(2015)三中民终字第 15668 号;北京嘉佣坊家政服务有限公司与申若丹劳动争议二审民事判决书(2014)三中民终字第 09036 号。

同关系的[18],有认定为家政服务合同关系的[19],有直接从家政服务公司与雇主之间法律关系的认定解决涉案纠纷而回避认定家政服务公司与家政工法律关系性质的。[20]

(二)家政工与家政服务企业法律关系认定的司法逻辑与问题

从司法实践来看,家政工与家政服务企业法律关系的认定问题司法判例中表现出两种不同的逻辑思路,在员工制家政工案例中,法院的判决逻辑较为清晰,即依据劳动法规定,结合劳动关系的认定要件,对案件事实加以审查,直接对双方法律关系究竟是不是劳动关系给出判决意见,在此基础上再去根据法律规定解决关联性的工伤、经济补偿等问题。此类案件的难点跟一般劳动者与用人单位之间确认劳动关系的案例没有太大区别,都需要判断个案中是否满足以及在多大程度上满足劳动关系成立要件。

不同于员工制家政工外在上有个"员工"身份,会员制家政工与中介制家政工外在来看,本身就与家政服务企业表现为两个相对独立,并无依附关系的民事主体。成讼的案例显示,会员制家政工或中介制家政工与家政服务企业之间法律关系的认定往往不是法院最终要解决的问题,法院通常是基于个案中解决相关争议的客观需求才会试图去阐释双方之间法律关系属性问题。部分法院在处理这两类家政工与雇主之间、家政服务企业之间的纠纷时,对于法律关系的认定逻辑比较混乱。这种混乱表现为两个方面,一方面这两类家政工涉案纠纷往往不属于劳动争议案件范畴,因此法院审理不是直接定位于劳动法的适用,而是结合个案中争议的属性,更多适用侵权法或合同法的规定解决相关问题。但实践中,家政工、家政服务企业以及雇主三方主体签订的家政服务合同中包含着大量劳动合同才会约定的内容,这部分内容被纳入侵权法或者合同法的逻辑中去定性法律关系容易误导法院作出错误判断。比如在"郭时伟、邓国雪提供劳务者受害责任纠纷"一案中,家政工与雇主、家政服务公司三方签订的《家政服务承诺书》既约定了雇主对于家政工服务内容及报酬给付等内容,同时也约定了家政服务企业对家政工进行职业教育、专业培训,为其缴纳社会保险费等内容。[21] 在家政工提供劳务过程中受伤引发责

---

⑱ 袁某某、杨某某提供劳务者受害责任纠纷二审民事判决书(2016)湘 01 民终 7955 号;马绪东、杨顺英等与俞斐等家政服务合同纠纷一审民事判决书(2019)鄂 0102 民初 5531 号;郭时伟、邓国雪提供劳务者受害责任纠纷二审民事判决书(2018)川 15 民终 1855 号;李德英与牟文荣、大连一凡家政服务有限公司家政服务合同纠纷一审民事判决书(2019)辽 0204 民初 794 号;许丽与邓桔华、衡阳市高新技术产业开发区亿生缘家政服务中心家政服务合同纠纷一审民事判决书(2020)湘 0408 民初 17 号;

⑲ 武汉陈华虹桥家政服务中心、杜小平生命权、健康权、身体权纠纷二审民事判决书(2018)鄂 01 民终 10117 号

⑳ 杨跃林与贵阳云岩欣星家政服务部、徐明芬家政服务合同纠纷一审民事判决书(2020)黔 0103 民初 6030 号;郑州市中原区三和家政服务部、马子义家政服务合同纠纷二审民事判决书(2019)豫 01 民终 3149 号。

㉑ 参见(2018)川 15 民终 1855 号;郭时伟、邓国雪提供劳务者受害责任纠纷二审民事判决书。

任主体的界定纠纷后,一审法院从合同法的逻辑下认定家政工与家政服务企业之间成立居间合同关系,判断按过错大小承担责任,然而二审法院审理后改判家政公司属于家政工雇主,但责任承担上不是劳动法责任而依然是过错责任,即间接认定了二者之间成立劳务关系。该案例在一定程度上表明法院始终没有跳出合同法的逻辑,给予适用劳动法的考虑。法院处理此类家政工法律关系问题时逻辑混乱的另一个表现在于,将劳动关系中的内容与一般的合同法律关系内容混同。比如在"马绪东、杨顺英等与俞斐等家政服务合同纠纷"一案中,由于家政工在雇主家猝死涉及法律责任主体的界定,主审法院基于案件事实认定了家政服务公司与家政工之间属于中介合同关系,但在过错责任的认定时又强调家政公司对家政工负有管理及审查义务,结合工作强度对家政工身体必要补充检查义务以及必要的沟通和思想动态了解义务。[22] 这些义务显然超出了中介合同中中介方的义务范畴,更多地体现出劳动关系下雇主义务的内容。

四、家政工与家政服务企业法律关系认定的司法启示

(一) 家政工与家政服务企业法律关系认定的法律适用

经由法律规范之社会关系或人际间之生活关系即为法律关系。[23] 最早体系化构建法律关系理论的法学大师萨维尼对法律关系本质的经典界定即强调"法律关系是通过法规则而界定的人与人之间的联系。"[24]可见,法律关系的形成必不可少的要素是"法的规范"或称"法的调整"。因此在具体界定某一项法律关系之时,必须明确是项法律关系究竟应受何种法律调整,即适用何法律。

具体到家政工与家政服务企业之间法律关系的界定,结合前文司法判例中判决文书相关阐释的梳理,可以总结出目前法院对于家政工与家政服务企业之间法律关系的界定包括了居间合同关系(也称中介合同关系)、承揽合同关系、劳务关系、劳动关系、家政服务合同关系、挂靠经营关系等。尽管这些法律关系的属性认定不一定准确甚至可能存在偏颇,但从侧面的有益启示是,应当认识到我们国家并不存在调整家政服务关系的特别法,家政服务市场的实践中家政工的用工形态具有多样性特征,不同的用工形态下家政工与家政服务企业之间的关系受不同法律调整,客观上形成不同性质的法律关系。结合实践经验的总结,原则上主要适用《民法典》第三编合同编的一般规定,具体属于哪种合同则需要结合个案中具体法

㉒　参见(2019)鄂 0102 民初 5531 号:马绪东、杨顺英等与俞斐等家政服务合同纠纷一审民事判决书。

㉓　参见张锟盛:《法律关系理论作为行政法体系革新的动力》,载《当代公法新论(中):翁岳生教授七秩诞辰 祝寿论文集》,元照出版有限公司 2002 年版,第 37 页。

㉔　参见[德]萨维尼:《当代罗马法体系 I:法律渊源·制定法解释·法律关系》,朱虎译,中国法制出版 2010 年版,第 258 页。转引自陈锐:《法律关系理论溯源与内容重塑》,《政法论丛》2020 年第 6 期。

律事实的认定再做进一步判断。除此之外,只有在满足劳动法适用条件的情况下,家政工与家政服务企业之间的关系才受劳动法调整。

(二)家政工与家政服务企业法律关系认定的法学方法论适用

法学也称法律科学,作为一门独立的学术型学科,以具有一套专门的法学方法论为其特征。⑤ 呈现一定法律思维规律的这套法学方法具有永恒性。其中法律关系方法即是法学方法的一个侧面表现。所谓法律关系方法是指:识别并确定某特定的权利、义务处于哪个法律关系之中,进而寻觅与之相适应或类似的法律规范,据此法律规范乃至整部法律甚或法治,确定该法律关系中的全部的权利、义务及其相互关联,以妥当地处理系争案件。⑥ 司法实践中法律关系的认定关系着当事人权义责的公正分配,影响的是法律维护的正义能否真正实现,因此法官必须在遵循一套严谨的法律思维规律,运用科学法律关系方法的基础上认定争讼双方的法律关系属性。

把握和运用法律关系的方法,切忌一上来就利益衡量,而应是逐次使用概念/类型、法律性质、法律构成、矛盾的主要方面、类推适用、目的性限缩/目的性扩张等方法,以避免解释者主观好恶、主观臆断、先入为主地解释合同,处理案件。⑦ 具体到家政工与家政服务企业之间法律关系认定中,面对不同类型的家政工个案,根据家政工的类型可以首先判断其属于员工制家政工还是其他会员制或中介制家政工,对于员工制这一类型之下,家政工与家政服务企业之间的法律关系也就落入了劳动关系的判断范畴。现行法律没有关于家政工的特别立法,相关司法解释仅是将家政工与家庭或者个人之间的法律关系排除出劳动法的适用范围,但对于家政工与家政服务企业之间的法律关系,由于双方主体身份完全符合成立劳动关系的主体要件,因此界定二者之间的劳动关系并不存在立法以及理论上的障碍。对于二者法律关系是否构成劳动关系,即可从劳动关系构成要件——从属性这一核心要素判断入手,综合个案中相关法律事实得出最终的定性。

相比较之下会员制家政工、中介制家政工与家政服务企业之间的法律关系无法直接从身份的类别入手定性,此时依赖概念、类型尚难达到目的,则需要借助于法律特征,准确定法律关系。所谓依赖法律特征,既是指确定当事人的诉讼请求所处法律关系的法律特征,也指确定拟将之适用于系争案件的法律规范的特征,也就是把与系争法律关系具有相同或类似的法律特征的法律规范寻觅、确定下来,将其适用于系争案件。⑧ 依赖法律特征这一方法在会员制、中介制家政工与家政服务企业法律关系认定中的理解与运用,具体示例比如在"长春市康士泰家政服务有限责任公司与刘旭辉、苏玉红生命权、健康权、身体权纠纷"一案中,苏玉红作为家政

---

⑤ 〔德〕莱因哈特·齐默尔曼:《德国法学方法论》,毕经纬译,载《比较法研究》2021年第2期。

⑥⑦⑧ 参见崔建远:《论法律关系的方法及其意义》,《甘肃政法学院学报》2019年第3期。

公司的会员,一审法院则是概括了她与康士泰家政公司上岗协议条款的内容以及实际履行行为的特点,认定这些特点与家政公司所主张的居间合同特点并不吻合,而是与挂靠经营关系的特点类似。进而参照适用《最高人民法院关于审理道路交通事故损害赔偿案件适用法律若干问题的解释》第三条关于挂靠经营活动中挂靠方致人损害,由挂靠人和被挂靠人承担连带责任的规定,判决家政服务公司承担连带责任。但该案件进入二审环节时,二审法院认定的"康士泰公司在与雇主以及苏玉红签订的三方《服务合同》中多处将苏玉红称为其'员工',并载明丙方康士泰公司对其员工有培训及开除处理的权利"这一法律事实显示出与挂靠经营特点并不相符,进而否定了一审法院对于上述法律关系的定性。在该案例中则可以看出依赖法律特征方法界定法律关系的重要性。

此外,需要强调的是,不论是从概念、类型入手,还是以法律特征为主进行法律关系的界定,法律关系的方法绝不是单一使用,在个案审查尤其是复杂的个案中的法律关系界定时,综合使用法律关系的方法才是一种常态。比如在中介制家政工与家政服务企业之间法律关系界定时,二者之间是否是一种中介合同关系,则要结合中介合同的概念和内涵以双方合同的文本审查为重点对合同性质进行判断,在无法准确界定时,还需要进一步考察合同中约定的具体内容以及实际履行行为是否符合中介合同的特点。比如针对现实中大量存在的以中介合同外观广泛约定劳动合同内容的现象,则有可能异化了中介服务,此时与中介合同的特点大相径庭。则可能需要进一步结合劳动合同的特点进行合同性质的认定。甚至需要结合成立劳动关系的构成要件确定改变中介合同性质的实质标准问题。最后甚至要结合事实劳动关系的特征,从法律事实层面的要素分析,认定二者之间有无成立事实劳动关系的可能。

五、余论

家政工与家政服务企业之间法律关系的认定是司法实践中解决相关争议案件的焦点所在。现实的家政服务市场中家政工的用工形态多种多样,不同类型的家政工与家政服务企业之间具有不同性质的法律关系。对二者法律关系加以界定应当结合个案的具体情形,遵循客观实际,在严谨的法律思维逻辑下综合运用法律关系的方法,进行理性界定。应当避免先入为主,主观上认定家政工与家政服务企业一定存在劳动关系,更不能基于倾斜保护的目标,预设家政工与雇主之间成立劳动关系。至于家政工权益的保护,可以通过完善相关法律规则或建立相关制度体系予以实现,但不能以臆断法律关系属性的方式迎合价值判断的取向。